人民交通出版社"十一五"
高职高专土建类专业规划教材

道路与桥隧工程概论

主　编　闵　涛　王廷臣
副主编　颜　海　匡希龙　刘先法
主　审　王守胜

人民交通出版社
China Communications Press

内 容 提 要

《道路与桥隧工程概论》一书共分两篇十二章。第一篇道路概况，包括：道路工程总论，道路路线，路基工程，路面工程，交通工程与沿线设施。第二篇桥隧工程概论，包括总论，梁式桥，拱桥，涵洞，墩台与基础，支座、桥面与附属工程，隧道工程。

本书可作为高职高专院校、成人本科及本科院校举办的二级职业技术学院、继续教育学院和民办高校的土建类专业的教材，也可供从事相关专业工作的人员学习参考。

图书在版编目（CIP）数据

道路与桥隧工程概论/闵涛主编．--北京：人民交通出版社，2008.2

ISBN 978-7-114-06983-3

Ⅰ．道… Ⅱ．闵… Ⅲ．①道路工程－概论②桥梁工程－概论③隧道工程－概论 Ⅳ．U4

中国版本图书馆 CIP 数据核字（2008）第 010870 号

书　　名：道路与桥隧工程概论
著 作 者：闵　涛　王廷臣
责任编辑：陈志敏　邵　江
出版发行：人民交通出版社
地　　址：（100011）北京市朝阳区安定门外外馆斜街 3 号
网　　址：http://www.ccpress.com.cn
销售电话：（010）59757969，59757973
总 经 销：人民交通出版社发行部
经　　销：各地新华书店
印　　刷：北京市密东印刷有限公司
开　　本：720×960　1/16
印　　张：19.75
字　　数：345 千
版　　次：2008 年 2 月　第 1 版
印　　次：2012 年 9 月　第 4 次印刷
书　　号：ISBN 978－7－114－06983－3
定　　价：30.00 元

高职高专土建类专业规划教材编审委员会

高职高专土建类专业规划教材出版说明

近年来我国职业教育蓬勃发展，教育教学改革不断深化，国家对职业教育的重视达到前所未有的高度。为了贯彻落实《国务院关于大力发展职业教育的决定》的精神，提高我国土建领域的职业教育水平，培养出适应新时期职业需要的高素质人才，人民交通出版社深入调研，周密组织，在全国高职高专教育土建类专业教学指导委员会的热情鼓励和悉心指导下，发起并组织了全国四十余所院校一大批骨干教师，编写出版本系列教材。

本套教材以《高等职业教育土建类专业教育标准和培养方案》为纲，结合专业建设、课程建设和教育教学改革成果，在广泛调查和研讨的基础上进行规划和展开编写工作，重点突出企业参与和实践能力、职业技能的培养，推进教材立体化开发，鼓励教材创新，教材组委会、编审委员会、编写与审稿人员全力以赴，为打造特色鲜明的优质教材做出了不懈努力，希望以此能够推动高职土建类专业的教材建设。

本系列教材先期推出建筑工程技术、工程监理和工程造价三个土建类专业共计四十余种主辅教材，随后在2～3年内全面推出土建大类中七类方向的全部专业教材，最终出版一套体系完整、特色鲜明的优秀高职高专土建类专业教材。

本系列教材适用于高职高专院校、成人高校及二级职业技术学院、继续教育学院和民办高校的土建类各专业使用，也可作为相关从业人员的培训教材。

人民交通出版社

2007年1月

前言

《道路与桥隧工程概论》是“十一五”高职高专土建类专业规划教材，主要面向土建类高职院校与道路和桥梁专业相关的各类专业学生，特别是可以作为交通高职学院，建筑高职学院的工程监理专业、工程造价专业、工业与民用建筑专业、会计专业等专业的专业基础课教材。本教材突出了高职教育的特点，侧重概念与施工工艺。

本教材依据人民交通出版社 2006 年 6 月在北京召开的“十一五”高职高专土建类专业规划教材编审委员会审定的教学大纲，以及现行交通部颁行业标准与规范进行编写的。

本书共分为两篇十二章。其中第一篇第一章和第二篇第二章由湖南交通职业技术学院闵涛编写，第一篇第二章由湖南交通职业技术学院刘先法编写，第一篇第三章由湖南交通职业技术学院叶自钊编写，第一篇第四章与第二篇第六章由湖南交通职业技术学院王中伟编写，第一篇第五章由湖北城建职业技术学院易操编写，第二篇第一章、第三章由河北交通职业技术学院王廷臣编写，第二篇第四章由湖南交通职业技术学院谢海涛编写，第二篇第五章由河北交通职业技术学院颜海编写，第二篇第七章由湖南交通职业技术学院匡希龙编写。

全书由闵涛、王廷臣主编，由安徽交通职业技术学院王守胜主审。

二零零七年十一月

第一篇 道路概论

第二篇　桥隧工程概论

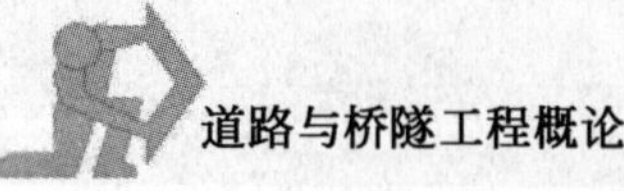

第一篇　道路概论

第一章
道路工程概论

【职业能力目标】

1. 熟悉道路的类型及其特点；
2. 掌握公路的组成及其作用；
3. 掌握公路工程基本建设程序。

【学习要求】

1. 了解我国道路发展的历史与现状以及建设规划；
2. 了解道路运输的特点与地位；
3. 熟悉道路的类型与特点、公路的组成、公路工程基本建设程序。

第一节　绪　　论

一　国内外道路工程的发展

(一)我国道路建设成就

我国是有着 5 000 年历史的文明古国，道路发展早于世界各国，并多次出现过道路迅猛发展的盛况。根据文史记载，我国真正体现交通运输功能的“道路”从黄帝时期发明舟车就有了。此后各历史时代道路发展与其经济发展密切相关，高潮迭起。

周朝时，道路发展盛况空前，城市道路架构得到全面完善，当时已把道路分

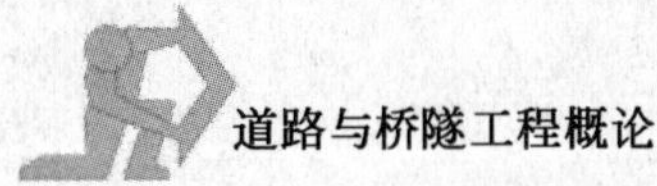

为径(牛马小路)、畛(可走车的路)、涂(一轨)、道(二轨)和路(三轨)五等。秦朝则建立了以咸阳为中心的向各地辐射的道路网,道路成为“驰道”和“驿道”。唐代道路发展达到驿道五万里。清朝形成了由京都到各省会的“官道”、各省会间的“大路”及市区的“马路”组成的道路网。

1902 年我国出现第一辆汽车,1913 年我国第一条汽车公路,长沙到湘潭的公路建成通车,揭开了我国现代交通运输的新篇章。

新中国成立时,全国通车里程仅 7.8km,到第一个五年计划末,达到 30 万 km。改革开放后,我国公路建设得到飞速发展,截至 2005 年底,全国公路总里程达到 193.05 万 km,其中等级公路里程 159.18 万 km,二级及二级以上高等级公路里程 32.58 万 km。我国高速公路起步较晚,但发展迅速,1988 年我国第一条高速公路建成,到 2005 年底,里程则达到 41 005km,总里程居世界第二,仅次于美国。目前,高速公路已成为我国公路客货运输的主渠道。

我国的国道规划是以北京为中心,连接各省市重要大、中城市、港站枢纽和工农业基地等。国道网由放射线、南北线和东西线组成。首都放射线 12 条,全长 213 197km,编号从 101～112;南北线 28 条,全长 39 000km,编号从 201～228,东西线 30 条,全长 53 000km,编号从 301～330。

(二)我国公路干线网

我国公路干线网主要是 7 条放射线、9 条南北纵向线、18 条东西横向线、5 条地区环线、19 条横向联络线、17 条纵向联络线等组成的高速的公路网。

(1)7 条放射线:北京—上海、北京—台北、北京—港澳、北京—昆明、北京—拉萨、北京—乌鲁木齐、北京—哈尔滨。

(2)9 条南北纵向线:鹤岗—大连、沈阳—海口、长春—深圳、济南—广州、大庆—广州、二连浩特—广州、包头—茂名、兰州—海口、重庆—昆明。

(3)18 条东西横向线:绥芬河—满洲里、珲春—乌兰浩特、丹东—锡林浩特、荣成—乌海、青岛—银川、青岛—兰州、连云港—霍尔果斯、南京—洛阳、上海—西安、上海—成都、上海—重庆、杭州—瑞丽、上海—昆明、福州—银川、泉州—南宁、厦门—成都、汕头—昆明、广州—昆明。

(4)5 条地区环线:辽中环线、成渝环线、海南环线、珠三角环线、杭州湾环线。

二 道路运输的特点及功能

交通运输体系是国民经济发展的动脉,它包括铁路、道路、水运、航空和管道等运输方式。这些运输方式各有特点,并相互衔接、彼此分工、相互补充,形成一个完整的综合运输体系。铁路运输的特点是运力大,速度快,成本低,适于承担中长距离的客货运和大宗物资运输,但灵活性不够;航空运输的特点是可快速运送旅客和货物,但成本高,能耗大;水路运输运价低廉,但速度很慢;管道运输主要是运送油、气产品;而道路运输以其快速灵活的运输方式,特别适合中、短途运输,并与其他运输方式配合,承担客货集散、运输衔接的任务,实现点到点直达运输。

(一) 道路运输的特点

(1)机动灵活。可以独立实现点到点的运输,深入山区和农户,并成为铁路、航空、水运等方式的必要补充。

(2)损耗少。中转环节少,货物倒运少,因而损耗少。

(3)速度快捷。对于中、短途运输,特别是在高速公路上运行,其运输速度比铁路、水运更快。

(4)投资回报快。道路建设投资与车辆购置相对铁路与航空运输投资要低,而且资金周转快,收效快。

(5)运输成本偏高。相对铁路和水运而言,其运输成本较高。

(二) 道路的功能

道路具有交通运输、发展经济、抵御灾害和国防等方面的功能。

首先,道路与人们生活、工作、学习、旅游息息相关,发挥着其客货运输、集散的运输功能。

道路是经济发展的先行设施。"要想富先修路"已成为全社会的共识。道路在工农业生产、商品流通、国土开发、旅游资源开发等经济建设中发挥着举足轻重的作用,是社会经济发展的动脉。道路在抗震救灾中、在国防事业中也发挥着重要作用。

此外,道路作为城乡结构的骨架和公共空间,在城市规划建设、绿化工程、照明与给排水工程等方面都将发挥重要作用。

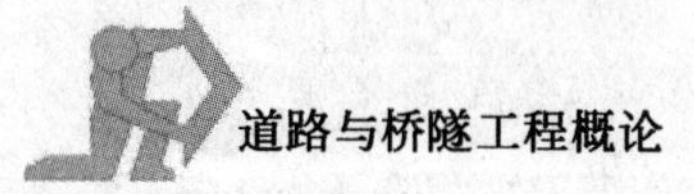

第二节 道路的基本组成

 道路的分类

道路是指供机动车(汽车、拖拉机等)、非机动车(兽力车、人力车、自行车等)和行人通行的各种带状工程构筑物的统称。包括公路、城市道路、工矿道路、林区道路及乡村道路等。

1.公路

公路是指连接城市、乡村和工矿基地等,主要供汽车行驶,具备一定的技术和设施的道路。公路按其重要性和使用性质又可以分为:国家干线公路(简称国道)、省干线道路(简称省道)县乡公路。

2.城市道路

城市道路是指在城市范围内,供车辆及行人通行的,具备一定技术条件和设施的道路。它除了把城市各部分联系起来,为城市各种交通提供服务外,还起着形成城市布局架构,为通风、采光、防火、绿化等提供场地的作用。

3.工矿道路

工矿道路是指主要供工厂、矿山运输车辆通行的道路。根据区域又可以分为厂内道路和厂外道路及露天矿山道路。

4.林区道路

林区道路是指修建在林区,主要供各种林业运输工具通行的道路。

5.乡村道路

乡村道路是指修建在乡村、农场,主要供行人及各种农业运输工具通行的道路。

 公路的主要组成

(一)公路的线形组成

公路是修建在大地表面供各种车辆行驶的一种带状结构物,平面上有曲折,纵面上有起伏。为了保证行车的安全、舒适和速度等要求,在曲折与起伏处均需用一定半径的曲线连接。因此说,公路的基本线形组成是直线和曲线。

(二)结构组成

公路的结构组成主要包括路基、路面、桥涵、隧道、路线交叉及沿线设施等。

1.路基

路基是指路面下的土基,它是由土、石按一定尺寸和结构要求建筑而成的带状土工结构物。路基质量主要取决于其强度和水稳定性,所以应充分考虑路基的排水和土基的压实措施,并保证路基的最小填土高度。对于填筑较高或沿河的路基填土,应根据实际情况考虑挡土墙或护坡设施,以保持路基稳定。

路基的横断面组成包括:行车道、路肩、路源带、边坡、截水沟、边沟和碎落台等。如图 1-1-1 所示。

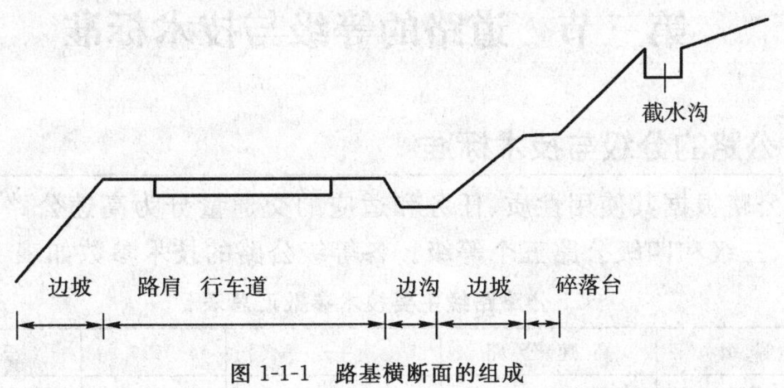

图 1-1-1 路基横断面的组成

2.路面

路面是在路基表面上用各种不同材料分层铺筑而成的结构物,供车辆在其上以一定的速度安全舒适地行驶。良好的路面应具备:

①足够的强度;

②较高的稳定性;

③一定的平整度;

④抗滑能力;

⑤较低的扬尘性;

⑥不透水性。路面按力学性质分为柔性路面和刚性路面两大类。

3.排水结构物

为了确保路基稳定,免受地面水和地下水侵害,公路应修建专门的排水设施。其中纵向排水设施有边沟、排水沟、截水沟等;横向排水设施有桥梁、涵洞、陆拱、过水路面、透水路堤、渡水槽等。

4.隧道

隧道是一种埋置于地层内部或水层中并作为交通线的建筑物。

5. 防护工程

防护工程是指为保证路基稳定，使路基边坡或山坡免受侵蚀而修建的人工构筑物。常见的路基防护工程有挡土墙、护坡、碎落台、填石路堤、护坡道、导流堤、坡面防护等。

6. 沿线附属设施

除了上述结构外，公路运营还必须设置交通安全设施、交通管理设施、服务设施、环保设施等。交通管理设施包括标志、标线等；交通安全设施包括护栏、护柱、护墙等；服务设施有汽车站、修理站、停车场、餐厅、旅馆、洗手间、道班房等；环保设施如绿化、景观造型等，应不妨碍视距。

第三节　道路的等级与技术标准

一　公路的分级与技术标准

我国公路根据其使用性质、任务和适应的交通量分为高速公路、一级公路、二级公路、三级和四级公路五个等级。各等级公路的技术参数如表 1-1-1 所示。

公路路线主要技术参数汇总表　　表 1-1-1

公路等级			高速公路			一			二		三		四
适应交通量（辆/昼夜）			25 000～100 000			1 500～55 000			5 000～15 000		2 000～6 000		2 000 或 400 以下
计算行车速度（km/h）			120	100	80	100	80	60	80	60	40	30	20
行车道宽度（m）			30～15.0	2×7.5	2×7.5	2×7.5	2×7.5	2×7.0	7.5	7.0	7.0	6.0	3.5 或 6.0
路基宽度（m）	一般值		28～45	26～44	24.5～32	26.0～44	24.5～32	23	12.0	10.0	8.5	7.5	6.5　4.5
	最小值		26.0～42.0	24.5～41.0	21.5	24.5～41.0	21.5	20.0	10.0	8.5	—	—	—
平曲线最小半径（m）	极限值		650	400	250	400	250	125	250	125	60	30	15
	一般值		1 000	700	400	700	400	200	400	200	100	65	30
	不设超高	路拱≤2%	5 500	4 000	2 500	4 000	2 500	1 500	2 500	1 500	600	350	150
		路拱＞2%	7 500	5 250	3 350	5 250	3 350	1 900	3 350	1 900	800	450	200

续上表

公路等级			高速公路			一			二		三		四
缓和曲线最小长度(m)			100	85	70	85	70	50	70	50	35	25	20
停车视距(m)			210	160	110	160	110	75	110	75	40	30	20
超车视距(m)			—	—	—	—	—	—	550	350	200	150	100
最大纵坡(%)			3	4	5	4	5	6	5	6	7	8	9
竖曲线最小半径(m)	凸形	极限值	11 000	6 500	3 000	6 500	3 000	1 400	3 000	1 400	450	250	100
		一般值	17 000	10 000	4 500	10 000	4 500	2 000	4 500	2 000	700	400	200
	凹形	极限值	4 000	3 000	2 000	3 000	2 000	1 000	2 000	1 000	450	250	100
		一般值	6 000	4 500	3 000	4 500	3 000	1 500	3 000	1 500	700	400	200
竖曲线最小长度(m)			100	85	70	85	70	50	70	50	35	25	20
路基设计洪水频率			1/100			1/100			1/50		1/25		按具体情况确定

高速公路是专供汽车分向、分车道行驶并全部控制出入的多车道公路。按将各种汽车折合成小客车的年平均交通量计，四车道高速公路应能适应交通量25 000～55 000 辆；六车道高速公路应能适应交通量 45 000～80 000 辆；八车道高速公路应能适应 60 000～100 000 辆。

一级公路为供汽车分向、分车道行驶，并可根据需要控制出入的多车道公路。四车道一级公路应能适应将各种汽车折合成小客车的年平均日交通量15 000～30 000 辆；六车道一级公路应能适应将各种汽车折合成小客车的年平均日交通量 25 000～550 100 辆。

二级公路为供汽车行驶的双车道公路。双车道公路，双车道公路二级公路应能适应将各种汽车折合成小客车的年平均日交通量的 5 000～15 000 辆。

三级公路为主要供汽车行驶的双车道公路。双车道三级公路应能适应将各种车辆折合成小客车的年品均日交通量 2 000～6 000 辆。

四级公路为主要供汽车行驶的双车道或单车道公路。双车道四级公路应能适应将各种车辆折合成小客车的年平均日交通量 2 000 辆以下。单车道四级公路应能适应将各种车辆折合成小客车的年平均日交通量 400 辆以下。

二 城市道路分级与技术标准

城市道路按其在道路网址中的地位、交通功能及对沿线建筑物的服务功能等，可分为四类十级。

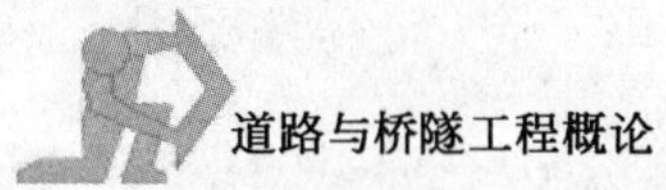

1.快速路

快速路是在特大或大城市中设置，主要为城市中大量、长距离的快速交通服务，是联系城市各主要功能分区及为过境交通服务的主干道。快速路对向车行道之间应设中心分隔带，其进出口应采用全控制或部分控制。

2.主干路

主干路是联系城市各功能分区的干路，以交通功能为主，担负城市的主要客、货运交通，是城市内部交通的大动脉。分一、二、三级。当自行车交通量大时，宜采用机动车与非机动车分隔的形式。

3.次干路

次干路是城市中数量较多的一般交通道路。它与主干路组合成道路网，起集散交通的作用，兼有服务的功能。分一、二、三级。

4.支路

支路是主干路与小区的连线，解决局部地区交通，以服务功能为主。分一、二、三级。

上述道路分级中，一级标准对应人口 50 万以上的大城市；二级标准对应人口 20 万～50 万的中等城市；三级标准对应人口不足 20 万人的小城市。

第四节　公路基本建设程序

一　基本建设程序到概念

建设程序也称为基本建设程序，是指建设项目从设想、选择、评估、决策、设计、施工到竣工验收、投入使用整个建设过程中，各项工作必须遵循的先后次序的法则。

在我国，按现行的规定，一般大中型和限额以上的建设项目从建设前期工作到建设、投入使用要经历以下几个阶段，如图 1-1-2 所示。

二　公路基本建设程序

公路基本建设程序是根据国民经济长远规划及布局所确定的公路路网规划，通过调查，进行可行性研究，编制项目建议书和可行性研究报告；批准后，进行初测和初步设计；在列入国家年度计划之后进行定测，编制施工图；组织施工，完工后，进行竣工验收；最后交付使用。

公路基本建设程序的具体内容如下：

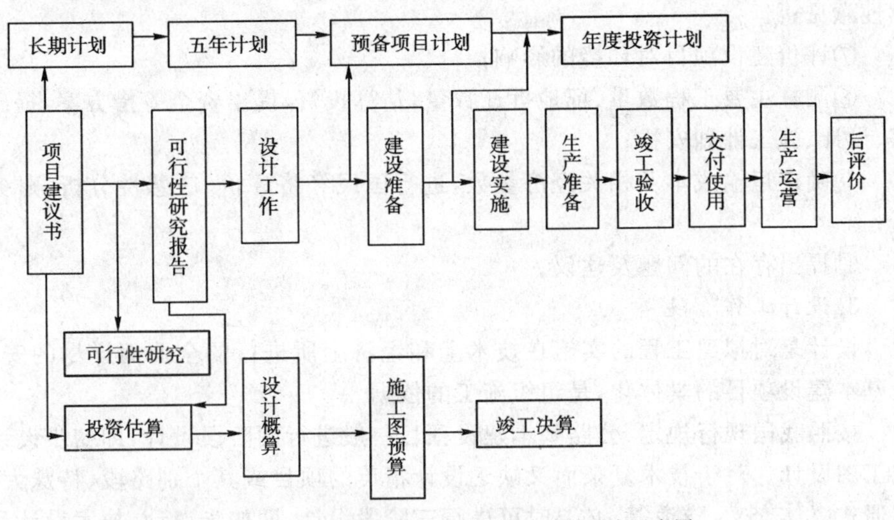

图 1-1-2　大中型和限额以上项目基本建设程序示意图

1. 项目建议书阶段

项目建议书是为推荐一个拟进行建设项目的初步说明，论述拟建项目建设的必要性，条件的可行性和获利的可能性，供有关部门选择并确定是否进行下一步工作。

项目建议书的内容一般应包括：项目建设的必要性和依据；拟建设规模、建设地点和建设方案的初步设想；资源情况、建设条件和协作关系等的初步分析；投资估算和资金筹措的设想；建设进度设想；经济效果和社会效益的初步估计。

2. 可行性研究报告阶段

项目建议书批准后，即可着手进行可行性研究，对项目在技术上是否可行和经济上是否合理进行科学分析和论证，以减少建设项目决策的盲目性。

公路建设项目可行性研究报告的主要内容包括：

①建设项目的依据、历史背景；

②建设地区综合运输现状以及建设项目在交通运输网中的地位和作用，原有公路的技术状况及适应程度；

③论述建设项目所在地区的经济特征，研究建设项目与经济发展的内在联系，预测交通量、运输量的发展水平；

④建设项目的地理位置、地形、地质、地震、气候、水文等自然特征；

⑤筑路材料来源及运输条件；

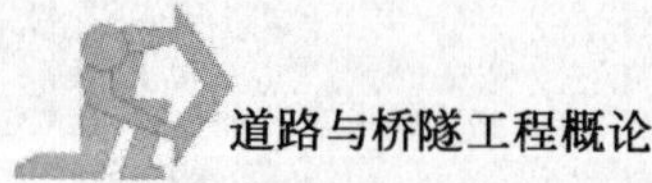

⑥论证不同建设方案的路线起始点和主要控制点、建设规模、标准、提出推荐性意见；

⑦评价建设项目对环境的影响；

⑧测算主要工程数量、征地拆迁数量，估算投资，提出资金筹措方案，提出勘察、设计、施工计划安排；

⑨确定运输成本及相关经济参数，进行国民经济评价、敏感性分析、财务分析；

⑩提出存在的问题及建议。

3.设计工作阶段

设计是对拟建工程的实施在技术上和经济上所进行的全面而详尽的安排，是基本建设项目的具体化，是组织施工的依据。

按照我国现行规定，公路基本建设项目一般进行两阶段设计，即初步设计和施工图设计。对于技术复杂而又缺乏设计精英的项目或其个别路段、特殊大桥、互通式立体交叉、隧道等，必要时可进行三阶段设计，即初步设计、技术设计和施工图设计。

初步设计应根据批准的可行性研究报告的要求和初测资料，拟订修建原则，制定设计方案，计算主要工程数量，提出施工方案的意见，编制设计概算，提供文字说明及图表资料。

技术设计应根据批准的初步设计和补充初测（或定测）资料，对重大、复杂的技术问题通过科学实验，专题研究，加深勘探调查及分析比较，解决初步设计中遗留的问题，落实技术方案，计算工程数量，提出修正的施工方案，编制修正概算。

施工图设计应根据批准的初步设计（或技术设计）和定测资料，进一步对审定的修建原则，设计方案、技术措施加以具体和深化，最终确定工程数量，提出文字说明和适应施工需要的图表资料及施工组织计划，编制施工图预算。

4.建设前准备工作阶段

项目在开工前应做好下列准备工作：

①征地、拆迁和场地平整；

②完成施工用水、电、路等工程；

③组织准备，材料订货；

④准备必要的施工图纸；

⑤组织施工与监理招标，择优选定施工单位、监理单位等；

⑥报批开工报告。

5. 编制年度基本建设投资计划阶段

建设项目要根据批准的总概和工期，合理地安排分年度投资。年度基本建设投资是建设项目当年实际完成的工作量的投资额，包括用当年资金完成的工作量和动用库存的资料、设备等内部资源完成的工作量。

6. 建设实施阶段

在具备开工条件并经主管部门批准后，即可开工建设，组织实施。施工阶段管理的重点是工程进度、工程质量和工程成本。

7. 竣工验收阶段

竣工验收阶段是工程建设过程的最后一环，是全面考核基本建设成果、检验设计和工程质量的重要步骤，也是基本建设转入生产或使用的标志，是保证竣工工程顺利投入生产或交付使用的一个法定手续，应按照国家有关标准规范、规程的要求，认真负责地进行验收。

8. 后评价阶段

建设项目后评价是工程项目竣工投产、生产运营一段时间后(一般为两年)，再对项目的立项决策、设计施工、竣工投产、生产运营等全过程进行系统评价的一种技术经济活动，是固定资产投资管理的一项重要内容，也是固定资产投资管理的最后一个环节。

本章小结

我国道路发展曾经创造了辉煌的历史，特别是改革开放后发展迅速，在未来一段时期内我国公路建设任务仍然比较艰巨。公路运输因其具有灵活、直达、便捷等特点在交通运输中发挥了非常重要的作用。根据道路所处地域与发挥的作用不同分为不同的类型。公路各组成部分发挥着不可替代的作用，并且有相应的不同功能要求。公路工程项目的建设必须遵循国家规定的基本建设程序。

小知识

1913 年我国第一条公路，从长沙到湘潭的汽车路建成通车，1988 年我国大陆第一条高速公路沪嘉高速公路建成通车。

思考与练习

1.交通运输方式有哪些？公路运输相对于其他运输方式有何特点？

2.公路的基本线形组成是什么？公路的结构组成及其功能要求是什么？

3.公路建设项目基本建设程序是怎样的？

第二章 道路路线

【职业能力目标】

1. 熟悉路线设计的有关概念。
2. 看懂路线平面、纵断面、横断面设计。

【学习要求】

1. 熟悉路线平面、纵断面、横断面设计内容；
2. 掌握路线设计的要求与方法；
3. 了解道路路线组成及路线交叉方式与要求。

道路是一条带状的三维空间实体。它的中心线是一条空间曲线，这条中心线在水平面上的投影，称为道路路线的平面；沿中心线竖直剖切展开的直面，称为道路路线的纵断面；中心线上任意点处的法向切面，称为道路路线的横断面。

第一节　概　　述

道路设计阶段

道路从无到有，要经过规划、勘测、设计、施工、竣工验收、交付使用等许多阶段。道路设计阶段又划分为：两阶段设计——初步设计和施工图设计；一阶段设计——一阶段施工图设计；三阶段设计——初步设计、技术设计、施工图设计三种设计阶段。

(一)初步设计

初步设计的目的是确定合理的技术方案。根据上级下达的计划任务书和批复的可行性研究报告、测设合同要求，在进行充分的技术和经济比较的基础上选定设计方案，计算工程数量及主要材料数量，提出施工方案建议，编制设计概算，提供包括文字说明和图表资料在内的初步设计文件。

经审查批复后的初步设计文件，是订购主要材料、机具、设备，安排重大研究试验项目，联系征用土地、拆迁，进行施工准备，编制施工图设计文件和控制建设项目投资等的依据。采用三阶段设计时，经审查批复的初步设计文件也是编制技术设计文件的依据。

初步设计在选定设计方案时，应对路线的走向、控制点和方案等进行现场核查，征求沿线地方政府和建设单位意见，基本落实路线布置方案，放出必要的控制线位桩。复杂地段的路线、互通立交、隧道、特大桥、大桥的位置，一般应选择两个或两个以上的方案，进行同深度的勘测和设计方案比选，提出推荐方案。

(二)技术设计

技术设计是根据初步设计批复意见，测设合同要求，对重大、复杂的技术问题通过科学试验，专题研究，加深勘探调查及分析比较，解决初步设计中未解决的问题，落实技术方案，计算工程数量，提出修正设计方案和修正设计概算。经批准后作为编制施工图设计的依据。

(三)施工图设计

两阶段(或三阶段)施工图设计是根据初步设计(或技术设计)批复意见、测设合同，进一步对所审定的修建原则、设计方案、技术决定加以具体和深化，最终确定各项工程数量，提出满足施工需要的图表资料，说明书和施工组织计划，并编制施工图预算。

一阶段施工图设计，应根据可行性研究报告批复意见、测设合同，拟定修建原则，确定设计方案和工程数量，提出图表资料、说明书以及施工组织计划，编制施工图预算，满足审批的要求和施工的需要。

 二 道路勘测

从宏观上看，道路是一条空间曲线。无论是形状、尺寸、位置；还是经济、技术、环保方面，都有特定的要求。根据上述要求，结合实际地形、地质条件把它安

排在地面上,这就是勘测。道路勘测包括选线、定线、测量和调查。

(一)选线

一条道路的起终点和中间控制点确定以后,可用多种方法把它们连接起来。要选出一条最合理的路线,一般要经过三个步骤:

1. 全面布局

全面布局。在路线的起点、终点和中间大控制点之间,按选线原则寻求最合理的路线走向。全面布局一般在视察时进行。

2. 逐段安排

逐段安排。路线的基本走向确定以后,进一步加密控制点,解决路线的局部性方案。这一工作是通过初步测量完成的。

3. 具体定线

具体定线。在逐段安排的小控制点之间,根据技术标准,结合自然条件,综合考虑平、纵、横三个方面的因素,适当移动交点进行穿线,具体定出路线的中线位置。具体定线在定测时进行。

(二)定线

道路定线是在选线布局中确定的"路线带"范围内,根据技术标准,结合地形、地质等条件,综合考虑平、纵、横三个方面的因素,合理安排,最终确定道路中线的确切位置。

道路定线不仅要解决工程技术、经济问题,还要解决道路与周围环境的协调及考虑工程技术标准、国家政策等因素的影响。因此,定线人员要在把握定线技巧的基础上,充分了解道路的使用任务、性质和要求,吃透路线所经地区的地形、地质情况,通过方案的比选、反复试线,定出一条最佳的路线方案。

根据道路等级、要求和条件,道路定线一般有纸上定线、实地定线和航测定线三种方法。对技术等级高、地形、地物复杂的路线,必须先进行纸上定线,然后把纸上所定的路线敷设到实地上;等级较低和地形等条件简单的路线,则可省略纸上定线这一步,直接在现场实地定线;航测定线是利用航摄像片、影像地图等航测资料,借助于航测仪器建立与实地完全相似的立体光学模型,在模型上直接定线。

(三)勘测

1. 初测

按照《工程项目可行性研究报告》所拟定的修建原则和设计方案,初步进行

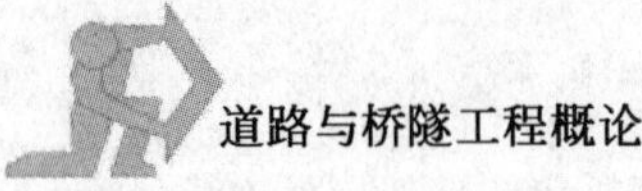

现场勘测，搜集编制初步设计所需的勘察资料，确定采用方案。

2.定测

根据批准的初步设计文件及确定的修建原则和工程方案，结合自然条件与环境，通过优化设计后进行实地钉桩放线，准确测定路线和构造物位置，为施工图设计提供资料。高速公路、一级公路采用分离式路基时，应按各自的中线分别进行定测。

3.一次定测

技术简单、方案明确的小型建设项目，可采用一次定测。一次定测根据批准的《工程项目可行性研究报告》及审批意见所确定的修建原则和路线基本走向方案，进行现场勘察落实。通过定线、测角、中桩、高程、横断面、地形、桥涵、隧道、路线交叉和其他资料的测量、调查及内业工作，提供一阶段施工图设计所需的资料。

第二节　道路线形设计

道路是供车辆行驶的构造物。满足汽车行驶的安全、迅速、经济、舒适和美观，是道路设计最基本的要求。道路线形是指道路中心线的空间线形。为研究方便和直观起见，对该空间线形进行三视图投影。路线在水平面上的投影称作路线的平面；沿中线竖直剖切并展开构成纵断面线形；中线上任一点的法向切面构成横断面。道路线形设计实际上是确定道路平面、纵断面及横断面的尺寸和形状，也就是通常所指的平面设计、纵断面设计和横断面设计。三者之间既相互联系又相互制约，在路线设计时，必须综合考虑。

一　道路平面线形设计

道路的平面位置受社会经济、自然地理和技术条件等因素的制约，从起点到终点不可能是一条直线，而是由许多直线段和曲线段(包括圆曲线和缓和曲线)组合而成。对平面线形而言，一般可分解为直线、圆曲线及缓和曲线。对平面线形的研究，实际上是对直线、圆曲线和缓和曲线三要素的研究，同时对此三要素进行恰当组合，切合实际的在实地上综合应用，以保证汽车在公路上安全、顺适地行驶。

(一)圆曲线

各级公路和城市道路不论转角大小均应设置平曲线。而圆曲线是平面线形中的主要组成部分。在平面线形中的单曲线、复曲线、虚交点曲线和回头曲线等,一般都包括有圆曲线。圆曲线由于与地形适应性强、可循性好、线形美观和易于测设等优点,使用十分普遍。

1.计算公式

$$R = v^2/[127(\mu + i)] \quad (1\text{-}2\text{-}1)$$

式中:R——圆曲线半径,m;

v——道路的计算行车速度,km/h;

μ——最大横向力系数;

i——路拱横向坡度,以小数计。

由上式可知:圆曲线半径越大,横向力系数就越小,汽车行驶就越稳定。从汽车行驶稳定性出发,圆曲线半径越大越好。但因受地形、地质、地物等因素的限制,圆曲线半径不可能设置得很大,往往会采用小半径的圆曲线。如果圆曲线半径选用得太小,会使汽车行驶不安全,甚至翻车。所以必须综合考虑汽车行驶的安全、迅速、舒适和经济,并兼顾美观,使确定的最小半径能满足某种程度的行车要求。这种最起码的半径数值,就是圆曲线的最小半径限制值。

《公路工程技术标准》根据各级公路的不同要求,规定了三类最小圆曲线半径,即:极限最小半径、一般最小半径和不设超高的最小半径。其中极限最小半径主要是满足行车安全,适当考虑舒适性;一般最小半径已具有较好的安全性和舒适性;不设超高的最小半径是考虑即使不设超高,也能保证其安全性和舒适性的最小半径。

在一定车速的条件下,要满足三类最小半径不同要求的安全性和舒适性,关键在于横向力系数 μ 值的合理确定。

2.圆曲线最小半径的确定

(1)极限最小半径

极限最小半径是路线设计中各级公路所能允许的极限值,其 μ 值的选用,主要满足安全要求,兼顾舒适性。因此,在非特殊困难的情况下,一般不轻易采用。

极限最小半径可按下式计算:

$$R_{min} = v^2/[127(\mu_{max} + i_{bmax})] \quad (1\text{-}2\text{-}2)$$

式中:R_{min}——极限最小半径,m;

μ_{max}——极限最小半径所对应的横向力系数(表 1-2-1);

i_{bmax}——最大超高横坡度(表 1-2-1)。

极限最小半径横向力系数及超高横坡度取用表 表 1-2-1

计算行车速度(km/h)	120	100	80	60	40	30	20
μ_{max}	0.10	0.11	0.12	0.13	0.14	0.15	0.16
i_{bmax}(%)	8	8	8	8	8	8	8

(2)一般最小半径

为避免在路线设计时只考虑节约投资，不考虑线形的整体协调和今后提高道路等级而过多采用极限最小半径的片面倾向，同时也要考虑在地形比较复杂的情况下不会过多地增加工程量，而且还具有充分的舒适感，这种半径就是一般最小半径。一般最小半径可按下式计算：

$$R_{一般} = v^2/[127(\mu + i_b)] \quad (1\text{-}2\text{-}3)$$

式中：$R_{一般}$——一般最小半径，m；

I_b——路拱超高横坡度(表 1-2-2)；

μ——一般最小半径所对应的横向力系数(表 1-2-2)。

一般最小半径横向力系数及超高横坡度取用表 表 1-2-2

计算行车速度(km/h)	120	100	80	60	40	30	20
μ	0.05	0.05	0.06	0.06	0.06	0.05	0.05
i_b(%)	6	6	7	8	7	6	6

(3)不设超高的最小半径

当路线上的半径大于一定值时，路面不设超高，路拱与直线段的横坡度相同，为双向横坡度。即使汽车在圆曲线外侧行驶，也能获得足够的安全性和很好的舒适性，这种半径就是不设超高的最小半径。

不设超高的最小半径可按下式计算：

$$R_{免} = v^2/[127(\mu - i_1)] \quad (1\text{-}2\text{-}4)$$

式中：$R_{免}$——不设超高最小半径，m；

i_1——路拱横坡度：道路等级二级及二级以上，$i_1 = 0.01 \sim 0.02$，二级以下，$i_1 = 0.03 \sim 0.04$；

μ——不设超高横向力系数，一般取 $\mu = 0.035 \sim 0.06$；

其中，“－”表示汽车在道路圆曲线外侧行驶。

根据公式计算并结合我国的具体情况，《公路工程技术标准》规定了各级公路的圆曲线最小半径值，如表 1-2-3 所示。

各级公路的最小半径值 表 1-2-3

计算行车速度(km/h)		120	100	80	60	40	30	20
极限最小半径(m)		650	400	250	125	60	30	15
一般最小半径(m)		1 000	700	400	200	100	65	30
不设超高的最小半径(m)	路拱≤2.0%	5 500	4 000	2 500	1 500	600	350	150
	路拱>2.0%	7 500	5 250	3 350	1 900	800	450	200

(二)缓和曲线

缓和曲线是设置在直线与圆曲线之间或大圆曲线与小圆曲线之间,由直线向圆曲线,或较大圆曲线向较小圆曲线过渡的线形,是道路平面线形要素之一。它的主要特征是曲率均匀变化。《公路工程技术标准》规定,除四级公路可不设缓和曲线外,其他各级公路,当平曲线半径小于不设超高的最小半径时,应设缓和曲线。

《公路工程技术标准》按计算行车速度、行车安全、行驶时间和附加纵坡的要求,规定了各级公路的最小缓和曲线长度,如表 1-2-4 所示。

缓和曲线最小长度值 表 1-2-4

计算行车速度(km/h)	120	100	80	60	40	30	20
最短缓和曲线长度(m)	100	85	70	50	35	25	20

在相同计算行车速度的公路上,不论曲线半径大小如何,都可取同一个缓和曲线长度。

(三)平曲线超高

当汽车在弯道上行驶时,由于离心力的作用,会影响行车安全。所以在平曲线设计时,常将弯道外侧车道抬高,构成与内侧车道同坡度的单向坡,使汽车在平曲线上行驶时获得一个指向内侧的横向分力,用以克服离心力,减少横向力,保证汽车行驶的稳定性及乘客的舒适性,这种设置称为平曲线超高。

超高的大小用横坡度表示。超高的大小与道路等级、平曲线半径及公路所处的环境、自然条件、路面类型、车辆组成等因素有关。

1. 最大超高横坡度

各级公路圆曲线部分的最大超高横坡度如表 1-2-5 所示。

各级公路圆曲线部分的最大超高横坡度 表 1-2-5

公路等级	高速公路	一	二	三	四
一般地区(%)	10		8		
积雪冰冻地区(%)	6				

2.不同设计车速(等级)、不同半径时的圆曲线超高横坡度

《公路工程技术标准》规定，当平曲线半径小于不设超高的最小半径时，必须设置超高。一般情况下，不同等级、不同半径圆曲线的超高横坡度如表 1-2-6 所示。

不同车速(等级)、不同半径圆曲线的超高横坡度 表 1-2-6

超高横坡度(%) \ 计算行车速度(km/h)	120	100	80	60	40	30	20
2	≥3 240	≥1 710	≥1 240	≥810	≥390	≥230	≥105
3	≥2 160	≥1 220	≥830	≥570	≥270	≥150	≥70
4	≥1 620	≥950	≥620	≥430	≥200	≥110	≥55
5	≥1 300	≥770	≥500	≥340	≥150	≥80	≥40
6	≥1 080	≥650	≥410	≥280	≥120	≥60	≥30
7	≥930	≥560	≥350	≥230	≥90	≥50	≥20
8	≥810	≥500	≥310	≥200	≥60	≥30	≥15
9	≥720	≥440	≥280	≥160			
10	≥650	≥400	≥250	≥125			

3.设置超高的规定和要求

(1)各级道路曲线部分的最小超高横坡度须等于或大于该道路直线部分的路拱横坡度，以利于排水。

(2)当道路通过城镇作为城市道路，按规定设置超高有困难时，可视实际情况进行适当处理。也可按表 1-2-7 取用。

市区路段全超高横坡度 表 1-2-7

计算行车速度(km/h)	80	60	40、30、20
超高横坡度(%)	6	4	2

(3)在有纵坡的弯道上设置超高时，应考虑合成坡度。

$$i_k = \sqrt{i_{纵}^2 + i_b^2} \tag{1-2-5}$$

式中：$i_{纵}$——道路纵坡，%；

l_b——合成纵坡，%。

(四)平曲线加宽

汽车在曲线上行驶时,四个车轮轨迹半径不同:前轴外轮半径最大,后轴内轮半径最小,因而需要比直线上更大的宽度。此外,汽车在曲线上行驶,其行驶轨迹并不完全与理论行驶轨迹相吻合,而是有一定的摆动偏移,需要将路面加宽来弥补,以保安全。这种在曲线上适当拓宽路面的形式称为平曲线加宽。

(1)《公路工程技术标准》规定,当圆曲线半径 $R \leqslant 250$m 时,应设置加宽。双车道路面的全加宽值见表 1-2-8。

双车道路面的全加宽值 表 1-2-8

加宽类型	圆曲线半径(m) 汽车 轴距加前悬(m)	250 ~200	200~ 150	150~ 100	100~ 70	70~ 50	50~ 30	30~ 25	25~ 20	20~ 15
1	5	0.4	0.6	0.8	1.0	1.2	1.4	1.8	2.2	2.5
2	8	0.6	0.7	0.9	1.2	1.5	2.0	—	—	—
3	5.2+8.8	0.8	1.0	1.5	2.0	2.5	—	—	—	—

单车道路面的全加宽值按表列数值的 1/2 取用,三车道以上的路面,其加宽值应另行计算。

(2)四级道路和山岭重丘区的三级道路采用表中的第一类加宽;其余各级道路采用第三类加宽值。对不经常通行集装箱运输半挂车的公路,可采用第二类加宽值。

(3)加宽应设置在圆曲线的内侧,路面加宽时路基一般也同时加宽。

(4)分道行驶的公路,圆曲线半径较小时,其内侧的加宽值应大于外侧车道的加宽值。设计时应按内外车道不同的半径,通过计算分别确定其加宽值。

(五)缓和段

当曲线上设有加宽和超高时,为保证线形平顺和行车安全,需设置缓和段。缓和段按作用不同,分为超高缓和段和加宽缓和段。

1.超高缓和段

为了满足行车舒适、路容美观及排水的要求,超高缓和段必须有一定的长度。超高缓和段长度一般以"超高渐变率"来控制。超高渐变率是指在超高缓和段上,由于弯道外侧路基抬高后,外侧路缘纵坡较设计纵坡增加的附加纵坡度。超高渐变率过大,会使行车不舒适,路容不美观;过小则易在路面上积水。我国《公路工程技术标准》所规定的超高渐变率如表 1-2-9 所示。

超高渐变率　表 1-2-9

计算行车速度(km/h)	超高旋转轴位置		计算行车速度(km/h)	超高旋转轴位置	
	中轴	边轴		中轴	边轴
120	1/250	1/200	40	1/150	1/100
100	1/225	1/175	30	1/125	1/75
80	1/200	1/150	20	1/100	1/50
60	1/175	1/125			

(1)绕内边轴旋转时超高缓和段长度计算

路面外缘最大抬高值为：

$$h=bi_b \tag{1-2-6}$$

则

$$L_c=h/p=b/pi_b$$

(2)绕中轴旋转的超高缓和段长度计算

路面外缘最大抬高值为：

$$h=b/2i_1+b/2i_b=b/2(i_1+i_b) \tag{1-2-7}$$

由上述两式进行归纳得出一般式为：

$$L_c=(b'/p)\Delta_i \tag{1-2-8}$$

式中：b'——超高旋转轴至路面外侧边缘之间的距离，m；

Δ_i——超高旋转轴外侧的最大超高横坡度与原路面横坡度的代数差；

p——超高渐变率，m/m，见表 1-2-14；

L_c——内边轴旋转或中轴旋转时的超高缓和段长度，由上式计算的长度取5m 的整倍数，m。

2.加宽缓和段

为使线形顺适和行车安全，在平曲线上加宽后，应在主曲线两端设置加宽缓和段。其长度一般与超高缓和段长度相同；当圆曲线上不设超高仅有加宽时，其长度不应小于 10m，但加宽缓和段长度和全加宽值的比例应按其加宽渐变率 1∶15 计算，且取 5m 的整数倍。

(六)行车视距

为了保证行车安全，汽车在行驶时，驾驶员应能看到前方一定距离内的公路路面，以便及时发现障碍物或对向来车，使汽车在一定的车速下能及时制动或避让。在这段时间内，汽车沿路面所行驶的最短距离称为行车视距。行车视距包括停车视距、会车视距和超车视距。

1. 停车视距

汽车在单车道或有分隔带的多车道公路上行驶时，遇到障碍物或路面破坏处，驾驶员只有采取制动的方法，使汽车在障碍物前完全停车，以保证安全。因此，在离路面 1.2m 高的驾驶员视线看到障碍物时起，至开始采取制动措施到完全安全停车止，这一必须保证的最短视距，称为停车视距。

2. 超车视距

在对向混合行驶的双车道道路上，各种车辆的行驶速度不同，快速行驶的车辆追上慢速行驶的车辆并超车，应设置一定比例的超车视距路段。为保证车辆行驶的安全，驾驶员必须看到前方足够长度的路面车流空隙，以便顺利完成超车，并在超车过程中不影响被超汽车的行驶状态及其他车流，如图 1-2-1 所示。

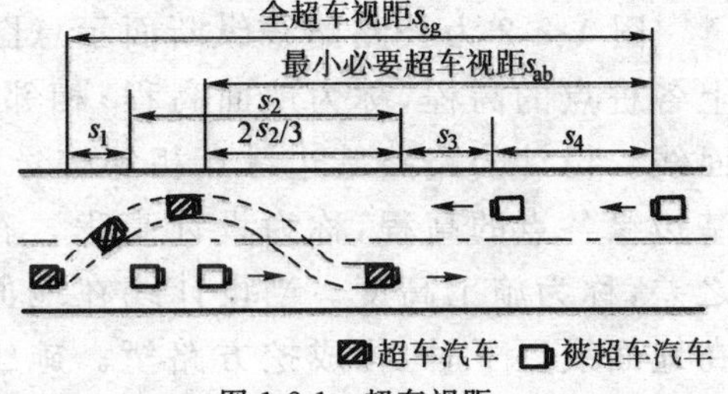

图 1-2-1　超车视距

《公路工程技术标准》所规定的行车视距见表 1-2-10。

各级道路行车视距(单位:m)　　表 1-2-10

计算行车速度(km/h)	120	100	80	60	40	30	20
停车视距	210	160	110	75	40	30	20
会车视距	—	—	220	150	80	60	40
超车视距	—	—	550	350	200	150	100

如由于地形及其他原因不得已时，超车视距可适当缩减，但最短不应小于表 1-2-10 规定值的 2/3。

(七)平面设计成果

路线平面设计应提供各种图纸和表格。其中主要的图纸有:路线平面设计图、路线总体布置图、路线交叉设计图、道路用地图、纸上移线图等。主要的表格有:直线、曲线及转角表，路线交点坐标表，逐桩坐标表，路线固定表，总路程及断链桩号表等。各种图纸和表格的样式可参照交通部颁布的《设计文件图表示例》。

二 道路纵断面设计

沿道路中线的竖向剖面称为路线纵断面。由于地形、地物、地质、水文等自然因素的影响以及满足经济性的要求，道路不可能从起点至终点是一条水平线，而是一条有起伏的空间线。纵断面设计就是根据汽车的动力性能、公路等级和性质、当地的自然地理条件以及工程经济等，确定道路纵坡的大小及长度，它直接影响到行车的安全和迅速、工程造价、运营费用和乘客的舒适程度。

图 1-2-2 为公路路线纵断面示意图。在纵断面上，通过路中线的原地面上各桩点的高程，称为地面高程；相邻地面高程的起伏折线的连线，称为地面线。设计公路路基边缘点相邻桩号高程的连线，称为设计线；设计线上路基边缘各点的高程，称为设计高程。在同一横断面上设计高程与地面高程之差，称为施工高度。当设计线在地面线以上时，构成填方路堤；当设计线在地面线以下时，构成挖方路堑。施工高度的大小直接反映了路堤的高度和路堑的深度。

公路纵断面设计线由直线和竖曲线两种线形要素所组成。路线有上坡和下坡，用高差、水平长度及纵坡度表示。纵坡度 i 表征匀坡路段坡度的大小，用高差 h 与水平长度 l 之比量度，即 $i=h/l(\%)$。在直线的纵坡转折处，为了平顺过渡，须设置一定长度的竖曲线来进行缓和。

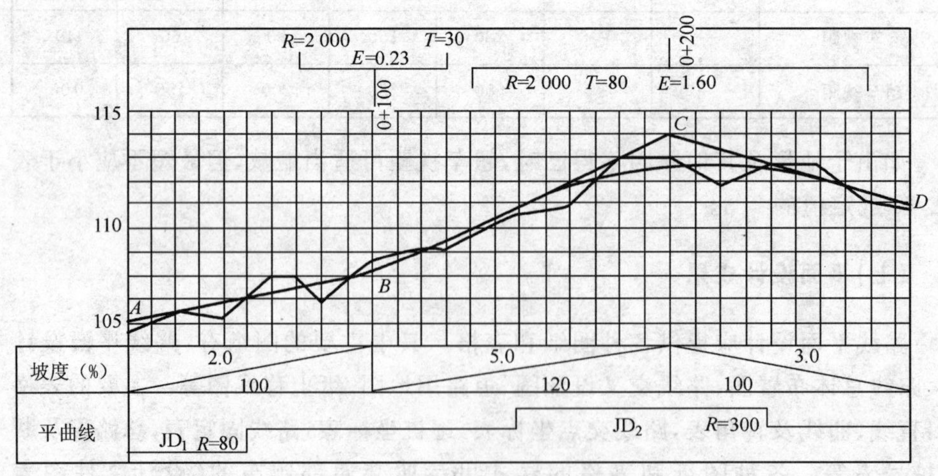

图 1-2-2 路线纵断面

(一)纵坡设计的一般规定

1. 最大纵坡

我国《公路工程技术标准》规定的各级道路最大纵坡如表 1-2-11 所示。

最 大 纵 坡 表 1-2-11

计算行车速度(km/h)	120	100	80	60	40	30	20
最大纵坡(%)	3	4	5	6	7	8	9

设计车速为 120km/h、100km/h、80km/h 的高速公路受地形条件或其他特殊情况限制时,经技术经济论证,最大纵坡值可增加 1%。公路改建中,设计车速为 40km/h、30km/h、20km/h 的利用原有公路的路段,经技术经济论证,最大纵坡值可增加 1%。

2. 最小纵坡

挖方路段,设置边沟的低填路段和横向排水不畅路段,为防止积水渗入路基影响稳定性,应避免采用水平纵坡,以免因为排水而将边沟挖得过深。《公路工程技术标准》规定,在各级公路的长路堑路段、其他横向排水不畅的路段,均应采用不小于 0.3%的纵坡,否则应对边沟作纵向排水设计。

干旱地区以及横向排水良好的路段,最小纵坡可不受上述限制。

3. 坡长限制与缓和坡段

(1)坡长限制

①最小坡长限制。从汽车行驶的平顺性、乘客的舒适性、纵面视距和相邻两竖曲线的布置等方面考虑,如果坡长过短,转坡过多,纵坡呈锯齿形状是不利的,路容也不美观。此外,相邻坡段的纵坡相差较大,而坡长又较短时,汽车运行中换挡频繁会增加驾驶员的操作强度。因此,纵坡应有一定的最小长度。

我国综合考虑了计算行车速度和地形条件等情况,规定最小坡长如表 1-2-12 所示。

最 小 坡 长 表 1-2-12

计算行车速度(km/h)	120	100	80	60	40	30	20
最小纵坡(%)	300	250	200	150	120	100	60

②最大坡长限制。道路纵坡的大小及其坡长对汽车的行驶影响很大,特别是长距离的陡坡对汽车行驶不利。调查资料表明,当纵坡的坡段太长,汽车克服行驶阻力时行驶速度显著降低,在提高汽车功率时又易使水箱开锅,导致汽车爬坡无力,甚至熄火;下长坡时制动次数增加,易使制动器发热而失效,造成车祸。

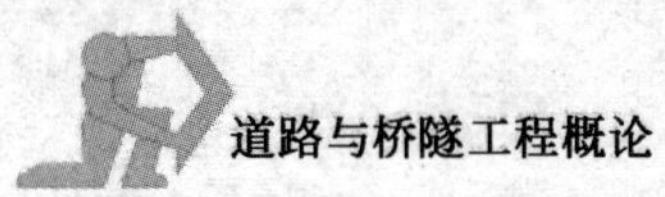

所以我国《公路工程技术标准》规定，各级公路采用不同纵坡时，最大坡长可按表1-2-13选用。

不同纵坡时的最大坡长　　表1-2-13

计算行车速度(km/h)		120	100	80	60	40	30	20
纵坡坡度(%)	3	900	1 000	1 100	1 200	—	—	—
	4	700	800	900	1 000	1 100	1 100	1 200
	5	—	600	700	800	900	900	1 000
	6	—	—	500	600	700	700	800
	7	—	—	—	—	500	500	600
	8	—	—	—	—	300	300	400
	9	—	—	—	—	—	200	300
	10	—	—	—	—	—	—	200

高速公路、一级公路当连续陡坡由几个不同坡度值的坡段组合而成时，应对纵坡长度受限制的路段采用平均坡度法进行验算。二、三、四级公路当连续纵坡大于5%，对纵坡长度应加以限制，以利提高车速和行驶安全。

实际纵坡设计中，当大于5%的坡长还未达到其规定的限制坡长时，可变化坡度(应为连续上坡或连续下坡)，但其长度应按坡长限制的规定进行折算。例如：某计算行车速度为30km/h的公路，第一段坡的纵坡为8.0%，长度为120m，即占坡长限制值的2/5，若相邻坡段的纵坡为7.0%，则其坡长不应超过500×3/5＝300m。也就是说8.0%的纵坡设计了长度120m以后，还可接着设计坡度为7.0%的纵坡300m长，坡长限制值已用完。

(2)缓和坡段

当路线纵坡的限制坡长用完后，应设置缓和坡段。缓和坡段的长度不小于最短坡段长度，坡度不大于3%。

4.平均纵坡

平均纵坡是指一定长度路段的高差与水平距离之比，以百分率(%)表示。它是衡量纵断面线形设计质量的一个重要限制性指标。

在山区越岭路线纵坡设计中，有时虽然道路纵坡的设计完全符合最大纵坡、坡长限制的规定，但也不一定能保证使用质量。极限长度的陡纵坡频繁使用，会使汽车长时间的低速行驶，引起不良后果，甚至造成事故。说明汽车短时间内在陡坡路段上坡或下坡，问题尚不严重，但长时间连续在陡坡路段上行驶，就相当危险。因此有必要从行车顺适和安全考虑来控制设计纵坡的平均值。我国《公路工程技术标准》规定，为了汽车安全顺适行驶，合理运用最大纵坡和坡长限制，越岭路线连续上坡(或下坡)路段，相对高差为 200～500m 时，平均纵坡不应大于 5.5％；相对高差大于 500m 时，平均纵坡不应大于 5％；并注意任何相连 3km 路段的平均纵坡不宜大于 5.5％。

(二)纵坡与竖曲线设计

1. 纵坡设计步骤

①标注控制点；

②试定纵坡线；

③调整纵坡线；

④与横断面进行核对；

⑤确定纵坡线。

2. 竖曲线设计方法

为了行车平顺，纵断面上相邻两条纵坡线的相交处(俗称转坡点或变坡点)通常用一段曲线——二次抛物线连接起来，这条曲线称为竖曲线。

竖曲线有两种形式：相邻两条纵坡线的交角(转坡角)ω 为正值时，为凸形竖曲线；ω 为负值时，为凹形竖曲线。其计算式为：

$$\omega=i_1-i_2 \tag{1-2-9}$$

(1)竖曲线半径的确定

竖曲线半径应根据公路的等级、竖曲线形式查表 1-2-14 确定。并经长度检验，满足最小长度要求。

竖曲线最小半径和最小长度 表 1-2-14

计算行车速(km/h)		120	100	80	60	40	30	20
凸形竖曲线(m)	一般值	17 000	10 000	4 500	2 000	700	400	200
	极限值	11 000	6 500	3 000	1 400	450	250	100
凸形竖曲线(m)	一般值	6 000	4 500	3 000	1 500	700	400	200
	极限值	4 000	3 000	2 000	1 000	450	250	100
竖曲线最小长度(m)		100	85	70	50	35	25	20

(2)竖曲线要素计算

①曲线长：$L=R\omega$；

②切线长：$T=L/2$；

③外　距：$E=T^2/2R$；

④改正值：$h=l^2/2R$ 。　　　　(1-2-10)

(3)竖曲线起、终点桩号推算

①竖曲线起点桩号＝转坡点(变坡点)桩号－T；

②竖曲线终点桩号＝转坡点(变坡点)桩号＋T。　　　　(1-2-11)

(三)纵断面设计成果

纵断面设计成果主要包括路线纵断面图和路基设计表。

三　道路横断面设计

道路中线的法线方向剖面称为道路横断面，简称横断面。道路横断面图是由设计线与地面线所围成的图形。横断面设计是路线设计的重要组成部分，它与纵断面设计、平面设计相互影响。设计中应将平、纵、横三个面结合起来综合考虑，反复比较和调整，达到各元素之间的协调一致。做到组成合理、用地节省、工程经济和有利于环境保护。横断面图上包括：行车道、中间带、路肩、边坡、边沟、截水沟、护坡道以及专门设计的取土坑、弃土堆、环境保护等设施，各部分的位置、名称如图 1-2-3 所示。

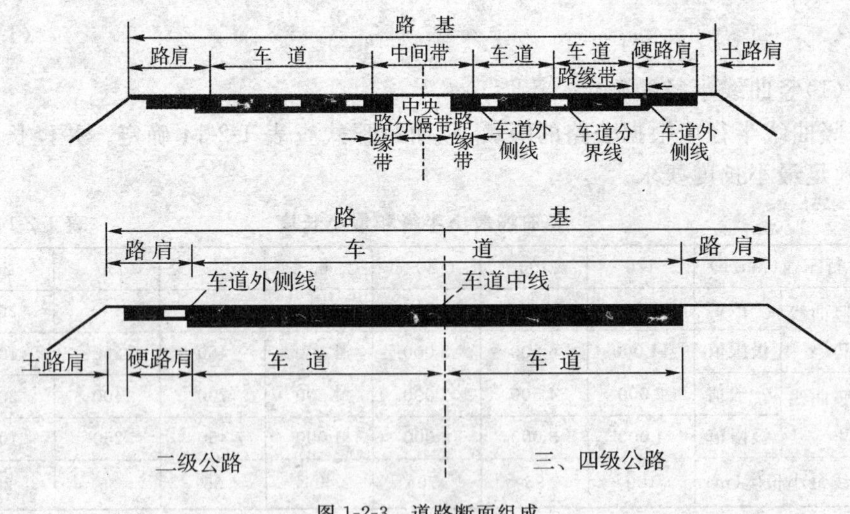

图 1-2-3　道路断面组成

(一)横断面分类及组成

1. 整体式横断面

(1)有中央分隔带的公路

高速公路和一级公路的路基横断面,一般采用整体式。整体式横断面上包括行车道、中间带、路肩、紧急停车带、爬坡车道、变速车道等。

(2)无中央分隔带的公路

二、三、四级公路采用整体式断面,不设中间带,它的组成包括行车道、路肩、错车道等。

2. 分离式横断面

当地形条件受限时,高速公路和一级公路可采用分离式路基横断面。分离式横断面没有中间带,其他部分和整体式断面相同。

(二)横断面尺寸确定

1. 路基宽度

路基宽度是横断面设计图上两路肩外缘之间的距离,一般是行车道与路肩宽度之和。当设有中间带、紧急停车带、爬坡车道、变速车道、错车道时,应包括在路基宽度内,《公路工程技术标准》规定的路基宽度如表 1-2-15 所示。

路 基 宽 度　　表 1-2-15

道路等级		高速公路、一级公路								
计算行车速度(km/h)		120			100			80		60
车道数		8	6	4	8	6	4	6	4	4
路基宽度(m)	一般值	45.00	34.50	28.00	44.00	33.50	26.00	32.00	23.00	23.00
	最小值	42.00	—	26.00	41.00	—	24.50	—	20.00	20.00
道路等级		二级公路、三级公路、四级公路								
计算行车速度(km/h)		80	60	40	30	20				
车道数		2	2	2	2	2或1				
路基宽度(m)	一般值	12.00	10.00	8.50	7.50	6.50(双车道)	4.50(单车道)			
	最小值	10.00	8.50	—	—	—				

2. 行车道

行车道为车辆行驶提供通行条件,行车道宽度和路面状况影响车辆行驶的

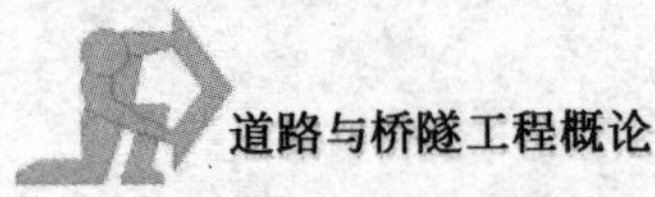

安全性、舒适性和道路的通行能力，行车道过窄会使不同车道之间的横向间距不足，车辆的横向干扰增加，平均速度和通行能力下降。

公路每条行车道的宽度为3.5～3.75m，以满足车辆在一定车速情况下运行时的横向偏移，并能为相邻车道上的车流提供余宽。相应等级公路行车道的车道数见表2-15。行车道宽度详见《公路工程技术标准》的规定。

3.中间带

中间带由路线双向的两条左侧路缘带和中央分隔带组成。

宽中间带投资大、占地多。一般均采用高出行车道表面的凸形窄中央分隔带；条件许可时也可采用宽度大于4.5m的凹形中央分隔带，在分隔带上植草、栽灌木或铺面。

中间带可不等宽，也不一定等高，应与地形、景观等配合。不等宽的中间带应逐步过渡，避免突变。中央分隔带每隔2km应设置一处开口，供紧急特殊情况下使用。中间带宽度详见《公路工程技术标准》的规定。

4.路肩

路肩位于行车道外缘至路基边缘之间，是具有一定宽度的带状结构物。高速公路和一级公路的路肩包括硬路肩和土路肩两部分；二、三、四级公路的路肩一般只设土路肩。路肩的主要作用是保护行车道，供行人、自行车通行和临时停放车辆。路肩宽度详见《公路工程技术标准》的规定。

5.路缘带

路缘带既可以是硬路肩的一部分，又可以是中间带的一部分，主要取决于它的位置，如图1-2-4所示。在中间带范围内的路缘带是中间带的组成部分；在路肩范围内的路缘带属路肩的组成部分。它的主要功能是诱导驾驶员的视线和提供部分侧向余宽。当汽车越出行车道时，能加强行车安全。

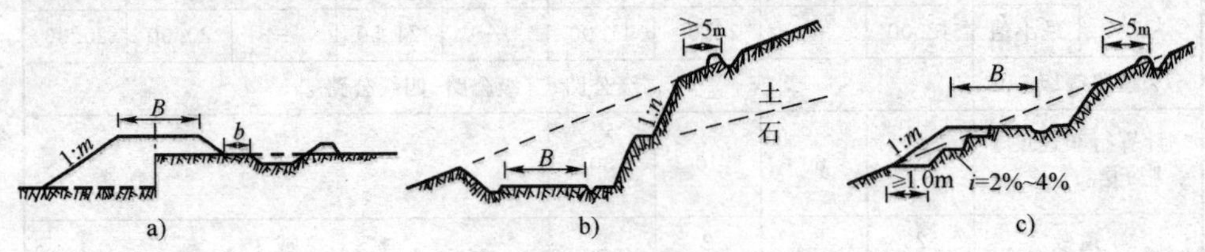

图1-2-4　路基典型断面

6.应急停车带

应急停车带是车辆发生故障时紧急停车的区域。当硬路肩宽度足以停车时就无须设置应急停车带；高速公路和一级公路右侧硬路肩宽度小于2.5m时，就要设置应急停车带，使发生故障的车辆尽快离开行车道。其他等级的道路是否设置应急停车带，根据实际情况决定。

停车带的间距主要考虑发生故障车辆可能滑行的距离和工程量、交通量等因素，使其既能发挥应急停车的作用，又不造成工程量的大幅增加。《公路工程技术标准》规定，应急停车带的间距不宜大于500m。应急停车带的宽度包括硬路肩在内为3.5m，有效长度不小于30m。此外，在应急停车带的两端还要设置一个三角形的缓和过渡段，长度为20m(低等级道路可为10m)。

(三)横断面设计

在道路设计中，我们要把起伏不平的地形变成可供汽车行驶的道路，就要将低于道路设计线的地面填筑起来；反之，就需要挖去多余部分。若上述两种情况同时出现在一个断面内，就形成既填又挖的断面。我们把高于原地面的填方路基称为路堤(图1-2-4a)；低于原地面的挖方路基称为路堑(图1-2-4b)；在一个断面内，部分要填，另一部分要挖的路基称为半填半挖路基(图1-2-4c)。

横断面设计(俗称"戴帽子")，是在纵断面设计完成后，在路线勘测时绘制的横断面地面线上，按设计要求(路基宽度、路拱、边坡；超高、加宽等)绘出填方路基、挖方路基、半填半挖路基。具体步骤如下：

1. 准备工作

(1)抄录填挖高、超高加宽。

将路基设计表上各中桩的填土高(T)或挖土深(W)、路基宽度、超高(h_c)和加宽(B_j)等数值逐桩标注在相应中桩横断面地面线下。

(2)根据地质调查资料，标出各断面的土石分界线，确定边坡坡度及边沟形状、尺寸。

2. 逐桩绘出直线段路基横断面设计线

3. 逐桩绘出曲线段路基横断面设计线

圆曲线上有超高时，按超高旋转轴绘出超高横坡度和左右路肩边缘连线；有加宽时，绘出加宽后的左右路肩边缘的连线。缓和曲线、缓和段上，先按超高、加宽找三点(内侧边缘、中线、外侧边缘)，再将内、中、外三点连成折线。

4. 绘制边坡(护坡道)、边沟、取土坑、截水沟、挡土墙

(四)路基土石方计算与调配

横断面设计完成后，应分别计算各中桩横断面的填方面积(A_T)和挖方面积(A_W)并标注在设计图上。

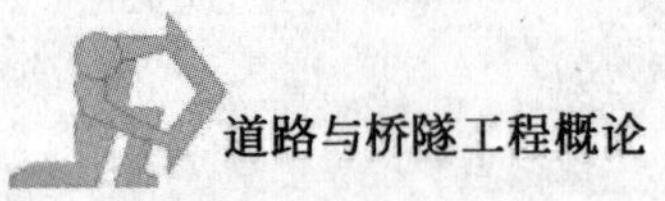

1. 横断面面积计算

横断面面积是指横断面设计图中地面线与设计线所围成的面积，常用的方法有积距法、坐标法、几何图形法及混合法。这里主要介绍工程上用得最多的积距法。

(1)计算方法

把断面面积垂直分割成宽度相等的三角形或梯形条块(一般为 1cm)；量取每一条块的中心高度；将高度累计，再乘以每条块 $1cm^2$ 的实地面积(1∶200 比例尺，图上每 $1cm^2$ 为实地面积 $4m^2$)，即为本断面的横断面面积。

$$A=\sum A_i= B\times \sum h_i \tag{1-2-12}$$

式中：A——横断面面积，m^2；

A_i——每一条块的面积，m^2；

B——横断面分成的三角形或梯形条块中图上每 $1cm^2$ 的实地面积，为 $4m^2$；

h_i——横断面分成的三角形或梯形条块中，每一条块的中心高度，cm。

(2)应注意的问题

①填方面积和挖方面积应分别计算；

②填方或挖方中的土石也要分别计算。

2. 填、挖方体积计算

为简化计算，目前一般采用平均断面法计算填挖方体积。假定两相邻断面组成一棱柱体，断面即为棱柱体的上底下底，中线距离(两桩号里程差)即为棱柱的高，其体积为：

$$V=(A_1+A_2)/2\times L \tag{1-2-13}$$

式中：V——两断面间的体积，m^3；

A_1、A_2——横断面填、挖面积，m^2；

L——两断面间的中线距离，m。

3. 路基土石方调配

①先横向后纵向，先本桩利用，后远运利用；

②综合考虑施工方法、运输条件、地形情况等因素，采用合理的经济运距；

③避免或防止水土流失、河道堵塞、塌方等破坏生态环境的现象发生；

④土石应分开调配；

⑤一般不跨沟、上坡调配。

(五) 横断面设计成果

横断面设计完成后的设计成果主要有横断面图和路基土石方数量计算表。

第三节 道 路 交 叉

道路与道路、道路与铁路及道路与其他道路或管线相交的形式称为交叉，相交的地方称为交叉口。相交道路在同一平面位置时，称为平面交叉，相交道路在不同平面位置时，称为立体交叉。

 平面交叉

平面交叉口的类型取决于道路网规划；地形、地物情况；交通量、交通性质和交通组织等情况。常用的平面交叉类型有“十”字形、“T”字形及其演变而来的“X”形、“Y”形、错位多路交叉等。这些交叉口在平面上的几何图形，取决于规划道路网和临街建筑的形状。平面交叉因交通量、交通性质及交通组织方式等不同有以下几种类型。

(一)加铺转角式平面交叉

在平面交叉转弯处，以圆曲线构成加宽来连接交叉道路路基和路面的形式称为加铺转角式，如图 1-2-5 所示。此类交叉形式简单，占地少，造价低，设计方便；但行车速度低，通行能力小。一般适用于交通量不大，车速不高、转弯车辆少的三、四级道路或地方道路。设计时主要解决合适的转角半径和足够的视距。

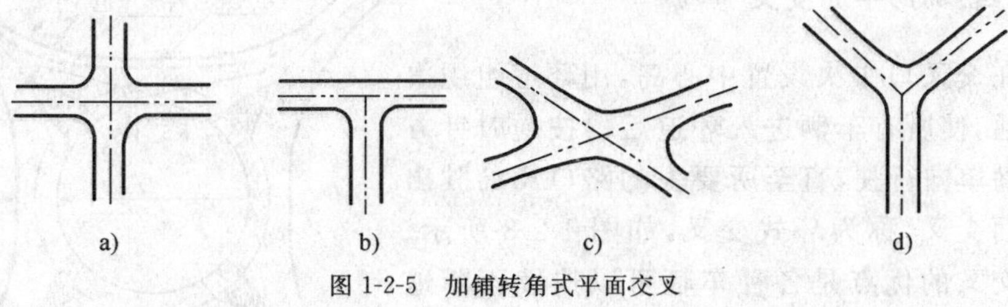

图 1-2-5 加铺转角式平面交叉

(二)分道转弯式平面交叉

通过在路面上设置导流岛、划分车道、设分隔器、分隔带或交通岛等措施来限制车流的行车路线，使不同车型、车速和行驶方向的车辆，沿着指定方向通过交叉口的形式，称为分道转弯式，如图 1-2-6 所示。分道转弯式适用于交通量不大、车速较高、但转弯车辆较多的三、四级道路。设计时主要解决分道转弯半径、保证足够的视距和满足导流岛端部半径的要求。分道转弯式交叉也起到渠化交通的作用。

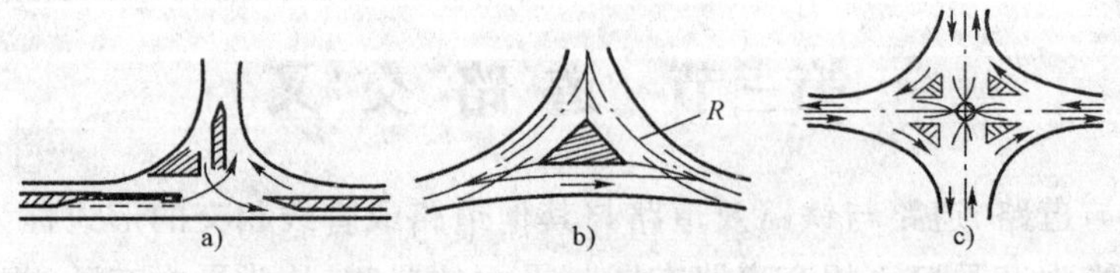

图 1-2-6　分道转弯式平面交叉

(三)加宽路口式平面交叉

为使转弯车辆不影响其他车辆的正常行驶，在交叉口连接部增设变速车道和转弯车道的平面交叉，称为加宽路口式，如图 1-2-7 所示。这种交叉可以单增右转或左转车道，也可同时增设左、右转车道。此类交叉可以减少转弯车辆对直行车辆的干扰，车速较高，事故降低，通行能力较大；但占地多，投资大。适用于交通量较大、转弯车辆较多的二级道路。设计时主要解决扩宽的车道数，同时也要满足视距和转弯半径的要求。

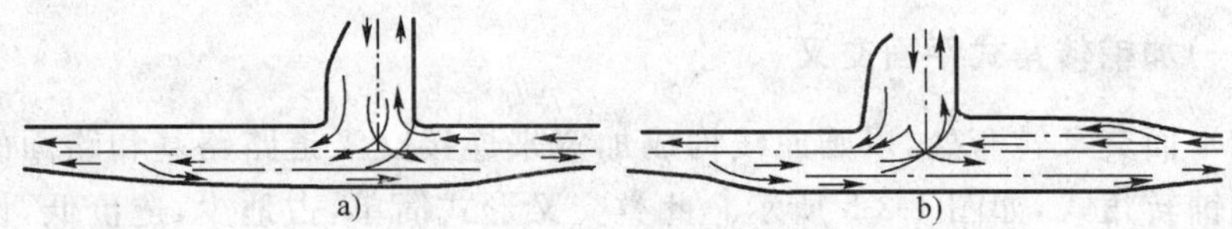

图 1-2-7　加宽路口式平面交叉

(四)环形平面交叉

在交叉口中央设置中心岛，用环道组织渠化交通，使所有车辆进入环道后均按逆时针方向绕岛单向行驶，直至所要去的路口离岛驶出的平面交叉，称为环式交叉，如图 1-2-8 所示。环形交叉的优点是各种车辆可以连续不断地单向运行，没有停滞，减少了车辆在交叉口的延误时间；环道上的行车只有交织的分流，消除了冲突点，提高了行车安全性；交通组织简便，不需信号管制；对多路交叉和畸形交叉，用环式交叉更为有效。

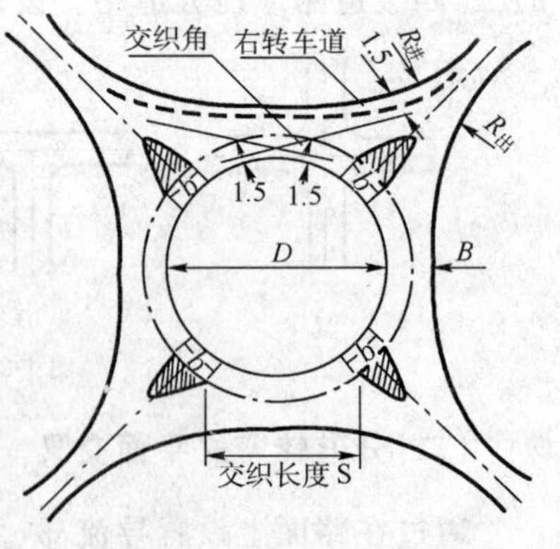

图 1-2-8　环形平面交叉

环形交叉的缺点是占地面积大，增加了车辆的绕行距离，特别是左转弯车辆。造价相对其他形式的交叉口为高。因此，这种交叉适用于多条道路相交，通过交叉口的总交通量达 500～3 000 辆/h,转向车辆较多,地形较为平坦的交叉口。应注意非机动车尤其是畜力车较多时,环式交叉的使用效果显著下降。

 立体交叉

高等级道路相交或道路与相交道路之间的交通量很大,平面交叉无法满足车辆正常运行要求,或交叉口处要求行车速度较高及通行能力较大时,在地形条件许可的情况下,经经济和技术综合评定,可采用立体交叉。

(一)立体交叉的类型

1.按结构物形式分类

立体交叉按相交道路结构物形式划分为上跨式和下穿式(隧道式)两类。

(1)上跨式。用跨线桥从相关道路上方跨过的交叉方式。这种交叉施工方便、造价低、排水易处理,但占地大、引道较长,高架桥影响行车视线和路容,多用于市区以外或周围有高大建筑物处。

(2)下穿式。也称隧道式,即用地道(或隧道)从相交道路下方穿过的方式。这种交叉占地少,立面易处理,对视线及市容影响小,但施工复杂,造价高,排水困难,多用于市区处。

2.按交通功能分类

按交通功能可划分为分离式立体交叉和互通式立体交叉。

(1)分离式立体交叉。

仅设跨线构造物(跨线桥或地道)一座,使相交道路空间分离,上、下道路间无匝道连接的交叉方式。这种立体交叉结构简单,占地少,造价低,但相交道路的车辆不能转弯行驶,只能保证直行方向的车辆空间分离行驶。

分离式立体交叉主要适用于直行交通量大,转弯车辆少,不设置转弯车道的交叉处及公路与铁路交叉处。高速公路与其他各级公路交叉时,除在控制出入的地点设置互通式立体交叉外,均采用分离式立体交叉。一般等级公路之间交叉时,因场地或地面地形条件受限制时,可采用分离式立体交叉,以减少工程数量,降低造价。

(2)互通式立体交叉。

互通式立体交叉不仅设跨线结构物使相交道路空间分离,而且上、下道之间有匝道连接,以供转弯车辆行驶的交叉方式。这种交叉车辆可以转弯行驶,全部或部分消灭了冲突点,各方向行车相互干扰小;但立交结构复杂,占地多,造价

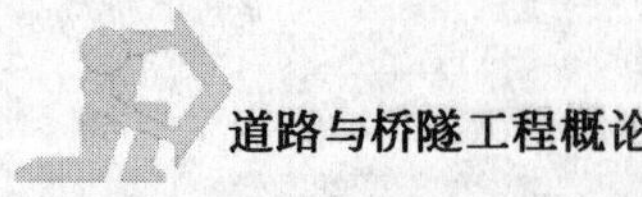

高。互通式立体交叉适用于高速公路与其他各类道路、大城市出入口道路，以及重要港口、机场或游览圣地的道路相交处。互通式立体交叉根据交叉处车流轨迹线的交叉方式和几何形状的不同，又可分为完全互通式、部分互通式和交织式三种类型。

①完全互通式立体交叉：相交道路的车流轨迹线全部在空间分离的交叉，它是一种比较完善的高级形式立交，代表形式有喇叭形立交(图 1-2-9)和苜蓿叶形立交(图 1-2-10)、定向型立交(图 1-2-11b、d)、部分定向型立交(图 1-2-11a、c)等。其特点是转弯方向数与匝道数相等，各转弯方向都有专用匝道，无冲突点，行车安全，通行能力大；但占地面积大、造价高。适用于高速公路之间及高等级公路与其他高等级公路相交。布设时应考虑相交道路等级、使用任务和性质，结合交通量和地形条件，在满足交通功能的条件下，合理选择立交的形式和布置立交的匝道，尽量减少占地、降低造价。

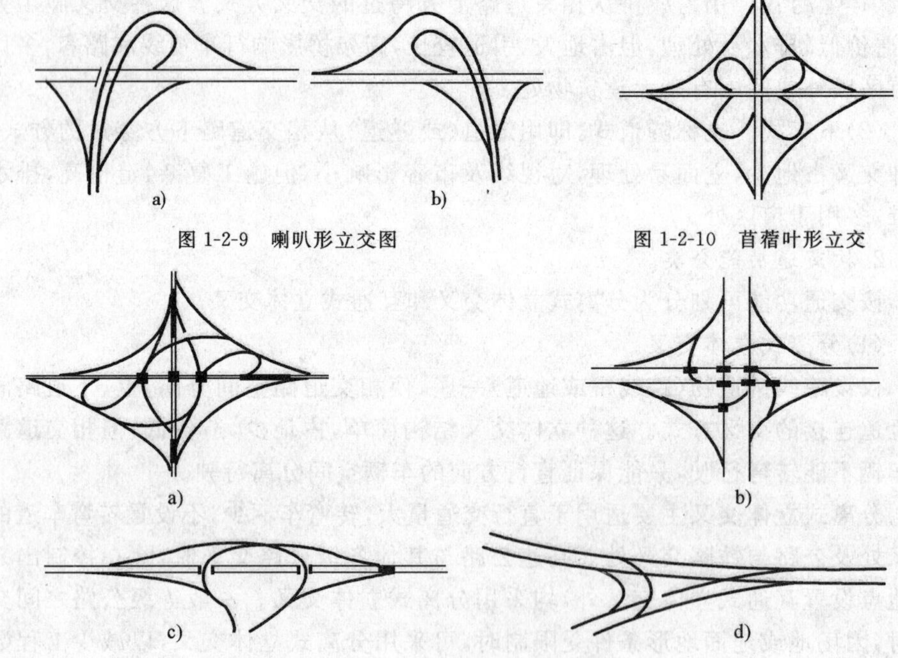

a)　b)

图 1-2-9　喇叭形立交图

图 1-2-10　苜蓿叶形立交

a)　b)　c)　d)

图 1-2-11　定向型、部分定向型立交

②部分互通式立体交叉：相交道路的车流轨迹线之间至少有一个平面冲突点的交叉(图 1-2-12)。

这是一种低级的互通式立体交叉，代表形式有部分苜蓿叶式立交(图 1-2-12a)和菱形立交(图 1-2-12b)等。其特点是形式简单，仅需一座跨线的构造物，占地少，造价低，但存在平面交叉。互通式立体交叉对行车干扰大，适用于一级公路与较低等级公路相交。当个别方向的交通量很小或分期修建时；用地和地形等条件受限制时采用。布设时应将平面交叉设在次要道路上。

③交织型立体交叉：相交道路的车流轨迹线以交织的方式运行，存在交织路段的交叉。它是由环形平面交叉发展而来的，代表形式有环形立体交叉（图1-2-13）。其特点是保证主要道路直通，交通组织方便，占地少且无冲突点，但通行能力受到环道交织能力的限制。车速也受到环岛半径的限制，绕行距离长，构造物多。适用于较高等级公路与次高等级公路之间的交叉。当采用环形立体交叉时，必须根据相交道路的性质进行比较，须满足环道通行能力、交通量及车速的要求。布设时应让主线直通，中心岛可采用圆形、椭圆形或其他形状。

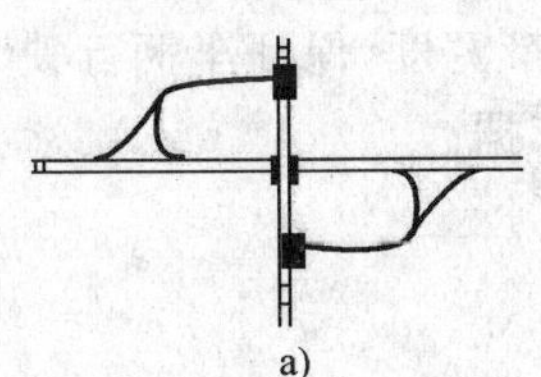

图 1-2-12　部分互通式立体交叉

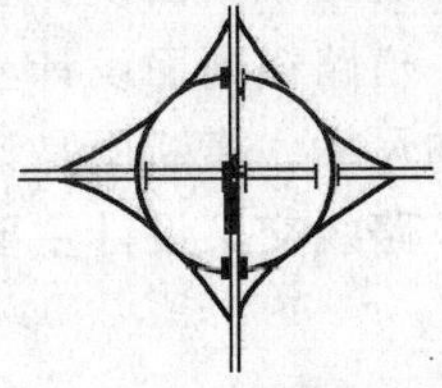

图 1-2-13　环形立体交叉

（二）立体交叉的匝道

匝道的形式很多，按其功能及与相交道路的关系分为右转匝道和左转匝道两大类。

1. 右转匝道

右转匝道即从公路右侧驶出后直接右转约 90°，至相交道路右侧进入，一般不需跨线构造物。其特点是形式简单，车辆行驶方便，行车安全。

2. 左转匝道

左转匝道即车辆约需转 90°至 270°越过对向车道，至少要设置一座跨线构造物。按匝道与相交道路的关系，可分为直接式、半直接式及间接式三种。其中直接式又称为定向式或左进式，其特点是匝道长度短，无须迂回运行；缺点是需设跨线构造物，因相交道路的双向行车需有足够间距，对重型车行驶不利。对于半直接式交叉，又称半定向式匝道，按车辆由相交道路进出方式分为左出右进式、右出左进式及右出右进式三种。间接式匝道又称环式，它为苜蓿叶式和喇叭式立交的标准组成部分。

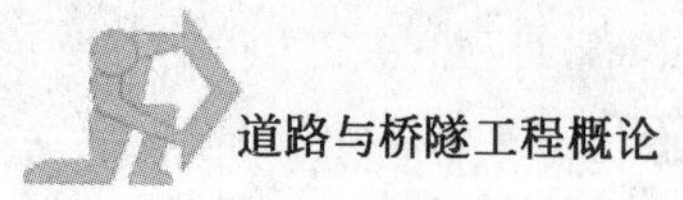

本章小结

道路路线设计是道路建设的基础。道路从无到有,要经过选线、勘测、设计、施工等诸多程序。

道路线形设计包括平面设计、纵断面设计、横断面设计。

道路平面设计包括圆曲线、缓和曲线、超高、加宽、缓和段、视距设计。道路平面设计选用的各种数据既要保证计算正确,又要满足技术标准的要求。不满足技术标准要求的设计是不合格的设计。技术标准中的极限值,又要满足技术标准的要求。不满足技术标准要求的设计是不合格的设计。技术标准中的极限值,一般不要轻易采用。

道路纵断面设计主要解决道路纵坡度大小、坡段长度及竖曲线的位置。

道路横断面设计主要解决路基、路面、路肩、中间带宽度,保证车辆行驶时的横向尺寸。横断面是计算道路土石方工程量的重要依据。

路线交叉设计主要研究解决行车干扰问题。

小知识

汽车在道路上行驶,既要保证纵向稳定,又要保证横向稳定。按现行标准、规范设计的道路,其半径、纵坡及路面类型都能满足在设计车速行驶时的安全需要。但是,若装载高度使汽车重心过高,或行驶速度过快,就会破坏平衡,导致翻车危险。因此,保证设计的正确与优质以及施工的质量,是道路建设中不可轻视的必要条件。

思考与练习

1. 道路路线设计分为哪几种阶段?
2. 道路平面设计包含哪些内容?
3. 圆曲线最小半径有哪几种?如何选用?
4. 什么情况下要在圆曲线上设置超高?超高横坡度应如何确定?
5. 什么情况下要在圆曲线上设置加宽?加宽值如何确定?

6. 行车视距有哪几种？平面视距如何保证？

7. 纵坡设计的要求和规定有哪些？

8. 路基横断面由哪几部分组成？各种典型路基横断面分别适用于什么情况？

9. 路基横断面图上包括哪些内容？它们各自的功能是什么？

10. 道路与道路的平面交叉分为哪几种类型？

11. 互通式立体交叉的主要形式有哪些？匝道的主要作用是什么？对匝道有什么要求？

练习题

1. 某平原地区新建一级公路的弯道，按标准规定应设置的最小平曲线半径为多大？

2. 某山岭地区新建二级公路有一弯道，选定半径为 120m，试确定其超高横坡度。

3. 某山岭区三级公路，转坡点设在 K6＋770 桩号处，其高程为 396.67m，两相邻坡段的前坡 $i_1=+3.0\%$，后坡 $i_2=-1.0\%$，选用竖曲线半径 $R=3\,000$m。试计算竖曲线要素、竖曲线起、终点桩号及竖曲线上每隔整 10m 桩号的设计高程。

第三章 路基工程

【职业能力目标】

1.熟悉路基的类型、组成及相关概念；
2.能够担负路基施工任务。

【学习要求】

1.了解路基的类型、特点与组成；
2.掌握路基填方和挖方的施工工艺与要求；
3.熟悉路基排水工程和防护支挡工程。

路基是道路的基础，一条公路的使用品质不仅与公路的线形和路面的质量有关，同时也与路基的品质有重要的关系。路基稳定，不仅能有效的提高路基、路面的整体强度及路面平整度，而且还由于路基强度的增加，可适当减薄路面结构层的厚度，降低工程造价。填方路基由于是在原地面基础上进行填筑，因此，保证填方路基的施工质量，对保证道路整体的强度及稳定性就显得尤为重要。

第一节 概 述

公路一般由路基、路面、桥梁、隧道工程和交通工程设施等几大部分组成。路基是用土或石料修筑而成的线形结构物。它承受着本身的岩土自重和路面重力，以及由路面传递而来的行车荷载，是整个公路构造的重要组成部分。路基主要包括路基体、边坡、边沟及其他附属设施等几个部分(图 1-3-1),路基的形式主要有填方路基、挖方路堑及半填半挖路基等。

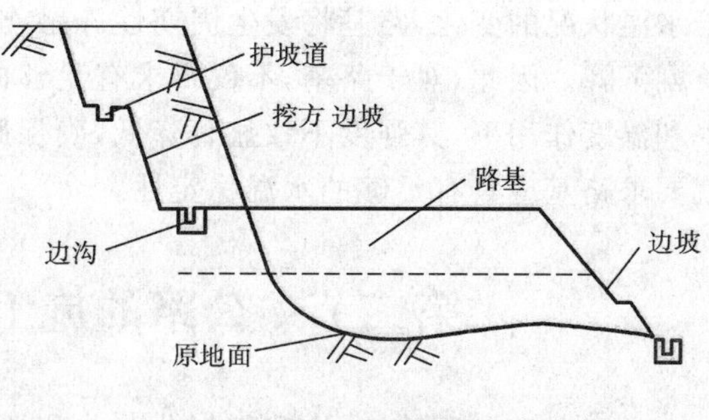

图 1-3-1 路基组成

在公路工程建设中,路基是公路的重要组成部分,具有工艺简单、工程数量大、耗费劳力多、涉及面广、耗资巨大等特点。因为动用土石方数量巨大,因此路基施工改变了公路沿线原有的自然状态,挖填及借弃土石方涉及沿线的生态平衡、水土保持和农田水利。路基的强度及稳定与否,直接关系到公路的正常使用,因此能否做好路基工程的设计、施工与养护,直接关系到公路的使用质量,因此不容忽视。

路基应满足下列基本要求:

(1)路基横断面形式及尺寸,应符合《公路工程技术标准》的有关规定和要求。

(2)路基应具有足够的整体稳定性。路基是直接在地面上填筑或挖去一部分地面而建成的。路基建成后,一般都改变了原地面的天然平衡状态,尤其是在地质不良地段,甚至加剧了原地面的不平衡状态,从而导致路基发生各种破坏现象。例如,土体滑动、古滑坡体复活、雨季边坡坍方或崩塌、修筑在天然斜坡上的路堤因自重作用而下滑,都严重影响道路的使用。因此,为了防止路基结构在行车荷载及自然因素作用下,不致发生不允许的变形或破坏,必须因地制宜地采取一定的措施,以保证路基整体结构的稳定性。

(3)路基应具有足够的强度。路基的强度是指在行车荷载作用下,路基抵抗变形与破坏的能力。路基直接承受路面结构层自重和行车荷载传递下来的作用,若路基出现松软现象,产生一定的变形,路面结构层就会随之向下沉落,导致路面发生破坏,从而损坏路面的使用品质。为保证路基在自身和外力的作用下,不致产生超过容许范围的变形,要求路基必须具有足够的抵抗变形的能力(足够的强度)。

(4)路基应具有足够的水温稳定性。路基的水温稳定性主要是指路基在水和温度变化的作用下保持其强度的能力。路基(特别是土路基)在大气、地面水和地下水的侵蚀作用下,其强度将会发生很大变动。当土路基中积聚过量水分后,就会造成土质松软,密实度下降,强度显著降低。特别是季节性冰冻地区,由于水温状况的变化，路基将发生周期性冻融作用，形成冻胀和翻浆，使路基强度急剧下降。因此，对于路基，不仅要求有足够的强度，而且还应保证在最不利的水和温度作用下，其强度不致显著降低，确保路面强度维持正常的稳定状态，这就要求路基应具有足够的水温稳定性。

第二节　公路的施工方法与特点

学习公路工程施工，在我们对公路的分类与组成了解之后，还应对公路工程施工中所用的各种不同施工方法及其适用的范围有一个初步了解，以便我们在施工过程中根据不同的工程采用相应的施工方法，制定相应的施工计划，提高生产效益；同时，我们对公路施工的基本程序、施工特点也应较熟练地掌握，从而使我们能有预见性地考虑到在施工过程中各个环节可能出现的问题，较顺畅的完成投标→开工→施工→验收等公路工程施工工作。

 施工方法

(1)公路的施工方法。公路的施工方法有人工和简易机械化施工、水力机械化施工、爆破施工和机械化施工等几种。

(2)人工施工。人工施工指使用手工工具和简易机械化，效益低，劳动强度大，进度慢，适用于一些路段机械无法进场，一些工程(如砌体工程)还无法开展机械化作业，以及某些辅助性工作。

(3)水力机械化施工。水力机械化施工指运用水泵、水枪等水力机械施工，是机械化施工的一种，可用来挖掘比较松散的土层和进行软土地基加固的钻孔工作，需有充足水源和电源。

(4)爆破法施工。这是一种开挖岩石路堑的基本方法，主要用来震松岩石、坚土、冻土，或采集石料。是公路施工特别是山区公路施工不可缺少的施工方法。

(5)机械化施工。机械化施工采用推土机、铲运机、平地机、挖掘机、压路机及松土机等施工机械，可以极大地提高劳动生产率，加快施工进度，提高工程质量，降低工程造价，保证施工安全，是加速公路建设，实现公路施工现代化的根本途径。

施工方法的选择，应根据工程性质、工程数量、施工期限以及可能获得的人力和机械设备等条件来考虑。在高等级公路的施工中，基本实现了机械化或半

机械化施工作业，因此，必须十分注意提高机械施工技术与管理水平，充分发挥机械设备的作用，提高劳动生产率，使我国公路建设事业早日全面实现施工现代化。

二 施工的基本程序

公路工程施工的基本程序主要是完成从投标→开工→施工→验收等公路工程施工工作，见图 1-3-2。

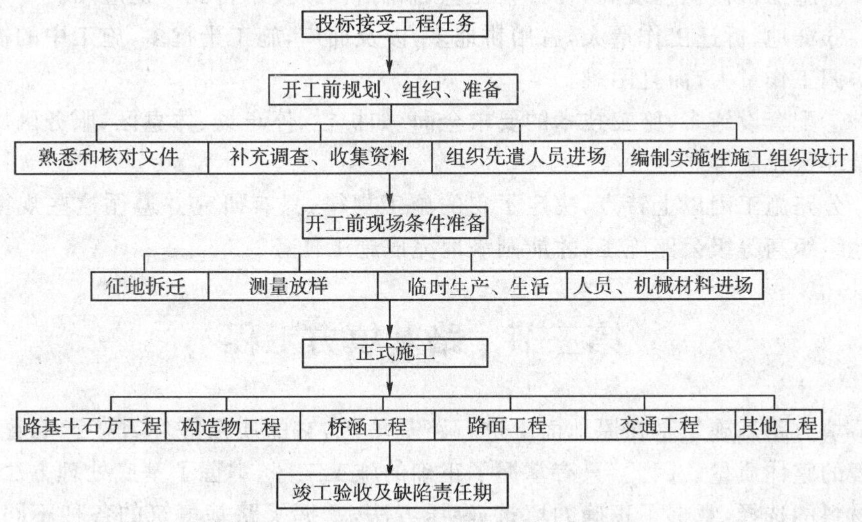

图 1-3-2　公路工程施工基本程序

公路是一种人工构造物，是通过设计和施工消耗大量的人工、材料和机械而完成的建筑产品。公路施工与一般工业生产和其他土建工程施工（如房屋建筑）不同，有着它本身的一些特点。

三 施工特点

公路工程是线形建筑物，施工面狭长，流动性大，临时工程多，施工易受到其他工程和外界的干扰，施工管理工作量大。

(1)公路施工系野外作业，受水文、气候、地质、地形地貌等自然条件的影响很大。

(2)对于高等级公路工程的施工与一般公路工程的施工相比，还具有如下特点：

①填挖高度增加、深挖或高填地段多，一般都在 4～5m 以上，有的路段可能

达到10m以上，因此对施工的稳定性、合理性要求较高；同时对填料的性质、含水量、压实度等指标的要求也相应提高，取土、弃土的矛盾较突出，借土或弃土的数量增大。

②工程地质情况复杂，特殊地质条件的路基较多，如滑坡体、泥石流及稻田、水库、软土地基等情况。

③在特殊工程施工中就要求采取特殊的施工工艺。

④路线中的桥涵和通道等结构工程多，给施工增加了困难。

⑤施工机械化程度高，各种新工艺、新材料、新技术得到广泛应用。

⑥征地、拆迁工作量大，占用耕地多，涉及面广，施工干扰多，施工中的横、纵向协调工作量大，而且困难。

⑦配套设施多，施工技术的要求全面，如护栏、停车场、休息区、服务区、收费站及环保设施等。

公路施工因以上特点，决定了它的施工规律，只有研究并遵循这些规律，科学地组织高等级公路施工，才能圆满地完成施工任务。

第三节　路基填方工程

填方路基施工是在原地面上进行路基填筑，它的质量好坏直接影响着道路工程的整体质量。因此，只有掌握了正确的施工工序，掌握了基底处理方法及填筑材料的选择，掌握了正确的填筑、碾压方法，掌握了路基填筑的各种不同施工工艺及质量控制方法，才能顺利地完成填方路基施工任务，保证填方路基的施工质量，保证道路整体的强度和稳定性，为路面基层和面层的施工打好基础。

 基底处理与填筑材料的选择

1.基底的处理

基底处理是保证路堤稳定、坚固极为重要的措施。在路堤填筑前进行基底处理，能使路堤填土与原地表土密切结合，增加承载力，避免路堤沿基底发生滑动，防止因草皮、树根腐烂而引起的路堤沉陷，保证路堤填筑的质量，保证路堤具有足够的强度和稳定性。对于一般的基底处理，应按下列规定执行：

(1)基底土密实，且地面横坡不陡于1∶10时，经碾压符合要求后，可直接在地面上修筑路堤，但在不填不挖或路堤高度小于1m的地段，应采用先人工后机械方法清除树根、草皮等杂物。

(2)地面横坡陡于1∶5时，原地面应挖成台阶，台阶宽度不小于2m，高度不小于1m。若地面横坡超过1∶2.5时，外坡脚应进行特殊处理，如修护墙和护脚。如图1-3-3所示。

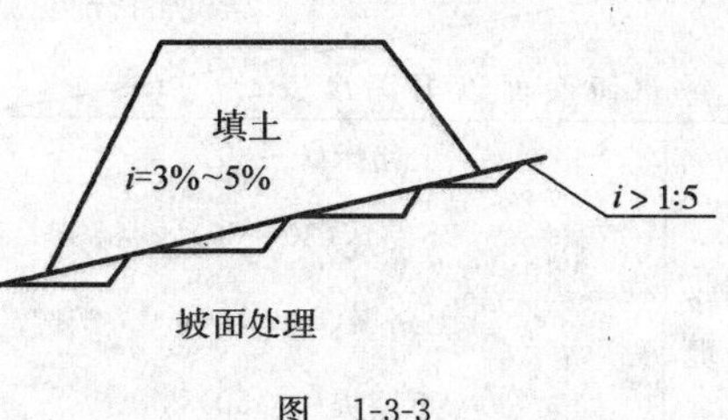

图 1-3-3

(3)基底土为腐殖土，必须用人工或机械将其表层土清除换填，厚度视具体情况而定，一般不小于30cm为宜。并予以分层压实，压实度符合规范要求。

(4)路堤修筑范围内，原地面的坑、洞、基穴等，应用原地的土或砂性土回填，并按规定进行压实。

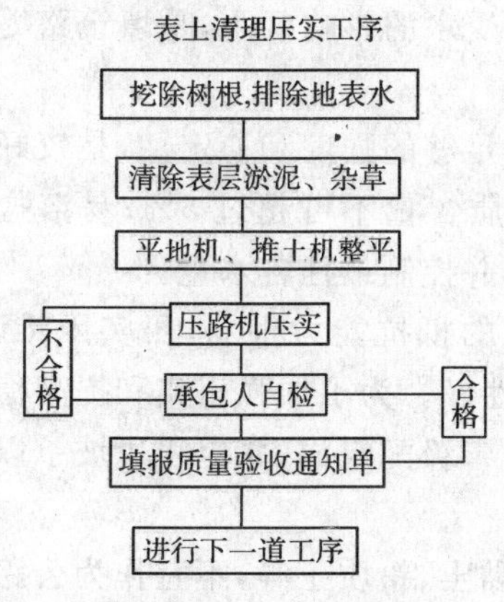

图 1-3-4 地表处理程序

(5)路基受到地下水影响时，应予以拦截或排除，引地下水至路堤基础范围之外。当路基经过水田、池塘或洼地时，应根据具体情况排水疏干、挖除淤泥、打砂桩、抛填片石、砂砾石或石灰(水泥)处理土等措施，以保持基底稳固。

路堤填前地表处理程序如图1-3-4所示。

2. 填筑材料的选择

在选择路基的填筑材料时，由于各类用土具有不同的工程性质，应根据不同的土类分别采取不同的工程技术措施。并尽可能的选用稳定性良好且具有一定强度的土石作为填料。

《公路路基施工技术规范》规定：

(1)路堤填料不得使用淤泥、沼泽土、冻土、有机土、含草皮土、生活垃圾、树根和含有腐朽物质的土。采用盐渍土、黄土、膨胀土填筑路堤时，应遵照有关规定执行。

(2)液限大于50，塑性指数大于26的土，以及含水量超过规定的土，不得直接作为路堤填料；需要应用时，必须采取满足设计要求的技术处理，经检查合格后方可使用。

(3)钢渣、粉煤灰等材料，可用作路堤填料，其他工业废渣在使用前应进行有害物质的含量试验，避免有害物质超标，污染环境。

(4)捣碎后的种植土，可用于路堤边坡表层。

各级公路的路基填方材料的最小强度和最大粒径一般应符合表1-3-1的要求。

路基填方材料最小强度和最大粒径 表 1-3-1

路面底面以下深度（cm） \ 项目分类		填料最小强度（CBR）	填料最大粒径（cm）
路堤	上路床(0～30)	8.0	10
	下路床(30～80)	5.0	10
	上路堤(80～150)	4.0	15
	下路堤(>150)	3.0	15
	零填及路堑路床(0～30)	8.0	10

路基填料中最稳定的填料主要有石质土、砂性土和钢渣、粉煤灰等材料，这几类材料摩擦系数大，不宜压缩，透水性好，其强度受水的影响很小，是填筑路堤的最佳材料。

一般填土和其他工业废渣，经压实后能够获得足够的强度和稳定性，是较好的、常用的填筑材料。使用时应注意：土中的有机质含量不可超过5%；易溶盐含量不应超标；施工时按规定厚度分层铺设、压实，并控制最佳含水量。

砂土黏结性小，易于松散，对流水冲刷和风蚀的抵抗能力很弱，压实困难。但是经充分压实的砂土路基，则压缩变形小，稳定性好。为了加强压实和提高稳定性，可以用振动法压实，并可适量掺些黏土，以改善级配组成，并应将边坡予以加固，以提高路基的稳固性。

在路基填料中稳定性差的填料主要有高液限黏土、粉质土等，不宜作为公路路基用土。特殊情况下必须调节含水量并掺入适当的外加剂改良后方可使用。

二 路基填土与碾压

1.路基填土

路基填土是把选定的路基填料运送到路基上逐层填起，进行铺平并碾压密实的过程。

路基的填土方式可分为水平分层填筑法、纵向分层填筑法、横向填筑法和混合填筑法等。

沿横断面一侧填筑的方法：

旧路拓宽改造需加宽路堤时，所用填土应与原路堤用土尽量接近或为透水性好的土，并将原边坡挖成向内倾斜的台阶，分层填筑，碾压到规定的密实度。严禁将薄层新填土贴在原边坡的表面。

高速公路和一级公路，横坡陡峻地段的半填半挖路基，必须在山坡上从填方坡脚向下挖成向内倾斜的台阶，台阶宽度不应小于1m。其中沿横断面挖方的一侧，在行车范围之内的宽度不足一个行车道宽度时，应挖够一个行车道宽度，其上路床深度范围之内的原地面土应予以挖除换填，并按上路床填方的要求施工。

不同土质混填时的方法(图 1-3-5)对于不同性质的土混合填筑时，应视土的透水能力的大小，进行分层填筑压实，并采取有利于排水和路基稳定的方式。一般应遵循以下原则：

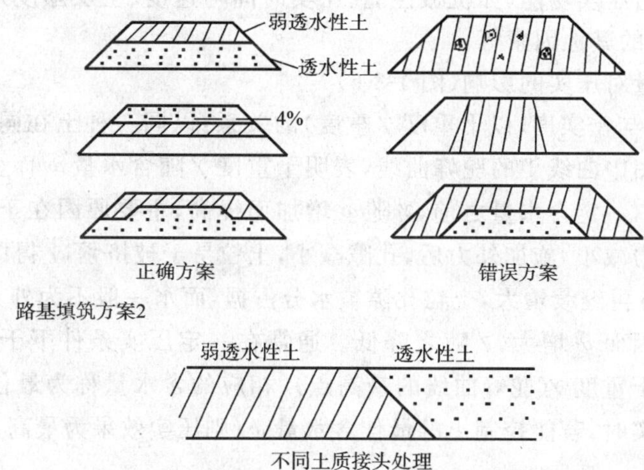

图 1-3-5　不同土质混填方法

以透水性较小的土填筑路堤下层时，其面应做成4%的双向横坡。如用以填筑上层时，除干旱地区外，不应覆盖在透水性较大的土所填的下层边坡上。

不同性质的土应分别填筑，不得混填。每种填料层累计总厚度不宜小于0.5m。不因潮湿及冻融而变更其体积的优良土应填在上层，强度较小的土应填在下层。为防止相邻两段用不同土质填筑的路堤在交接处发生不均匀变形，交接处应做成斜面，并将透水性差的土填在斜面的下部。

2.路基压实

路基压实是保证路基质量的重要环节。路基压实的作用，是提高填料的密实度，减小孔隙率；增强填料颗粒之间的接触面，增大凝聚力或嵌挤力，提高内摩阻力，减少形变，为路基的工作提供良好的基础。有效地压实路基填筑土，才能保证路基工程的施工质量。

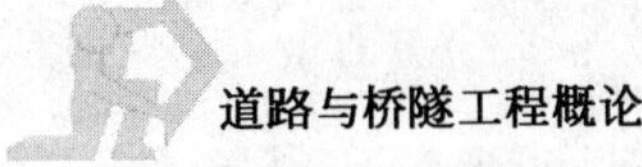

(1)路基压实的意义

土是三相体,土粒为骨架,颗粒之间的孔隙为水分和气体所占据。压实的目的在于使土粒重新组合,彼此挤紧,孔隙缩小,土的单位质量提高,形成密实整体,最终导致强度增加,稳定性提高。通过大量的试验和工程实践已证明:土基压实后,路基的塑性变形、渗透系数、毛细水作用及隔温性能等,均有明显改善。

(2)影响压实效果的主要因素

影响路基压实效果的因素是多方面的,有内因和外因两方面。内因指土质和湿度,外因指压实功能(如机械性能、压实时间与速度、土层厚度)及压实时外界自然和人为的其他因素等。

(3)含水量对压实的影响(图 1-3-6)

含水量 ω 与密实度(以干重度 γ 重度)的关系:以同一种土在同一贯入击实标准下,得上图中曲线 1 的驼峰曲线,表明干重度 γ 随含水量 ω 而变的规律性。在同等条件下,一定含水量之前,γ 随 ω 增加而提高,主要原因在于水起润滑作用,土粒间阻力减小,施加外力后,孔隙减小,土粒易于被挤紧,γ 得以提高。γ 值至最大值后,ω 再继续增大,土粒孔隙被水分占据,而水一般不为外力所压缩,水分互挤转移,因而 ω 增大,γ 随之降低。通常在一定压实条件下干重度的最大值,称为最大干重度 γ(驼峰曲线的最高点),相应的含水量称为最佳含水量 ω_0。由此可见,压实时,若能控制土的最佳含水量 ω_0 则压实效果为最高,耗费的压实功能为最经济。

含水量 ω 与土的水稳定性的关系:

如果以形变模量 E_y 代替 γ,它与 ω 亦具有类似的驼峰形曲线关系,而且最高点的 E_K 及其相应的 ω_K 值,与 γ_0 及 ω_0 均有区别。曲线 2 表明,土体含水量未达到最佳值 ω_0 之前,强度已达最高值 E_K,这是因为土中含水量较少时,土粒间的阻力较大,欲使土粒继续压缩位移,需要更大的外力,所以表现为 E_K 最高。而土中含水量在 ω_K 值前后的减少或增加,相应的 E_y 随之有所降低。且降低速率较快,稳定性相对较差。换言之,控制最佳含水量 ω_0 压实的土基,其强度和稳定性最好。如果以 ω_K 为准,尽管相应的 E_K 最高,但饱水后的 E_y 却大大降低,表明水稳性极差。从这里也可看出选用 ω_0 及相应的 ω_0 作为控制土基压实指标的机理所在。

(4)土质对压实效果的影响(图 1-3-7)

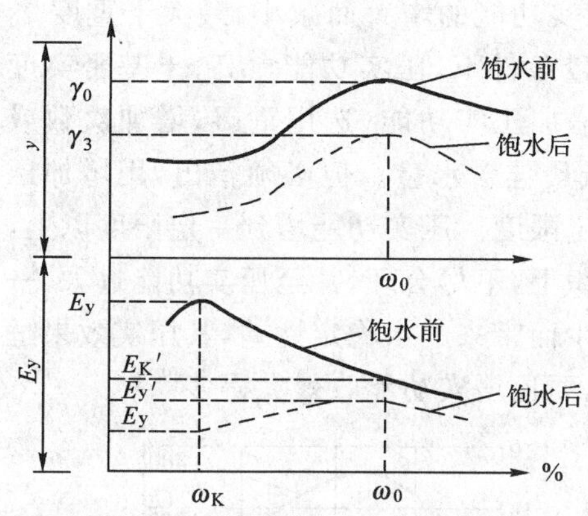

图 1-3-6　土基的 E、γ 与 ω 关系示意图

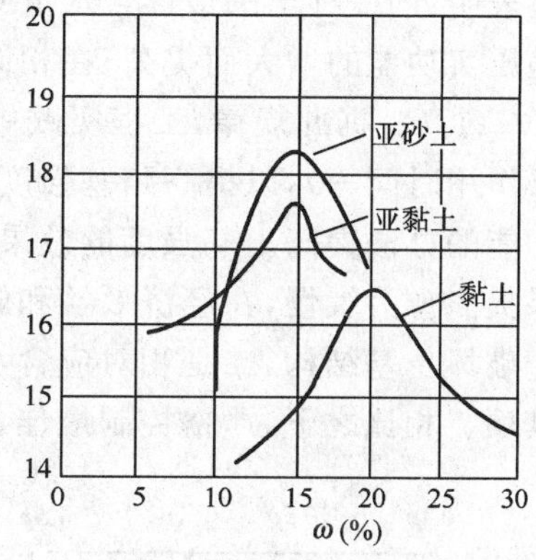

图 1-3-7　几种土质的压实曲线对照图

土质对压实效果的影响很大，一般规律是不同的土质，有着不同的最佳含水量及最大干重度 γ_0。

图中可见，颗粒分散性(液限、黏性)较高的土，其值 ω_0 较高，γ_0 值较低。同时通过对比可见，砂性土的压实效果优于黏性土。其机理在于土粒愈细，比表面积愈大，土粒表面水膜所需的含水量就愈多，加之黏土中含有亲水性较高胶体物质所致。另外，至于砂土的颗粒组，由于呈松散状态，水分极易散失，对其最佳含水量的概念就没有多大的实际意义。

(5)压实厚度对压实效果的影响

相同压实条件下(土质、含水量与压实功能不变)实测土层不同深度的密实度(γ 或压实度)可得知，密实度随深度递减，表层 5cm 最高。不同压实工具的有效压实深度有所差异，根据压实工具类型、土质及土基压实的基本要求，路基分层压实的厚度有具体的规定数值。一般情况下，夯实不宜超过 20cm，12～15t 光面压路机，不宜超过 25cm，振动压路机或夯实机，宜以 50cm 为限。实际施工时的压实厚度应通过现场试验确定合适的摊铺厚度。

图 1-3-8 是钢筒式压路机碾压土时沿垂直方向的压力分布，当深度大于 $2A$ 时，传至的压力已经很小，不起压实作用。由此可知，随深度增加压力逐渐减小。所以正确控制碾压厚度，对于提高压实机械生产效率和填筑路基质量十分重要。

(6)压实功能对压实的影响

压实功能(指压实工具的质量、碾压次数、或锤落高度、作用时间等)对压实效果的影响，是除含水量之外的另一个重要因素。

图 1-3-9 是同一种土的压实功能与压实效果的关系曲线。通过数条曲线的

对比表明：同一种土的最佳含水量 ω_0 随压实功能的增大而减小，最大干重度 γ_0 则随压实功能的增大而提高；在相同含水量条件下，压实功能愈高，土基密实度（即 γ）愈高。据此规律，工程实践中可以增加压实功能（选用重碾，增加次数或延长作用时间等），以提高路基强度或降低最佳含水量。但必须指出，用增加压实功能的办法提高土基强度的效果，有一定限度。压实功能增到一定限度以上，效果提高愈为缓慢，在经济效益和施工组织上，不尽合理，甚至压实功能过大，一是会破坏土基结构，二是相对应含水量减少而带来的水稳定性差，其压实效果适得其反。相比之下，严格控制最佳含水量，要比增实功能收效大得多。

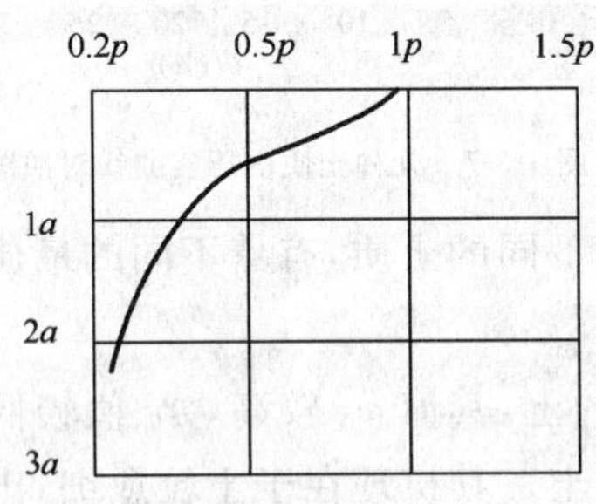

图 1-3-8　滚轮垂直方向的土压力分布
a-最小横向尺寸；*p*-最大应力

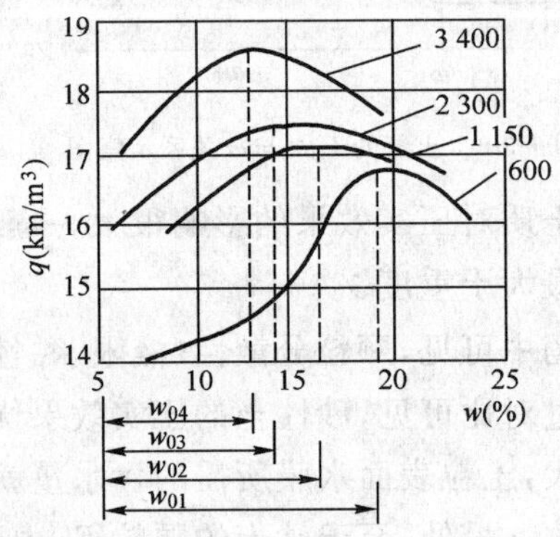

图 1-3-9　压实功能对最佳含水量、密实度的影响

(7)压实机具的选择与操作

压实机具的选择以及合理的操作，则是影响土基压实效果的另一综合因素。土基压实机具的类型较多，大致分为碾压式、夯实式和振动式三大类型。碾压式（又称静碾压式），包括光面碾（图 1-3-10）（普通的两轮和三轮压路机）、羊足碾和气胎碾等几种。夯击式中除人使用的石破、大夯外，机动设备中有夯锤、夯板、风动夯及蛙式夯机等。振动式中有振动器、振动压路机等。不同压实机具，适用于不同土质及不同土层厚度等条件，这些都是压实机具的主要依据，正常条件下，对于砂性土的压实效果，振动式较好，夯击式次之，碾压式较差。对于黏性土，则宜选用碾压式或夯击式，振动式较差甚至无效。不同压实机具，在最佳含水量条件下，适应于一定的最佳压实厚度以及通常的压实遍数。

图　1-3-10

实践经验证明:土基压实时,在机具类型、土层厚度及行程遍数已经选定的条件下,压实操作时宜先轻后重、先慢后快,先边缘后中间(超高路段时,则从内侧至外侧宜先低后高)。压实时,相邻两次的轮迹应重叠轮宽的 1/3,保持压实均匀,不漏压,对于压不到的边角,应辅以人力或小型机具夯实。压实全过程中,应经常检查含水量和密实度,以达到符合规定压实度的要求。

(8)土基压实标准

土基野外施工,受种种条件限制,不能达到室内标准击实试验所得的最大干重度 γ_0。令工地实测干重度为 γ,它与室内标准击实试验得到的 γ_0 值之比的相对值,称为压实度 K。

$$K=\frac{\gamma}{\gamma_0}\times100\%$$

压实度 K 是现行规范规定的路基压实标准(表 1-3-2)。最大干重度 γ_0 是通过标准击实试验确定的。

土质路堤压实度标准 表 1-3-2

填挖类型		路面底面计起深度范围(cm)	压实度(100%)	
			高速公路、一级公路	其他公路
路堤	上路床	0~30	≥95	≥93
	下路床	30~80	≥95	≥93
	上路堤	80~150	≥93	≥90
	下路堤	>150	≥90	≥90
零填及路堑路床		0~30	≥95	≥93

(9)碾压工序的控制

为了有效地压实路基填筑土,必须对碾压工序作以下的控制:

路基要求的压实度根据填挖类型和公路等级及路堤填筑的高度而定。通常根据表中的规定,用标准击实试验,求出最大干密度和相应的最佳含水量,计算出施工要求的最小干密度。

各种压实机具碾压不同土类的适宜厚度和所需压实遍数与填土的实际含水量(最佳含水量±2%以内)及所要求的压实度大小有关,应根据要求的压实度,在做试验段时加以确定。高等级公路路基填土压实宜采用振动压路机或 35~50t 轮胎压路机进行。采用振动压路机碾压时,第一遍应静压,第二遍开始用振动压实。

压实过程中严格控制填土的含水量。含水量过大时,应将土翻晒至要求的

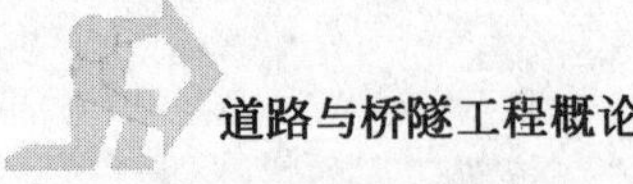

含水量再碾压;含水量过小时,需均匀晒水后再进行碾压。通常,天然土的含水量接近最佳含水量时,在填土后应随即压实。

三 边坡与路基休整

1.路基边坡施工

路基边坡施工是路基施工作业中的重要环节,路基边坡施工应符合公路工程技术标准的规定。在施工中应注意:

(1)放样:根据线路中桩和设计表,通过放样,定出边坡的位置和坡度,确定路基轮廓,要求放样准确可靠。

(2)做好坡度式样:按照规定,首先在适当位置作出边坡式样,作为全面施工参照。

(3)随时测量:对高路堤或深路堑,每做一段距离就要抄平放线一次,发现问题,及时纠正,变坡点处,更要注意测量检查。

(4)留有余量:路基修筑时,边坡部位要留有一定的余量,以便进一步修正后,达到设计要求的标准。

路基边坡坡度在 1∶1.8 左右时,坡面要拉线先放粗坡,用 3t 以上的振动压路机(拖式)从填土坡脚开始往上卷振压实(注意从上往下放下过程中不能振动,否则,坡面上的填料将被振落,图 1-3-11)。

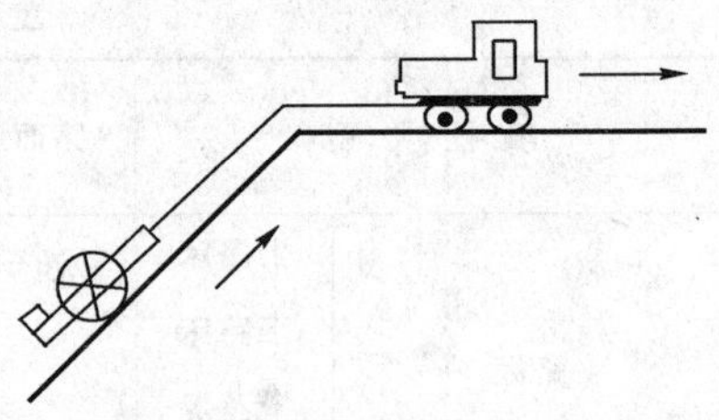

图 1-3-11　振动压路机(拖式)压实边坡

另一种方法是填土时适当加大宽度和高度,分层填土、压实,多余部分利用平地机或人工等其他方法铲除休整即可。

路基边坡施工时,要采取必要措施预防雨水及路基表面的积水冲刷边坡,每层路基填土前可在路基边坡上缘采取培土并在一定距离预设出水口、急流槽等方法,将路基范围内的水排放到固定位置,避免雨水漫坡,形成冲沟。

2.路基整修

路基土石方工程基本完工后,施工单位应会同监理人员,按设计文件要求检查路基中线、高程、宽度、边坡坡度和截(排)水系统。并根据检查结果编制整修计划,进行路基整修。

(1)路基表面整修。土质路基表面的整修,可用机械配合人工切土或补土,并配合压路机械碾压,不得有松散、软弹、翻浆及表面不平整现象。石质路基表面应用石屑嵌缝紧密、平整、不得有坑槽和松石。

(2)路基边坡整修。整修边坡时,应自上而下进行边坡整修。填方路基边坡受雨水冲刷形成冲沟或坍塌缺口时,应自上而下,分层挖台阶加宽补填夯实,再按设计坡面削坡,弯道内侧路肩边缘,应修建路肩拦水带,在整修路堤边坡表面过程中,还应将其两侧的超宽切除。如遇边坡缺土时,亦分层补填夯实。

第四节　路基挖方工程

路堑开挖施工,应综合考虑开挖段的地形、地质、地貌等自然因素,还应考虑各种施工机械的使用性能,开挖应根据路堑的深度、纵向长度,以及地形、地质、土石方调配情况和机械设备条件等因素确定。在路堑开挖前应做好各种准备工作,并建立一系列的安全保障措施,保证施工的安全、顺利进行,保证施工的工程质量。挖方路基的施工包括土方开挖和石方开挖两个方面。

 土方路堑开挖

1. 开挖方式

土方路堑开挖前,应做好现场伐树除根等清理工作,如果移挖作填时,还需将表层土壤单独掘弃。路堑的开挖根据路堑深度和纵向长度及现场的施工条件,可分为全断面横挖法、纵挖法、混合式开挖法三种。

2. 机械化施工

挖方路基的施工,根据不同的施工条件,应采用不同的施工机械作业。图 1-3-12 所示为路堑机械开挖布置。土方路基开挖经常采用以下两种方式:

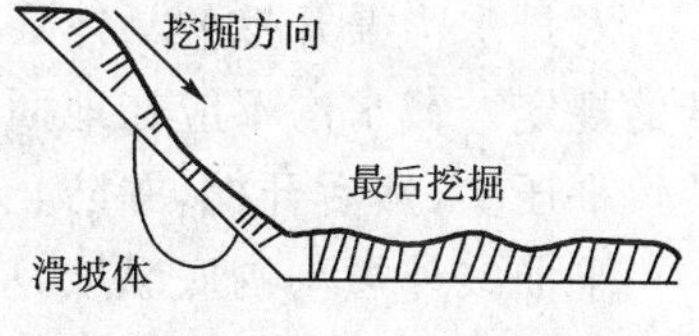

图 1-3-12　路堑边坡防滑措施

(1)推土机、装载机联合作业;

(2)挖掘机开挖路堑。

3. 施工中应注意的问题

(1)土方开挖要求。路基开挖前应对沿线土质进行检测试验。适用于种植草皮和其他用途的表土应储存于指定地点;对开挖出的适用材料,应用于路基填筑,可减少挖方弃土和弃土堆面积,亦可减少填方借土和取土坑面积。但各类材料不应混杂,混杂材料均匀性差,难于保证路基的压实质量。对不适用的材料可作外弃处理。

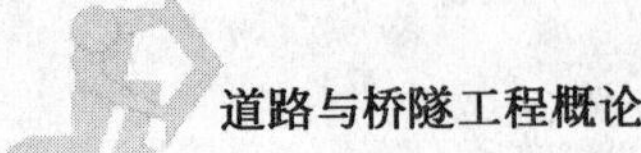

土质路堑地段的边坡稳定极为重要。开挖时，不论开挖工程量和开挖深度大小，均应自上而下进行，不得乱挖超挖。一方面，要注意施工方法，如采用不加控制的爆破法施工，易造成路堑边坡失稳，易于塌方；掏洞取土易造成土坍塌伤人，因而严禁掏洞取土。在不影响边坡稳定的情况下采用爆破施工时，也应经过设计审批。另一方面，要注意施工顺序。防止因开挖顺序不当而引起边坡失稳崩塌，应按原有自然坡面自上而下挖至坡脚，不可逆顺序施工，否则，极易引起滑坡体滑坍。

施工中，如遇土质变化需修改施工方案时，应及时报批；如因冬季或雨季影响，使挖出的土方不能及时用于填筑路堤时，应按路基季节性施工的有关方法进行处理；如路堑路床的表层下为有机土、难以晾干压实的土、CBR 值小于规定要求的土或不宜作路床的土，均应清除换填，必要时还应设置渗沟，以保证满足路基深度的需要。如遇到特殊土质(盐渍土、黄土、膨胀土等)以及易于坍滑的土时，应按特殊土的有关要求施工。

挖方路基施工高程，应考虑压实的下沉值。绝不能将路基的施工高程与路基的设计高程(路线纵断面图上设计高程)混同，造成超挖或少挖，产生浪费或返工。

(2)排水设施的开挖。水是造成路基各种病害的主要原因，所以在路基开挖前应做好截水沟，并根据土质情况做好防渗工作。施工期间应修建临时排水设施。临时排水设施应与永久性排水设施相结合，水流不得排入农田、耕地、污染自然水源，也不得引起淤积或冲刷。

对排水沟渠开挖的具体要求如下：排水沟渠的位置、断面尺寸应符合设计图纸的规定。截水沟不应在地面坑洼处通过，必须通过时，应按路堤填筑要求将洼处填平压实，然后开挖，并防止不均匀沉陷和变形。

平曲线外边沟沟底纵坡，应与曲线前后的沟底相衔接。曲线内侧不得有积水或外溢现象发生。路堑和路堤交接处的边沟应缓缓引向路堤两侧的天然沟或排水沟，不得冲刷路堤，路基坡脚附近不得积水。

排水沟渠应从下游出口向上游开挖。同时，应保证排水设施沟基稳固，严禁将排水沟挖筑在未加处理的弃土上，沟坡、沟底平顺，沟内无浮土杂物；沟水排泄不得对路基产生危害；截水沟的弃土应用于路堑与截水沟间筑土台，并分层压(夯)实，台顶设 2%倾向截水沟的横坡，土台边缘坡脚距路堑顶的距离不应小于设计规定。

(3)边坡开挖。路堑挖土边坡施工的基本要求与填土边坡类似，除了边坡坡度符合设计规范外，也应做好放样、布设标准边坡等工作，但是，与填方边坡相比又有自己的一些特点。路堤边坡由于是填土而成，其工程性质差异不大，而路堑边坡由自然状态土、石开挖而形成，随线路经过地带不同而有较大的变化，工程性质有时差别很大，施工作业难易程度也就有一定的区别。

对于砂类土边坡，施工时，挖出的斜坡应留有足够的余量，然后打桩、定线，进行坡面整修。具体做法是，先用机械开挖，留有20～30cm的余量，以后可人工修整或用平地机修整，也可用小型反铲挖掘机作业。如果采用挖掘机修整边坡，对操作人员要求应有较高的技术水平，否则，很容易造成超挖或欠挖。

对于砾类土边坡，由于影响砾类土挖方边坡的因素，主要是土体结合的紧密程度，故其坡度要结合土壤、地质水文等条件确定。

砾类土的潮湿程度及边坡高度，对边坡的稳定有较大影响，一般湿度大，边坡高时，宜采用较缓坡度；对密实度差的土体，应避免深挖；同时，要注意到边坡缓，则受雨水作用面积增大，故不宜过缓，并根据具体情况采取边坡防护和加固措施，切实做好排水工作，以免影响边坡稳定。

对于地质不良拟设挡墙等防护设施的路堑边坡，应采用分段挖掘，分段修筑防护设施的方法，以保证安全和边坡的稳定。

(4)弃土处理。在施工过程中，弃土随便乱堆会影响现有公路和施工便道的车辆行驶，堵塞农田水利设施，造成水流污染、淤塞或挤压桥孔或涵管口，增加水流速度，改变水流方向，冲刷河岸，所有这些都是不允许的。所以要求在开挖路堑弃土地段前，提出弃土的施工方案报有关单位批准后实施方案改变时，应报批准单位复查。

弃土堆的边坡不应陡于1∶5，顶面向外应设不小于2%的横坡，其高度不宜大于3m。路堑旁的弃土堆，其内侧坡脚与路堑顶之间的距离，对于干燥硬土不应小于3m；对于软湿土，不应小于路堑深度加5m。在山坡上侧的弃土堆应连续而不中断，并在弃土堆前设截水沟；山坡下侧的弃土堆应每隔50～100m设不小于1m的缺口排水，弃土堆坡脚应进行防护加固。

岩溶地区的漏斗处多已成为地面水排泄通道，暗河口则成为地下水的出口通道，如将弃土堆弃在这些地方，会造成地面水和地下水无法排走，形成水灾，影响路基安全。若在贴近墩、台处弃土，将会造成桥墩、台承受偏压，桥墩、台的安全会受到影响。所以，应严禁在岩溶漏斗处、暗河口处、贴近桥墩、台处弃土。

 石方路堑开挖

1. 爆破法

石方路堑的开挖通常采用爆破法，有条件时宜采用松土法，局部情况可采用

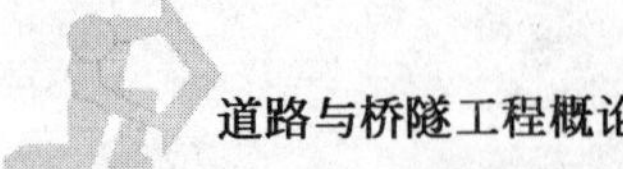

破碎法开挖。施工时，采用的爆破方法，要根据石方的集中程度、地质、地形条件及路基断面形状等具体条件而定。主要方法有钢钎炮、深孔爆破、葫芦炮、光面爆破、预裂爆破和抛坍爆破。

2. 松土法

为了有利于开挖边坡的稳定和保护既有建筑物的安全，大马力推土机不断普及，用松土法开挖岩石被越来越广泛地采用。其施工方式是：用推土机索引的松土器将岩体翻松，松土器装在推土机的后端，根据推土机不同有单齿、3 齿、5 齿不等，推土机主机作为牵引动力，传动方式多以液压传动为主，深度可达到 50cm 以上。程序是推土机将场地大致整平后，即开始松土作业。开始时松土器钩子不易入土过深，应随着作业情况逐渐加深，每次的松土间隔视碎石的用途而定，一般取 1.0～1.5m。松土作业是分层进行的，表层翻松后，用推土机进行推运集堆，然后装载机配合自卸翻斗车外运，形成松土—集堆—外运的机械循环作业。松土作业方向应尽可能顺着岩层的下坡方向，尽量与岩纹垂直，破碎效果好，松土作业应避免顺着岩纹作业，松土器过后将岩石劈成沟状。比较坚硬的岩石，进行一些小爆破再用松土器作业。

第五节　路基排水工程

在道路工程中，水是引起路基路面及部分结构物损害的一个重要原因，做好路基排水工程的施工也是十分重要的。影响路基的水分为地面水和地下水两大类，因此路基必须具备合适完备的排水系统，保证迅速排泄路基范围内的地面水，并对影响路基稳定的地下水进行截流，降低水位或予以排除，从而保证路基具有足够的强度及稳定性。

 地面排水设施施工

排除地面水的各种设施，应充分考虑多方面进入路基范围的水，包括因降雨、降雪以及从公路附近地区流向道路范围的水流，还包括路堑边坡排水和农田横跨道路的排水工程，由此来确定排水设施的排水能力。

地面排水设施主要有边沟、截水沟、排水沟、跌水与急流槽等。

1. 边沟

设置在挖方路基的路肩外侧或低路堤路基的坡脚外侧，用以汇集和排除路基范围内和流向路基的小量地面水的沟槽称为边沟。边沟的断面形式一般有梯

形、三角形和矩形等(图 1-3-13)。通常土质沟多采用梯形,梯形边的边坡靠路基一侧为 1∶1～1∶1.5另一侧与路堑边坡相同;有碎落台时,外侧也可采用 1∶1;机械化施工时,土质边沟多采用三角形,三角形边沟的边坡内侧一般为 1∶2～1∶4,外侧为 1∶1～1∶2;石方地段边沟多采用矩形,矩形边沟的内侧边坡视其强度可用直立,亦可稍有倾斜(1∶0.5)。边沟的深度一般 0.4～0.8m,边沟的底宽不应小于 0.4m。在水流较多的情况下,需适当加宽或加深。

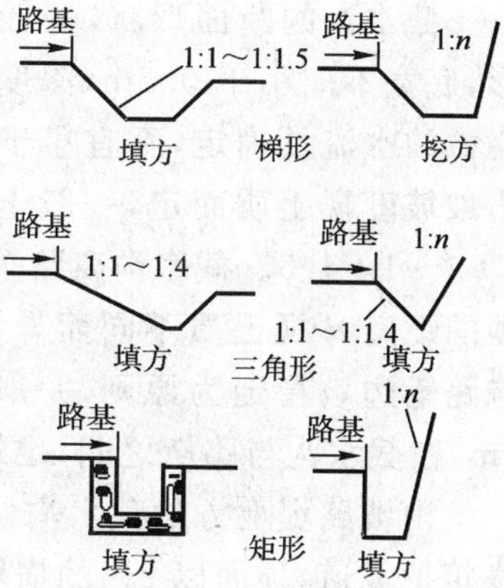

图 1-3-13　边沟断面形式

一般情况下,边沟不宜与其他沟渠合并使用,为控制边沟中的水不致过多,一般每隔 300～500m(特殊情况 200m)设排水涵一道,用以及时将边沟水排至路基范围之外。边坡的沟底纵坡与路线纵坡相同,并不宜小于 0.2%,以免水流阻滞淤塞边沟。当沟底纵坡大于 3%时,应对边坡进行加固;当纵坡超过 6%时,水流速度大而冲刷严重,可采用跌水或急流槽的形式缓冲水流。另外,在设置超高的平曲线区段内,挖方地段路基内侧高程的改变,可能形成边沟积水,危害路基,因此应注意使平曲线段边沟沟底与曲线前后沟底平顺衔接。

边沟的出水口,必须进行处理。在路堑与路堤结合处,边沟沟底纵坡一般较陡。当边沟底与填土坡脚高差较大时,应结合地形与地质等具体条件采取以下两方面措施:

设置排水沟,将路堑边沟水沿出口处的山坡引向路基范围以外,使之不致冲刷填方边坡;自边沟与填方毗连处设跌水或急流槽,将水流直接引到填方坡脚之外。

当边沟的出口与桥涵的高差较大时,为避免边沟流水冲刷,应作如下处理:

在涵洞进口处设置雨水井,或根据地形需要,在进口前设置急流槽与跌水等构造物,将水流引入涵洞;在桥头翼墙或挡土墙之后端,设置急流槽或跌水,将水引入河道。

2. 截水沟

截水沟是设置在挖方路基边坡坡顶以外或山坡路堤的上方,垂直于水流方向,用以截引路基上方流向路基的地面径流的排水设施。截水沟可以防止地表径流冲刷和侵蚀挖方边坡和路堤坡脚,并减轻边沟的泄水负担。如图 1-3-14、图 1-3-15 所示,分别是路堑和路堤路段截水沟形式。

截水沟的断面形状，一般多为梯形，底宽不应小于 0.5m，深度应根据拦截的水流量确定，不宜小于 0.5m，边坡坡度视土质而定，一般土质可取 1∶1～1∶1.5。截水沟离路堑边坡坡顶的距离 d 视土质不同而异，以不影响路堑边坡稳定为原则，一般取 $d \geqslant$ 5m，在截水沟与路堑之间，堆筑挡土土台。

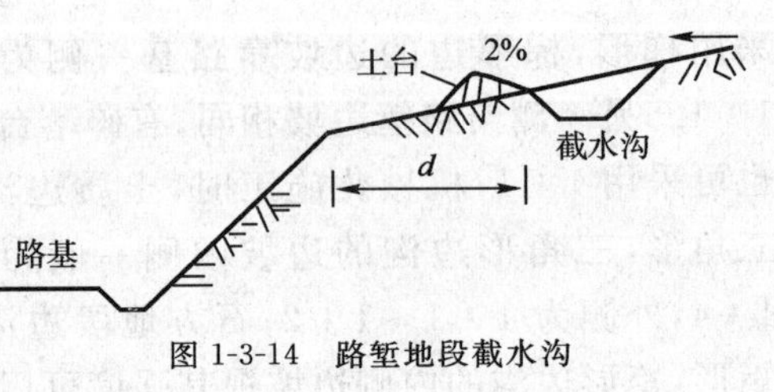

图 1-3-14 路堑地段截水沟

山坡路堤上方的截水沟，应布置在路堤坡脚以外 2m 处，截水沟与路堤之间修筑护坡道，顶面以 2%的横坡向截水沟倾斜，如有取土坑，则在坑内挖沟，并加以休整。如图 1-3-15 所示。

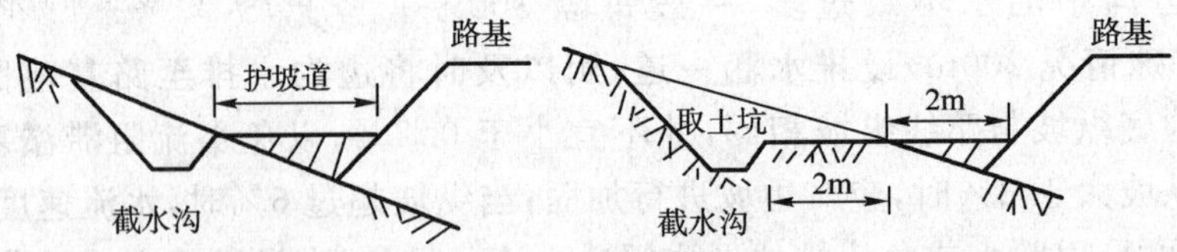

图 1-3-15 山坡路堤截水沟

截水沟应设有合适的纵坡度，沟底纵坡不应小于 0.3%，亦不可太大（>3%），以免总水流冲刷严重，一般取用 1%～2%。对土质地段截水沟，还应适当加固，以保证不渗水和冲刷。截水沟处应综合利用地形，合理布置。若因地形限制，附近又无出水口时，可分段考虑，中部以急流槽衔接；若由于地形限制，汇量大，将截水沟引至自然沟或路堤地段有困难，引入边沟又将过大增加路基挖方时，则应综合考虑，可在挖方较低处增设急流槽或涵洞，直接将水引至路基的另一侧，排至路基范围以外。

截水沟也应设有可靠的出水口，与其他排水设施平顺衔接，必要时宜设跌水或急流槽，将水流排入截水沟所在山坡一侧的自然沟中，或直接引到桥涵进口处，应避免排入边坡，或者在山坡上任其自流，造成冲刷。

3. 排水沟

设置排水沟目的，在于用来将水流从路基排至路基范围以外的低洼处或排水设施中。在平丘区，当原有地面沟渠蜿蜒曲折，并且影响路基稳定时，可用排水沟来改善沟渠线路。有时为了减少涵洞数量，也使用排水沟来合并沟渠。排水沟一般为梯形断面，底宽不小于 0.5m，深度根据流量而定，但不宜小于 0.5m，边坡坡度视土质情况而异，一般可取 1∶1～1∶1.5，排水沟应尽量做成直线，如必须转弯时，其半径不宜小于10～20m，水沟长度按实际需要而定，通常不宜大于500m。当排水沟中的水流流入河道或沟渠时，应使原水道不产生冲刷或淤积。一般应使排水沟与原水道两者水流方向的流向成锐角相交，并力求小于45。保证汇流处水流顺畅，如限于地形，锐角连接有困难时，可用半径$R=10b$的圆弧线形（弧长等于1/4圆周，b为排水沟顶宽）。如图1-3-16所示。

4. 跌水与急流槽

设置于需要排水的高差较大而距离较短或坡度陡峻的地段的阶梯形构筑物，称为跌水。其作用主要是降低流速和消减水的能量。急流槽是具有很陡坡度的水槽，其作用主要是在很短的距离内，水面落差很大的情况下进行排水。如图1-3-17。

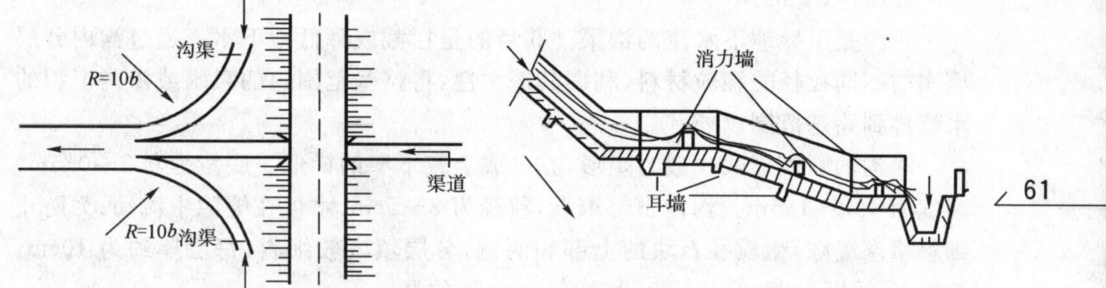

图1-3-16　排水沟与河道或渠道衔接处理　　图1-3-17　跌水与急流槽

一般在重丘、山岭地区，地形险峻，排水沟渠纵坡较陡，水流急，冲刷力强，为减小其流速，降低其能量，防止对路基形成危害，多采用跌水或急流槽。沟底纵坡较陡的桥涵，为使水流稳定而顺利地通过，也可将其涵底及涵洞进出水口做成跌水或急流槽。此外，若必须沿高边坡将水流排至坡脚，可将截水沟接向边沟，为避免边坡受到冲刷，以及需要减速消能的排水设施时，均可采用跌水或急流槽。

从水利计算特点出发，跌水和急流槽的构造分为进水、缓冲、出水三部分。跌水和急流槽一般采用石砌或混凝土筑成，要求牢固、不渗水。

二 地下排水设施施工

拦截、汇积和排除地下水，或降低地下水位，使路基免遭破坏的结构物，称为地下排水设施。公路上常用的地下排水设施有明沟与排水槽、暗沟、渗井和渗沟等。

1.明沟与排水槽

当地下水位高，潜水层埋藏不深时，可采用明沟或排水槽截流排除（浅层）地下水及降低地下水位，也可兼排地面水。明沟或排水槽必须深入到潜水层1，且不宜在寒冷地区采用。

明沟断面一般采用梯形，边坡采用1∶1.0～1∶1.5。明沟边坡一般应以干砌片石加固，并设反滤层以使水流渗入明沟，明沟纵坡宜适当加大，保证水流及时排出。

排水槽一般为矩形，可用混凝土、干砌或浆砌片石筑成，槽底纵坡不应小于3%。当用混凝土或浆砌时，应视地下水流量及槽深设置一排或多排渗水孔，外侧填以粗颗粒透水材料。沿沟槽每隔10～15m，或当沟槽通过软硬岩层分界处时，应留伸缩缝和沉降缝。

2.暗沟（盲沟）

暗沟是引导地下水流的沟渠。其目的是拦截或降低地下水。通过沟内分层填实的不同粒径的颗粒材料，利用其透水性，将路基范围内的泉眼或渗沟汇积的水流排到路基范围以外。

暗沟的断面形式一般为矩形，亦可成上宽下窄的梯形。底宽为0.3～0.5m，高度为1.0～1.5m。沟内下部填石，粒径为3～5cm，水可在缝隙中流动；为防止细料堵塞缝隙，粗粒径石块的上部和两侧，分层填入较细料，每层厚约为10cm。暗沟的顶面和底面，一般设有0.3m厚的隔水层。

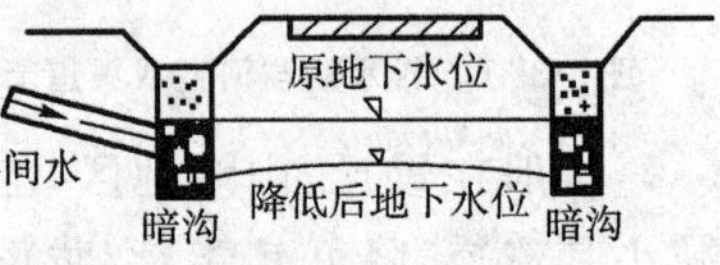

图1-3-18为路基两侧边沟下设置的暗沟，用以拦截流向路基的层间水，同时可以降低地下水位，防止毛细水上升至路基工作区范围内而降低土的强度，引起冻胀翻浆等破坏。

原地下水位
层间水
降低后地下水位
暗沟
暗沟

图 1-3-18　两侧边沟下设暗沟

图1-3-19为疏导路基泉水的暗沟。在路基填土之前或挖成之后，按照泉眼范围的大小，剥除泉眼上层浮土，挖出泉井，砌筑井壁与沟壁，上盖混凝土盖板。

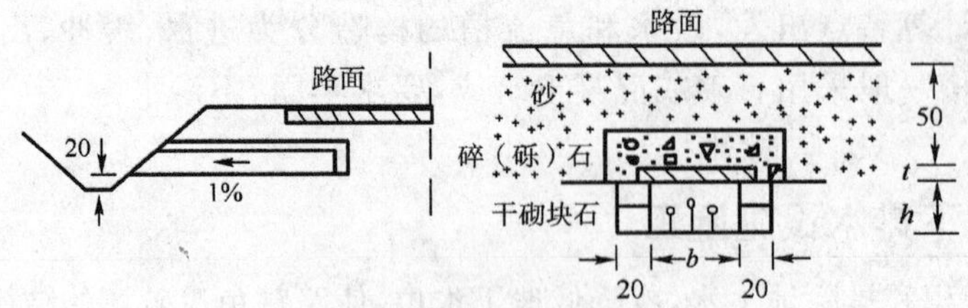

图 1-3-19　疏导路基泉水的暗沟构造图

井深应保证盖板顶的填土厚度不小于50cm。井宽按泉眼的范围大小确定，一般为20～30cm，高约为20cm。如沟身两侧为石质，盖板可直接放在两侧石壁上。暗沟沟底纵坡一般不小于1%，出口处沟底应高出边沟最高水位20cm以上，不允许出现倒灌现象。为防止泥土或砂砾落入沟槽或泉眼，以免淤塞，在其周围可铺筑碎石反滤层。

暗沟的排水量较少，不宜过长，一般以50m为限，沟底具有1%～2%的纵坡，暗沟出水口应高出口外最高水位20cm，以防止水流倒渗。

3. 渗井

当平坦地区如路基附近无河流、沟渠或洼地，地面水或浅层地下水无法排除，影响路基稳定，而距地面不深处又有透水层，地下水背离路基，同时地面水流量不大时，可设置渗井。如图1-3-20所示。

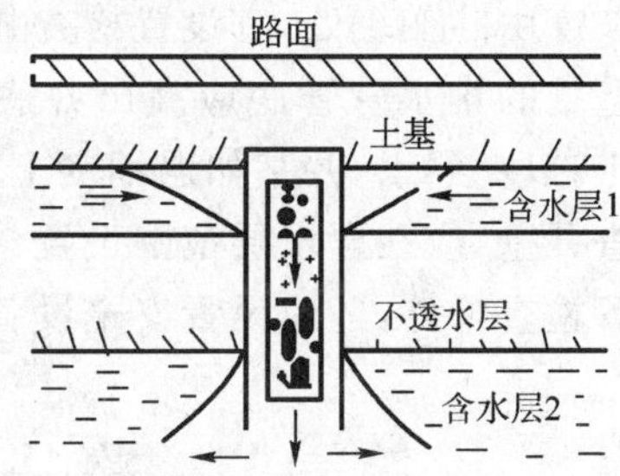

图1-3-20 渗井结构与布置示意图

4. 渗沟

渗沟是一种常见的地下排水设施。其作用是为了切断、拦截有害的含水层和降低地下水位，为保证路基经常处于干燥状态。

渗沟按构造可分为填石渗沟、管式渗沟和洞式渗沟三种形式。渗沟的施工质量是保证其能否发挥作用的关键。如质量控制不严、造成渗沟淤塞，不但起不到汇流、排水作用，反而会给工程留下隐患。因此，在施工中，必须注意以下问题：

(1)渗沟的布置应尽可能与地下水流向互相垂直，使之能拦截更多的地下水。

(2)渗沟的横宽一般视埋藏深度、排水要求、施工和维修便利而定，深度为2m时，宽度为0.8～1.0m；深度在3～4m时，宽度不小于1.0m。沟内用作排水和渗水的砂石填料，应经过筛选和清洗。为防止土粒落进填充石料的孔隙，造成渗沟堵塞，以及防止地面水渗入沟内，渗沟顶部应设封闭层。封闭层可用双层反铺草皮或其他材料铺成隔层，并在其上夯填厚度不小于0.5m的黏土防水层或用浆砌片石筑成。

(3)汇积水流时，为防止含水层中砂土挤入渗沟，应设反滤层。反滤层应用筛选过的中砂、粗砂、砾石、碎石等渗水材料分层填筑，其层数和颗粒级配、比例，应视坑壁土质和排水层材料而定。一般相邻层的粒径比不小于1∶4，层厚不小于0.15m，砂石料颗粒小于0.15mm的含量不应大于5%，颗粒粒径一般为含水层土粒最大粒径的8～10倍。禁止用粉砂、细砂及风化石料填筑。

(4)渗沟的施工与暗沟一样，宜由下游向上游施工，并应随挖随撑随填，支撑渗沟应间隔开挖。渗沟反滤层施工时，可用木板将各层反滤材料组成垂直层，其高度视渗沟的填充高度而定，填筑完后再将木板抽出。

(5)为了核查、维修渗沟，同暗沟施工一样，每隔30～50m，或在平面转折和坡度由陡变缓处，宜设置检查井，检查井一般采用圆形，内径不小于1.0m，在井壁处的排水管管底应高出井底0.3～0.4m，井底铺筑一层0.1～0.2m的混凝土，以免漏水，井基如遇不良土质，应采取接填、夯实等措施。兼起渗井作用的检查井壁，应在含水层范围设置渗水孔和反滤层。深度大于20m的检查井，除设置检查梯外，还应设置安全设备(如渗沟)。

第六节 路基防护、加固与支挡结构工程

公路受自然环境的影响，会发生各种变形、病害甚至破坏。路基防护、支挡工程是防治路基病害，保证路基稳定，改善环境景观和生态平衡的必不可少的工程设施，是路基工程的重要组成部分。路基防护工程主要包括路基边坡的防护冲刷的防护，支挡工程主要是指用于支承路基填土或山坡土体，防止路基失稳的挡土墙工程。

一 路基坡面防护

坡面防护，主要是保护路基边坡表面，免受雨水冲刷，减缓温差及湿度变化影响，防止和延缓软弱岩土表面的风化、碎裂、剥蚀演变过程，从而保护路基边坡的整体稳定性，在一定程度上还可兼顾路容美化以利协调自然环境。常用的坡面防护设施有植物防护和工程防护。

(一)植物防护

植物防护，可美化路容，协调环境，调节边坡土的湿度，起到固结和稳定边坡的作用。它对于坡高不大，边坡比较平缓的土质坡面，是一种简易有效的防护设施，其方法有种草、铺草皮和植树。如图1-3-21所示。

图 1-3-21

1. 种草

种草适用于边坡稳定、坡面冲刷轻微的路堤或路堑边坡。一般要求边坡坡度不陡于1∶1,边坡地面水径流速度不超过0.6m/s。采用种草防护时,对草籽的选择应注意当地的土壤和气候条件,通常应以容易生长、根部发达、叶茎低矮或有匍匐茎的多年生草种为宜。最好采用几种草籽混合播种,使之生成一个良好的覆盖层。播种的坡面应平整、密实、湿润,播种方法有撒播法、喷播法和行播法等。种草温度、湿度较大的季节播种,播种后,应适时进行洒水施肥、清除杂草等养护管理,直到植物覆盖坡面。

2. 铺草皮

铺草皮适用于各种土质边坡。特别是当坡面冲刷比较严重,边坡较陡,径流速度大于0.6m/s时采用铺草皮防护比较适宜。铺草皮的方式有平铺、水平叠置、垂直坡面或与坡面成一半坡角的倾斜叠置;以及采用片石铺砌成方格或拱式边框,方格式框内铺草皮等。铺草皮需预先备料,草皮可就近培育,切成整齐块状,然后移铺在坡面上。铺时应自下而上,并用竹木小桩将草皮钉在坡面上,使之稳定。草皮根部土应随草切割,坡面要预先整平,必要时还应加铺种植土,草皮应随挖随铺,注意相互贴紧。铺草皮在施工时,应尽可能在春秋季或雨季进行。不宜在冰冻时期或解冰时期施工。

3. 植树

适用于各种土质边坡(边坡坡度不陡于1∶1.5)和风化极严重的岩石边坡。在路基边坡和漫水河滩上整理植树,对于加固路基与防护河岸可收到良好的效果。它可以降低水流速度,种在河滩上可促使泥沙淤积,防止水流直接冲刷路堤。在风沙和积雪地面,林带可也以防沙防雪,保护路基不受侵蚀。此外还可以美化路容,调节气候,改善高等级公路的美学效果。植树防护宜选用在当地土壤与气候条件下能迅速生长、根系发达、枝叶茂密的树种,用于冲刷防护时宜选用生长很快的杨柳类,或不怕水淹的灌木类。种植后在树木未成长前,应防止流速大于3m/s的水流侵害。必要时应在树前方设置障碍物,加以保护;植树防护最好与种草结合使用,使坡面形成一个良好的覆盖层,才能更好地起到防护作用。

(二)工程防护

对于不适宜于草木生长的较陡的岩石边坡,可以采用抹面、捶面、喷浆、勾(灌)缝、坡面护墙等方法进行工程防护。

1. 抹面

抹面防护,适用于易风化而表面比较完整,尚未严重风化剥落的岩石边坡,如页岩、泥岩、泥灰岩、千板岩等。边坡坡度不受限制，但坡面应较干燥。抹面作业前，应对被处治的边坡加以清理，去掉风化层、浮土、松动石块并填坑补洞，洒水湿润，以利牢固耐久。抹面厚度为3～7cm，分两次进行，底层抹全厚的2/3，面层1/3。在较大面积上抹面时，应设置伸缩缝，其间距不宜超过10。在抹面护坡之周边与未防护坡面衔接处应严格封闭，其措施为：弯槽嵌入岩石内，其深度不小于10cm，并和相衔接之坡平顺；坡脚宜设1～2m高的浆砌片石护坡。为防止灰体表面开裂，增强抗冲蚀能力，可在表面涂沥青保护层，其沥青软化点宜稍高于当地最高气温，用量为3kg/m^{2}左右。

2.勾缝、灌缝

灌缝适用于较坚硬、裂缝较大较深的岩石路堑边坡；勾缝适用于较硬、不易风化、节理缝多而细的岩石路堑边坡。灌缝可用体积比1∶4或1∶5的水泥砂浆。裂缝很宽时，可用体积比1∶3∶6或1∶4∶6的混凝土灌注。勾缝可用体积比1∶2或1∶3的水泥砂浆，也可用1∶0.5∶3或1∶2∶9的水泥石灰砂浆。灌缝和勾缝前应先用水冲洗，并清除裂缝内的泥土、杂草。勾缝时要求砂浆应嵌入缝中，与岩体牢固结合。灌缝时要求插捣密实，灌满缝口并抹平。

3.捶面

适用于易受冲刷的土质边坡或易风化剥落的岩石边坡，边坡坡度不大于1∶0.5。捶面厚度10～15cm，一般采用等厚截面，当边坡较高时，采用上薄下厚截面。捶面护坡与未防护坡面衔接处应封闭，其措施与抹面相同。坡脚设1～2m高的浆砌片石护坡。捶面材料常用石灰土、二灰土等。

捶面施工前应清除坡面浮石松土，填补坑凹，有裂缝时应勾缝。在土质边坡上，为使护面贴牢，可挖小台阶或锯齿。坡面应先洒石灰水润湿，捶面时夯拍要均匀，提浆要及时，表面要光滑，提浆后2～3h进行洒水养生3～5d。寒冷地区不宜在冬季施工。养护时如发现开裂和脱落应及时修补。在较大面积捶面时，应设置伸缩缝，其间距不宜超过10m。

4.喷浆及喷射混凝土

喷浆及喷射混凝土适用于易风化但尚未严重风化的岩石边坡。可采用素喷水泥沙浆和混凝土的施工工艺，也可采用加设防护网及锚杆的锚喷工艺。喷浆厚度一般为5～10cm。

锚喷防护的施工：锚喷工艺利用了锚杆的深层拉力作用，钢筋网的多层防护作用以及细粒式混凝土的封闭及刚性整体作用。从而确保了风化岩边坡的强度及稳定性，起到了坚固、耐用、美观的作用。

施工工序。锚喷防护施工前必须对施工现场及所要防护的边坡进行详细的调查，调查的内容主要有以下几方面：

(1)开挖面的坡度及平整状况：风化岩体上表面土层厚度及密实程度；岩面的风化程度及发育状况；岩体表面的孔隙、沟槽及土条带的数量、宽度、深度。

(2)岩面处理：在施工前要对风化岩的岩面进行处理，清除岩体表面植被、浮土、危石，尽量使岩体表面保持一个单一坡度；对岩体表面暴露的较大的坑洞要进行砌石堵塞；对土条带要加以清除，并进行简单的砌石防护同时在施工前要确定泄水孔的位置。

(3)截水沟及急流槽的设置：根据施工现场实际情况要在边坡的上方设置截水沟及急流槽以避免水流对风化岩表面土层的冲刷。

(4)凿眼及锚杆的注入：锚杆的长度要根据风化岩的物理性质及表面施工层的拉力通过实验确定，一般长度在 1.5～2.5m 之间，通常采用大于 $\phi22$ 的螺纹钢。

(5)防护网的挂设：防护网可采用单网和双网两种形式，单网结构一般采用 $\phi8$ 钢筋网，网孔尺寸为 5cm×5cm。双网结构一般内网采用 $\phi6$ 铁丝网，网孔尺寸为 10cm×10cm，外网一般采用 $\phi8$ 钢筋网，网孔尺寸为 30cm×30cm。挂设防护网时要注意防护网与锚杆坚固连接及防护网的整体性，并根据风化岩岩面的风化程度对防护网的间距加以适当的调整。

(6)混凝土的喷射：喷射混凝土前要对所有机械设备、人员、进场材料进行全面细致的检查，建立相应的施工与质量保证体系，以确保锚喷施工的顺利进行。施工过程中要保证机械设备的正常运转，保证进料管与进水管的畅通，保证喷头与岩面的距离及喷射的角度（一般喷射距离为 2～4m，喷射角度为 60°～70°），保证喷射的厚度及均匀性，同时在喷射混凝土时要对混凝土的质量进行随时检查以充分保证混凝土的强度及流易性要求。

(7)养护维修：在混凝土施工完成之后，马上要进行养生，采用覆盖草袋，喷水养生的方式 7～14 天，以满足混凝土的强度要求。对露筋及混凝土较薄的部位要进行补喷。

5. *石砌护坡*

石砌护坡有干砌和浆砌两种，可用于土质或风化岩质路堑或土质路堤边坡的坡面防护，也可用于浸水路堤及排水沟渠，作为冲刷防护。如图 1-3-22 所示。

图 1-3-22　石砌护坡

干砌片石防护有单层铺砌、双层铺砌和编格内铺石等几种形式。采用干砌防护时，为防

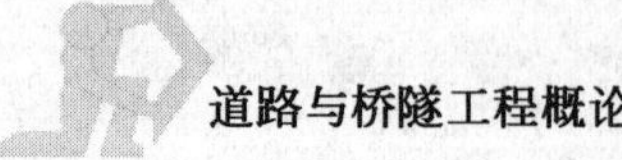

止水流将铺石下面边坡上的土颗粒带出冲走，施工时，应在铺砌层的底面设0.1～0.2m的碎石、砾石或砂砾混合物垫层，以增加整个铺石防护的弹性，使其不易破坏。同时干砌片石最好用砂浆勾缝，防止水分侵入过多，以提高其整体强度。

浆砌片石护坡，适用于流速较大(4～5m/s)的沿河路堤或采用干砌片石不适宜的其他路基坡面防护。浆砌片石护坡宜用0.3～0.5m以上的块(片)石砌筑，其厚度一般为0.2～0.5m，用于冲刷防护时，最小厚度一般不小于0.35m，护坡底面应设0.10～0.20m厚的碎石或砂砾垫层。基础要求坚固，底面宜采用1∶5向内倾斜的坡度，如遇坚石可挖成台阶式，在近河地段基础则应埋置于冲刷线以下0.5～1.0m。浆砌片石护坡每长10～15m，应留宽约2.0cm的伸缩缝。护坡的中、下部应设10cm×10cm的矩形或直径为10cm的圆形泄水孔，间距为2～3m。泄水孔后0.5m的范围内应设置反滤层。路堤边坡上的浆砌片石护坡，应在路堤压实或夯实后施工，以免因路堤沉落而引起护坡的破坏。

6.护面墙

护面墙是一种浆砌片石的覆盖物。多用在易风化的云母片岩、绿泥片岩、泥质页岩、千枚岩及其他风化严重的软质岩层和较破碎的岩石地段，以防止其继续风化。护面墙仅能承受自重，不能承受侧压力，故要求被防护的边坡自身必须稳定。墙的厚度视墙高而定。沿墙身长度每10m应设置2cm宽的伸缩缝。墙身横、纵方向每隔2～3m设置孔口6cm×6cm或10cm×10cm方形泄水孔，泄水孔的后面应用碎石和砂砾做反滤层。

二 路基冲刷防护

沿河路基，直接承受水流的冲刷。为了保证路基坚固、稳定，必须采取措施予以防护。防止冲刷的措施有两种，一种是加固岸坡的直接防护；另一种是改变水流性质的间接防护。

(一)直接防护

直接防护措施除坡面防护和石砌护坡外，还有抛石、石笼、柔性混凝土块板及浸水挡土墙等。

1.抛石防护

抛石主要用于受水流冲刷和淘刷的路基边坡和坡脚，最适于沿河床路基的防护，且不受气候条件限制，对于季节性浸水和长期浸水的情况均适用。一般在枯水季节施工，附近盛产大块砾石、卵石以及废石方较多的路段，应优先考虑采用此布防护措施。抛石边坡和石料粒径的选择（表 1-3-3）。抛石厚度的以抛石厚度一般为粒径的 3～4 倍，或为最大粒径的 2 倍。石料要求质地坚硬、耐冻且不易风化崩解。抛石时，宜用不小于计算尺寸且大小不同的石块掺杂抛投，使抛石保持一定的充实度。

抛石粒径与水深、流速关系 表 1-3-3

抛石粒径(cm)	水深(m)				
	0.4	1.0	2.0	3.0	5.0
	容许流速(m/s)				
15	2.7	3.00	3.40	3.70	4.00
20	3.15	3.45	3.90	4.20	4.50
30	3.5	3.95	4.25	4.45	5.00
40	—	4.30	4.45	4.80	5.05
50	—	—	4.85	5.00	5.40

2. 石笼防护

石笼防护主要用于缺乏大石块的地区，防护沿河路堤坡脚的河岸免受急流和大风浪的破坏，同时也是加固河床、防止冲刷的常用措施。在含有大量泥沙的急流及基底土壤良好的条件下，特别适宜石笼防护。石笼的优点是有较好的强度和柔性，不需要较大的石料，其缺点是石笼网日久易锈蚀损坏，使石笼解体，因此，宜采用镀铸铁丝石笼。镀铸铁丝石笼的使用期约为 8～12 年。如用石笼防止冲刷淘底时，一般在河底将石笼平铺并与坡脚线垂直，同时固定坡脚处的尾端，靠河床中心一端不必固定，淘底时便于沉落。当石笼用以防止岸坡受冲刷时，则用叠码或平铺于坡面的形式。它的外形一般为箱形、圆柱形、扁形、柱形等几种。

铁丝石笼以 ϕ6mm～ϕ8mm 的钢筋做骨架，2.5～4.0mm 铁丝编网。其网孔一般为 6cm×8cm、8cm×10cm 及 12cm×15cm 的六角形。长度较大的石笼，应在内部设横墙或铁丝拉线。石笼下面的基础，最好用碎石或砾石铺垫整平，厚度一般为 0.2～0.4m，底层石笼宜用 ϕ16mm～ϕ19mm 的铁纤固定在基底上，使之不随水流移动。安置石笼应做到位置正确，搭叠衔接稳固、紧密，保证其整体作用。编制石笼时，要注意保持各部分尺寸正确，以利于石笼与石笼之间的紧密连接，用机器将铁丝弯成网孔元件，在工地上再编结成网或笼，既可提高效率，又能保证质量。

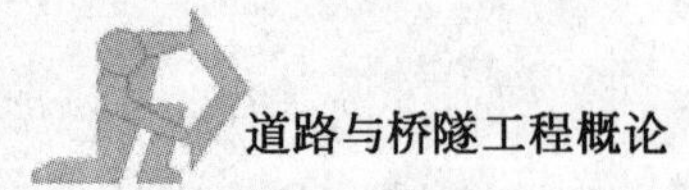

(二)间接防护

间接防护是设置工程构造物以改变河道的流水方向或减缓流水速度,以达到减轻冲刷的目的。常用的有丁坝、顺坝、导流堤等调治构造物,在一定条件下还可以营造防护林带和改移河道等。

1. 丁坝

丁坝是指坝根与河岸(或河滩)相接,坝头伸向河槽,坝身与水流方向成某一角度的横向构筑物。它适用于宽浅变迁性河段,用以挑流或减低流速,减轻水流对河岸或路基的冲刷。

丁坝能将水流挑离河岸,故也称为挑水坝。丁坝的长度应根据防护长度,丁坝与水流方向的交角、河段地形、水文条件及河床地质情况等确定;垂直于水流方向上的投影长度不宜超过稳定河床宽度的1/4。应加强坝根和岸坡的衔接,坝根和坝身的基础不应浅于冲刷线的深度。

2. 顺坝

顺坝为坝根与河岸或边滩相接,坝身与导流线(即计划的河轴线与河岸线)基本重合或平行的顺向调治建筑物。它适用于河床断面较窄,基础地质条件较差的河岸或沿河路基防护,使水流较顺缓地改变流向,起疏导水流作用。

顺坝一般采用石砌或混凝土结构,横断面为梯形。坝顶宽度应根据稳定计算确定,迎水坡采用1∶1.5～1∶2.5,背水坡采用1∶1.0～1∶1.5。当流速较大、土质又较松软时,迎水坡应设置护脚或适当放缓迎水坡坡度。顺坝坝根应嵌入稳定河岸内不小于35m,漫溢式顺坝,应在坝后设置格坝。

3. 格坝

格坝是建于顺坝与河岸之间,其一端与河岸相连接,另一端与顺坝坝身相连接的横向调节建筑物。其作用不仅是为使水流反射入主要河床,同时防止洪水溢入顺坝,冲刷坝后河床及坝内坡脚与河岸,并促进其间的淤积可以造田。

4. 改移河道

沿河路基受水流冲刷严重或防护工程艰巨以及路线在短距离内多次跨越弯曲河道时可改移河道。改移河道可以将直接冲刷及淘刷路基的水流引离路基。由于改移河道涉及水流改向,影响大且投资高,故改移河道常在较短的河道上进行,并力求顺河势,使新河槽符合自然河流特征,保证新河道水流水重归故道,并对农田水利设施、道路、村庄等无不良影响。

三 支挡构筑物

支挡构筑物即路基加固工程，其作用是支挡路基体，以保证路基在自重及各种自然因素作用下保持稳定。常用的支挡构筑物主要是挡土墙。挡土墙是支承路基填土或山坡土体，以防止其变形失稳的结构物。同时，也是高等级公路重要的结构物。可以利用石料修建干砌或浆砌石料挡土墙，也可以利用水泥及钢筋、砂石材料修建毛石混凝土挡墙或钢筋混凝土挡墙。各种挡墙如图 1-3-23 所示。

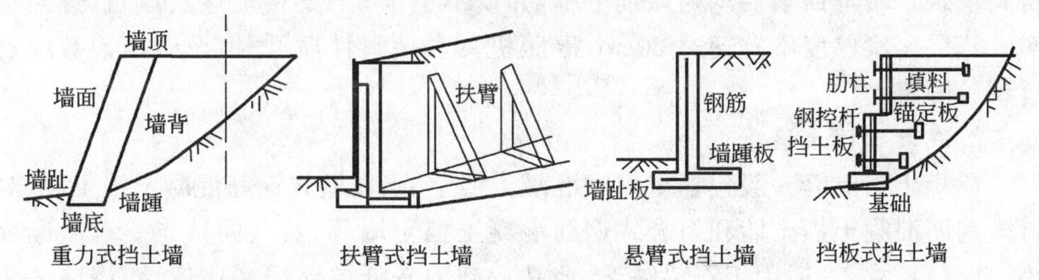

图 1-3-23 挡墙形式

1. 重力式挡土墙

重力式挡土墙是依靠自身重力来抵抗路基土压力，保持路基稳定的结构物。

(1)基础。重力式挡土墙一般采用明挖基础，当基底松软或水下挖基困难时，可采用换填基础、桩基础或沉井基础。对于土质地基，墙趾的埋置深度至少 1m，有冲刷时，在冲刷线以下至少 1m，冻胀地区，应在冻结线以下至少 0.25m，冻胀深度超过 1m 时，基底应换填一定厚度的砂砾或碎石垫层且垫层底面应在冻结线以下至少 0.25m。对碎石、砂类地基基础埋深不宜小于 1m，对岩石地基，应清除表面风化层，如风化层较厚，基础应嵌岩 0.25～1.0m，墙趾前应有足够的襟边宽度。

(2)砌筑。砌筑前，应将石料表面泥垢清扫干净并用水保持湿润。砌筑时，外面线应顺直整齐，内面线可大致顺适，砌筑过程中应经常校正线杆。浆砌石底面应卧浆铺砌，立缝填浆补实，不得有空隙和立缝贯通现象。施工缝位置宜设在伸缩缝和沉降缝处，水平缝应一致。

①浆砌片石：宜分层砌筑，应长短相间地与里层砌块咬接成一体，上下层石块交错排列，避免竖缝重合。砌体中的片石应大小搭配，相互错叠，咬紧密实。较大的片石，宜用在下面并配有小石块，作挤浆填缝之用，片石间以砂浆隔开。

②浆砌块石：用作镶面的块石，表面四周应修整，块石应平砌，每层石料高度应做到基本齐平。外圈定位和镶面的石块应一丁一顺排列。

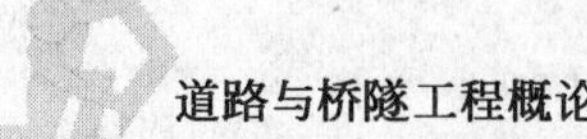

③料石砌筑:每层镶面料石均应事先按规定,灰缝宽及错缝要求配好石料,再用铺浆法顺序砌筑和随砌随填立缝,并应先砌角石。镶面石砌筑完毕后,方可砌填心石,其高度与镶面石齐平。

(3)墙顶。墙顶宜用粗料石或现浇混凝土作成顶帽,路肩墙顶面宽宜用大石块砌筑,M5 砂浆勾缝和抹面,并均应在墙顶外缘线留出 10cm 的帽檐。

(4)墙背填料。砌体砂浆强度达 70%以上时,方可回填墙背填料,并应优先选择渗水性较好的砂砾土填筑。浸水挡土墙背应全部用水稳性和透水性较好的材料填筑。墙背回填要均匀摊铺平整,并设不小于 3%的横坡逐层填筑,逐层夯实。每层压实厚度不宜超过 20cm,碾压机具和填料性质、厚度及碾压遍数应经过试验确定。

2.混凝土挡土墙

混凝土挡土墙一般包括重力式混凝土挡土墙、扶壁式钢筋混凝土挡土墙、悬臂式钢筋混凝土挡土墙和组合式钢筋混凝土挡土墙等,其共同特点是墙身断面小、自重轻、省工,适用于石料缺乏、地基承载力较低的路堤和路肩墙,浇注的钢筋混凝土系整体结构,以现浇为宜。

(1)重力式混凝土挡土墙。重力式混凝土挡土墙一般是指素混凝土结构,相似于砌石挡土墙。其施工特点是,模板简单,混凝土量大。

(2)扶壁式钢筋混凝土挡土墙。扶壁式钢筋混凝土挡土墙属典型的钢筋混凝土结构,有直墙、斜墙和板等几种的结构,模板、钢筋和混凝土施工工序齐全。

(3)悬臂式钢筋混凝土挡土墙。与扶壁式钢筋混凝土挡土墙相比,悬臂式钢筋混凝土挡土墙的结构受力方式虽不同,但其结构形式、施工工艺相似。

(4)组合式钢筋混凝土挡土墙。组合式钢筋混凝土挡土墙适用于需要快速施工的挡土墙。开挖前,预制钢筋混凝土挡土板。土方开挖到位,将预制的钢筋混凝土挡板安装到位,做临时支撑,起到土体防护作用。同时进行基底清理,组立模板浇注混凝土,与预制钢筋混凝土一起组成重力式挡土墙。

①基础施工。组合式混凝土挡土墙基础施工与砌石挡土墙基础基本相同,软基处,可以采取桩基础、加固结剂等加固措施。混凝土底板可以在地基上直接立模;钢筋混凝土底板,则需先浇垫层,在垫层上放线轧钢筋立模。基础模板的支撑,不宜直接落在土基上,应加垫木。钢筋混凝土基础施工时,要注意钢筋的保护层厚度,墙体的钢筋应安装到位,并且有可靠的固定措施。混凝土的施工缝应尽量避免设置在基础与墙体的分界面,基础混凝土成型面设置在墙体以上 10cm 处,其界面应做成毛面。

②墙体钢筋及混凝土施工。墙体钢筋安装应在立模前施工。安装模板时,

特别是对扶壁挡土墙钢筋，不易校正其位置偏差，因此钢筋安装绑扎必须控制到位。一般控制方法是搭架支撑，在钢筋顶部位置设置支架，控制钢筋在顶端的准确位置。对每根钢筋，控制上下准确位置，拉紧固定。墙体混凝土应分层浇注，分层振捣。每层厚度以 30cm 为宜，浇注进度控制在每小时 1～1.5m。混凝土重力式挡土墙属大体积混凝土，宜用低热量、收缩小的矿渣类水泥。必要时还可在混凝土中抛入块石，抛石比例不超过混凝土的 15%，要求石质坚硬，清洗干净，石块厚度不小于 15cm，不得使用片石、卵石。石块距石块、模板、钢筋及预埋件净距均不小于 4～6cm。

混凝土的养生方法及要求与其他结构相同。

本章小结

路基是道路的基础，一条公路的使用品质不仅与公路的线形和路面的质量有关，同时也与路基的品质有重要的关系。路基稳定，不仅能有效地提高路基、路面的整体强度及路面平整度，而且还由于路基强度的增加，可适当减薄路面结构层的厚度，降低工程造价。因此，做好填方路基、挖方路基以及路基排水工程和路基防护工程的施工工作，保证路基的施工质量，对保证道路整体的强度及稳定性就显得尤为重要。

小知识

桥头跳车现象

高等级公路桥涵处路基不均匀沉陷病害(主要表现为桥涵桥头跳车现象)，已成为公路建设质量通病的主要内容之一，特别是湿陷性黄土路基，其不均匀沉陷现象尤为突出。它严重影响着公路营运期的行车舒适和安全，降低了公路的使用品质和寿命，同时也损耗了大量国家建设资金，损害了高等级公路的社会形象。公路工程桥涵处跳车现象发生的主要成因为桥涵沉降与路基沉降的不均衡所致。桥涵本身为刚性结构，同时，它对地基的承载力要求较高，其沉降缓慢、沉陷量很小；而填方路基为柔性结构，沉陷量相对较大。因而，造成桥涵与其两头路基沉陷明显不一，形成错台，产生跳车现象。

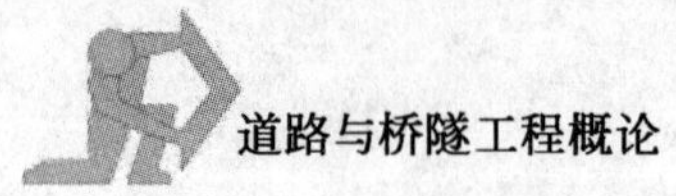

思考与练习

1. 路基填筑施工有哪些方式？
2. 为什么要进行路基压实？
3. 填土路基的压实度如何控制？
4. 土方开挖的形式有几种？
5. 何谓“葫芦炮”？
6. 路面排水设施有哪些？
7. 试述渗井的施工要点？
8. 路基坡面防护有哪些形式？
9. 挡土墙的形式有哪几种？
10. 加筋土挡土墙的施工工艺有何特点？

第四章 路面工程

【职业能力目标】

1. 了解路面的类型、特点与结构组成；
2. 能够担负路面施工任务。

【学习要求】

1. 了解路面的功能和要求、路面结构及层位功能，以及路面的分类；
2. 了解粒料类、结合料稳定类路面与基层的强度构成原理、构造、应用和特点；
3. 了解沥青路面的类型、特点及应用；
4. 熟悉沥青路面的施工方法和要点；
5. 了解水泥混凝土路面的特点、构造及应用；
6. 熟悉水泥混凝土路面的施工方法和要点；
7. 了解沥青路面和水泥混凝土路面施工机械的类型与基本功能特点。

第一节 概 述

一 路面的功能和要求

路面是道路的重要工程结构物，它铺筑在路基顶面，是用不同材料或混合料分层铺筑而成的供车辆行驶的一种层状结构物。路面结构直接承受车轮荷载，其质量好坏直接影响到道路的使用品质。路面结构在道路造价中所占的比重很大，一般都要达到30%左右。

现代化公路运输,不仅要求道路能全天候通行车辆,而且要求车辆能以一定的速度,安全、舒适、经济地在道路上运行,这就要求路面具有良好的使用性能,提供良好的行驶条件和服务水平。

为了保证公路与城市道路最大限度地满足车辆运行的要求,提高车速、增强安全性和舒适性,降低运输成本和延长道路使用年限,要求路面具有的基本性能主要有:足够的强度和刚度、足够的稳定性、耐久性、表面平整、表面抗滑性能。

 二 路面结构及层位功能

1.路面横断面

路面横断面即在路基顶面铺筑面层结构,沿横断面方向由行车道、硬路肩和土路肩所组成。路面横断面的形式随道路等级的不同,可选择不同的形式,通常分为槽式横断面和全铺式横断面,如图 1-4-1 所示。

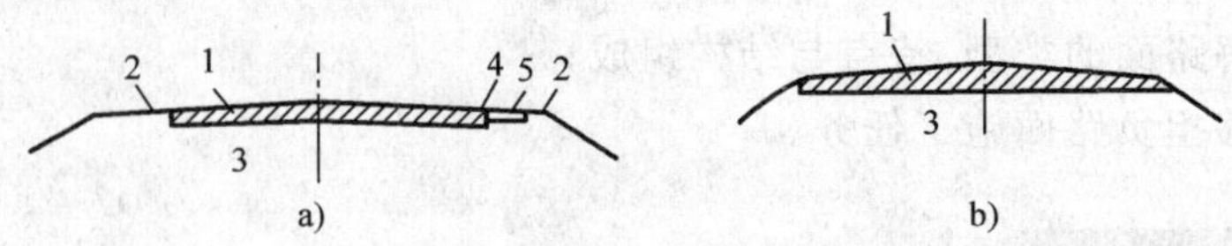

图 1-4-1　路面横断面形式

a)槽式;b)全铺式

1-路面;2-土路肩;3-路基;4-路缘石(侧石);5-加固路肩(硬路肩)

(1)槽式横断面

槽式横断面是指在路基上按路面行车道及硬路肩设计宽度开挖路槽,保留土路肩,形成浅槽,在槽内铺筑路面。也可采用培槽方法,在路基两侧培槽,或半填半挖的方法培槽。路面横断面形式如图 1-4-1a)所示。

(2)全铺式横断面

全铺式横断面是指在路基全部宽度内部铺筑路面。在高等级公路建设中,有时为了将路面结构内部的水分迅速排出,在全宽范围内铺筑基层材料,保证水分由横向排入边沟。有时考虑到道路交通的迅速增长,为适应扩建的需要,将硬路肩及土路肩的位置全部按行车道标准铺筑面层。在盛产石料的山区或较窄的路基上,全宽铺筑中、低级路面。路面横断面形式如图 1-4-1b)所示。

2.路拱横坡度

为了保证路面上雨水及时排出,减少雨水对路面的浸润和渗透而减弱路面结构强度,路面表面应做成直线形或抛物线形的路拱。等级高的路面,平整度和水稳定性较好,透水性也小,通常采用直线形路拱和较小的路拱横坡度。等级低的路

面，为了有利于迅速排除路表积水，一般采用抛物线形路拱和较大的路拱横坡度。

高速公路和一级公路设有中央分隔带，通常采用两种方式布置路拱横断面。若分隔带未设置排水设施，则做成中间高，两侧路面低，由单向横坡向路肩方向排水。若分隔带设置排水设施，则两侧路面分别单独做成中间高两边低的路拱，向中间排水设施和路肩两个方向排水。

3.路面结构分层及层位功能

行车荷载和自然因素对路面的影响，随深度的增加而逐渐减弱。因此，对路面材料的强度、刚度和稳定性的要求也随深度的增加而逐渐降低。为了适应这一特点，路面结构通常是分层铺筑的，按照使用要求、受力状况、土基支承条件和自然因素影响程度的不同，分成若干层次。通常按照各个层位功能的不同，划分为三个层次，即面层、基层和垫层，如图 1-4-2 所示。

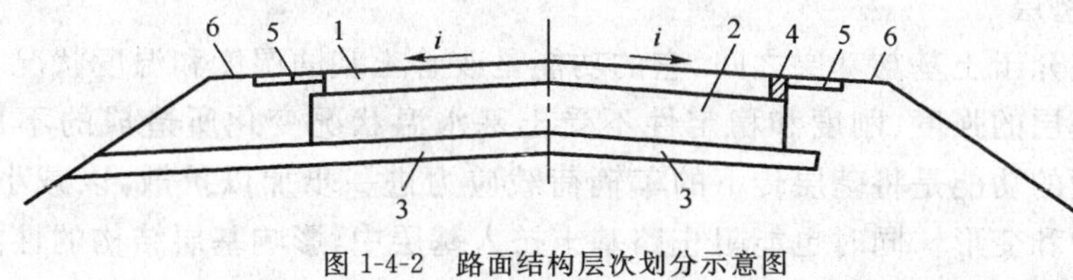

图 1-4-2　路面结构层次划分示意图

i-路拱横坡度

1-面层；2-基层（有时包括底基层）；3-垫层；4-路缘石；5-加固路肩（硬路肩）；6-土路肩

(1)面层

面层是直接同行车和大气接触的表面层次，它承受较大的行车荷载的垂直力、水平力和冲击力的作用，同时还受到降水的侵蚀和气温变化的影响。因此，同其他层次相比，面层应具备较高的结构强度，抗变形能力，较好的水稳定性和温度稳定性，而且应当耐磨，不透水，其表面还应有良好的抗滑性和平整度。

修筑面层所用的材料主要有：水泥混凝土、沥青混凝土、沥青碎（砾）石混合料、砂砾或碎石掺土或不掺土的混合料以及块料等。

面层有时分两层或三层铺筑，如高速公路沥青面层总厚度 18～20cm，可分成上、中、下三层铺筑，并根据各分层的要求采用不同的级配等级。水泥混凝土路面有时也分上下两层铺筑，分别采用不同强度等级的水泥混凝土材料。水泥混凝土路面上加铺 4cm 沥青混凝土这样的复合式结构也是常见的。但是砂石路面上所铺的 2～3cm 厚的磨耗层或 1cm 厚的保护层，以及厚度不超过 1cm 的简易沥青表面处治，不能作为一个独立的层次，应看作为是面层的一部分。

(2)基层

基层主要承受由面层传来的车辆荷载的垂直力，并扩散到下面的垫层和土

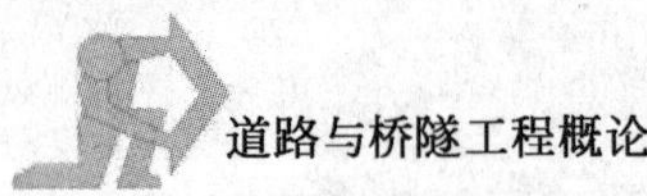

基层去。实际上基层是路面结构中的承重层，它应具有足够的强度和刚度，并具有良好的扩散应力的能力。基层遭受大气因素的影响虽然比面层小，但是仍然有可能经受地下水和通过面层渗入雨水的浸湿，所以基层结构应具有足够的水稳定性。基层表面虽不直接供车辆行驶，但仍然要求有较好的平整度，这是保证面层平整性的基本条件。

修筑基层的材料主要有各种结合料（如石灰、水泥或沥青等）稳定土或稳定碎（砾）石、贫水泥混凝土、天然砂砾、各种碎石或砾石、片石、块石或圆石，各种工业废渣（如煤渣、粉煤灰、矿渣、石灰渣等）和土、砂、石所组成的混合料等。

基层厚度太厚时，为保证工程质量可分为两层或三层铺筑。当采用不同材料修筑基层时，基层的最下层称为底基层，对底基层材料质量的要求较低，可使用当地材料来修筑。

(3)垫层

垫层介于土基与基层之间，它的功能是改善土基的湿度和温度状况，以保证面层和基层的强度、刚度和稳定性不受土基水温状况变化所造成的不良影响。另一方面的功能是将基层传下的车辆荷载应力进一步加以扩散，以减小土基产生的应力和变形。同时也能阻止路基土挤入基层中，影响基层结构的性能。

修筑垫层的材料，强度要求不一定高，但水稳定性和隔温性能要好。常用的垫层材料分为两类，一类是由松散粒料，如砂、砾石、炉渣等组成的透水性垫层；另一类是用水泥或石灰稳定土等修筑的稳定类垫层。

 路面的分类

1. 按路面面层材料分

根据现行的《公路工程技术标准》(JTG B01—2003)，路面面层的类型及选用如表 1-4-1 所示。

路面面层类型及适用范围 表 1-4-1

面 层 类 型	适 用 范 围
沥青混凝土	高速公路、一级公路、二级公路、三级公路、四级公路
水泥混凝土	高速公路、一级公路、二级公路、三级公路、四级公路
沥青贯入、沥青碎石、沥青表面处治	三级公路、四级公路
砂石路面	四级公路

其中，砂石路面是以砂、石等为骨料，以土、水、灰为结合料，通过一定的配比铺筑而成的路面的统称，包括级配碎（砾）石路面、泥结碎（砾）石路面、水结碎石

路面、填隙碎石路面及其他粒料路面。

2.按路面结构的力学性能分

在工程设计中，主要从路面结构的力学特性和设计方法的相似性出发，将路面划分为柔性路面、刚性路面和半刚性路面三类。

(1)柔性路面。柔性路面的总体结构刚度较小，在车辆荷载作用之下产生较大的弯沉变形，路面结构本身的抗弯拉强度较低，它通过各结构层将车辆荷载传递给土基，使土基承受较大的单位压力。

(2)刚性路面。刚性路面主要指用水泥混凝土作面层或基层的路面结构。水泥混凝土的强度高，与其他筑路材料比较，它的抗弯拉强度高，并且有较高的弹性模量，故呈现出较大的刚性。在车辆荷载作用下，水泥混凝土结构层处于板体工作状态，竖向弯沉较小。

(3)半刚性路面。半刚性路面是用水泥、石灰等无机结合料处治的土或碎(砾)石及含有水硬性结合料的工业废渣修筑的基层，在前期具有柔性路面的力学性质，后期的强度和刚度均有较大幅度的增长，但是最终的强度和刚度仍远小于水泥混凝土。

第二节　粒料类、结合料稳定类路面与基层

粒料类路面与基层

由碎石或砾石组成的粒料结构，按强度构成原理可分为嵌锁型与级配型。嵌锁型包括泥结碎石、泥灰结碎石、填隙碎石等；级配型包括级配碎石、级配砾石、符合级配的天然砂砾、部分砾石经轧制掺配而成的级配砾、碎石等。

(1)嵌锁型

嵌锁型结构层，其强度主要依靠碎石颗粒之间的嵌锁和摩阻作用所形成的内摩阻力，而颗粒之间的黏结力是次要的。

嵌锁型结构强度主要取决于石料的强度、形状、尺寸、均匀性、表面粗糙度以及施工时的压实程度。当石料强度高、形状接近立方体、有棱角、尺寸均匀、表面粗糙、压实度高时，结构层的强度就高。

(2)级配型

级配型粒料结构层的强度和稳定性取决于内摩阻力和黏结力的大小，因此，其强度与稳定性在很大程度上取决于集料的类型(碎石、砾石或碎砾石粗集料的最大粒径和级配)，以及混合料中0.5mm以下细料的含量及塑性指数。同时，

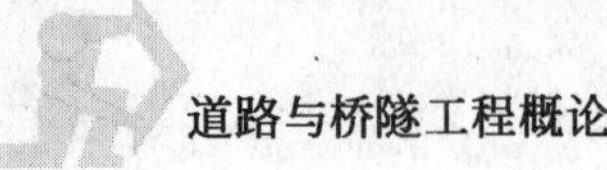

还与其密实度有很大关系。因此,对级配型,主要控制最大粒径、细料含量及其塑性指数和现场压实度。

1. 碎(砾)石路面与基层

用加工轧制的碎(砾)石做主骨料,并以石碴和石屑嵌缝,用黏土或石灰土泥浆灌缝,按嵌挤原理压实形成的路面,称碎(砾)石路面,按施工方法及所用填充结合料的不同,分泥结碎石、泥灰结碎石、干压碎石和水结碎石路面,后两种又统称为填隙碎石路面。

碎石路面的结构强度,主要靠碎石颗粒间通过压实而得到的嵌挤锁结作用及填充结合料的黏结作用形成。嵌挤力的大小主要取决于石料的强度、尺寸、形状及表面粗糙程度所产生的内摩阻力的大小以及施工时压实的质量;黏结作用则取决于填充结合料本身的内聚力及其与矿料间黏附力的大小。因此,碎石路面的结构强度既和石料本身的强度有关,也和碎石颗粒间的联结程度有关。

碎石路面的优点是投资不高,盛产石料地区可就地取材,并随交通量的增加进行分期修建和改善,还可在分期修建过程中作为其他路面的基层。缺点是平整度差,易扬尘,在行车和自然因素影响下,易产生磨损、松散、磨耗层脱落露骨等病害,因此维修养护工作量大,而且适应的交通量较小。

碎石路面对材料的基本要求是:碎石应具有较高的强度、韧性和抗磨耗能力,以不低于III级、带有棱角、近于立方体、表面粗糙的碎石为好。

(1)泥结碎石路面与基层

泥结碎石路面是以碎石作骨料,黏土作填充料和结合料,经压实形成的路面。

泥结碎石路面的厚度一般为8～20cm,常用厚度为8～12cm,当厚度超过15cm时,一般应分两层铺筑,上层的厚度为总厚度的0.35～0.4倍,一般采用6～15cm。

泥结碎石路面属中级路面,使用于三、四级公路,地方道路应用较广,它具有施工简便、造价低的优点;但因含一定数量的黏土,水稳定性较差,不宜作沥青路面基层。如作沥青路面基层时,应控制用于干燥路段,在中湿和潮湿路段填充黏结料黏土中应掺一定剂量的石灰,做成泥灰结碎石,提高其稳定性。在泥结碎石路面上铺筑磨耗层可以改善行车条件和方便养护。

(2)泥灰结碎石路面

泥灰结碎石路面是以碎石作骨料,用一定数量的石灰土填充空隙作黏结料形成的路面。它针对泥结碎石路面水稳定性不好的缺点,利用填充料中的石灰达到提高路面水稳定性的目的。泥灰结碎石路面中的黏土质量、规格要求均与泥结碎石路面相同，石灰质量不低于III级，土和石灰的总含量与石料重量百分比应小于20%，其中石灰剂量占土重的8%～12%。施工程序与质量要求均与泥结碎石路面相同。泥灰结碎石多用在潮湿与中湿路段作为沥青路面的基层，亦可作为中级路面的面层。

(3)填隙碎石基层

用单一尺寸的粗碎石作骨料，形成嵌挤作用，用石屑填满碎石间的孔隙，增加密实度和稳定性，这种结构称填隙碎石。填隙碎石可用做各等级公路的底基层和二级以下公路的基层，一层铺筑厚度通常为碎石最大粒径的1.5～2倍，即10～12cm，适于盛产石料地区。施工方法分干法和湿法两种，将碎石材料撒铺后直接压实而成的结构层，称为干压碎石；经洒水碾压而成的称为水结碎石。适量洒水，可降低碎石颗粒间的摩擦力，提高压实效果。同时水结碎石在压实过程中会产生一部分磨碎的石粉，它可起黏结作用。

2.级配碎(砾)石路面与基(垫)层

级配碎(砾)石路面，是用粒径大小不同的粗细碎(砾)石集料和砂(或石屑)各占一定比例的混合料，其颗粒组成符合密实级配要求，其中包括一部分塑性指数较高的黏土，填充空隙并起黏结作用，经压实后形成密实结构。其强度的形成是靠集料间的摩阻力和细粒土的黏结力，经碾压密实联结所构成。它可以做中级路面面层；当路基处于干燥地段时，也可以做次高级路面的基层。在潮湿地段做沥青路面基层时，应在土中掺加一定剂量的石灰，以提高其强度和稳定性。

级配碎(砾)石路面厚度，一般为8～16cm，当厚度大于16cm时应分两层铺筑，下层厚度为总厚度的0.6倍；上层为总厚度的0.4倍。级配碎(砾)石路面的最小厚度为8cm。

级配碎(砾)石路面的平整度较好(但要经常养护)，施工维修简易，在就地取材前提下造价低廉。缺点是耐磨性差，在行车作用下易起波浪变形，使用年限较短。因此，需在上面加铺磨耗层和保护层，进行及时养护，这样不但可改善行车条件，而且也可适当延长使用寿命。

3.磨耗层与保护层

为提高碎(砾)石路面的平整度，抵抗行车和自然因素的磨损和破坏作用，应在面层上加铺磨耗层和保护层。

(1)磨耗层

磨耗层是路面的表面部分，其作用是抵抗车轮荷载和自然因素对路面的破坏作用，从而有效地保证路面的强度和稳定性，并提高路面平整度，改善行车条件，延长使用寿命。

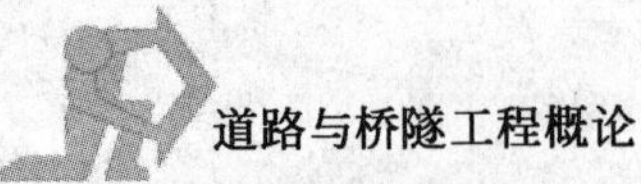

磨耗层的厚度较薄，最大不超过 4cm，因地区和所用材料规格不同，其厚度也不一样。当采用坚硬小砾石和石屑时，宜厚 2～3cm，砂土混合料时，应厚为 1.5～2.0cm，软质材料以 3～4cm 为宜。

磨耗层铺筑后表面应平整，具有规定的拱度，并与面层联结牢固成为整体，使之具有较好的强度和稳定性。

(2)保护层

保护层铺在磨耗层上面，用砂、土材料铺筑而成，厚度不大于 1cm。用来减少车轮对磨耗层的直接磨损和自然因素对磨耗层的直接影响，是保护磨耗层延长其使用寿命的薄层。

根据地区适用性按材料和铺设方法不同，分稳定保护层和松散保护层两种。

稳定保护层又称砂土保护层，是用砂和黏土的混合料，借行车碾压，形成稳固的硬壳，黏附在磨耗层上。这种保护层，行车阻力小，养护用料少，但施工技术较复杂，适用于干旱和大风地区。

松散保护层又称砂砾保护层，系在湿润的磨耗层上均匀撒铺粒径 2～5mm (干旱地区可用 5～10mm)的砂粒，多用于南方潮湿地区或盛产砂粒地区。在行车作用下，砂砾常被移动、带走，需要经常扫砂、回砂保养。

二 结合料稳定类路面基(垫)层

1. 无机结合料稳定类基层

在粉碎的土中掺入一定量的无机结合料(包括水泥、石灰、工业废渣等)，加水拌和并摊铺平整，碾压密实，其强度和稳定性符合规定要求的材料称为无机结合料稳定类材料，以此修筑的路面称为无机结合料稳定路面。

无机结合料稳定材料具有稳定性好、抗冻性强、结构自成板体等特点，但由于其耐磨性差，因此被广泛用于修筑路面结构的基、垫层。

无机结合料稳定材料的完工初期具有柔软的工作特征，随着时间的延长，其强度和刚度逐渐提高，板体性增加。结构成型后，其刚度介于柔性材料与刚性材料之间，故又称之为半刚性材料。

(1)石灰稳定土基(垫)层

在粉碎的土或原状松散的土中掺入一定剂量的石灰，加水拌和，经摊铺，碾压养护成型的基层，称石灰土基层。若在其中掺入一定量的碎(砾)石，则称为石灰碎(砾)石土。土中加入石灰，可改变土的结构和颗粒组成，减少土的塑性，降低吸水率和膨胀率，增加土的强度和耐久性。

石灰稳定土具有良好的力学性能，并有较好的水稳性和一定的抗冻性，它的初期强度和水稳性较低，后期强度较高；但由于干缩、冷缩，易产生裂缝。石灰稳定土可适用于各类路面的基层和底基层，但石灰土不宜用作高级路面的基层，而宜用作底基层。在冰冻地区的潮湿路段，以及其他地区的过分潮湿路段，不宜采用石灰土做基层。在只能采用石灰土时，应采取措施防止水分侵入石灰土层。

(2)水泥稳定土基(垫)层

在粉碎的土或原状松散的土中，加入适量的水泥，加水拌和经摊铺，碾压养护成型的基层，称水泥稳定土基层。若在其中加入一定量的碎(砾)石，则称之为水泥稳定碎(砾)石土。

水泥是水硬性结合料，除高塑性黏土和含有机质较多的土外，大多数土类都可以用水泥稳定，以改善其物理力学性质，适应各种不同的气候条件和水文地质条件。水泥稳定类基层具有良好的整体性和足够的力学强度及足够的抗水性和抗冻性。其初期强度高且强度随龄期不断增长。水泥稳定土可用于各种交通等级道路的基层和底基层，但不宜用于高速公路或一级公路沥青路面和水泥混凝土路面板下的基层，只能用作底基层。

(3)石灰工业废渣基层

随着工业生产的发展，工业废渣的利用越来越受到重视，工业废渣在道路工程中的应用尤为广泛。很多生产部门大量利用石灰稳定工业废渣类混合料取代路面工程中常用的碎石基层等，可提高基层的使用品质，降低工程造价。

路用工业废渣一般用石灰进行稳定，故常称为石灰稳定工业废渣，简称石灰工业废渣。它包括两大类：一类为石灰粉煤灰类，又称二灰类；另一类则为石灰其他废渣类。

石灰工业废渣，特别是二灰材料，具有良好的力学性能和板体性并有较好的水稳定性和一定的抗冻性。石灰工业废渣的初期强度较低，但随着龄期的增长，其强度的增长幅度也加大。在二灰中加入粒料、少量水泥或其他外掺剂可提高其早期强度，但由于其具有干缩和温缩特征，易产生裂缝。石灰工业废渣可用于各种交通等级道路的基层和底基层，但二灰和二灰细粒土不宜用作高等级道路的基层，只能用于底基层。

2.沥青稳定土基层

将土粉碎，以沥青(液体石油沥青、煤沥青、乳化沥青、沥青膏浆等)为结合料与土拌和均匀，摊铺平整并碾压密实成型的基层称沥青稳定土基层。

对于对水敏感的黏性土，沥青可保护土粒免受水的危害，此时沥青被吸附在土颗粒表面，阻碍水分与土粒直接接触，同时填充部分土中空隙，堵塞水分流动

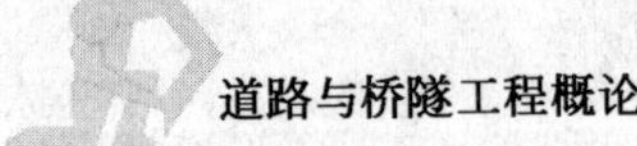

的通路，因而降低了土的吸水能力，提高了土的水稳定性。在无黏性的粒料土中，沥青还为土粒之间的相互黏结提供黏结力，从而提高了结合料的强度。

第三节　沥青路面

一　沥青路面的类型

沥青路面是采用沥青材料作结合料，黏结矿料或混合料修筑面层的路面结构。沥青路面由于使用了黏结力较强的沥青材料作结合料，不仅增强了矿料颗粒间的黏结力，而且提高了路面的技术品质。由于沥青材料具有较好的弹性、黏性和塑性，使路面具有平整、耐磨、不扬尘、不透水、耐久、平稳舒适等特点，是高等级公路的主要面层。

沥青路面的缺点是：易被履带车辆和尖硬物体所破坏；表面易被磨光而影响安全；温度稳定性差，夏天易软，冬天易脆并产生裂缝。此外铺筑沥青面层受气候和季节的影响较大。

沥青路面属于柔性路面，其力学强度和稳定性主要依赖于基层与土基的特性。

应用在各种道路上的沥青面层主要类型有：沥青表面处治、沥青贯入式碎石、沥青碎石（混合料）和沥青混凝土等。它们按强度形成原理可分为嵌挤型和密实型两类，按施工工艺的不同又可分为层铺法和拌和法两种形式。

1.沥青表面处治

沥青表面处治，是用沥青和细粒料按层铺法或拌和法施工的厚度不超过3cm的薄层路面面层。由于处置层很薄，一般不起提高强度的作用，其主要作用是抵抗行车磨耗和大气作用，增强防水性，提高路面平整度，改善行车条件。

层铺法（喷撒法）表面处治除在轻交通道路上用作沥青面层外，还可在旧沥青面层或水泥混凝土路面上用作封层，以封闭旧面层的裂缝和改善旧面层的抗滑等性能。层铺法表面处治的突出优点是摩擦系数和表面构造深度大，有利于高速车辆行驶安全。此外，它有良好的抗温度裂缝性能。

2.沥青贯入式碎石

沥青贯入式碎石是一种较早使用的沥青面层。它在道路上的应用已有数十年的历史，它的厚度通常是4～8cm（但用做基层时，其厚度可以是10cm）。沥青贯入式碎石是靠矿料颗粒间的锁结作用以及沥青的黏结作用获得所需的强度和稳定性，沥青既是黏结剂，又是防水剂。沥青贯入式面层具有较高的强度和较大的荷载分布能力。在柔性路面的整体强度中,起着重要的作用。

沥青贯入式碎石是一种多孔隙的结构,尤以下部粗碎石之间的孔隙为大。作为面层,沥青贯入式碎石必须有封面料,以密闭其表面,减少表面水透入路面结构层,并提高贯入式面层本身的耐用性。贯入式面层的最上层应该做成封层,它类似于沥青表面处治。

由于贯入式碎石结构层施工要求的机械设备较少,也较简单,施工进度较快,这种形式的路面结构层在我国一般道路的建设中仍被广泛应用。

3.沥青碎石

沥青碎石通常含有较多的碎石颗粒,而且对它的级配要求较松(级配范围较宽),因此其孔隙率较大。

根据铺筑和压实时沥青混合料的温度,沥青碎石可分为热铺、温铺和冷铺三种。

沥青碎石具有较高的强度和稳定性,它是高级沥青面层之一,可以在中等交通道路以及重交通道路上用做面层或底面层。沥青碎石面层具有下列一些特点:

①由于沥青碎石的强度主要靠石料颗粒间的嵌锁力,受沥青软化的影响较小,因此其热稳性较好。在汽车经常起动和制动处(如停车站、十字路口等)不易发生搓板状形变。

②沥青碎石的沥青用量较沥青混凝土和沥青贯入式为少,因此,沥青碎石的工程造价较低。

③沥青碎石混合料可以在厂内或中心站集中拌制,质量容易得到保证。由于采用了具有较好级配的碎石,压实后密实度较大,稳定性较沥青贯入式为好。

④沥青碎石面层的可施工期比沥青贯入式面层长。

沥青碎石的主要缺点是孔隙率较大,空气和表面水易透入。空气进入,会促使沥青老化;水的透入,对沥青与矿料的黏结力起着有害作用,使沥青易从石料上剥离。特别在夏季高温时期,雨水进入沥青碎石层后在重车作用下容易产生沥青剥落、路面变形、甚至松散和坑洞等病害,因此,沥青碎石只能用作一般道路上的面层,而且应选用与沥青黏附性好的石料,与沥青黏结不好的酸性石料不宜直接应用。

4.沥青混凝土

用不同粒级的碎石、天然砂或破碎砂、矿粉和沥青按一定比例在拌和机中热拌所得的混合料称沥青混凝土混合料。这种混合料的矿料部分具有严格的级配要求,这种混合料压实后所得的材料具有规定的强度和孔隙率时,称作沥青

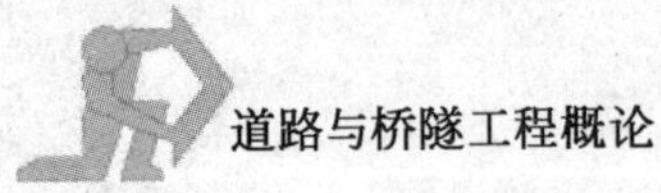

混凝土。

沥青混凝土具有很高的强度和密实度，在常温下并具有一定的塑性。它的强度和密实度是各种沥青矿料混合料中最高的，密实沥青混凝土的透水性很小、水稳性好，有较大的抵抗自然因素和行车作用的能力，因此，它的使用寿命长、耐久性好。沥青混凝土面层是适合现代高速汽车行驶的一种优质高级柔性面层，铺在坚实基层上的优质沥青混凝土面层可以使用20～25年，国外的重交通道路和高速公路，主要采用沥青混凝土做面层。沥青混凝土在我国城市道路和高等级公路中也得到了广泛的应用。

粗粒式沥青混凝土通常用于铺筑面层的下层，它的粗糙表面使它与上层良好黏结，也可用于铺筑基层，从提高沥青面层的抗弯拉疲劳寿命出发，采用粗粒式沥青混凝土做底面层明显优于采用沥青碎石。

中粒式沥青混凝土主要用于铺筑面层的上层，或用于铺筑单层面层。II型中粒式沥青混凝土，虽能使面层表面有较大的粗糙度，在环境不良路段可保证汽车轮胎与面层有适当的附着力，或在高速行车时可使面层表面的摩擦系数降低的幅度小，有利于行车安全，但其孔隙率较大和透水性较大，因此耐久性较差，不是用作表面层的理想材料。I型中粒式沥青混凝土可具有良好的摩擦系数，但表面构造深度常达不到要求。

对于面层的上层，在城市道路上使用最广的是细粒式沥青混凝土。与中粒式和粗粒式沥青混凝土相比，细粒式沥青混凝土的均匀性较好，并有较高的抗腐蚀稳定性。只要矿料的级配组成合适，并满足其他技术要求，细粒式沥青混凝土具有足够的抗剪切稳定性，可以防止产生推挤、波浪和其他剪切形变。但细粒式沥青混凝土的表面构造深度通常达不到要求。

综上所述，沥青混凝土路面具有以下一些优点：

①施工质量符合要求的沥青混凝土路面的强度高，能承担各种繁重的交通运输任务。

②具有良好的平整度，表面坚实、无接缝，因此，行车平稳、舒适、噪声小，且经久耐用。

③由于它的透水性小，它比其他各种沥青面层更能防止表面水渗入路面结构层。

④沥青混凝土混合料通常集中在工厂或中心站，用机械加工拌制，石料的配合比以及沥青用量都得以严格控制，质量容易得到保证。

⑤可以大面积施工，现场操作方便，完成后可以及时通车。

⑥沥青混凝土面层的可施工期较沥青表面处治和沥青贯入要长。

5. SMA 沥青混合料路面

SMA 是一种新型沥青混合料，在欧洲被称为 Split Mastic Asphalt，美国则称之为 Stone Mastic Asphalt，我国“公路沥青路面设计规范”将其正式命名为“沥青玛蹄脂碎石混合料”，其意义为用沥青玛蹄脂填充碎石骨架而形成的混合料。

SMA 路面通过来用木质素纤维或矿物纤维稳定剂、增加矿粉用量、沥青改性等技术手段，组成沥青玛蹄脂，沥青玛蹄脂可以使沥青的感温性变小，沥青用量增加，由它填充间断级配碎石集料中的空隙，从而使混合料既能保持间断级配沥青混合料表面性能好的优点，又能克服其耐久性差的缺点，尤其是能使混合料的高温抗车辙能力、低温抗裂性能、耐疲劳性能和水稳定性等各种路用性能大幅度提高。

 二 沥青路面的施工

沥青混凝土路面的施工有层铺法和拌和法两类。

1. 层铺法

层铺法是指沥青和不同粒径的石料分层洒铺、压实的路面施工方法。它用于沥青表面处治和贯入式。

(1)沥青表面处治

层铺法沥青表面处治施工，有先油后料和先料后油两种方法，其中以前者使用较多。现以三层式为例说明其工艺程序。

三层式沥青表面处治路面施工程序为：备料→清扫基层、放样和安装路缘石→浇洒透层沥青→洒布第一次沥青→铺撒第一次矿料→碾压→洒布第二层沥青→铺撒第二层矿料→碾压→洒布第三层沥青→铺撒第三层沥青→碾压→初期养护。

单层式和双层式沥青表面处治的施工程序与三层式相同，仅需相应地减少洒布沥青、铺撒矿料及碾压工序。

(2)沥青贯入式

沥青贯入式面层施工程序为：备料→放样和安装路缘石→清扫基层→浇洒透层或黏层沥青→撒铺主层集料→第一次碾压→洒布第一次沥青→铺撒第一次嵌缝料→第二次碾压→洒布第二次沥青→铺撒第二次嵌缝料→第三次碾压→洒布第三次沥青→铺撒封面集料→最后碾压→封层。

2. 拌和法

拌和法是指矿料和沥青按一定配比拌和均匀、摊铺、压实的路面施工方法。

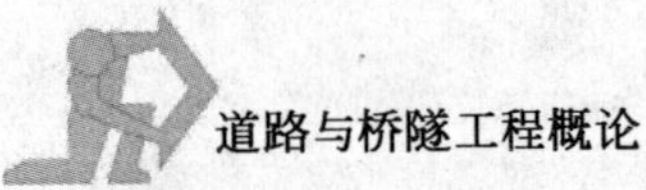

在沥青混凝土和沥青碎石及其他沥青混合料结构层，均采用拌和法施工。依照拌和设备及地点的不同，拌和法可分为厂拌和路拌两种。

(1)厂拌法

沥青混凝土和沥青碎石结构层是先在厂(站)制备混合料，再运送到现场铺筑。

(2)路拌法

采用移动式拌和机械(或人工)在现场施工，将矿料和沥青材料就地拌和，摊铺并碾压密实成型。

第四节　水泥混凝土路面

水泥混凝土路面，包括普通混凝土、钢筋混凝土、连续配筋混凝土、预应力混凝土、装配式混凝土和钢纤维混凝土等面层板和基(垫)层所组成的路面。目前采用最广泛的是就地浇筑的普通混凝土路面，简称混凝土路面。

所谓普通混凝土路面，是指除接缝区和局部范围(边缘和角隅)外不配置钢筋的混凝土路面。与其他类型路面相比，混凝土路面具有以下优点：

①强度高。混凝土路面具有很高的抗压强度和较高的抗弯拉强度以及抗磨耗能力。

②稳定性好。混凝土路面的水稳性、热稳性均较好，特别是它的强度能随着时间的延长而逐渐提高，不存在沥青路面的那种“老化”现象。

③耐久性好。由于混凝土路面的强度和稳定性好，所以它经久耐用，一般能使用20～40年，而且它能通行包括履带式车辆等在内的各种运输工具。

④有利于夜间行车。混凝土路面色泽鲜明，能见度好，对夜间行车有利。

但是，混凝土路面也存在一些缺点，主要有以下几方面：

①对水泥和水的需要量大。修筑0.2m厚、7m宽的混凝土路面，每1 000m要耗费水泥约400～500t和水约250t，尚不包括养生用的水在内，这给水泥供应不足和缺水地区带来较大困难。

②有接缝。一般混凝土路面要建造许多接缝，这些接缝不但增加施工和养护的复杂性，而且容易引起行车跳动，影响行车的舒适性，接缝又是路面的薄弱点，如处理不当，将导致路面板边和板角处破坏。

③开放交通较迟。一般混凝土路面完工后，要经过28天的潮湿养生，才能开放交通，如需提早开放交通，则需采取特殊措施。

④修复困难。混凝土路面损坏后，开挖很困难，修补工作量也大，且影响交通。

水泥混凝土路面的构造

水泥混凝土路面由混凝土面层、基层、垫层、路肩结构和排水设施等组成，如图 1-4-3 所示。图中，左半侧为未设路面内部排水设施和采用沥青路肩的路面结构，右半侧为设置路面内部排水设施和采用水泥混凝土路肩的路面结构。

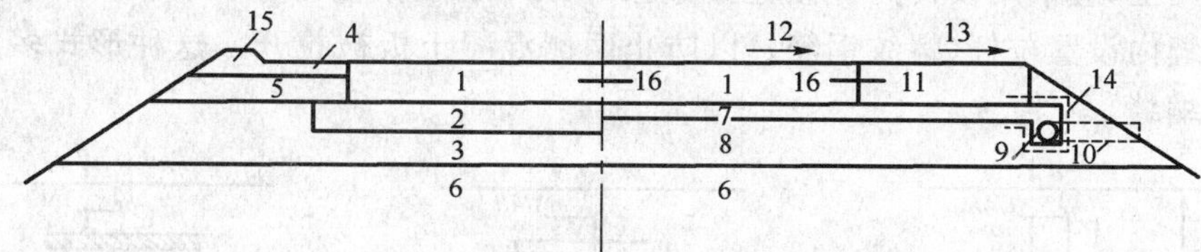

图 1-4-3　水泥混凝土路面构造

1-混凝土面层；2-基层；3-垫层；4-沥青路肩；5-路肩基层；6-土基；7-排水基层；8-不透水垫层；9-集水管；10-排水管；11-混凝土路肩；12-路面横坡；13-路肩横坡；14-反滤织物；15-拦水带；16-拉杆

1.混凝土面板

道路路面的混凝土面板通常采用等厚断面，其厚度变动于 18～30cm，视轴载大小和作用次数以及混凝土强度而定。依据美国的分析和经验，当面层厚度由 20～23cm 增加到 25cm 或以上时，路面的使用性能可以得到很显著的提高；而当厚度增加到 30cm 以上时，面板厚度的增加对使用性能的影响就不大了。混凝土面板通常采用整体(整层)式浇筑，面板较厚时，也可采用双层浇筑方式。面层由纵向和横向接缝划分为矩形板块。

2.混凝土路面的接缝

为了减小由于伸缩和翘曲变形受到约束而产生的应力，并满足混凝土铺筑的要求，混凝土面板需设置各种类型的接缝。按作用的不同，接缝可分为缩缝、胀缝和施工缝三类。其设置位置和构造应能满足三方面的要求：

①控制温度伸缩应力和翘曲应力所引起的开裂出现的位置；

②能提供一定的荷载传递能力；

③防止路表水下渗和坚硬杂物贯入缝隙内。

(1)缩缝

缩缝的作用是控制混凝土的收缩应力和翘曲应力。按设置位置的不同，有横向缩缝和纵向缩缝两种。后者在混凝土一次铺筑宽度大于 4.5m 时设置，接缝平行于路中线。横向缩缝通常垂直于道路中线等间距布置。为了控制由翘曲应力所产生的裂缝，缩缝的间距(即面板长度)一般都在 4～6m 内选用。为改善行驶质量，也可采用变间距缩缝，并倾斜于路中线布置，使车辆的两侧车轮不同

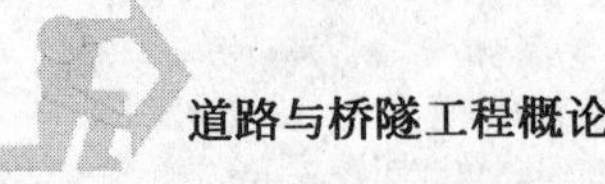

时驶经横缝，从而减少接缝不平整的影响，避免出现车辆共振现象。

缩缝有假缝、设传力杆假缝和设拉杆假缝三种构造形式（图1-4-4）。假缝是在混凝土表层做一槽口，待槽口下的混凝土断裂后，依靠断裂面处集料的嵌锁作用传递荷载。设传力杆假缝是在假缝内设置不妨碍混凝土板收缩位移的传力杆（圆钢筋），依靠传力杆传递荷载。这两种假缝形式用于横向缩缝，在特重和重交通道路上，应采用设传力杆假缝，以减少唧泥和错台病害的出现。设拉杆假缝为在假缝内设置拉杆（螺纹钢筋），以防止两侧混凝土板被拉开。这种形式多用于纵向缩缝。

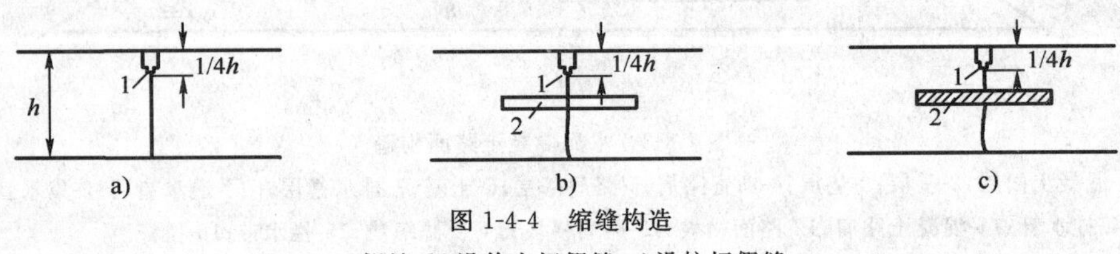

图1-4-4 缩缝构造

a)假缝；b)设传力杆假缝；c)设拉杆假缝

1-槽口；2-传力杆；3-拉杆

（2）胀缝

在桥涵两端以及小半径平、竖曲线处应设置胀缝。在采用较短缩缝间距和非低温时浇筑混凝土的情况下，可仅在邻近构造物或与其他路面不对称交叉处设置胀缝。胀缝传力杆的尺寸、布置间距和要求，与缩缝传力杆相同。但胀缝传力杆的一端需加金属套，套子应能套住传力杆5cm长，并在套顶留下至少2～2.5cm长的空间，供板伸长位移时传力杆相应地有向前移动的余地。

（3）施工缝

每天工作结束或因临时原因而中断施工时，需设置横向施工缝。混凝土一次铺筑宽度小于路面宽度时，需设置纵向施工缝。横向施工缝应尽可能设在缩缝处，做成设传力杆的平缝形式。如有困难而设在缩缝之间时，施工缝采用设拉杆的企口形式，以保证缝隙不张开。纵向施工缝则采用设拉杆的平缝或设拉杆的企口缝形式。传力杆和拉杆的尺寸和间距与前述缩缝和胀缝的传力杆和拉杆相同。

（4）填封（缝）料

接缝槽口的填封（缝）料应具有弹性好，与缝壁混凝土表面黏结力强，温度敏感性小和耐久性好的性质。常用的填封料有热灌的橡胶沥青类、常温施工的聚氨酯焦油类或有机砖树脂以及预制压缩性嵌条等类型。

3.路肩

路肩的面层可以采用沥青混合料或者水泥混凝土。近年来，国外越来越多地采用混凝土路肩。混凝土路肩面层的厚度为15～20cm,或者与行车道路面面层的厚度相同。路肩面层板采用与路面面层板相同的横缝间距布置,并通过拉杆与路面面层相联结。设置排水基层时,集水沟和管应设在混凝土路肩的外侧。

为了改善路面和路肩界面处表面水渗入的不利影响以及改善路面板边缘受荷的不利状况,可以采用加宽外侧车道混凝土路面宽度0.70m的措施,而行车道边缘仍按原位置画线,以避免车辆沿路面板边缘行驶。

4.补强钢筋

当混凝土板纵、横向自由边缘下的基础有可能产生较大的塑性变形时,应在其自由边缘和角隅处设置补强钢筋。

5.其他类型混凝土路面

其他类型混凝土路面主要有:钢筋混凝土路面、连续配筋混凝土路面、装配式混凝土路面、纤维混凝土路面、混凝土小块铺筑路面和碾压混凝土路面等。

二 水泥混凝土路面的施工

水泥混凝土面层的施工包括下列工序:基层准备和模板安装,混凝土的拌制和运送,混凝土的摊铺和振捣,钢筋设置和接缝筑做,表面整修(抹面和拉毛),养生和填缝等。

1.基层准备和模板安装

在浇筑混凝土面层前,应对基层进行清理、检验和整修,使基层符合规定要求。基层准备好后,可在两侧预先标定的位置上安装模板,模板高程应符合设计要求。用机械摊铺混凝土时,侧模必须采用钢模板;手工摊铺时,亦可采用质地坚实、变形小、无裂纹的木模板。模板的高度应与混凝土板厚度一致。模板每隔一定距离应用长道钉(或铁钎)及斜撑予以固定。模板的接头应紧密平顺,不得有离缝、歪斜和不平齐等现象。模板接头及模板与基层接触处均不得漏浆,模板内侧应涂刷隔离剂,以利拆模。

2.混凝土的拌制和运送

混凝土的拌制和运送可采用两种方式:在工地由小型搅拌机拌制,用手推车或翻斗车运输;在中心工厂集中制备,用自卸汽车等运送到工地。在工地制备混凝土时,应合理布置搅拌机的位置和砂石水泥等材料的堆放地点,使混凝土的运输工作量较小,搅拌台的装拆次数适中。

3.混凝土的摊铺和振捣

混凝土运到现场后,可由摊铺机或用铁锹等摊铺均匀,松散混凝土表面应略

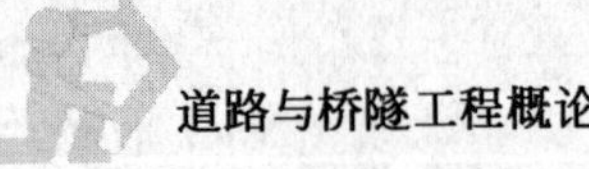

高于模板顶面1%左右,使振实后的路面高程同设计相符。

混凝土振捣时,靠近边角等处先用插入式振捣器顺序振捣(以免振捣不到而出现蜂窝),再用平板式振捣器纵横交错全面振捣密实,然后用底面符合路面横坡的振捣梁沿纵向振捣拖平。多余的混凝土随着振捣梁的拖移而刮去,低陷处则应随时用较细的碎(砾)石混凝土找平振实。最后,可用直径75~100mm的长无缝钢管,两端放在侧模上,沿纵向滚压一遍,作进一步整平。

4.钢筋设置和接缝筑做

设置边缘钢筋时,可先沿边缘摊铺一条混凝土,拍实至钢筋设置高度,然后安放边缘钢筋,再继续浇筑其他部分混凝土。角隅钢筋的设置,则先在安放钢筋的角隅处摊铺一层混凝土,其高度应比钢筋设计位置预加一定的沉落度,安放角隅钢筋后,再用混凝土压住,以防位移。单层钢筋网片的安放,与角隅钢筋相同,待钢筋网片就位后,再继续摊铺上部的混凝土。对双层钢筋网片,若上下两层钢筋网片的间距较小,则可事先用架立钢筋扎成骨架后,一次安放就位。

5.抹面和拉毛

混凝土振实整平后,还要用人工或机械进行抹面,使混凝土板面更加密实、平整。抹面工作常分两次进行,先找平抹平,等到混凝土表面无泌水时,再作第二次抹平。抹面时严禁在混凝土上洒水、撒水泥粉。为保证行车安全,混凝土板面应粗糙。通常可在抹面后,用竹扫帚、钢丝或尼龙刷沿横向拉毛或用机具进行压槽。近年来开始采用刻槽的方法,即在已结硬的路面上,用刻槽机切割出深5mm、宽2mm、间距2cm左右的不等距小横槽。

6.养生和填缝

当抹面后,混凝土表面已有相当硬度,用手指按压没有痕迹时,即可进行养生工作。一般采用下列两种养生方法:

①湿治养生。在混凝土终凝后,用湿草袋、草帘或2~3cm厚湿砂覆盖于混凝土板表面,每天均匀洒水数次,使其保持潮湿状态。养生时间根据混凝土强度增长情况而定,一般为15~21天。

②塑料薄膜养生。当混凝土表面不见浮水对,即均匀喷洒塑料溶液,形成不透水的薄膜黏附于表面,使混凝土中的水化热和蒸发水大部分积蓄下来,自行养生。养生期间要保护塑料薄膜的完整,如有破裂,应立即修补。

接缝缝槽的封填工作,宜在混凝土初步结硬后及时进行。若在养生期满后进行填缝,则应仔细清缝。填缝前,缝槽内必须干燥、清洁(无杂物,喷有塑料薄膜应刮掉),再嵌灌填缝料。

第五节　路面施工机械

一　沥青路面施工机械

沥青路面施工机械主要有：沥青洒布机、沥青混凝土拌和机、沥青混凝土摊铺机、运输车辆和压实机械等。这里主要介绍沥青洒布机、石屑洒布机、沥青混凝土拌和机、沥青混凝土摊铺机等。

1. 沥青洒布机

沥青洒布机是在以贯入法、表面处治法修筑路面，稳定土壤以及路拌沥青混合料等工程中，用以运输、洒布液态沥青和煤焦油的一种专用机械，如图 1-4-5 所示。

图 1-4-5　自行式沥青洒布车外貌图

2. 石屑撒布机

石屑撒布机是用来撒布石屑到洒过沥青的路面上，作为黑色路面的配套机械。它主要由一个箱形料斗和装在料斗下方的撒料转筒所组成。转筒的侧面有用弹簧钢板做成的斗门，斗门与转筒之间有可调整的间隙。当转筒旋转时就将料斗的石屑从斗门缝撒出去。

石屑撒布机有拖式和自行式两种。图 1-4-6 所示为拖式石屑撒布机。

图 1-4-6　拖式石屑撒布机外貌图

3. 沥青混凝土拌和机

沥青混凝土拌和机是一种能将砂、碎石和石粉一类的矿物材料与沥青或渣油一类的有机结合料按照一定配比均匀搅拌成混合料的路面施工机械。

沥青混凝土拌和机是由多种机械设

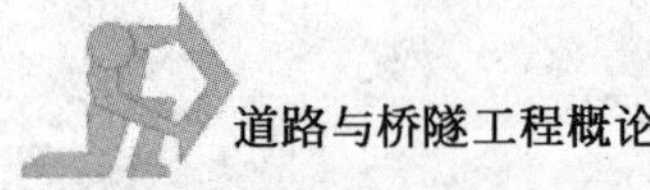

备组合而成，一般除了拌和机本身之外，还应有砂石的烘干与加热设备、砂石料的筛分与称量设备、沥青的加热、保温与称量设备、相应的升运设备，以及传动系统和操纵系统等。

以综合式沥青混凝土拌和机为例，主要有烘干机组和拌和机组两大部分组成，它们分别置于单独的基础上，由电动机驱动，如图 1-4-7 所示。

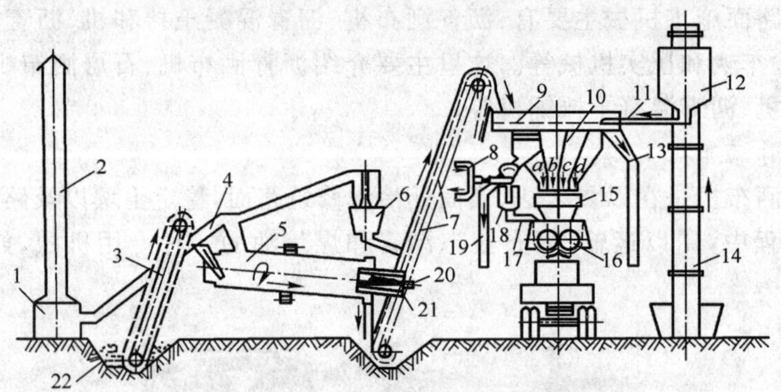

图 1-4-7　综合式沥青混凝土拌和机示意图

1-泡沫除尘器；2-烟囱；3-冷料输送机；4-烟道；5-干燥转筒；6-四管除尘器；7-热料提升机；8-沥青输送管；9-平面振动筛；10-热石料集料斗；11-螺旋送粉器；12-石粉仓；13-大石料卸料管；14-石粉集料提升机；15-矿物称料斗；16-拌和机；17-沥青供应管；18-沥青称料斗；19-过量落料斗；20-火焰喷射器；21-燃料箱；22-料坑

4. 沥青混凝土摊铺机

沥青混凝土摊铺机是摊铺沥青混凝土路面的专用机械。它可将已拌制好的沥青混合料按一定的技术要求（横断面形状和厚度）迅速而均匀地摊铺在已整好的路基或底层上，并予以初步捣实和整平，既可大大增加铺筑路面的速度和节省成本（可减少压路机的滚压遍数达 2/3），又可提高所铺路面的质量。

此外，由于机械化摊铺的速度快，摊铺机上带有可加热的熨平装置，它在进行摊铺工作时受低气温的影响较少，所以在较冷的气候条件下也能施工。

现代的沥青混凝土摊铺机大多为自行式的。根据其行驶装置不同，可分为轮胎式（图 1-4-8）和履带式两种。前者因其机动性较大，构造也较简单，所以目前国内外采用轮胎式已逐渐增多。

二 水泥混凝土路面施工机械

水泥混凝土路面机械主要有：搅拌设备、输送设备、摊铺机、整面机、切缝机、真空脱水设备等。这里简要介绍水泥混凝土拌和设备和水泥混凝土摊铺机。

图 1-4-8 轮式沥青混凝土摊铺机外貌图

1. 水泥混凝土拌和设备

水泥混凝土拌和机是一种能将砂、碎石、水和水泥按照一定配比均匀搅拌成混合料的路面施工机械。

(1)水泥混凝土拌和机的分类

①按作业方式分类

循环作业式水泥混凝土拌和机，将供料、拌和和卸料三道工序按一定的间隔周期进行，即按份拌制水泥混凝土，这种拌和机对各种物料的称量准确，拌制质量较好，目前的应用非常广泛。

连续作业式水泥混凝土拌和机，将供料、拌和和卸料三道工序连续进行，在结构上其筒体较长，生产率也较高，但由于各种物料的配比和拌和时间难以控制，因而拌制质量较差，应用较少。

②按拌和方式分类

自由拌和式水泥混凝土拌和机把混合料置于旋转着的拌和鼓内，鼓内叶片把混合料提升到一定高度后，混合料将靠自重散落下来，这样反复进行即可将混合料拌制均匀。这种拌和机适用于拌制普通水泥混凝土。

强制拌和式水泥混凝土拌和机其拌和鼓筒固定不动，而由鼓内转轴上的叶片旋转来强制拌和混合料，这种拌和机的拌和鼓筒是立式的，拌制质量好，生产率高，但动力消耗大，叶片磨损快，适宜于拌制硬性混凝土。

③按拌和鼓形状和卸料方式分类

梨式鼓形拌和机如图 1-4-9a)所示。拌和鼓筒的外形像梨状，只有一个口同时兼作供料口和卸料口，由另外的驱动齿轮通过鼓外的齿圈使其在倾斜的位置上旋转而对物料进行拌和，卸料时将鼓倾翻过来，使其口朝下卸料。

筒形鼓拌和机如图 1-4-9b)所示。拌和鼓筒的外形呈圆筒状,有两个口分别进行供料和卸料,整个拌和过程在水平位置旋转进行,在拌和期间,卸料槽向上斜置,而在卸料时再将其转到向下倾斜的位置。

双锥鼓形拌和机如图 1-4-9c)所示。拌和鼓筒的外形为相连的两个圆锥体,呈橄榄状,又称橄榄鼓,有两个口分别进行供料和卸料。在供料和拌和期间,拌和鼓在水平位置上旋转,卸料时将拌和鼓倾斜 45°～60°并使其反转,由鼓内的叶片将混合料向卸料口刮去而进行卸料。

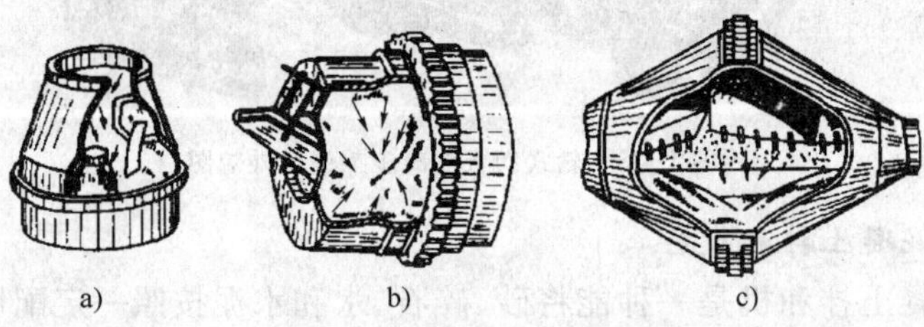

a)　　b)　　c)

图 1-4-9　自由拌和式拌和鼓

a)梨式鼓形拌和机;b)筒形鼓拌和机;c)双锥鼓形拌和机

④按安置方式分类

固定式水泥混凝土拌和机:整个设备安装在准备好的基础上而不能移动,其体积较大,设备完善,生产率高,拌制质量好,适用于搅拌工厂或大型的施工现场。

移动式水泥混凝土拌和机:拌和机本身具有车轮,移动方式一种是拖式,另一种是自行式,其体积小、质量轻、机动性好,在公路和建筑施工中广泛应用。

在公路工程中使用最为广泛的是筒形鼓自由拌和循环作业式水泥混凝土拌和机。

(2)筒形鼓水泥混凝土拌和机

筒形鼓水泥混凝土拌和机主要由作牵引用的四轮挂车、作为动力源的动力装置、给拌和机传递动力的传动系统、拌和工作装置和配水设备等组成,如图 1-4-10 所示。

(3)水泥混凝土拌和站

水泥混凝土搅拌站(搅拌楼)是用来搅拌混凝土的联合装置,亦称混凝土工厂。因其机械化和自动化程度较高,生产率较大,故常用于混凝土工程且大、施工周期长、施工集中的公路路面与桥梁工程、大中型水利电力工程、建筑施工以及混凝土制品工厂中。

2. 水泥混凝土摊铺机

水泥混凝土摊铺机是一种专门用于铺设水泥路面的施工机械,能接受从自

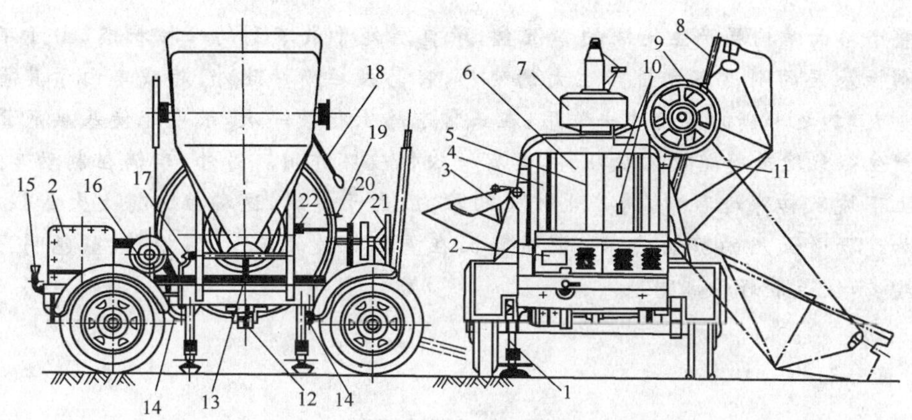

图 1-4-10　筒形鼓水泥混凝土拌和机结构简图

1-撑脚；2-动力箱；3-出料槽；4-轮圈；5-大齿轮护罩；6-搅拌筒；7-量水器；8-进料斗；9-吊轮；10-振动楔铁；11-龙门架；12-振动辊轮；13-振动触杆；14-托轮；15-水泵灌水口；16-升降离合器；17-限位触臂；18-放水手柄；19-上料(提升)手柄；20-下降手柄；21-卸料槽摇摆手轮；22-保险环

卸汽车和汽车式水泥混凝土搅拌机中卸出的混合料，并沿路基以一定的厚度进行摊铺作业。

水泥混凝土摊铺机的结构特点类似于沥青混凝土摊铺机，故不再细述。

本章小结

本章阐述了路面的功能和要求、路面结构及层位功能、路面的分类。阐述了粒料类和结合料稳定类路面与基层的强度构成原理、构造、应用和特点。阐述了沥青路面的类型、特点、应用以及沥青路面的施工要点。阐述了水泥混凝土路面的特点、构造、应用以及水泥混凝土路面的施工要点。介绍了沥青路面和水泥混凝土路面施工机械的类型和功能特点。

小知识

超载对路面的影响

车辆超载已经成为十分普遍的现象，超载车对路面的破坏有两方面，一是车速慢，通过路面某一点的滞留时间长；二是对于靠相邻颗粒传递应力的路面结构层来说，若承重层薄，强度不足，路基就会产生过大的垂直压应变，整个路面结构层产生陡深的弯沉盆,承重层处于最不利的弯拉状态,由于半刚性基层的刚性不允许产生大的变形,容易被拉断。此外,超载车由于其重量大,加之车辆的震动冲击作用,在正常道路上行驶一次,很可能使基层底面产生微裂缝或将路面彻底压坏,具有一次性破坏作用。另外,车辆在制动车、上下坡及转弯过程中,将产生较大的推力,由于超载,这种推力将大大加强,加速沥青面层的剪切破坏。沥青路面在重车行驶的车道上,推移、壅包明显增多,便是最好的证明。

思考与练习

1.什么是路面?路面具有的基本性能有哪些?

2.路面槽式横断面和全铺式横断面有何区别?

3.路面设置路拱横坡度的目的是什么?

4.简述路面结构层类型及层位功能。

5.路面分为哪几类?

6.粒料结构按强度原理可分为哪两类,各包括哪些材料?

7.碎(砾)石路面按施工方法以及所用填充结合料不同分哪几种类型,各自应用范围和特点如何?

8.路面磨耗层和保护层的作用是什么?

9.结合料稳定类路面基(垫)层分为哪几类,各有何特点?

10.沥青路面的优缺点是什么?其主要类型有哪些?

11.沥青碎石的特点是什么?

12.何谓沥青混凝土?其特点是什么?

13.水泥混凝土路面的类型和优缺点是什么?

14.水泥混凝土路面主要组成部分有哪些?

15.水泥混凝土路面为何要设置接缝?接缝的类型有哪些?各自具体作用是什么?

16.沥青路面施工机械主要有哪些?

17.水泥混凝土路面施工机械主要有哪些?

第五章 交通工程及沿线设施

【职业能力目标】

能够识别交通安全设施与交通管理设施。

【学习要求】

1.了解高速公路的定义及我国高速公路的发展特点；
2.熟悉道路交通安全设施、交通管理设施的分类、功能和作用；
3.了解道路服务设施的概念，熟悉高速公路服务区的功能及组成；
4.了解道路美化的作用及分类。

第一节 高速公路概况

一 高速公路的概念

高速公路是汽车运输发展的产物，它既是技术标准提高后的公路，又与普通公路有某些质的区别，我国的《公路工程技术标准》(JTG B01—2003)将高速公路定义为：专供汽车分向、分车道行驶并全部控制出入的多车道公路。《公路工程名词术语》(JTJ 002—87)则将高速公路定义为：具有四个或四个以上车道，并设有中央分隔带，全部立体交叉并具有完善的交通安全设施与管理设施、服务设施，全部控制出入，专供汽车高速行驶的公路。尽管各国对高速公路概念的表述不尽相同，但“汽车专用”、“分向分车道”和“控制出入”三个要求是共同的，它们保证了汽车能高速、连续、安全和舒适地运行，从而扩大汽车运输的最佳半径，对提高汽车运输在综合运输中的地位和作用产生深远的影响。

 高速公路发展概况

由于政治、经济以及认识上的各种原因，我国大陆高速公路建设直到改革开放后的20世纪80年代中期才起步。我国大陆1988年竣工使用的第一条高速公路是沪嘉高速公路，它比美国1937年建成的第一条高速公路晚了半个世纪。虽然我国高速公路建设起步晚，但发展迅速，从1988年到1997年，我国共建成高速公路37条，总计通车里程3 422km（不包括台湾省当时建成的477km），总里程位于世界第七位。

进入1998年以后，我国高速公路建设由探索阶段进入快速发展阶段。到1999年10月1日，我国高速公路总里程突破10 000km，到1999年底已达到11 000km，仅次于美国和加拿大而跃居世界第三位。2001年全国高速公路达到19 437km，超过加拿大而居于世界第二位。2002年高速公路达到25 200km，当年有10个省区高速公路超过1 000km，其中山东、辽宁、浙江率先实现省会到地级市高速公路联网，初步形成省内高速公路干线网络。2003年我国高速公路总里程达到30 000km，同江—三亚、北京—珠海、连云港—霍尔果斯、上海—成都四条公路国道主干线于2003年基本贯通，再加上前两年已贯通的北京—沈阳、北京—上海、重庆—北海三条高速公路国道主干线路段，"两纵两横三个重要路段"全部贯通，这标志着我国公路建设取得阶段性成果，为2007年提前完成"五纵七横"国道主干线任务打下了坚实的基础。截至2005年底全国高速公路总里程已超过4.1万km。有16个省高速公路超过1 000km，其中山东省高速公路突破3 000km，江苏、广东省高速公路突破2 000km，河北、山西、辽宁、浙江、河南、湖南、湖北、江西、安徽、广西、四川、云南、陕西13个省区高速公路突破1 000km，辽宁、山东、浙江三省省会到地级市已全部用高速公路连接。

 高速公路的特点

高速公路特有的功能，使公路运输发生质的变化，使它具有如下优点。

1.行车速度高、通行能力大

高速公路除特殊困难地形外，设计速度均在80km/h以上，因全封闭、全立交以及完善的沿线设施，车辆能连续、高速地行驶。一条双车道的二级公路年平

均日交通量为1.5万辆，而一条四车道高速公路的年平均日交通量为2.5～5.5万辆，六车道高速公路为4.5万～8万辆，八车道高速公路为6～10万辆。

2.运输效益高

高速公路的完备性，使其受时间和气候的限制较少。对提高高速公路的利用率、减少货物转运和装卸有着重要的作用。

3.交通事故低，安全程度高

高速公路有严格的管制系统，全封闭的管理，无横向干扰，故交通事故数可大幅度下降。据有关资料表明：欧美国家高速公路事故率、死亡人数和事故费用分别为普通公路的1/3、1/2和1/4。

高速公路的修建也存在下列问题：

1.占地多

四车道高速公路的用地宽度至少30～35m，六车道为50～60m，八车道为70～80m，一座互通式立体交叉用地达4万～15万m^2，可见高速公路占地多，对土地资源的依赖较大。

2.投资大，造价高

高速公路建设初期投资很大，我国高速公路平均造价超过1 500万元/km，桥、隧比例高的地区甚至超过5 000万元/km，对我国而言这种投入相对较大。

3.对环境影响大

高速公路路基宽、占地大，对原有自然环境改变很大，会引起地形、植被、水系、等方面的破坏。这些不利影响应克服或减少到最低程度。

第二节　交通安全设施

交通安全设施属于道路的基础设施，它对减轻事故的严重度，排除各种纵、横向干扰，提高道路服务水平，提供视线诱导，增强道路景观起着重要作用。特别是对充分发挥高速公路安全、快速、经济、舒适的功能，具有特殊的意义。

交通安全设施主要包括：安全护栏及相应的防撞缓冲设施，防眩设施，隔离封闭设施和视线诱导设施等。我国近年来修建的高等级公路，如京津塘、沈大、广佛、首都机场、沪宁等高速公路上都安装了这些设施，对保障道路交通安全，提高运输效益起到了良好的作用。

一 安全护栏

设于高速公路两侧及中央分隔带，用以防止车辆驶出公路或闯入对向车道的设施，其作用是一旦车辆失控发生事故，可使其对乘客的伤害及对车辆的破坏减少到最低限度，使车辆恢复正常行驶，同时防撞护栏对驾驶员具有诱导视线的作用。中央分隔带上的防撞护栏是连续的，而道路两侧的护栏仅在路外有深沟、陡坡或有设施的地方设置。防撞护栏按构造形式不同可分为三种基本类型：

1.刚性护栏

刚性护栏是一种基本不变形的护栏结构。水泥混凝土墙式护栏是刚性护栏的主要形式，它对防止车辆越过路(桥)外的效果好，但当车辆与护栏的碰撞角度较大时，对车辆和驾乘人员的伤害较大。因此不推荐在高速公路上全线使用，仅适用于窄分隔带、桥梁及设置较高路肩式挡墙等特殊路段。

2.柔性护栏

柔性护栏是一种具有较大缓冲能力的韧性护栏结构。缆索护栏是柔性护栏的主要代表形式，它是一种以数根施加了初拉力的缆索固定于支柱上的结构，完全依靠缆索的拉应力来抵抗车辆的碰撞，吸收碰撞能量。这种护栏形式美观，车辆行驶时没有压迫感，但视线诱导效果差，适用于交通量小、大型车占有率低、对景观要求高的路段。

3.半刚性护栏

半刚性护栏是一种连续的梁柱式护栏结构，具有一定的刚性和柔性，这是一种用支柱固定的梁式结构，依靠护栏的弯曲变形和张拉力来抵抗车辆的碰撞。梁式护栏按不同的结构可分为波形护栏、管梁护栏、箱梁护栏等数种。因其损坏部件容易更换，具有一定的视线诱导作用，而且外形美观，适用于高速公路和互通式立体交叉匝道的中央分隔带护栏和路侧护栏(大、中桥的路侧护栏除外)。从实际应用情况看，波形梁护栏的应用最广泛。

二 隔离设施

隔离设施主要指设置于公路路基两侧用地界线边缘上的隔离栅，以及设置于上跨公路主线的分离式立交桥或人行天桥两侧的防护网。其作用是阻止无关人员及牲畜进入、穿越高速公路及汽车专用一级公路，防止非法侵占公路用地现象的发生。

隔离栅一般分为金属网型、刺钢丝和常青绿篱三大类。常青绿篱在南方地

区与刺钢丝隔离栅配合使用，具有降噪、美化路容和节约投资的功效。金属网隔离栅按网片形式又可分为钢板网、编织网、电焊网等形式。

三 视线诱导设施

视线诱导设施是为驾驶员提供判断计算视距以外的道路方向的安全设施，特别在夜间、雨天、大雾等不良气候条件下，由于路面标线不清楚致使汽车失去方向时，为驾驶员提供行进方向的判断条件。一般在高速公路中央分隔带两侧及道路的两侧每隔一定距离设置视线诱导设施。视线诱导设施能将车头灯光反射出十分醒目的橘黄色的光，使驾驶员容易看清道路的行进方向。目前广泛使用的诱导设施有轮廓标、路钮、线形诱导标等。

①轮廓标是设置于行车道边缘的设施，一般设置在对驾驶员行车有潜在危险的路段，设置在行车道的左右侧，其构造与路边构造物有关。

②路钮是一种粘贴或锚固在路面上，用来警告、诱导或告诉驾驶员道路轮廓或前进方向的装置，它可分为反光路钮和不反光路钮两大类。

③线形诱导标又称导向标，分为指示性线形诱导标和警告性线形诱导标两类。指示性线形诱导标一般设置在小半径或通视较差、对行车安全不利的曲线外侧。警告性线形诱导标一般设置在因道路施工或维修作业而需临时改变行车方向，提请驾驶员注意前方作业的路段前方。

四 防眩设施

夜间在道路上行驶的车辆会车时，其前照灯的强光会引起驾驶员眩目，致使驾驶员获得视觉信息的质量显著降低，造成视觉机能的伤害和心理的不适，使驾驶员产生紧张和疲劳感，是诱发交通事故的潜在因素。防眩设施就是防止夜间行车受对向车辆前照灯眩目的人工构造物，有板条式的防眩板、扇面状的防眩大板、防眩网、防眩棚、植树(间距型、密集型)等构造形式。

防眩设施一般在以下地段设置：

①服务区、停车区和互通式立体交叉前后各 2km 的路段；

②无照明的大桥、特大桥、高架桥及其连接线上；

③设置竖曲线对驾驶人员有严重眩光的路段；

④长直线段、道路线形变化频繁的路段；

⑤中央分隔带宽度小于 3m 的路段；

⑥驾驶员普遍认为需要设置的路段；

⑥交通量大于 35 000 辆/日的高速公路应全线设置防眩设施。

第三节 交通管理设施

 交通标志

道路交通标志是道路使用的说明书，是道路的一种无声语言，是保证行车通畅、有序、安全的重要设施。同时，交通标志和标线还是道路的装饰工程、形象工程和美化工程。道路交通标志，是显示交通法规及道路信息的图形符号，它可使交通法规得到形象、具体、简明的表达，同时还表达了难以用文字描述的内容。

交通标志分为主标志和辅助标志两大类：

1. 主标志

(1)警告标志：通常为等边三角形(或菱形)，黄色底黑边黑图案(或白色底红边黑色或深蓝色图案)，用于警告驾驶员注意前方路段存在的危险及应采取的措施，如交叉口、急弯、铁路道口、易滑、路面不平、傍山险路等，如图 1-5-1 所示。

a)

b)

c)

d)

图 1-5-1 道路警告标志

a)Y 形交叉；b)向左急转弯；c)无人看守铁路道口；d)易滑

(2)禁令标志：通常为圆形，白色底红边红斜杠黑色图案，是根据道路和交通量情况为保障交通安全而对车辆行为加以禁止或限制的标志，如禁止通行、禁止停车、速度限制等，如图 1-5-2 所示。

a)
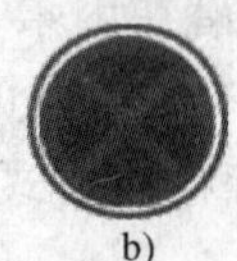
b)

c)

d)

图 1-5-2 道路禁令标志

a)禁止通行；b)禁止车辆临时或长时停放；c)限制速度；d)减速让行

(3)指示标志：通常为圆形、矩形、蓝色底白色图案，是指示车辆和行人按规定方向、地点行进的标志，如直行、左转、右转、单向行驶、步行街等，如图 1-5-3 所示。

(4)指路标志：通常为矩形，蓝色底白色字符(一般道路)，绿色底白色字符

a)

b)

c)

d)

图 1-5-3　道路指示标志

a)直行;b)向左转弯;c)单行路向左或向右;d)步行

(高速公路),用来指示市镇村的境界、目的地方向、距离、高速公路的出入口、服务区、著名地点等,如图 1-5-4 所示。

a)

b)

c)

d)

图 1-5-4　高速公路指路标志

a)行政区划分界;b)十字交叉路口;c)入口预告;d)服务区预告

(5)旅游标志:通常为方形或长方形,棕色底白色字符,用来吸引和指示人们从高速公路或其他道路前往邻近的旅游区或风景名胜之地,指示旅游区的方向、距离、类别等,如图 1-5-5 所示。

a)

b)

c)

d)

图 1-5-5　道路旅游标志

a)索道;b)旅游区方向;c)旅游区距离;d)冬季游览区

(6)道路施工安全标志:通常为长方形或锥形,用以阻挡车辆及行人前进或指示改变道路的标志,多设在道路施工,养护、落石、塌方而致交通阻断路段的两端或四周,如图 1-5-6 所示。

a)

b)

c)

图 1-5-6　道路施工安全标志

a)前方施工;b)道路封闭;c)车辆慢行

2. 辅助标志

辅助标志是附设在主标志下,起辅助说明的标志。为长方形,白底黑字黑边框，可分为表示车辆种类、表示时间、表示区域或距离、表示禁令和警告的理由四种，如图 1-5-7 所示。

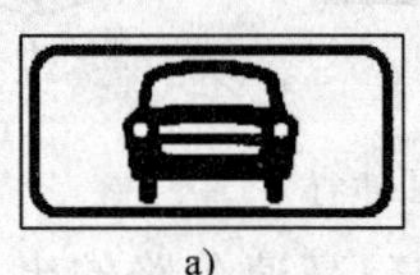

a)

7:30 - 10:00

b)

c)

图 1-5-7 道路辅助标志

a)机动车；b)时间范围；c)向右 100m

二 交通标线

道路交通标线是由路面不同颜色的线条、符号、箭头、文字、立面、标记、突起路标和路边轮廓标线等所组成，常敷设或漆划于路面及构造物上。它作为一种交通管理设施，起引导交通与保障交通安全的作用，具有强制性、服务性和诱导性。交通标线主要采用黄色和白色两种颜色，要求涂在地面上能形成醒目的地面标线，并且要求有一定耐磨性、耐溶剂性。

按交通标线职能与作用划分为：白色虚线、白色实线、黄色虚线、黄色实线、双白虚线、双黄实线、黄色虚实线、双白实线。

三 其他交通管理设施

交通信号控制的作用是从时间上将相互冲突的交通流予以分离，使其在不同时间通过，以保证行车安全，同时交通信号对于组织、指挥和控制交通流的流向、流量、流速、维护交通秩序等均有重要的作用，使车流有序地通过路口，提高了路口效率和通过能力，也减轻了噪声，降低了汽车废气的污染。

交通信号分为：指示灯信号、车道灯信号、人行横道灯信号、交通指挥棒信号、箭头信号、闪光信号和手势信号等。

第四节 道路沿线附属设施

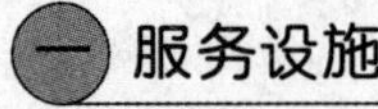

一 服务设施

所谓服务设施是指设置在高速公路、汽车专用公路上为使用者提供服务的服务区。高速公路服务区，是指设置在高速公路上，主要为车辆、驾乘人员和旅客提供服务的设施，它包括休息、停车和辅助设施三部分，是专门为人、车服务的场所和建筑设施范围的称谓。服务项目少的称为停车区（没有加油站和修理设施），总体也称为服务区。高速公路一般规定：服务区间距为50（标准）～60km（最大），对于旅游及交通量大的公路、服务设施齐全时可间隔100km设置。并规定每公里设有紧急电话，每500m间要有常备电话。

高速公路服务区是由为旅客服务的设施、为车辆服务的设施及其他设施构成的，各种设施提供不同的功能。为旅客服务的设施主要包括休息室与旅馆、商店与餐厅、公共厕所、园林与绿化带、广场与通道、医务室与急救站、通信设施、给排水设施、供电设施及垃圾处理设施等。为车辆服务的设施包括停车场、加油站、修理所、贯穿车道、标志、标线、天桥及地下通道。

根据功能需要，高速公路服务区一般由六板块组成：①牵引匝道；②停车区；③驾驶员、旅客休息区（含餐饮、购物、住宿、休息厅、厕所）；④车辆维修区（维修车间和修车广场）；⑤加油区（含油库、加油大棚、站房）；⑥人流活动休闲广场。

高速公路服务（停车）区布局形式一般可分为三种：

（1）分离式服务区。服务区分布于高速公路两侧，对外服务设施基本上对称于高速公路两侧，主建筑居中，各种配套建筑一字排开，呈长龙阵或主建筑偏一边，停车区偏一边，服务区形状满天星。京沪、宁杭高速公路服务区等大部分都沿用了这种形式。

（2）集中式单侧服务区。这种服务区主要购物、休息、餐饮等设施集中布置于高速公路一侧，另一侧通过匝道跨线桥将车辆引进服务区，加油设施分布于高速公路两侧。沪宁高速公路阳澄湖服务区采用这种形式。

（3）上跨式服务区。这种服务区部分服务设施置于高速公路上方，利用了主线上方的空间，可在一定程度上减少用地，适用于设在城郊或陡坡地形等处，特别适用于主线挖方的地段。停车场、加油站、修理厂等附属设施分别布置于高速公路两侧。京沪、锡澄高速公路的堰桥、龙奔服务区采用了这种形式。

二 公路管理房屋

公路主线建设一般都是投资建设的重点，而人们往往忽视了与其相关的管理使用房屋的建设工作。完善的公路建设管理设施对提高公路的使用效率具有十分重要意义。公路管理用房屋包括收费站、养护段、养护工区、机械化养护中心、服务区、停车区、高速公路管理分局基地等。

第五节 道路美化

随着人们生活水平的提高，人们对精神文化生活及生活环境有了更高层次的要求。人们的出行不再满足于位置快速转移，而且要求旅行环境舒适，要求道路景观美化。为此，道路建设要在注意其安全性、舒适性、耐久性的同时，还要把道路景观美化作为一项内容来考虑。

一 道路景观美化的分类

一般来说，公路景观分为内部景观和外部景观。公路内部景观是指行驶在公路上的驾驶员和乘客所见到的景观以及在停车场、服务区等场所所见到的景观，是动景观。公路外部景观是指从沿线居住地及其他的道路上看到的公路及沿线设施景观，是静景观。

二 道路景观美化的要求

(一)沿线景观布设既要赋予节奏感，又要具有连续性

实践表明，长时间行驶在完全的越岭线或沿溪线，会因景观单调而使驾驶员注意力不集中。而适当的线形弯曲、起伏、色彩的阴与暗、空间的空旷与狭窄的变化，会令驾驶员在行车途中感受到沿线景观富有节律的多变性。

(二)公路及公路沿线的色质感

公路沿线色彩搭配及其动态效果，是公路景观设计的重要内容，色质感是指构造物色彩和材质给人的感受；色彩和质感是感官审美对象的属性之一。良好的色彩运用给运动中的人们以优美清新、欢快明了的感受。

(三)舒适与安全

舒适是公路景观设计的主要目的。研究表明，驾驶员在行车过程中的感觉与公路景观设计有着密切的关系，能否感受到舒适的行车环境主要依靠线形景观设计。安全则是公路景观设计的基础和前提。如何消除行车过程中公路对乘

客和驾驶员心理上的压抑感、恐惧感、压迫感、威胁感，是线形设计、景点布置、绿化布设的重要内容。

本章小结

本章概括地介绍了高速公路的基本概念及特点；阐述了道路交通安全设施的类型及使用功能以及交通标志的设置要求及使用功能；指出了在道路沿线设施中高速公路服务区的类型及作用和道路美化的基本要求等内容。可以说，一条完善的道路系统是离不开交通工程配套设施的辅助。在道路等级不断提高，运行质量不断提升的今天，人们对完善的道路交通设施提出了更多的要求，安全、舒适、快捷的运行理念也促使我们不断地加快和完善道路交通工程设施的建设。

小知识

交通部根据党的十六大决议勾画的21世纪前20年的发展蓝图，拟订了新的公路交通发展目标：到2010年，全国公路总里程达到230万km，其中高速公路达到5.5万km，全国高速公路网骨架基本形成；到2020年，全国公路总里程达到300万km，其中高速公路达到8.5万km，建成全国以高速公路为主体的骨架公路网。

思考与练习

1. 高速公路的定义及其特点。
2. 道路交通安全设施有哪些？各有哪些功能？
3. 道路交通标志有哪些类型？应如何设置？
4. 高速公路服务区的构成及其作用？
5. 高速公路服务区布局的基本形式，各有何特点？
6. 道路景观美化的基本要求是什么？

第二篇　桥隧工程概论

第一章 总论

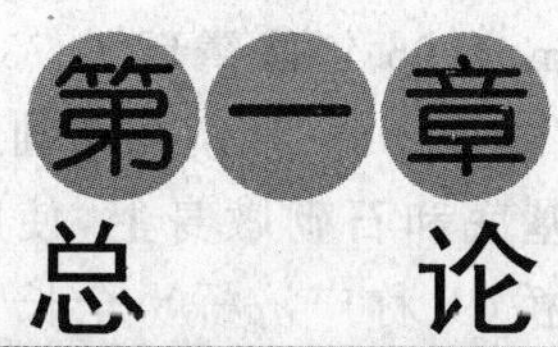

【职业能力目标】

1. 了解桥梁设计基本过程；
2. 熟悉桥梁组成、基本类型与有关概念；
3. 掌握桥梁施工基本方法。

【学习要求】

1. 了解桥梁建筑概况、桥梁的总体规划与设计；
2. 熟悉常用施工设备；
3. 掌握桥梁的组成和分类；
4. 熟悉桥梁施工放样方法。

第一节 概 述

一 桥梁建筑概况

桥梁就是供汽车、火车、行人等跨越障碍(河流、山谷或其他线路等)的建筑工程物。从线路(公路或铁路)的角度讲,桥梁就是线路在跨越上述障碍时的延伸部分或连接部分。

(一)国内外桥梁的建筑概况

我国是文明古国,在桥梁建设史上也写下了不少光辉灿烂的篇章。举世闻

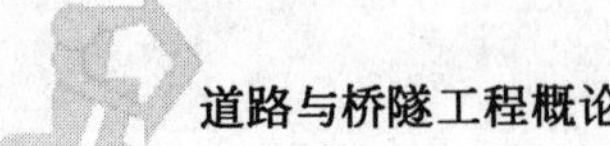

名的河北省赵县的赵州桥(又称安济桥)(图 2-1-1),是由石匠李春于公元 591～599 年所建造,它净跨 37.02m,桥面净宽 9m,拱矢高 7.23m,是世界上第一座敞肩石拱桥,像这样的敞肩石拱桥,欧洲到 19 世纪才出现,比我国晚了 1200 多年。建于 1053～1059 年的福建泉州万安桥(也称洛阳桥)是世界上现有的最长、工程最艰巨的梁桥,原桥全长 834m,1996 年修缮后长 731.29m,共 47 孔,每孔用 7 根跨度 11.8m 的石梁组成,宽约 4.9m。该桥在基础工程上首创筏形基础,采用蛎(蚝)种在潮水涨前的抛石基底和石砌墩身上,使胶结成整体。公元 1170～1192 年建成的广东潮州湘子桥(又称广济桥),全长 517.95m,东西浅滩部分各建一段石桥,中间深水部分以浮桥衔接。浮桥可开可合,是世界上活动桥的先导。

图 2-1-1　赵州桥

然而,封建制度在我国的长期统治,大大束缚了生产力的发展。进入 19 世纪以后,我国在综合国力、科学技术等方面,已远远落后于西方列强,至新中国成立前,公路桥梁绝大多数为木桥,1934～1937 年由茅以升先生主持修建的钱塘江大桥是新中国成立前由我国技术人员完成的唯一一座大桥。该桥为双层公路铁路两用钢桁梁桥,正桥 16 孔,全长 1 400m。

1949 年后,我国交通事业得到了迅速发展,尤其是 20 世纪 90 年代以来,国家对高等级公路的大力投入,使得我国的桥梁事业得到了空前的大发展,在世界桥梁建设中异军突起,取得了举世瞩目的成就。目前,我国在大跨径桥梁方面,已经跻身于世界先进行列。

下面介绍几种主要桥梁体系在中外桥梁建设中的成就。

1. 混凝土梁桥

1998 年挪威建成了世界第一大跨度的斯托尔马桥(主跨 301m)和世界第二大跨度的拉脱圣德桥(主跨 298m),两桥均为连续刚构桥。我国 1997 年建成的虎门大桥辅航道桥(主跨 270m)为当时预应力混凝土连续刚构桥世界第一大跨。

2. 拱桥

1995 年,我国用悬臂施工法建成了贵州江界河大桥,它以主跨 330m 跨越乌江,桥下通航净空高达惊人的 270m,是目前世界上最大跨度的混凝土桁架拱桥。

1997 年建成的重庆万县长江公路大桥,采用的钢管拱为劲性骨架,主跨 420m,是当时世界最大跨度混凝土拱桥。

钢管混凝土拱桥是一种采用内注高强混凝土的钢管作为主拱圈的拱桥,它具有经济、省料、安装方便等特点,近年来在我国发展很快。

2005 年建成的巫山长江大桥,主跨 460m,是目前世界第一大跨径钢管混凝土拱桥。

3. 斜拉桥

斜拉桥是一种拉索体系,它具有优美的外形、良好的力学性能和经济指标,比梁桥有更大的跨越能力,是大跨度桥梁中最主要的桥型。

挪威斯卡圣德脱混凝土斜拉桥(主跨 530m)、法国诺曼底斜拉桥(主跨 856m)、南京长江二桥(主跨 628m)、日本多多罗大桥(主跨 890m)等。其中 1998 年建成的日本多多罗大桥是斜拉桥跨径的重大突破,是世界斜拉桥建设史上的一个里程碑。

4. 悬索桥

悬索桥造型优美,规模宏大,是特大跨径桥梁的主要形式之一。世界上跨度最大的是日本的明石海峡大桥(主跨 1 991m)。2004 年,我国建成的润扬长江大桥南汊桥,主跨 1 490m,位居世界第三。

(二)桥梁工程前景展望

从现代桥梁的发展趋势来看,21 世纪桥梁技术的发展主要集中在下面几个方向:

(1)在结构上研究适合应用于更大跨度的结构形式。

(2)研究大跨度桥梁在气动、地震和行车动力作用下,结构的安全性和稳定性。

(3)研究更符合实际状态的力学分析方法与新的设计理论。

(4)开发和应用具有高强、高弹模、轻质特点的新材料,进行 100～300m 深海大型基础工程的实践。

(5)开发和应用桥梁自动监测和管理系统。

(6)重视桥梁美学和环境保护。

二 桥梁的组成与分类

(一)桥梁的组成

桥梁组成部分的划分与桥梁结构体系有关。常见的梁式桥(图 2-1-2),通常由以下几部分组成:

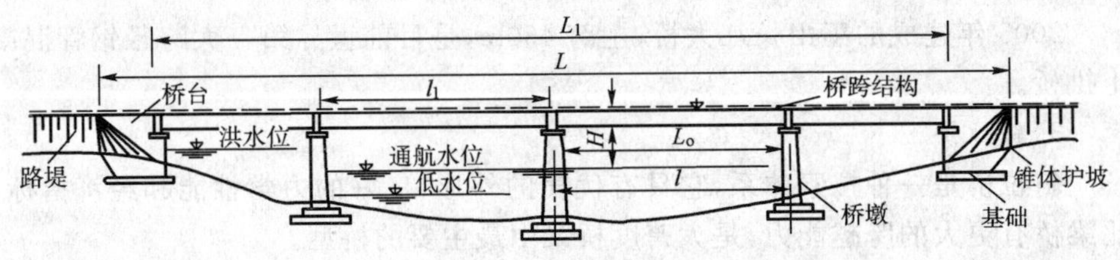

图 2-1-2 桥梁的基本组成

1. 上部结构

上部结构指桥梁位于支座以上的部分。它包括桥跨结构(也叫承重结构)和桥面构造两部分。

2. 下部结构

下部结构,指桥梁位于支座以下的部分,也叫支承结构。它包括桥墩、桥台以及盖梁、系梁墩台的基础,是支承上部结构向下传递荷载的结构物。

在桥跨结构与墩台之间,还需设置支座,以连接桥跨结构与桥梁墩台,提供传力途径。

3. 基础

基础是桥梁在地面以下部分,基础主要与地质相关,形式及类型多样,且与墩台的形状经常不一致,因此应将基础作为单独的一部分组成。

4. 附属结构物

如路堤、挡土墙、护坡、导流堤、检查设备、台阶扶梯、导航装置等。

对桥梁工程常用的专有名词和技术术语,摘要说明如下。

(1)跨度。跨度也叫跨径,表示桥梁的跨越能力。对多跨桥梁,最大跨度称为主跨。一般而言,跨度是表征桥梁技术水平的重要指标。桥跨结构相邻两支座间的距离,称为计算跨径 l 。桥梁结构的分析计算以计算跨径为准。对梁式桥,设计洪水位线上相邻两桥墩(或桥台)间的水平净距,称为桥梁的净跨径 L_0。各孔净跨径之和,称为总跨径,它反映出桥梁排泄洪水的能力。

对公路梁式桥,把两桥墩中线间距离或桥墩中线与台背前缘的间距,称为标

准跨径 l_0。当跨径在 60m 以下时，通常采用标准跨径（从 0.75m 至 60m，共 22 级，常用者为 10m、16m、20m、40m 等）设计。采用标准跨径设计，有利于桥梁制造和施工的机械化，也有利于桥梁养护维修和战备需要。

(2)桥长。对梁式桥，两桥台侧墙或八字墙尾端之间的距离，称之为桥梁全长。它标志桥梁工程的长度规模。两桥台台背前缘（对铁路桥，指桥台挡碴前墙）之间的距离，称之为多孔跨径总长。它仅作为划分特大桥、大桥、中桥、小桥和涵洞的一个指标，见表 2-1-1。

桥梁涵洞按跨径分类 表 2-1-1

桥 涵 分 类	多孔跨径总长 L(m)	单孔跨径 L_k(m)
特大桥	$L>1\,000$	$L_k>150$
大桥	$100\leqslant L\leqslant 1\,000$	$40\leqslant L_k\leqslant 150$
中桥	$30<L<100$	$20\leqslant L_k<40$
小桥	$8\leqslant L\leqslant 30$	$5\leqslant L_k<20$
涵洞	—	$L_k<5$

注：1. 单孔跨径系指标准跨径。

2. 梁式桥、板式桥的多孔跨径总长为多孔标准跨径的总长；拱式桥为两岸桥台内起拱线间的距离；其他形式桥梁为桥面系行车道长度。

(3)桥下净空高度。设计洪水位或设计通航水位与桥跨结构最下缘的高差，称为桥下净空高度。桥下净空高度应大于通航及排洪所要求规定值。

(4)桥梁建筑高度。桥面（或铁路桥梁的轨底）到桥跨结构最下缘的高差，称为桥梁建筑高度。公路或铁路桥定线中所确定的桥面（或轨底）高程与通航及排洪要求所规定的净空高度之差，为容许建筑高度。显然，桥梁建筑高度不得大于容许建筑高度。

(二)桥梁的分类

桥梁有各种不同的分类方式，每一种分类方式均反映出桥梁在某一方面的特征。

(1)按工程规模划分，有特大桥、大桥、中桥、小桥等，如表 2-1-1 所示。

(2)按桥梁用途划分，有铁路桥、公路桥、公铁两用桥、人行及自行车桥、农桥等。

铁路桥专供铁路列车行使，其活载相对较大，桥宽不大；由于铁路迂回运输不易实现，桥必须结实耐用且易于修复。与铁路桥相比，公路桥活载相对较轻，桥的宽度相对较大。公铁两用桥指能同时承受公路和铁路荷载的桥梁。我国长

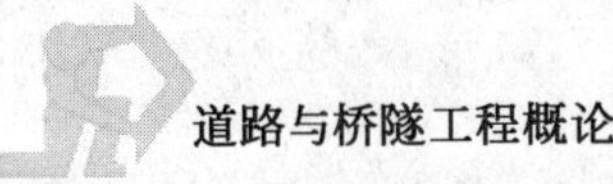

江上的主要特大桥(如武汉、南京、枝城、九江、芜湖大桥等)都是如此。一般认为:在增加费用不多的情况下(桥梁墩台和基础可以共用),将公路、铁路桥合建,就可把专为公路建桥的时间大为提前。随着经济发展,公路交通量剧增,专为公路修建特大桥的事已屡见不鲜,特大桥是以公铁合建,还是公铁分建,需要慎重研究决定。

(3)按桥跨结构所用的材料来划分,有钢桥、钢筋混凝土桥、预应力混凝土桥、组合桥、圬工(指砖、石、素混凝土等材料)桥、木桥等。

由于钢材具有匀质性好、强度高、自重小等优点。钢桥具有较大的跨越能力,在跨度上一直处于领先地位。近年来,大跨度公路悬索桥或斜拉桥,往往采用钢箱梁。钢筋混凝土桥和预应力混凝土桥是目前应用最为广泛的桥梁,在中、小跨度内已逐步取代钢桥,在大跨度范围内也具有较强的竞争力。钢与混凝土形成的组合桥主要指钢梁与钢筋混凝土桥面板组合成的梁式桥。

大跨度斜拉桥的梁部,也可采用这种构造,称为结合梁或叠合梁。圬工桥主要指石拱桥,其取材方便,构造简单,尤其适用于中、小跨度的山区桥梁。除临时性桥梁和林区桥梁外,一般不采用木桥。在历史上,还曾先后采用过铸铁和锻铁作为建桥材料,在结构钢出现之后,这类桥梁就不再修建了。

(4)按结构体系(结构受力及立面形状)划分,有梁桥、拱桥、悬索桥三种基本体系,以及由基本体系与其他体系或基本构件(塔、柱、斜索等)形成的组合体系,如图 2-1-3 所示。

(5)按桥跨结构与桥面的相对位置划分,有上承式、下承式和中承式桥。

桥面布置在桥跨结构上面的,为上承式桥;相应地,布置在下面的称为下承式桥如图 2-1-3j)所示。布置在中间的称为中承式桥如图 2-1-3c)所示。桥面位置的选择与容许建筑高度和实际需要有关。上承式桥被广泛采用,适用于容许建筑高度大的情况,其特点是上部结构的宽度较小。墩台的圬工数量有所节省,桥面视野开阔等。在容许建筑高度很小、布置上承式桥困难时,可采用下承式桥。由于桥跨结构在桥面之上且需要满足桥上净空的要求,故结构横向宽度相对较大,墩台尺寸也相应有所增加。对大跨度拱桥和桁架梁桥,有时也因需要把桥面布置在桥跨结构高度的中部,形成中承式桥。因承重结构有一部分是位于桥面之上,对桥面宽度起了限制作用;为使桥面宽度满足要求,必须加宽两片主梁或拱肋的中心距离,这将使横梁跨度增加,用料较多。

(6)按桥梁所跨越的对象划分,有跨河桥、跨谷桥、跨线桥、地道桥、立交桥、旱桥等。

修建跨河桥,不能使河流功能受到损害。为此,必须遵循桥渡勘测设计规范

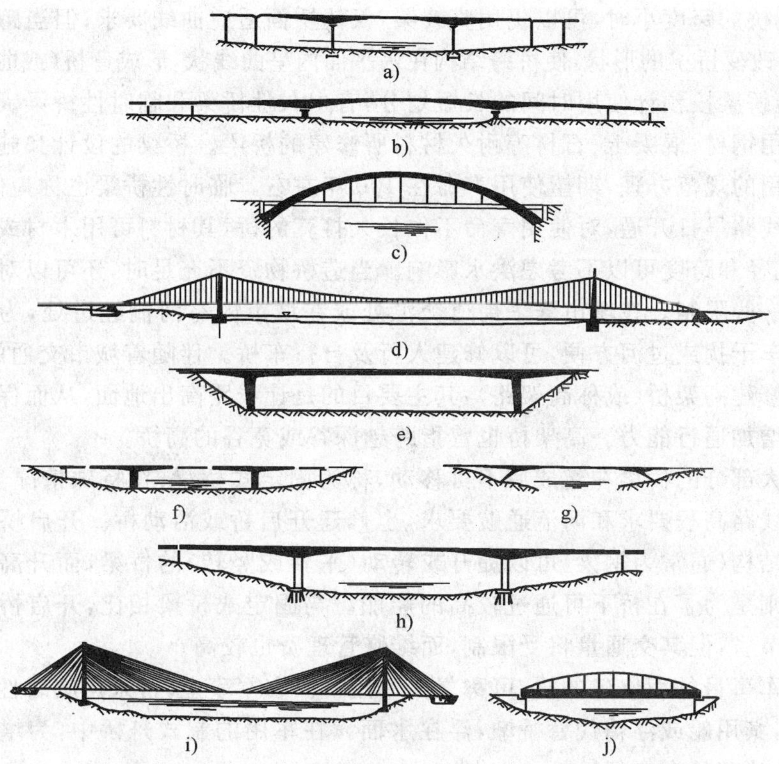

图 2-1-3　桥梁结构体系分类

的要求，使桥的孔径、跨度、桥面高程、基础埋深等既能保证桥在排洪和通航时的安全，又不碍及河流的功能。跨谷桥指跨越谷地的桥梁。谷地的特点是地形变化大、地质变化大、水流变化大。通常，对于较窄的河谷，可考虑采用一跨大拱或一跨斜腿刚构桥作为正桥越过；对于较为开阔的河谷，可考虑采用直腿连续刚构桥（配以高桥墩）。跨越其他线路（公路、铁路、城市道路等）的桥梁称为跨线桥。当桥梁采用下降方式（而不是架空方式）在被跨越线路的下方穿过时，因其主要部分位于地下，便称为地道桥。当桥梁所在的线路还需要与其他线路互通时，就形成立交桥。旱桥指建在无水地面的桥。其跨度一般不大，其桥墩截面形状不需适应水流需要。对于引桥的不过水区段，有时用此名称。

(7)按桥梁的平面形状划分，有直桥、斜桥、弯桥。绝大部分桥梁为直桥（或称正交桥）。斜桥指水流方向与桥的轴线不呈直角相交的桥。就桥下净空的有效宽度讲，斜桥所提供的有效宽度比直桥提供的小。为提供同样的桥下有效宽度，斜桥的跨度应当较大，因此，不宜使桥梁斜交过甚小。若桥位于线路曲线区

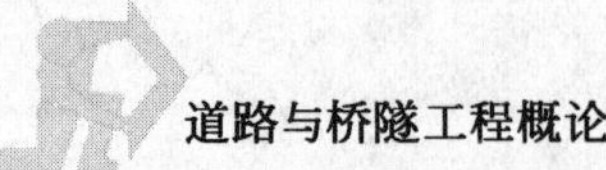

段上，则桥的跨度小时，可以仍用直线梁，仅让桥面适应曲线要求；但当跨度较大时，便应改变桥梁的形状，使桥跨结构在水平面内呈曲线状，形成弯桥(或曲线桥)。

(8)桥梁按预计使用时间的长短划分，有永久性桥梁和临时性桥梁。永久性桥梁指用钢材、混凝土、石材等耐久材料所修建的桥梁。桥梁的设计和施工应该遵照适用的规范办理，期望使用寿命在100年左右。临时性桥梁也称为便桥，指为了使线路早日开通，对使用寿命不作长久打算的桥，其材料可用木材或储备的物资，孔径和跨度可以不考虑洪水影响。当造桥物资不充足时，还可以对桥上行车提出一些限制。在城市繁华街道交汇处或在城市内有河流经过处，为使行人不和行车干扰或过河方便，可以修建人行及自行车桥。伴随着城市交通的发展，也需要修建高架桥(或称高架路)，其主要目的是让线路高出地面，从而保持线路畅通或增加通行能力。高架桥也曾指跨越深谷或宽谷的高桥。

绝大部分的桥梁在建成后不可移动，称为固定式桥梁；在特殊情况下，为同时满足线路高程要求和河流通航要求，也修建开启桥或活动桥。开启桥指一部分桥跨结构(通常为钢梁)可以提升或转动(平转或竖转)的桥梁，而升高或转动的目的则是为了在桥下可通过较高的船舶。与固定式桥梁相比，开启桥的总造价可以节省，但其交通量将受限制，而维修管理费也较高。

为军事目的而修建的桥，可称之为军用桥。在军事上，常采用临时性的浮桥或舟桥，其用船或浮箱代替桥墩，浮在水面。在军用的制式舟桥中，为增加其机动性，常让其具有自行性。

跨越运河等人工水道的桥梁可称为运河桥。专为输水而修建的架空渠道称为渡槽或水道桥。在码头上用于沟通河岸与轮船，以装卸货物或上下旅客的通道，称为栈桥。栈桥采用桩和梁作为承重结构，因其和古代栈道相似而得名。在桥梁施工中，为在河岸与水中桥墩之间建立通道，往往也搭建临时性栈桥。

(三)桥梁的结构体系

按结构体系及其受力特点，桥梁可划分为梁、拱、索三种基本体系，以及由基本体系之间或基本构件(塔、柱、斜索等)形成的组合体系。不同的体系对应于不同的力学形式，表现出不尽相同的受力特点。

1.梁桥

梁桥是古老的结构体系之一。梁作为承重结构，主要是以其抗弯能力来承受荷载的。在竖向荷载作用下，其支承反力也是竖直的；一般梁部结构只受弯、受剪，不承受轴向力。常用的简支梁(图2-1-2)的跨越能力有限(一般在50m以下)，因此，悬臂梁和连续梁(图2-1-3a、b)得到发展。它们都是利用增加中间支承以减少跨中弯矩，更合理地分配内力，加大跨越能力。悬臂梁采用铰接或一简支跨(称为挂孔)来连接其两个端头，其为静定结构，受力明确，计算简便；因结构变形在连接处不连续而对行车和桥面养护产生不利影响，近年来已很少采用。连续梁因桥跨结构连续，克服了悬臂梁的不足，是目前采用得较多的梁式桥型。

2. 拱桥

拱桥(图 2-1-3c)的主要承重结构是具有曲线外形的拱(其拱圈的截面形式可以是实体矩形、肋形、箱形、桁架等)。在竖向荷载作用下，拱主要承受轴向压力，但也受弯、受剪。支承反力不仅有竖向反力，也承受较大的水平推力。

根据拱的受力特点，多采用抗压能力较强且经济合算的圬工材料(石材等)和钢筋混凝土来修建拱桥；因拱是有推力的结构，对地基的要求较高，故一般宜建于地基良好之处。按照静力学分析，拱又分成单铰拱、双铰拱、三铰拱和无铰拱。因铰的构造较为复杂，一般常采用无铰拱体系。

3. 悬索桥

悬索桥(图 2-1-3d)主要由索、塔、锚碇、加劲梁等组成。对跨度较小(如小于300m)、活载较大且加劲梁较刚劲的悬索桥，可以视其为缆与梁的组合体系。但大跨度(1 000m 左右)悬索桥的主要承重结构为缆，组合体系的效应可以忽略。在竖向荷载作用下，其悬索受拉，锚碇处会产生较大的竖向(向上)和水平反力。悬索通常用高强度钢丝制成圆形大缆，加劲梁多采用钢桁架或扁平箱梁，桥塔可采用钢筋混凝土或钢。因悬索的抗拉性能得以充分发挥且大缆尺寸基本上不受限制，故悬索桥的跨越能力一直在各种桥型中名列前茅。不过，由于结构的刚度不足，悬索桥较难满足当代铁路桥梁的要求。

4. 组合体系

组合体系桥指承重结构采用两种基本结构体系，或一种基本体系与某些构件(塔、柱、斜索等)组合在一起的桥。在两种结构系统中，梁经常是其中一种，与梁组合的，则可以是拱、缆或塔、斜索。代表性的组合体系有以下几种。

(1)刚架桥

刚架桥是指梁与立柱(或称为墩柱)刚性联结的桥梁(图 2-1-3e)。其主要特点是：立柱具有相当的抗弯刚度，故可分担梁部跨中正弯矩，达到降低梁高、增大桥下净空的目的。在竖向荷载作用下，主梁与立柱的连接处会产生负弯矩；主梁、立柱承受弯矩，也承受轴力和剪力；柱底约束处既有竖直反力，也有水平反力。

随着预应力技术和对称悬臂施工方法的发展，具有刚架形式和特点的桥梁可

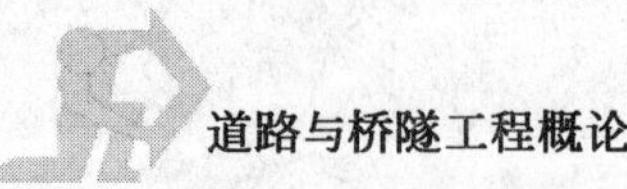

用于跨径更大的情况，如 T 形刚构桥。预应力混凝土 T 形刚构桥（图2-1-3f）是因悬臂施工方法的发展而衍生出来的一种桥型。它的桥墩的刚度较大，与梁部固结。

斜腿刚构桥（图 2-1-3g）的墩柱斜置并与梁部刚性连接，其受力特点介于梁和拱之间。在竖向荷载作用下，斜腿以承压为主，两斜腿之间的梁部也受到较大的轴向力。斜腿底部可采用铰接或固结形式，并受到较大的水平推力。对跨越深沟峡谷、两侧地形不宜建造直立式桥墩的情况，斜腿刚构桥表现出其独特之处。

在连续梁桥的基础上，把主跨内的较柔性的桥墩与梁部固结起来，就形成所谓的连续－刚构桥（图 2-1-3h）。其特点是：桥墩（为单壁或双壁，称为薄壁墩）较为纤细，以受轴向力（而不是受弯）为主，表现出柔性墩的特性，这使得梁部受力仍然体现出连续梁的受力特点（主跨梁部受到较小轴力作用）。近年来，连续—刚构体系在桥梁工程中的应用越来越普遍，公路桥的跨度已接近 300m。

(2)斜拉桥

斜拉桥（图 2-1-3i）是由梁、塔和斜索组成的组合体系，结构形式多样，造型优美壮观。在竖向荷载作用下，梁以受弯为主，塔以受压为主，斜索则承受拉力。梁体被斜索多点扣住，表现出弹性支承连续梁的特点。这样，梁体荷载弯矩减小，梁体高度可以降低，从而减轻了结构自重并节省了材料。另外，塔和斜索的材料性能也能得到较充分的发挥。因此，斜拉桥的跨越能力仅次于悬索桥，是近几十年来发展很快的一种桥式。由于刚度问题，斜拉桥在铁路桥梁上的应用极为有限。

(3)梁、拱组合体系

梁、拱组合体系（图 2-1-3j）同时具备梁的受弯和拱的承压特点，可以是刚性拱及柔性拉杆，也可以是柔性拱及刚性梁。这类结构的主要优点是：利用梁部受拉（若是混凝土梁，则对其施加预应力），来承受和抵消拱在竖直荷载下产生的水平推力。这样，桥跨结构既具有拱的外形和承压特点，又不存在很大的水平推力，可在一般地基条件下修建。相对而言，梁、拱组合体系的施工较为复杂。

第二节　桥梁的总体规划与设计程序

一　桥梁总体规划和基本调查资料

（一）桥梁的总体规划

桥梁设计中应遵循下列基本原则。

1. 安全

所设计的桥梁结构，在制造、运输、安装和使用过程中，应当有足够的强度、刚度、稳定性和耐久性，并有安全储备。根据桥上交通和行人情况，桥面应考虑设置人行道(或安全带)、缘石、护栏、栏杆等设备，以保证行人和行车的安全。桥上还应设有照明设施，引桥纵坡不宜过陡，地震区桥梁，应按抗震要求采取防震措施。

2. 适用

桥梁宽度应能满足车辆和人群的交通流量要求，并应满足今后规划年限内交通量增长的需要。桥下应满足泄洪、通航(跨河桥)或通车(旱桥)等要求。桥梁两端方便车辆的进出，以防止出现交通堵塞。此外，还要便于今后的检查和维修。

3. 经济

在桥梁设计中，经济性一般是首要考虑的因素。桥梁设计应遵循因地制宜、就地取材和方便施工的原则，综合考虑发展远景和将来的养护维修，使其造价和养护费用综合考虑后最节省。

4. 美观

一座桥梁，尤其是城市桥梁和游览地区的桥梁，应具有优美的外形，结构布置精炼，空间比例和谐，与周围环境相协调。合理的结构布局和轮廓是美观的主要因素，此外，施工质量也会影响桥梁的美观性。

此外，桥梁设计应积极采用新结构、新材料、新工艺和新设备，学习和利用国际上最新的科学技术成就，以利于提高我国桥梁建设水平，赶上和超过世界先进水平。

(二)基本调查资料

一座桥梁的规划设计涉及的因素很多，必须经过充分的调查研究，收集以下资料，从客观实际出发，提出合理的设计建议及计划任务书。

1. 调查研究桥梁交通要求

对于公路或城市桥梁，需要调查研究桥上交通种类及其要求，如汽车荷载等级、实际交通量和增长率，需要的车道数目或行车道宽度，以及人行道的要求等。

2. 选择桥位

各级公路上的小桥及其与公路的衔接，一般应符合路线布设的要求，桥中线与洪水流向应尽量正交。各级公路上的特大、大、中桥的桥位，原则上应服从路线上的总方向，路桥综合考虑。对于特大、大、中桥一般选择 2～5 个可能的桥位，对每个可能的桥位进行相应的调查和勘测工作，包括搜集洪水、地形和地质资料；实地调查历史洪水位；做必要的地形、地貌和地质等测绘工作。经过综合分析比较,选择出最合理的桥位。

3.桥位的详细勘测和调查

对确定的桥位要进一步搜集资料,为设计和施工提供可靠依据。这时的勘测和调查工作包括绘制桥位附近大比例地形图、桥位地质钻探并绘制地质剖面图、实地水文勘测调查等。为使地质资料更接近实际,应将钻孔布置在拟定的桥孔方案墩台附近。

4.调查其他有关情况

调查了解地震资料、当地建筑材料来源及供应情况、运输条件、是否需要拆迁建筑物或占用农田、桥上是否需要铺设电缆或各种管线等。

 桥梁总体布置

(一)桥梁纵断面设计

桥梁纵断面设计包括桥梁总跨径的确定、桥梁分孔、确定桥面高程和桥下净空、桥梁纵坡及基础埋置深度等。

1.桥梁总跨径的确定

桥梁总跨径一般根据水文计算确定。桥梁墩台和桥头路堤压缩河床,使桥下过水断面减少,流速增大,引起河床冲刷和桥上游壅水,因此,桥梁总跨径必须保证桥下有足够的排洪面积,对河床不产生过大的冲刷,并注意壅水可能淹没耕地和建筑物等危害。此外,尚应注意河床地形,不宜过分压缩河道、改变水流的天然状态。

2.桥梁分孔

桥梁总跨径确定后,下一步是分孔布置,解决一座桥分成几个孔和各孔的跨径多大的问题。桥梁分孔是一个较复杂的问题,需要因地制宜、综合比较后确定。分孔布置要考虑上部结构采用的结构体系类型,有些结构体系各桥孔的跨径应有合适的比例,以保证结构受力合理;还要考虑基础施工因素,若基础施工困难,航运繁忙,则应加大孔径;从经济上考虑,一般地,采用大跨度时上部结构造价大,而下部结构造价比小跨度时小。在满足通航的前提下,通过经济技术比较,最后确定分孔布置。

跨径选择还与施工能力有关,有时选用较大跨径虽然在技术上和经济上是合理的,但由于缺乏足够的施工技术能力和机械设备,也不得不改用较小跨径。

此外,要注意确定桥梁孔径时应考虑桥位上下游已建或拟建桥涵和水工建

筑物的状况及其对河床演变的影响。

3.桥面高程的确定

桥面高程的确定主要考虑三个因素:路线纵断面设计要求、排洪要求和通航要求。对于中、小桥梁,桥面高程一般由路线纵断面的设计要求来确定;对于跨河桥,为保证结构不受毁坏,桥梁主体结构必须比计算水位(设计水位计入壅水、浪高等)或最高流水水位高出一定距离,满足《公路桥涵设计通用规范》(JTG D60—2004)对非通航河流桥下净空的要求(表2-1-2);对于通航河流,通航孔还必须满足通航净空要求,通航净空尺寸按《内河通航标准》(GBJ 139—90)确定;对于跨越铁路或公路的桥梁,应满足相应的铁路或公路的建筑界限规定。

非通航河流桥下净空 表2-1-2

桥 梁 部 位	高出计算水位(m)	高出最高流冰面(m)
梁底	0.5	0.75
支座垫石顶面	0.25	0.5
拱脚	0.25	0.25

注:无铰拱的拱脚可被设计洪水淹没,但不应超过拱圈高度的2/3,且拱顶底面至计算水位的净高不得小于1.0m。

4.桥梁纵坡布置

桥梁高程确定后,就可以根据两端桥头的地形和线路要求来设计桥梁的纵断面线形。按照《公路工程技术标准》(JTG B01—2003)的规定,公路桥梁的桥上纵坡不宜大于4%,桥头引道纵坡不宜大于5%;位于市镇混合交通繁忙处的,桥上纵坡和桥头引道纵坡均不得大于3%,桥头两端引道线形应与桥上线形相配合。

(二)桥梁横断面设计

桥梁横断面的设计,主要是决定桥面的宽度和桥跨结构横截面的布置。桥面宽度由行车和行人的交通需要决定。桥面净空应符合《公路桥涵设计通用规范》(JTG D60—2004)第3.3.1条公路建筑限界的规定,在规定的限界内,不得有任何结构部件等侵入。在选择车道宽度、中间带宽度和路肩宽度及其一般值和最小值时,应首先考虑与桥梁相连的公路路段的路基宽度,保持桥面净宽与路肩同宽,使桥梁与公路更好地衔接,公路上的车辆可以维持原速通过桥梁,满足车辆在公路上无障碍地行驶的现代交通最基本的要求。

行车道宽度为车道数乘以车道宽度,车道宽度与设计车速有关,车速越高,车道宽度越大,其值在3~3.75m之间,应满足前述规范的要求。自行车道和人

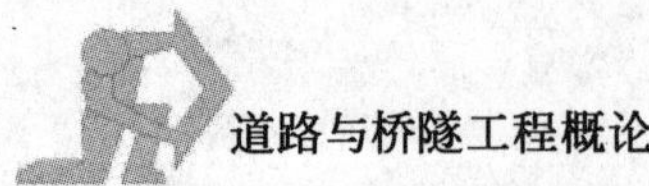

行道的设置,应根据需要而定,与前后路线布置协调。一个自行车道的宽度为1.0m,单独设置自行车道时,一般不宜小于两个自行车道的宽度。人行道的宽度一般为0.75m或1.0m,大于1.0m时,按0.5m的级差增加。高速公路上的桥梁,不宜设人行道。漫水桥和过水路面可不设人行道。

高速公路、一级公路上的桥梁必须设置护栏。二、三、四级公路上,特大、大、中桥应设护栏或栏杆和安全带,小桥和涵洞可仅设缘石或栏杆即可。不设人行道的漫水桥和过水路面应设护栏或栏杆。

在弯道上的桥梁应按路线要求予以加宽。

(三)桥梁平面布置

桥梁及桥头引道的线形应与路线的布设相互协调,各项技术指标应符合路线布设的规定。高速公路和一级公路上行车速度快,桥梁与道路衔接必须顺畅才能满足行车要求,因此,高速公路、一级公路上的各类桥梁除特殊大桥外,其布设应满足路线总体布设的要求。高速公路、一级公路上的特殊大桥,以及二、三、四级公路上的大、中桥线形,一般为直线。

从桥下泄洪要求及桥梁安全角度考虑,桥梁纵轴线应尽可能与洪水主流流向正交。对通航河流上的桥梁,为保证航行安全,通航河道的主流应与桥梁纵轴线正交。当斜交不能避免时,交角不宜大于5°;当交角大于5°时,应增大通航孔跨径。对于一般小桥,为了改善路线线形,或城市桥梁受原有街道的制约时,也允许修建斜交桥,但从桥梁本身的经济性和施工方便来说,斜交角通常不宜大于45°。

三 桥梁设计程序简介

桥梁设计是一个分阶段、循序渐进的工作过程。根据国家基本建设程序的要求,我国大型桥梁的桥梁设计程序分为前期工作和设计阶段。前期工作包括编制预可行性研究报告和可行性研究报告;设计阶段按“三阶段设计”进行,即初步设计、技术设计与施工图设计。各阶段的设计目的、内容、要求和深度均不同。

1.预可行性研究报告的编制

预可行性研究报告的编制阶段简称为“预可”阶段。预可行性研究报告着重研究建设上的必要性和经济上的合理性,解决要不要修建桥梁的问题。对于区域性桥梁,应当通过对准备建桥地点附近的渡口车辆流量的调查,并从发展的观点以及桥梁修建后可能引入的车流,科学地分析和确定通过桥梁的可能车流量,论证工程的必要性。

在预可行性研究报告中，应编制几个可能的桥型方案，对工程造价、投资回报、社会效益、政治意义和国防意义等进行分析，论述经济上的合理性，并对资金来源有所设想。

编制方将预可行性研究报告交给业主后，由业主据此编制“项目建议书”报主管上级审批。

2. 可行性研究报告的编制

可行性研究报告的编制阶段简称为“工可”阶段。“工可”阶段与“预可”阶段的内容和日的基本一致，只是研究的深度不同，可行性研究报告是在预可行性研究报告审批后，着重研究工程上和投资上的可行性。

在本阶段，要研究和制定桥梁的技术标准，包括设计荷载、允许车速、桥梁坡度和曲线半径等，同时，还应与河道、航运、城市规划等部门共同研究和协商来确定相关技术标准。

在“工可”阶段，应提出多个桥型方案，并按交通部《公路建设工程投资估算编制办法》来估算造价，对资金来源和投资回报等问题应基本落实。

3. 初步设计

可行性研究报告批复后，即可进行初步设计。在本阶段要进一步开展水文、勘测工作，以获取更详细的水文资料、地形图和工程地质资料。在初步设计阶段，应拟定桥梁结构的主要尺寸、估算工程数量和主要材料的用量、提出施工方案的意见和编制设计概算。初步设计的概算成为控制建设项目投资的依据。

初步设计的目的是确定设计方案，应拟定几个桥型方案，综合分析每个方案的优缺点，通过对每个方案的主要材料用量、总造价、劳动力数量、工期、施工难易程度、养护费用等各种技术经济指标以及美观性进行比较，选定一个最佳的推荐方案，报请建设单位审批。

4. 技术设计

技术设计的主要内容是对选定的桥型方案中重大、复杂的技术问题通过科学试验、专题研究、加深勘探调查及分析比较，进一步完善批复的桥型方案的总体和细部的各种技术问题，提出详尽的设计图纸，包括结构断面、配筋、细节处理、材料清单及工程量等，并修正工程概算。

5. 施工图设计

施工图设计是在批复的技术设计（三阶段设计时）或初步设计（二阶段设计时）所有技术文件的基础上，进一步进行具体设计。此阶段工作包括详细的结构分析计算，配筋计算，验算并确保各构件强度、刚度、稳定和裂缝等各种技术指标满足规范要求。绘制施工详图，编制施工组织设计和施工图预算。

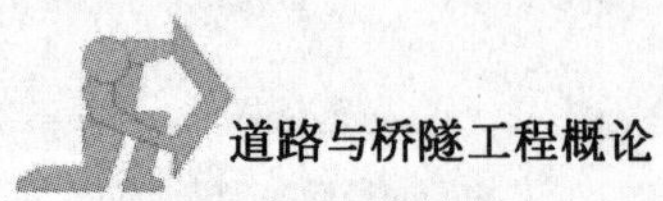

目前，国内一般的(常规的)桥梁采用二阶段设计，即初步设计和施工图设计；对于技术上复杂的特大桥、互通式立交桥或新型桥梁结构，需要增加技术设计，即采用三阶段设计；对于技术简单、方案明确的小桥，也可以采用一阶段设计，即施工图设计。

四 桥梁设计作用

桥梁结构在施工和使用过程中要受到自身的和外部的各种因素的作用，如结构的自重、人群荷载、汽车荷载以及汽车冲击力、土压力、温度变化、风荷载和地震等。为了统一，将所有引起结构反应的原因统称为作用，作用使结构产生的内力(轴向力、弯矩、剪力、转矩)和变形、裂缝等称为作用效应。

作用可以根据不同的观点分类，我国现行《公路桥涵设计通用规范》(JTG D60)按照作用随时间的变异特点，将作用分为永久作用、可变作用和偶然作用三类。各类作用中所包含的作用名称见表 2-1-3，计算方法及组合见《公路桥涵设计通用规范》(JTG D60—2004)。

作用分类　　表 2-1-3

编号	作用分类	作用名称
1	永久作用	结构重力
2		预加力
3		土的重力
4		土侧压力
5		混凝土收缩及徐变
6		水的浮力
7		基础变位
8	可变作用	汽车荷载
9		汽车冲击力
10		汽车离心力
11		汽车引起的土侧压力
12		人群荷载
13		汽车制动力
14		风荷载
15		流水压力
16		冰压力
17		温度
18		支座摩阻力

续上表

编　号	作用分类	作用名称
19	偶然作用	地震作用
20		船舶或漂流物的撞击力
21		汽车撞击作用

公路桥梁结构的设计基准期为100年。

第三节　桥梁施工概述

 桥梁施工方法与选择

(一)桥梁基础施工

桥梁基础工程发展到今天,已经不受水文、地质条件的控制,所重视的是工程结构本身和经济效益。目前国内已经形成了合乎我国国情的一整套施工工艺及相应的设备。而特大桥梁基础已经向"组合基础"发展。扩大基础、桩基和沉井三大类在各自的发展中又彼此"联合"。这种联合就是根据不同的水文、地质来发挥各类形式的特点组成的一个整体,故出现了很多基础形式。

桥梁基础工程由于在地面以下或在水中,涉及水和岩土的问题,从而增加了它的复杂程度,使桥梁基础的施工无法采用统一的模式。但是根据桥梁基础工程的形式大致可以归纳为扩大基础、桩和管柱基础、沉井基础和组合基础几大类。

(二)桥梁墩台施工

桥梁墩台有砌体墩台和现场浇筑墩台。

砌体墩台包括由片石、块石、料石或混凝土预制块砌筑而成的墩台。

现场浇筑墩台包括现浇混凝土、钢筋混凝土、预应力混凝土墩台。这一类墩台在模板的使用上,有组装模板、滑升模板、爬升模板和翻身模板等方式。

(三)桥梁上部结构的施工

桥梁上部结构的施工方法从20世纪70年代以后,随着预应力混凝土的广泛应用,到今天,发生了重大的变革已经得到了迅速发展。

在钢筋混凝土桥梁的时代,可以说主要是现场浇筑的施工方法,由于桥梁类

型多样化以及跨径的大幅度增加，构件生产的预制化，结构设计方法的进步，机械设备的发展，从而引起施工方法的进步，形成了多种多样的施工方法。下面将介绍桥梁上部结构的施工方法。

1.就地浇筑法

就地浇筑法是在桥位处搭设支架，在支架上浇筑桥体混凝土，达到强度后拆除模板、支架。就地浇筑施工无需预制场地，而且不需要大型起吊和运输设备，梁体的主筋可不中断，桥梁整体性好。

2.预制安装法

在预制工厂或在运输方便的桥址附近设置预制场进行梁的预制工作，然后采用一定的架设方法进行安装。预制安装法施工一般是指钢筋混凝土或预应力混凝土简支梁的预制安装。

预制构件安装的方法很多，各需不同的安装设备，可根据施工的实际情况合理选择。

3.悬臂施工法

悬臂施工法从桥墩开始，两侧对称进行现浇梁段或将预制节段对称进行拼装。前者称悬臂浇筑施工，后者为悬臂拼装施工。

4.转体施工法

转体施工是将桥梁构件先在桥位处岸边（或路边及适当位置）进行预制，待混凝土达到设计强度后旋转构件就位的施工方法。转体施工其静力组合不变，它的支座位置就是施工时的旋转支承和旋转轴，桥梁完工后，按设计要求改变支承情况。

5.顶推施工法

顶推施工法沿桥纵轴方向的台后设置预制场地，分节段预制，并用纵向预应力筋将预制节段与施工完成的梁体联成整体，然后通过水平千斤顶施力，将梁体向前顶推出预制场地，之后继续在预制场进行下一节段梁的预制，循环操作直至施工完成。

6.移动模架逐孔施工法

逐孔施工是中等跨径预应力混凝土连续梁中的一种施工方法，它使用一套设备从桥梁的一端逐孔施工，直到对岸。

7.横移施工法

横移施工是在拟待安置结构的位置旁预制该结构物，并横向移动该结构物，将它安置在规定的位置上。

8.提升与浮运施工法

这是一种采用竖向运动施工就位的方法。提升施工是在未来安置结构物以下的地面上预制该结构并把它提升就位。浮运施工是将桥梁在岸上预制,通过大型浮船移运至桥位,利用船的上下起落安装就位的方法。

(四)施工方法的选择

桥梁施工方法的选定,可依据下列条件综合考虑。

1.使用条件

桥梁的类型及使用跨径、墩高、梁下空间的限制、平面场地的限制、桥墩的形状等。

2.施工条件

工期要求,起重能力和机具设备要求,架设时是否封闭交通,架设时所需的临时设施,材料可供情况,架设施工的经济核算等。

3.自然环境条件

山区或平原、地质条件及软弱层状况、对河道的影响、运输线路的限制等。

4.社会环境影响

对施工现场环境的影响,如公害、景观、污染、架设孔下的障碍、道路交通的阻碍,公共道路的使用及建筑限界等。

各种桥型可选择的主要施工方法见表2-1-4。

各种桥型可选择的主要施工方法 表2-1-4

施工方法 \ 桥型	简支梁桥	悬臂梁桥 T形刚构	连续梁桥	刚架桥	拱桥	组合体系桥	斜拉桥	悬索桥
现场浇注法	√	√	√	√	√	√	√	
预制安装法	√	√		√	√	√	√	√
悬臂施工法		√	√	√	√		√	√
转体施工法		√		√	√		√	
顶推施工法			√		√		√	
逐孔施工法		√	√	√	√			
横移施工法	√	√	√			√	√	
提升与浮运施工法	√	√	√			√		

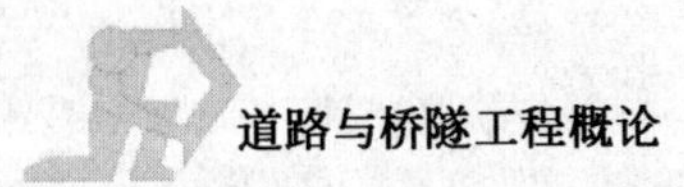

二 桥梁施工准备

(一)准备工作的内容

施工准备工作的内容可以归纳如下：

1.技术准备

(1)熟悉、核对设计文件和图纸及有关资料。

组织有关人员熟悉设计文件、图纸和有关资料，使施工人员明确设计者的设计意图，熟悉施工图的内容和结构物的细部构造，对设计文件和图纸必须进行现场核对。

(2)补充调查材料。

进行现场调查，是为修改设计和编制实施性施工组织设计收集资料。

(3)编制实施性施工组织设计。

由于公路工程施工的特点，不可能采用一个定型的、一成不变的施工方法，所以每个建设项目都需要分别确定施工方案和组织方法，故要求在施工阶段必须编制实施性施工组织设计和施工预算。

(4)组织先遣人员进场，做好后勤准备工作。

在大批施工人员进场之前，施工先遣人员的任务是根据总任务的具体安排，结合施工现场实际情况，具体落实施工人员进场后在生活、生产等方面必须解决的问题。

2.施工现场准备

依据设计文件及已编制的实施性施工组织设计做好现场准备工作：

(1)测出占地和征用土地范围，拆迁房屋、电信设备等各种障碍物。

(2)平整土地，做好施工放样。

(3)修建便桥、便道，搭建生活用房，修建大型临时设施(预制厂、混凝土搅拌站、沥青加工厂)。

(4)安装供水、供电设备等。

(5)各种施工物资资源的调查与准备，包括建筑材料，构件，施工机械及机具设备、工具的货源安排，进场的堆放、入库、保管及安全工作。

(6)建立工地试验室，进行各种建筑材料和土质的试验，为施工提供可靠依据。

(7)机构设置、施工队伍集结、进场及开工上岗前的思想工作及安全技术教育。

上述各项准备工作全部就绪后，即可向建设单位或监理工程师递交开工报告，获得批准后即可开工。必须坚持没有做好施工准备工作不准开工的原则。

(二)实施性中、小桥施工组织设计

施工组织设计按所起的作用不同分为两大类：一类是属于设计文件的组成部分，其中按设计阶段不同，可分为一阶段设计或两阶段设计中初步设计阶段的“施工方案”，两阶段设计中的施工图阶段的“施工组织设计”；另一类是属于指导施工的技术经济文件，即“实施性施工组织设计”，其中又可分为“施工组织总设计”和“分部分项工程施工组织设计”。

实施性施工组织设计是在施工阶段由施工单位编制的，此时，施工图设计已获批准，所有施工原则和总方案已定，施工条件明确。因此，这一阶段的施工组织设计十分具体，对各分项工程、各工序和各施工队都要进行施工进度的日程安排和具体操作的设计。

实施性施工组织设计文件内容与施工图设计阶段的施工组织计划相似，但比之要更具体、更详细。

 施工测量

(一)桥涵施工准备阶段的测量内容及要求

1. 测量内容

(1)对设计单位所交付的有关桥涵的中线桩、三角网基点桩、水准基点桩等及其测量资料进行检查、核对。

(2)施工需要的桥涵中线桩。

(3)补充施工需要的水准点。

(4)测定墩、台纵向和横向及基础桩的位置，并与施工设计图比较，判断位置是否准确，如与图纸有出入，应与设计部门联系予以更正。

(5)测定锥坡、翼墙的位置，并与施工设计图比较，判断位置是否准确，如与图纸有出入，应与设计部门联系予以更正。

2. 测量要求

(1)当有良好的丈量条件时，采用直接丈量法进行墩台施工定位。直接丈量

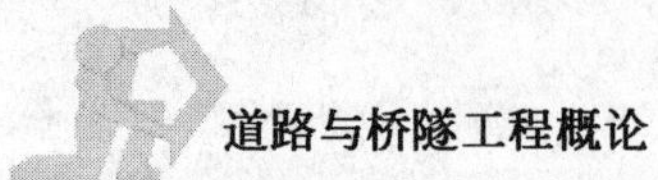

应对尺长、温度、拉力、垂度和倾斜度进行改正计算。

(2)大中桥的水中墩台和基础的位置,宜用检校过的电磁波测距仪或全站仪,GPS等测量。桥墩中心线在桥轴方向上的位置中误差不应大于15mm。

(3)曲线上的桥梁施工测量,应按照设计文件参照公路曲线测定方法处理。

(4)涵洞测量放样时,应注意核对涵洞纵横轴线的地形剖面图是否与设计图相符,应注意涵洞长度、涵底高程的正确性。对斜交涵洞、曲线上和陡坡上的涵洞,应考虑交角、加宽、超高。

(二)桥涵施工过程中的测量和竣工测量

1.施工过程中的测量

施工过程中,应测定并经常检查桥涵结构浇筑、砌筑和安装部分的位置和高程,并作出测量记录和结论。

桥轴线超过1 000m的特大桥梁和结构复杂的桥梁,在施工过程中应进行主要墩、台(或塔、锚)的沉降变形监测,桥梁控制网应每年复测一次,以确保施工安全。

(1)桥梁墩台位置的测定

①直接丈量法。当河流无水、浅水或河岸与河底高差较小时,可采用直接丈量法测定桥轴线长度。

丈量使用的钢尺须经过检定。丈量前,首先用经纬仪定线,把尺段点标定在地面上,设立点位桩,桩顶用铅笔画十字线标出中点,然后开始丈量。

丈量时从两岸最外的中线桩开始,当用一条钢尺时需往返丈量两次以上,读数精确到“mm”,并对尺长、拉力、倾斜和温度进行改正计算。

桥轴线丈量的精度要求应不低于表2-1-5的规定。

桥轴线丈量精度要求 表2-1-5

桥轴线长度(m)	＜200	200～500	＞500
精度不低于	1/5 000	1/10 000	1/20 000

②间接丈量法。当河道宽阔、水深流急、桥位桩之间的距离不能用钢尺直接丈量时,可采用小三角形网间接丈量出桥轴线长度,而水中桥墩位置用交会法测定(详见现行《工程测量规范》)。

(2)桥梁水准测量

大、中桥施工时需在两岸设临时水准点,高程从设计单位户测定的水准点引出。作为高程控制的水准基点，桥长在200m以上时，每岸至少设两个；桥长在200m以下时，每岸至少设一个；小桥可只设一个。

2.桥梁施工竣工测量

桥梁竣工后应进行竣工测量，项目如下：

(1)测定桥梁中线，丈量跨径；

(2)丈量墩、台(或塔、锚)各部分尺寸；

(3)检查桥面高程。

(三)控制测量及质量要求

1.平面控制测量

平面测量控制等级见表2-1-6，桥位测量的精度要求见表2-1-7，具体要求见《工程测量规范》。

平面测量控制等级　　表2-1-6

等　级	桥位控制测量	等　级	桥位控制测量
二等三角	>5 000m的特大桥	一级小三角	500～1 000m的特大桥
三等三角	2 000～5 000m的特大桥	二级小三角	<500m的大、中桥
四等三角	1 000～2 000m的特大桥		

桥轴线相对中误差　　表2-1-7

测量等级	桥轴线相对中误差	测量等级	桥轴线相对中误差
二等	1/130 000	一级	1/20 000
三等	1/70 000	二级	1/10 000
四等	1/40 000		

2.高程控制测量

(1)水准点的布设原则和方法

①设计原则

a.大桥、特大桥施工水准点测设精度，应不低于四等水准测量的要求，桥头两岸应至少设置两个水准点，每岸至少设一个稳固基准点。

b.中、小桥和涵洞水准测量按五等水准要求设置水准点。

c.根据施工需要以及地质不良或易受破坏的地段应适当增设辅助水准点，

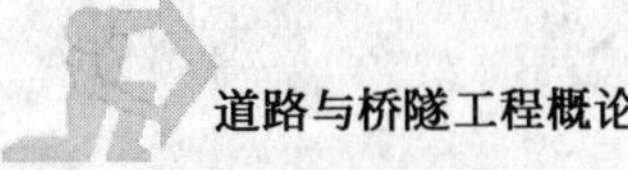

其精度应符合五等水准测量的要求。

②布设方法

a.水准点应设在桥址附近安全稳固处，并便于施工观测；

b.基准点可埋设混凝土标石、钢管标石、岩石标石、管桩标石、钻孔桩标石或基岩标石；

c.中、小桥及涵洞和工期短，桥式简单，精度要求较低的大桥，可在建筑物上设立标点或埋设大木桩设立铁钉标志，作为施工辅助水准点，但须加强复核；

d.小桥、涵洞也可利用路线测量的水准点。

(2)水准测量的质量要求

水准测量的等级应符合下列要求：

①2 000m 以上的特大桥一般为三等水准测量，1 000～2 000m 的特大桥为四等水准测量，1 000m 以下的桥梁为五等水准测量。

②水准测量的等级划分及主要技术要求应符合《公路桥涵施工技术规范》(JTJ 041—2000)表 3.2.2-8 的规定。

③水准测量精度按《公路桥涵施工技术规范》(JTJ 041—2000)中式(3.2.2-6)～式(3.2.2-10)计算，计算结果要符合《公路桥涵施工技术规范》(JTJ 041—2000)中表 3.2.2-8 的规定。

④当水准路线跨越江河(或湖塘、宽沟、洼地、山谷等)时，应采用跨河水准测量方法校测。

跨河水准测量方法可按照《公路勘测规范》(JTG C10—2007)执行。

四 桥梁施工常用设备

(一)概述

施工设备和机具的选用是桥梁施工技术中的关键所在，施工设备和机具的优劣往往决定了桥梁施工技术的先进与否；反过来，桥梁施工技术的发展，也要求各种施工设备和机具不断进行更新和改造，以适应施工技术的发展。

现代大型桥梁施工设备和机具主要有：

(1)各种常备式结构(例如万能杆件、贝雷梁等)；

(2)各种起重机具设备(例如千斤顶、吊机等)；

(3)混凝土施工设备(例如拌和机，输送泵，振捣设备等)。

桥梁施工用的设备和机具品种繁多，故在进行施工组织和规划时，常常要根据具体的施工对象、工期、劳力分布等情况，合理地选用和安排各种机具设备，以期使它们能够发挥最大的工效和经济效益，确保整个工程能够高质量、高效率和安全地如期完成。

此外，桥梁的施工实践证明：施工设备选用的正确与否也是保证桥梁施工能否安全进行的一个重要条件。许多重大事故的发生，常常同施工设备陈旧或使用不当有关。

（二）桥梁的常备式结构

1.钢板桩

在开挖深基坑和在水中进行桥梁墩台的基础施工时，为了抵御坑壁的土压力和水压力，必须采用钢板桩，有时须做成钢板桩围堰。

钢板桩的常用规格、型号，以及使用情况详见相关书籍介绍。

2.钢管脚手架（支架）

常用的钢管脚手架有扣件式、螺栓式和承插式三种连接方式。扣件式钢管脚手架的特点是装拆方便，搭设灵活，能适应结构物平立面的变化。螺栓连接的钢管脚手架的基本构造形式与扣件式钢管脚手架大致相同，所不同的是用螺栓连接代替扣件连接。承插式钢管脚手架是在立杆上焊以承插短管，在横杆上焊以插栓，用承插方式组装而成。

3.拼装式常备模板

拼装式钢模、木模和钢木结合模板的构造都基本相同。整套模板均由底模、侧模和端模三部分组成。

整体式模板常用于桥梁预制工厂的一些标准定型构件的生产中，它是预制工厂的常备结构。

4.万能杆件

钢制万能杆件可以组拼成桁架、墩架、塔架和龙门架等形式，以作为桥梁墩台、索塔的施工脚手架，或作为吊车主梁形式安装各种预制构件。必要时还可以作为临时的桥梁墩台和桁架。

万能杆件拆装容易，运输方便，利用效率高，可以大量节省辅助结构所需的木料、劳动力和工期，因此适用范围较广。

5.贝雷梁

贝雷现有进口与国产两种规格。国产贝雷其桁节用16锰钢，销子用铬锰钛钢，插销用弹簧钢制造，焊条用T505X型，桥面板和护轮木用松木或杉木。

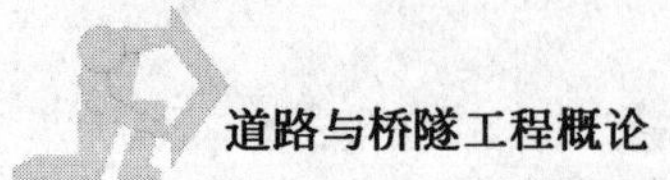

(三)桥梁常用的起重机具设备

1.起重机具

(1)扒杆

扒杆是一种简单的起重吊装工具,一般都由施工单位根据工程的需要自行设计和加工制作的。扒杆可以用来升降重物,移动和架设桥梁等。常用的扒杆种类有独脚扒杆、人字扒杆,摇臂扒杆和悬臂扒杆。

(2)龙门架(龙门扒杆、龙门吊机)

龙门架是一种最常用的垂直起吊设备。在龙门架顶横梁上设行车时,可横向运输重物构件;在龙门架两腿下设有缘滚轮并置于铁轨上时,可在轨道上纵向运输;如在两腿下设能转向的滚轮时,可进行任何方向的水平运输。龙门架通常设于构件预制场吊移构件,或设在桥墩顶、墩旁安装大梁构件。常用的龙门架种类有钢木混合构造龙门架、拐脚龙门架和装配式钢桥桁节(贝雷)拼制的龙门架。

(3)浮吊

在通航河流上建桥,浮吊是重要的工作船。常用的浮吊有铁驳轮船浮吊和用木船、型钢及人字扒杆等拼装的简易浮吊。我国目前使用的最大浮吊船的起重量已达500t。

(4)缆索起重机

缆索起重机适用于高差较大的垂直吊装和架空纵向运输,吊运量在几吨至几十吨范围内变化,纵向运距从几十米至几百米。

(5)架桥机

目前在我国使用的架桥机类型很多,其构造和性能也各不相同。最常用的有单梁式架桥机和双梁式架桥机两种类型。

①单梁式架桥机

该类型架桥机,主要有主机、机动平车及龙门架三部分组成,主要类型为胜利型130t架桥铺轨机(SL-130)。

②双梁式架桥机

该类型架桥机主要为红旗-130型架桥机。它是在总结分析我国已有的架桥机优缺点的基础上设计制造的。它主要由台车、机身、机臂、门架、支柱、吊梁桁车及发电机组成。

2.起重设备

(1)千斤顶

千斤顶适用于起落高度不大的起重，按其构造不同可分为螺旋式千斤顶、油压式千斤顶和齿条式千斤顶三大类。

(2)千斤绳

千斤绳又称为吊绳、绳套、拴绑绳等，用于将物件捆绑并连接在钩挂于超重设备的吊钩或吊环上，或用来固定滑车、绞车。

(3)卡环

卡环也称卸扣或开口销环，它用圆钢锻制而成，用于联结钢丝绳与吊钩、环链条之间及用千斤绳捆绑物件时固定绳套。

(4)滑车

滑车又称滑轮或葫芦。滑车种类很多，按制作材料不同可分为铁滑车和木滑车。

(5)滑车组

滑车组由定滑车和动滑车组成，它既能省力又可改变力的方向。定滑车与动滑车的数目可以相同，也可以相差一个。

(6)钢丝绳

钢丝绳一般是由几股钢丝子绳和一根绳芯拧成。绳芯用防腐、防锈润滑油浸透过的有机纤维芯或软钢丝芯组成，而每股钢丝子绳是由许多根直径为0.4～3.0mm、强度为1.4～2.0kN/mm^2的高强度钢丝组成。

(7)卷扬机

卷扬机也成为绞车，绞车分为手动绞车与电动绞车。

(8)链滑车

常用链滑车分为蜗杆传动及齿轮传动两种。

(9)锚碇

锚碇的种类按构造形式可分为地垄、钢筋锚环、水中锚碇和其他锚固点。

除以上外，还有托架、滑道等起重设备。

(四)混凝土设备

在桥梁施工中，常用的混凝土设备有混凝土搅拌机、混凝土泵、振捣器等。

1.混凝土搅拌机

混凝土搅拌机按照搅拌原理可分为自落式和强制式两类。自落式多用于搅拌塑性混凝土和低流动性混凝土，具有机件磨损小，易于清理，移动方便等优点，但动力消耗大，效率低，适用于施工现场；强制式搅拌机主要用于搅拌干硬性混凝土和轻骨料混凝土，也可搅拌低流动性混凝土，具有搅拌质量好、生产率高、操

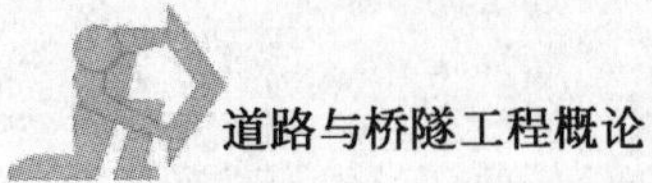

作简便、安全等优点，但机件磨损大，适用于预制厂使用。

2. 混凝土泵

混凝土泵是指在输送管内压送混凝土的机械，按其工作原理分类如下：

(1)机械式活塞泵；

(2)液压式活塞泵(有油压式和水压式两种)；

(3)挤压式泵(挤推橡胶管形式)。

振捣器的种类、功率与配置的选用，受混凝土稠度、梁的截面形状与尺寸大小、模板种类、振捣器的输出功率以及振动频率等多种因素所影响，所以必须选择适宜的能力与布置方法。

振捣器有插入式和附着式两种。

3. 混凝土运输机具设备

混凝土运输机具设备的选择，应根据结构物特点、混凝土浇灌量、运距、现场道路情况以及现有机具设备等条件确定。

混凝土的水平运输，短距离多用双轮手推车、1t 机动翻斗车、轻轨翻斗车；长距离则用自卸汽车、混凝土搅拌运输车等。

垂直运输可用各种升降机、卷扬机及塔式起重机等，并配合采用吊斗等容器来装运混凝土。对浇灌量较大、浇灌速度比较稳定的基础及大梁的混凝土浇捣工作可采用混凝土搅拌运输车和混凝土泵车配合使用，它具有准备工作少、机动灵活、施工方便、浇灌速度快、效率高、能量大、节省人力和设备以及能保证混凝土性能不变等优点。一台混凝土泵车常需配备 2～3 台混凝土搅拌运输车输送混凝土。

本章小结

本章介绍了桥梁的定义及国内外桥梁建筑概况；桥梁的基本组成与分类；指出了现代桥梁发展的方向；桥梁总体规划原则和基本设计资料；桥梁纵断面设计和桥梁总跨径的确定、桥梁分孔、确定桥面高程和桥下净空、桥梁纵坡及基础埋置深度以及桥梁横断面的设计，桥面的宽度和桥跨结构横截面的布置等内容；阐述了桥梁结构在施工和使用过程中受到的自身的和外部的各种因素的作用以及桥梁在施工过程中常见的施工方法、施工准备与施工测量；施工常用的其中设备及混凝土设备。

小知识

2007 年 11 月由湖南大学土木工程学院研究开发，在湖南省耒阳市建成了世界上首座通行车辆的现代竹结构桥梁。该桥桥面净宽 3.5m，采用 9 根 10m 长竹梁，设计通行荷载为 8t，实际承载能力约 90t。课题组将高性能的碳纤维增强塑料与竹结构进行复合，大大增加了桥的跨度，攻克了竹梁整体成型的制造难题。

思考与练习

1. 桥梁结构主要由哪些部分组成？
2. 桥梁结构主要有哪些类型？
3. 桥梁纵断面设计包括哪些内容？
4. 桥梁横断面设计主要任务是什么？
5. 现行《公路桥梁设计规范》对桥梁结构的作用如何分类？
6. 桥梁施工常用的施工方法及选择的原则？
7. 桥梁施工准备及施工测量的内容？
8. 桥梁施工常用的设备有哪些？

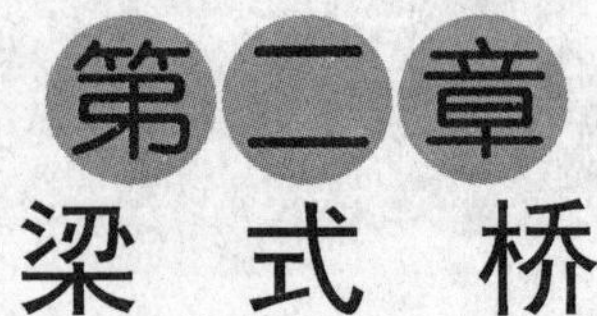

第二章 梁式桥

【职业能力目标】

1.了解不同类型梁桥的构造与特点；
2.熟悉常见的各种梁式桥的施工方法。

【学习要求】

1.了解梁桥的类型、构造及其特点；
2.掌握各种梁式桥施工的要点及相关概念。

第一节 梁(板)桥的构造

一 梁(板)桥的类型与构造

(一)梁桥的主要类型

梁桥的分类方法很多，按材料分有石梁(板)、普通钢筋混凝土梁(板)、预应力钢筋混凝土梁(板)；按施工方法分为整体浇筑式梁桥、装配式梁桥、组合式梁桥；按承重结构截面形式分为板桥、肋梁桥、箱梁桥；按静定体系分为简支梁桥、连续梁桥、悬臂梁桥等。现代梁桥多以钢筋混凝土或预应力钢筋混凝土为材料，本节将简述普通钢筋混凝土或预应力钢筋混凝土梁式桥的构造类型及其适用情况。

1.按施工方法划分

(1)整体浇筑式梁桥

指全桥分跨在施工现场进行浇筑，由于是现场整体浇筑，所以该种梁桥整体性好，可以按需要做成各种外形。但施工进度慢、工业化低，需要较多的支架和模板。目前除在一些运输困难的地方以及弯、斜桥外，一般情况下较少采用整体现场浇筑。

(2)装配式梁桥

将梁桥的上部结构横向分为若干单元在预制场分块预制，再运到现场吊装就位，然后在单元之间以及梁体上面采取联结和加固措施，以保证梁桥的整体性。装配式梁桥采用工厂化施工，受季节影响小，质量易于保证，而且与下部构造同时施工，所以加快了施工进度，并能节约支架和模板，但需吊装设备。

(3)组合式梁桥

将桥跨结构横向分单元制作，其中每个单元部分预制、部分现浇。例如分成若干片梁，而每片梁又可分成梁肋和桥面板进行预制，待其吊运安装后，现浇混凝土接头，从而使预应制件连成整体。

2.按承重结构的横截面形式划分

(1)简支梁桥

梁的截面形式为矩形，包括整体式矩形实心梁、装配式实心梁和装配式空心梁。钢筋混凝土简支实心板梁的跨径一般不超过 8m，钢筋混凝土简支空心板梁跨径则可达 16～32m。

(2)肋梁桥

截面呈明显的肋形结构的梁桥称为肋板式梁桥，简称肋梁桥。常见的有工形，门形，T 形。如图 2-2-1 所示为肋梁式断面。由于肋的存在，梁的竖向尺寸增大，相对于板桥而言，肋梁桥的抵抗弯矩的能力大大提高，因而肋梁桥的跨越能力增大。钢筋混凝土简支肋梁桥的常用跨径为 8～20m，预应力混凝土肋梁桥的常用跨径达 25～30m。但肋梁桥存在肋与板间联结较弱，截面横向抗弯、抗扭能力相对较弱的特点，所以施工中应特别重视其稳定性。

(3)箱梁桥

梁的横向分为若干个封闭箱形单元的桥梁称为箱形梁桥，如图 2-2-2 所示。这种截面的最大特点是抗弯惯性矩和抗扭刚度大，因而该种截面能适用较大跨径的简支梁桥的悬臂梁桥和连续梁桥。

3.按承重构造的静力体系分

(1)简支梁桥

简支梁桥构造简单，通常设计为各种标准跨径的装配式结构；施工工序少，架设方便，相邻桥孔各自单独受力，而且受力简单明了，是一种静定结构因而被广泛选用。

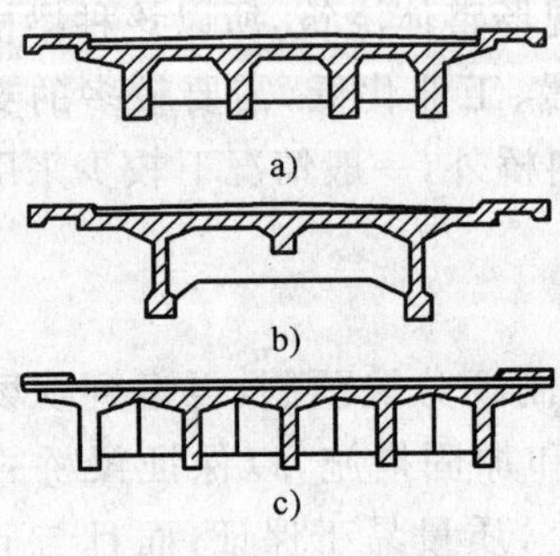

图 2-2-1 肋式梁桥横截面

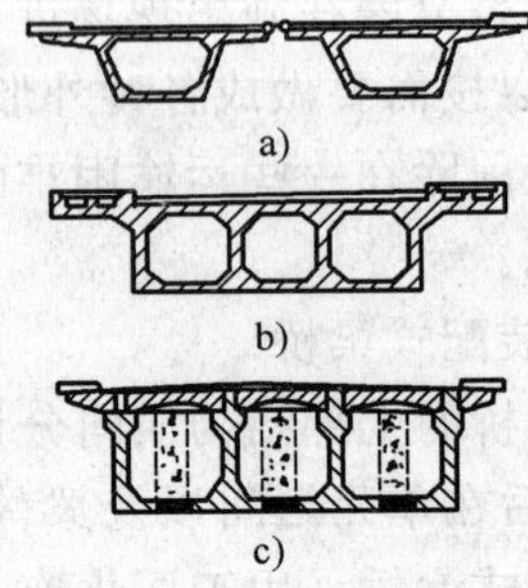

图 2-2-2 箱形梁桥截面

(2)连续梁桥

承重结构(梁体)不间断地连续跨越两个以上桥孔而形成的超静定结构。这种结构在竖向荷载作用下,中间支点截面将产生负弯矩,从而抵消或减小跨中正弯矩,减小建筑高度。但连续孔数一般不宜过多,当桥梁跨数较多时,需要沿桥长分成几组(或称几联)连续梁。

(3)悬臂梁桥

悬臂梁桥是指梁体长度大于某桥跨而伸入到另一孔从而出现一端或两端呈悬臂状态的结构。这种结构在竖向荷载作用下在悬臂端的根部将产生负弯矩,从而抵消或减小跨中正弯矩,因而将有效增加跨越能力,减小跨中建筑高度。悬臂梁是一种静定结构。

(二)板桥的类型及其特点

桥跨(上部)结构是钢筋混凝土或预应力混凝土薄板的桥称为板桥。板桥的类型,按截面形式分主要有实体矩形、空心矩形;按有无预应力可分为钢筋混凝土板桥、预应力混凝土板桥;按静力体系分有简支板桥、连续板桥和悬臂板桥;按施工方式可分为整体式板桥、装配式板桥和组合式板桥。现按静力体系分类来阐述其结构特点。

1. 简支板桥

简支板桥可以采用整体式结构,也可以采用装配式结构。整体式简支板桥跨径一般不超过 8m;装配式简支板桥跨径一般不超过 13m,当采用预应力混凝土时,其跨径最大可达 25m。由于装配式结构便于工场化生产,施工条件易于保证,生产成本相对较低,而且可能节省支架、减少模板,因而一般情况下宜采用装配式结构。当缺乏吊装设备而模板和支架易于取得,且桥下便于设置支架时,宜采用就地浇筑的整体式钢筋混凝土板桥。整体式简支板桥整体性能好,横向刚度大，施工较简便，但支架、模板耗用量大，施工工期较长。

2. 悬臂板桥

悬臂板桥一般做成双悬臂结构，中间跨径一般在 8～10m，两端外伸的悬臂长度约为中间跨径的 0.3 倍。根据悬臂板的内力特征，板的厚度可做成变高度形式，跨中的板厚约为跨径的 1/14～1/18，支点处的板厚比跨中的加大 30%～40%。对于低等级路，设计车速较低时，悬臂端可以直接伸到路堤上，不设桥台而设搭板与路堤衔接。

3. 连续板桥

连续板桥是指板连续跨越几个桥孔而形成的一个超静定结构体系。当桥梁长度较大时，通常是 3～4 孔及其以上为一联，做成多联式连续板桥。钢筋混凝土连续板桥的标准跨径不宜大于 16m，预应力混凝土连续板桥标准跨径不宜大于 30m。由于支点处负弯矩的存在，跨中弯矩较等跨的简支板桥小，所以其跨越能力增大或其说厚度比同跨径的简支板可做得小些。连续板桥一般做成不等跨结构，边跨与中跨之比约为 0.7～0.8，这样可以合各跨的跨中弯矩相对均衡减小。连续板桥主要有两种结构。

(1)整体式连续板桥

整体式连续板桥是指桥跨结构整体现浇施工的板桥。这时，板桥可以做成变厚度形式。跨中板厚度一般取 $h=(1/22\sim1/33)L$，L 为中跨跨长；支点处截面厚度取跨中板厚的 1.2～1.5 倍。

(2)装配式连续板桥

装配式连续板桥是指将连续板按纵横向进行分块、分段，成为若干单元板，单元板在预制场进行预制，然后吊装就位，再将板间预留钢筋连接起来，最后用混凝土现浇接头，使之成为整体。

(三)简支板桥的构造

1. 整体式板桥的构造

整体浇筑的简支板桥，一般均采用等厚度板，它具有整体性好、横向刚度大、易于浇筑成各种形式等优点。但需要大量的支架与模板。

整体式板桥的宽度大，一般桥跨与桥宽之比小于 2，所以荷载位于桥中线时，板内产生负弯矩。针对这些受力特点，从双向受力板考虑，板内除配置纵向受力钢筋外，还须设置垂直于主钢筋的横向分布钢筋。

钢筋混凝土行车道板内主筋直径应不小于 10mm，间距不大于 200mm。板内主筋可以不弯起，也可以弯起。当弯起时，通过支点的不弯起钢筋，每米板宽内不少于 3 根,截面积不少于主筋截面积的 1/4。弯起的角度为 30°或 40°,弯起的位置为沿板高中线计算的 1/4～1/6 跨径处。分布钢筋,应采用直径不小于 8mm,间距不大于 200mm,同时在单位长度板宽内的截面面积不应少于板的截面面积的 0.1%。板的主筋与板边缘间的净距不少于 30mm,分布钢筋与板边缘间的净距不少于 15mm。

2. 装配式简支板桥的构造

装配式简支板横截面通常有实心板和空心板两种形式。

(1)装配式正交实心板桥

这种板桥具有形状简单、施工方便、建筑高度小、施工质量易于保证等优点。一般用于标准跨径为 5m、6m、8m 的板桥。板厚为 23～36cm。

图 2-2-3 为一装配式正交简支实心板桥的横剖面构造图。块件安装后企口缝内填筑 C30 小石子混凝土,并在板顶浇筑 6cm 厚 C30 防水混凝土铺装层以增强板桥的整体性。为了加强预制板与铺装层的结合以及相邻预制板的连接,将板中的箍筋伸出板的顶面,待板安装就位后将这段钢筋放平,并与相邻预制板中的箍筋相互用铁丝绑扎,然后浇筑于混凝土铺装层中。预制板混凝土强度等级为 C25。

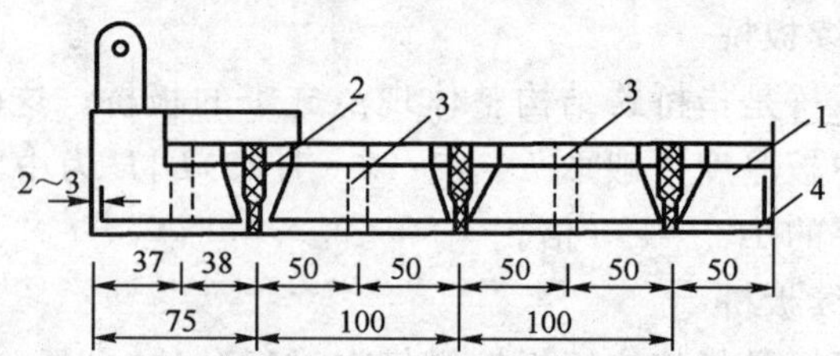

图 2-2-3 装配式简支实心板桥横剖面构造(尺寸单位:cm)
1-预制板;2-接缝;3-预留孔;4-垫层

(2)装配式正交空心板桥

对实心板面进行“有效挖空”,从而使板减轻自重,并充分利用材料,这是空心板截面的特点。空心板因此获得更大的跨越能力。目前钢筋混凝土空心板使用跨径范围在 6～13m,板厚 40～80cm,预应力混凝土空心板桥常用跨径为16～20m,板厚为 40～70cm。空心板的顶板、底板厚以及横截面最薄处,均不小于 8cm。空心板混凝土强度等级一般为 C30 以上。

空心板截面形式多样,如图 2-2-4 为几种常用形式。

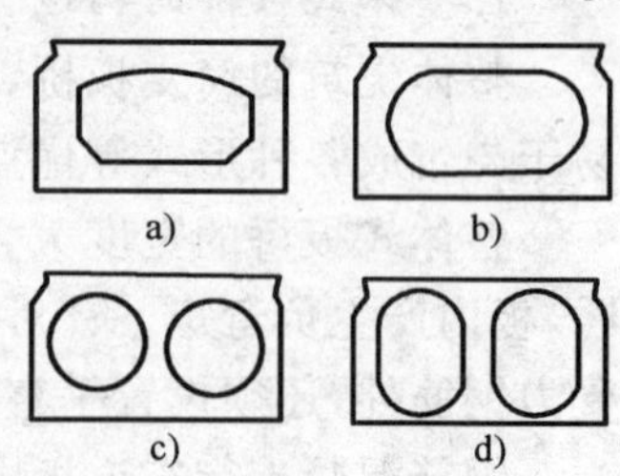

图 2-2-4 空心板的截面形式

(3)装配式板桥的横向联结

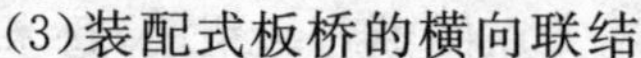

为了加强装配式板桥的整体性和在外荷载作用下相邻块件能共同工作，在块件间必须采用横向联结措施。常用联结措施主要有企口联结与钢板连接。企口联结包括块间预埋在相邻块间边缘的钢筋或钢板焊接起来。联结构造的纵向中距通常为 80～150cm，跨中段分布较密，向两端支点附近逐渐变疏。

3.斜交板桥的受力特点与构造

桥梁轴线与水流方向(或交叉线中线方向)的交角不是 90°布置的桥梁，叫斜交桥。斜交桥的轴线与支承线间的夹角，通常称为斜交角。

(1)斜交板桥的受力特点

①最大主弯矩方向，在板的中央部分接近垂直承边；在板的自由边位置，接近于自由边与承边垂直之间方向。

②在钝角处有垂直于钝角平分线的负弯矩，且随斜度增大而增加。

③支承反力从钝角处向锐角处逐渐减小，因此，锐角有向上翘起的倾向，同时存在着相当大的转矩。

(2)斜交板的配筋特点

斜交钢筋的配置，当斜度小于 15°时，仍按正交板布置钢筋，当斜度大于 15°时，按斜交板布置钢筋。

①整体式斜交板

整体式斜交板的斜跨长 L 与垂直于行车方向的桥宽 B 之比一般均小于 1.3，根据上面所述斜板主弯矩方向的特点，主钢筋的布置有以下两种方案。

方案一：按主弯矩方向的变化配置主筋，其分布钢筋则与支撑边平行。

根据钝角处有较大的反力和负弯矩的特性，在钝角处约 1/5 跨径的范围内应配置加强钢筋，在下层其方向与钝角的二等分线平行；在上层与二等分线垂直。加强钢筋的每米数量约为主钢筋每米数量的 0.6～1 倍(视斜交角的大小而定)。此外，在自由边缘的上层还需加设一些钢筋网，以抵抗板内的转矩。

方案二：在靠近自由边处主钢筋则沿斜跨径方向布置，直至与中间部分主钢筋完全衔接为止。其横向分布钢筋与支撑边平行，其余钢筋的配置同方案一。

②装配式斜交板

装配式斜交板的跨宽比(L/b)一般均大于 1.3，主钢筋沿斜跨方向配置，分布钢筋在钝角角点之间的范围内与主钢筋垂直，在靠近支撑边附近，其布置方向则与支撑边平行。

装配式斜交板桥的钢筋布置视斜度的不同而不同，通常有以下两种方案。

方案一：当斜交角 $\phi=25°\sim35°$时，主钢筋沿斜跨方向布置，分布钢筋平行于支承边方向布置。

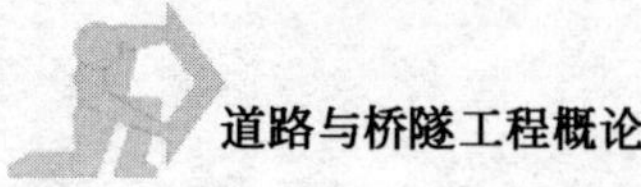

方案二：当斜交板块角 $\phi=40°\sim60°$时，主钢筋与横向分布钢筋布置原则上与方案一相同。

此外，在各种板块的两端还要布置一些加强钢筋。当 $\phi=40°\sim50°$时，要布置底层加强钢筋，其方向则与支撑边相垂直；当 $\phi=50°\sim60°$时，除了要布置垂直于支撑边的加强钢筋以外，在顶层还要布置与钝角的平分线相垂直的加强钢筋。为了使铰接斜板支承处不翘扭以及防止发生位移，在板端部中心处预留锚栓孔，待安装完毕后，有栓钉固定。所设置的支座要有足够的锚固效果，否则，应加强锐角处桥台的耳墙，以免被挤坏。因此，在台帽上应设置锚固斜板的锚固钢筋或在锐角处耳墙加设抗挤钢筋。

二 装配式钢筋混凝土简支桥梁的构造

装配式钢筋混凝土简支桥梁的上部结构常用截面形式有 T 形、工形和箱形等。对于中小跨径的桥梁应尽可能采用标准跨径。钢筋混凝土 T 形、工形截面简支梁标准不宜大于 16m，钢筋混凝土箱形截面简支梁标准跨径不宜大于 25m。T 形和工形截面梁应设跨端和跨间横隔梁，并通过设在横隔梁下方和横隔梁翼缘顶板处的焊接钢板连接成整体。如图 2-2-5 所示。

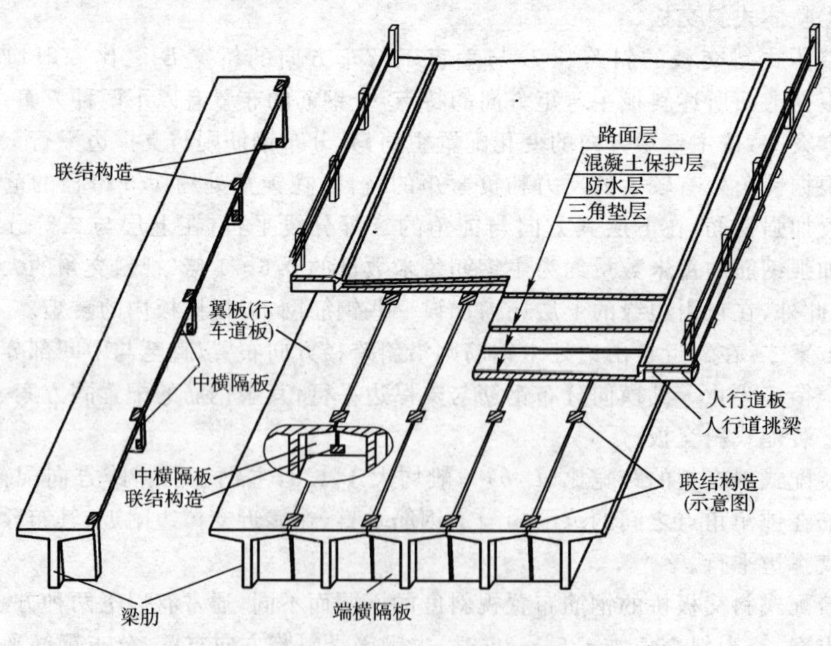

图 2-2-5 装配式 T 形简支梁桥概貌

(一)构造布置与尺寸(以 T 形梁为例)

(1)主梁布置与尺寸:主梁间距(宽度)一般在 1.6～2.2m 间,当吊装能力允许时为减少主梁片数,节约钢筋和混凝土的用量,宜取大值。主梁高度通过计算确定对于跨径为 10m、13m、16m 的梁,其梁高相应为 0.9m、1.1m、1.3m。T 形梁翼板悬臂端厚度,一般不应小于 10cm,当桥梁采用横向整体现浇连接时则不应小于 14cm,T 形梁翼板根部厚度,不应小于梁高的 1/10,当该处没有承托时,该板厚度可计入承托加厚部分厚度,当承托底坡大于 1/3 时,取 1/3。腹板厚度不应小于 14cm,一般为 15～18cm。

(2)横隔梁的主要作用是加强主梁间的联结,提高桥梁的整体性。端横隔梁设在支座处,是必不可少的。跨中随跨径的增大可设 1～3 道横隔梁,间距一般为 5～6m,当梁横向刚性连接时,横隔梁间距不应大于 10m。跨中横隔梁的高度通常做主梁高度的 3/4 左右;主梁肋下部呈马蹄形加宽时,横隔梁延伸至马蹄的加宽处,横隔梁肋宽采用 12～16cm。

(二)主梁和横隔梁的钢筋构造

1. 主梁的钢筋构造

以配装式钢筋混凝土简支 T 形梁为例,主梁的钢筋可分为纵向主钢筋、架立钢筋、箍筋和分布钢筋等几种。

在竖向使用荷载作用下,简支梁将产生正弯矩内力,故抵抗拉力的主钢筋设置在梁肋的下缘。随着弯矩从跨中向支点处逐渐减小,主钢筋可在适当位置处切断或弯起作为斜筋。为保证主筋在梁端有足够的锚固长度和加强支承部分的强度,《公路桥涵设计通用规范》规定,至少要有 2 根,并不少与 20%的主钢筋伸过支承截面。两外侧钢筋,应延伸出端支点以外,并弯成直角,顺梁高延伸至顶部,与顶层纵向架立钢筋相连。两侧之间的其他未弯起钢筋,伸出支点截面以外的长度不应小于 10 倍钢筋直径(环氧树脂涂层钢筋为 12.5 倍钢筋直径);R235 钢筋应带半圆钩。

由主钢筋弯起的斜向钢筋用来增强梁体的抗剪强度,当无主钢筋弯起时,尚需配置专门的斜钢筋,将其与主钢筋和架立钢筋焊接起来。斜钢筋与梁轴线一般布置成 45°角。弯起钢筋的末端应留有锚固长度:受拉区不应小于 20 倍钢筋直径,受压区不应小于 10 倍钢筋直径,环氧树脂涂层钢筋增加 25%;R235 钢筋尚应设置弯钩。斜筋不得采用浮筋。

为了防止梁肋侧面因混凝土收缩等原因导致裂缝,在 T 形、I 形截面或箱形

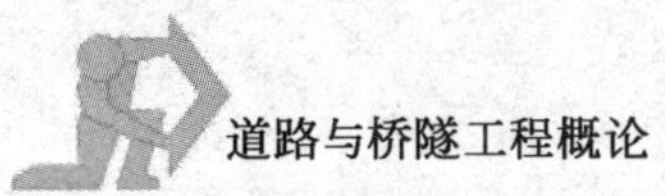

截面梁的腹板两侧，应设置直径为 6～8mm 的纵向分布钢筋，每腹板内钢筋截面面积宜为 0.001～0.002bh（其中 b 为腹板宽度，h 为梁的高度），其间距在受拉区不应大于腹板宽度，且不应大于 20cm，在受拉区不大于 30cm，在支点附近剪力较大区段，腹板两侧纵向钢筋截面面积应予增加，纵向钢筋间距宜为 10～15cm。

箍筋的主要作用是增强主梁的抗剪强度，钢筋混凝土梁中应设置直径大于 8mm 且不小于 1/4 主钢筋直径的箍筋，其配筋率 ρ_{sv}，对于 R235 钢筋不应小于 0.18，对于 HRB335 钢筋不应小于 0.125%。箍筋间距不应大于梁高的 1/2 且不大于 40cm，当所箍钢筋为按受力需要的纵向受压钢筋时，不应大于所箍钢筋直径的 15 倍，且不应大于 40cm。钢筋绑扎搭接接头范围内的箍筋间距，当绑扎搭接钢筋受压时不应大于主钢筋直径的 5 倍，且不大于 10cm；当搭接钢筋受压时不应大于主钢筋直径的 10 倍，且不大于 20cm。在支座中心向跨径方向长的相当于不小于 1 倍梁高范围内，箍筋间距不宜大于 10cm。近梁端第一根钢筋应设置在距端面一个混凝土保护层距离处。

架立钢筋布置在梁肋的上缘，主要起固定箍筋和斜筋并使梁内全部形成立体或平面骨架的作用。

为了防止钢筋受到大气影响而锈蚀，并保证钢筋与混凝土之间的黏着力充分发挥作用，钢筋到混凝土边缘需要设置保护层。保护层厚度既不能太大，以免混凝土表层因得不到钢筋的帮助而容易破坏，且浪费梁的有效高度；也不能太小，以免达不到保护和黏结的效果。因此，《公路桥涵设计通用规范》规定：主钢筋与梁底净保护层厚 I 类环境下不小于 3cm，II 类环境下不小于 4cm；箍筋的净保护层 I 类环境下不小于 2cm，II 类环境不小于 2.5cm；分布钢筋净保护层 I 类环境不小于1.5cm，II 类环境不小于 2.0cm。

为了保证混凝土浇筑和振捣的质量，各主钢筋间横向净距和层与层之间的竖向净距，当钢筋为三层或以下时，不应小于 3.0cm，并不小于钢筋直径；当钢筋为三层以上的时候，不应小于 4.0cm，并不小于钢筋直径的 1.25 倍。对于束筋，此处直径采用等代直径。

钢筋混凝土采用多层焊接钢筋时，可用侧面焊缝使之形成骨架。侧面焊缝设在弯起钢筋的弯折点处，并在中间直线部分适当设置短焊缝。焊接钢筋骨架的弯起钢筋，除用纵向钢筋弯起外，亦可用专设的弯起钢筋焊接。

斜钢筋与纵向钢筋之间的焊接，宜用双面缝，其长度应为 5 倍钢筋直径，纵向钢筋之间的短焊缝应为 2.5 倍钢筋直径；当必须采用单面焊缝时，其长度应加倍。焊接骨架的钢筋层数不应多 6 层，单根钢筋直径不应大于 32mm。

T 形梁缘板内的受力钢筋沿横向布置在板的上缘，以承受悬臂的负弯矩。

板内主钢筋直径不应小于 10mm，间距不应大于 20cm。分布钢筋垂直与主钢筋布置，设在主钢筋内侧，其直径不应小于 8mm，间距不应大于 20cm，截面面积不应小于板的截面面积的 0.1%。

2. 横隔梁的钢筋构造

横隔梁内主要有纵向拉筋、箍筋和预埋联结钢筋等。纵向拉筋设在横隔梁的下部，主要承担其抗拉作用；箍筋主要是抗剪。其钢筋构造可参照 T 形梁腹板设置。在横隔梁下部边缘的两侧和顶部翼板内均埋有焊接钢板，他与横隔梁的受力钢筋焊在一起做成安装骨架，当 T 形梁安装就位后即在横隔梁的预埋钢板上再加上焊盖接钢板使联成整体。

(三)装配式 T 形梁的横向联结

装配式 T 形梁之间应保证联结牢固，以使结构具有足够的整体性。其连接方式主要有：

1. 钢板联结

它是指在横隔梁上、下部进行钢板焊接。

2. 螺栓接头

用螺栓将预埋钢板连接起来。

3. 扣环接头

横隔梁在预制时在接缝处伸出 U 形钢筋扣环 A，安装时在相邻构件的扣环两侧再安上腰圆形的接头扣环 B，在形成的圆环内插上短分布筋后就现浇混凝土封闭接缝，接缝宽度为 0.20～0.50m。

4. 翼板间的企口连接

主梁翼缘板内伸出连接钢筋，交叉弯起后在接缝处在安放局部的 ϕ6 钢筋网，并将它们浇筑在桥面混凝土铺装层内。

三 装配式预应力混凝土简支梁

装配式预应力混凝土简支梁横截面形式主要有 T 形，I 形和箱形。其跨径已达 60m。对于 50m 以下的桥，尽可能采用标准跨径：20m，25m，30m，35m，40m，45m，50m。T 形和 I 形截面梁，应设置横隔梁，以提高和保证上部结构的整体性与刚度，其要求同钢筋混凝土简支梁。

(一)构造布置与尺寸(以 T 形梁为例介绍)

主梁宽度主要取决于施工能力，当吊装能力不受限制时，为了减少钢筋和混

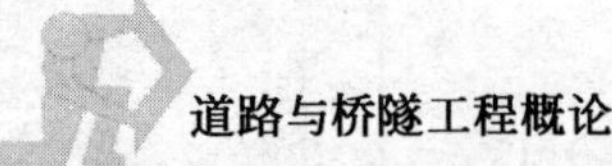

凝土用量，宜取较大值，一般范围在 1.6～2.5m。

主梁高度与跨越能力有直接关系，并随截面形式主梁片数及建筑高度不同而不同。对于常用的等截面简支梁，高度比可在 1/14～1/15 内选取。随着跨度增大取较小值，随梁数减少取较大值，中等跨径一般可取 1/16～1/18。

预应力混凝土简支 T 梁的梁肋下部通常加宽做成马蹄形，以满足钢丝束的布置及分散预压力的需要。在靠近支点处腹板要加厚至与马蹄同宽，加宽范围最好达一倍梁高左右。通常，跨中肋宽采用 16cm，且不小于肋板高度的 1/15。

为了防止在施工和运输中使马蹄部分产生纵向裂缝，除马蹄面积不宜小于全截面的 10%～20%以外，建议马蹄尺寸如下：

(1)马蹄宽度约为肋宽的 2～4 倍，并且其管道保护层厚不宜小于 6cm。

(2)马蹄全宽部分高度加 1/2 斜坡区高度约为 0.15～0.20h，斜坡宜陡于 45°。

(3)马蹄尺寸不宜过高、过大，以免降低截面形心，减小抵抗矩。

同时，在靠近支点时，为适应预应力筋的弯起，可将马蹄逐渐加高。

(二)钢筋构造

装配式预应力混凝土简支梁内配筋除了主要的纵向预应力筋外，还有一些非预应力筋，如架立钢筋、箍筋、水平分布钢筋、承受局部压力的钢筋骨架等。

1.纵向预应力筋的布置

(1)全部主筋直线形布置，主要用于先张法。其缺点是梁的顶面会产生高拉应力。

(2)为了减小梁端负弯矩，节省钢材，对于后张法梁的直线型预应力筋，可将预应力筋在跨中适当位置截断。

(3)将预应力筋全部弯至梁端锚固。其缺点是梁端预应力集中，较大。

(4)当梁高受到限制时，可以将一部分预应力筋弯到梁顶。其缺点是摩擦损失增大，但能缩短预应力筋，且能提高梁的抗剪能力。

2.非预应力筋的布置

预应力混凝土梁除布置预应力筋外，还需配置箍筋、防收缩分布钢筋、架立钢筋等。

预应力混凝土 T 形、I 形截面梁和箱形截面梁腹板内应分别设置直径不小于 10mm 和 12mm 的箍筋，且应采用带肋钢筋，间距不应大于 25cm；自支座中心起长度不小于一倍梁高范围内，应采用闭合式箍筋，间距不大于 10cm。

在 T 形、I 形截面梁下部的马蹄内，应另设直径不小于 8mm 的闭合式箍筋，间距不应大于 20cm。此外，马蹄内尚应设直径不小于 12mm 的定位钢筋。

在先张法预应力混凝土构件中，对于单根预应力钢筋，其端部应设置长度不小于 15cm 的螺旋筋；对于多根预应力钢筋，在构件端部 10 倍预应力钢筋直径范围内，应设置 3～5 个钢筋网。

后张法预应力钢筋构件的端部锚固区，在锚具下面应设置厚度不小于 16mm 的垫板或采用具有喇叭管的锚具垫板。锚具板下应设间接钢筋，其体积配筋率不应小于 0.5%。

先张法预应力混凝土构件钢中，预应力钢绞线之间的净距不应小于具直径的 1.5 倍，且对二股、三股钢绞线不应小于 20cm，对七股钢绞线不应小于 2.5cm。预应力钢丝间净距不应小于 1.5cm。

后张法预应力混凝土构件，直线管道的净距不应小于 4cm，且不小于管道直径的 0.6 倍；曲线管道间最小净距按相应公式计算控制，并不小于按直线管道控制的最小外缘间净距。

第二节　梁桥现场浇筑施工

一 概念与特点

现场浇筑施工是指在桥孔位置搭设支架，并在支架上安装模板，制作和安装钢筋骨架，预留孔道并在现场浇筑混凝土与施加预应力的施工方法。就地浇筑施工方法有如下特点：

(1)桥梁的整体性好，施工平稳可靠，不需大型起重设备；

(2)施工中无体系转换；

(3)预应力混凝土连续桥梁可以通过现浇实现强大的预应力体系，使结构构造简化，方便施工；

(4)需要使用大量施工支架，因而影响通航河道的通航和排洪，或交叉线路的通车，同时施工受到洪水和漂浮物的威胁；

(5)施工工期长，费用高，需要有较大的施工场地，施工管理复杂。

二 施工工序

现场浇筑钢筋混凝土简支梁桥的施工工序如图 2-2-6 所示。

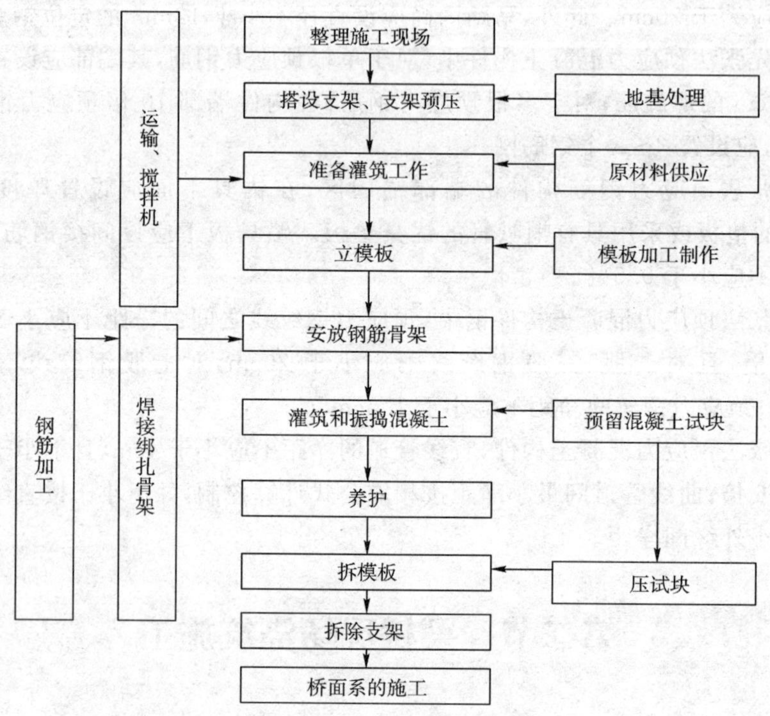

图 2-2-6　现场浇筑钢筋混凝土简支梁桥的施工工序

三 施工支架与模板

(一)支架类型及构造

梁桥上部结构施工支架根据材料、结构等有不同的分类，在实际工作中应用较多的有以下几种。

1. 满布式支架

满布式木支架常用于陆地或不通航河道，或桥墩不高、桥位处水位不深的桥梁。其形式可根据支架所需跨径或河床条件等，采用排架式、人字撑式或八字撑式。排架式为最简单的满布式支架，主要由排架及纵梁等部件构成，其纵梁为受弯构件，跨径一般不超过 4m。人字撑式和八字撑式的支架构造较复杂，其纵梁须加设人字撑或八字撑，为可变形结构，因此，须在浇筑混凝土时适当安排浇筑程序和保持均匀、对称地进行，以防发生较大变形。这类支架的跨径可达 8m 左右。满布式支架的排架，可设置在枕木或桩基上，基础须坚实可靠，以保证排架的沉陷不超过规定。当排架较高时，为保证支架横向的稳定，除在排架上设置撑木外，尚需在排架两端外侧设置斜撑或斜立柱。满布式支架的卸落设备一般采用木楔、木马或砂筒等，可设置在纵梁支点外或桩顶帽木上面。

2. 钢木混合支架

为加大支架的跨越能力，减少立柱数量，支架的纵梁可采用工字钢，其跨径可达10m。但在这种情况下，支架多改用木框架结构，以增强支架的承载力与稳定性。

3. 万能杆件拼装支架

用万能杆件可拼装成各种跨度和高度的支架，其跨度须与杆件本身长度成整数倍。用万能杆件拼装的支架高度，可为2m、4m、6m或6m以上。当高度为2m时，腹件拼为三角形；高度为4m时，腹杆拼为菱形；高度超过6m时，则拼为多斜杆的形式。

用万能杆件拼装墩架时，柱与柱之间的距离应与架之间的距离相同。桩高除去柱头及柱脚外应为2m的倍数。用万能杆件拼装的支架，在荷载作用下的变形较大，而且难以预计其数值，因此，通常采用与预压的方法，预压重力相当于灌筑的混凝土的总重力。

4. 装配式公路钢桥桁节拼装支架

用装配式公路钢桥桁节可拼装成桁架梁和塔架。为加大桁架梁孔径和利用墩台作支承，也可拼成八字斜撑以支撑桁架梁。相邻桁架梁（片）之间，应用抗风拉杆和木斜撑等进行横向联结，以保证桁架梁的稳定，此种支架在荷载作用下变形很大，应进行预压。

5. 轻型钢支架

对于桥下地面平坦，有一定承载力的梁桥，为节省木料，宜采用轻型钢支架。轻型钢支架的梁和柱，以工字钢、槽钢或钢管为主要材料，斜撑、联结系等可采用角钢。构件应制成统一规格和标准，排架应预先拼装成片或组，并用混凝土、钢筋混凝土枕木或木板作支承基底。为便于支架和模板的拆卸，纵梁支点处应设置木楔。

6. 墩台自承式支架

在墩台留下承台式预埋件，上面安装横梁及架设适宜长度的工字钢或槽钢，即构成模板的支架。这种支架适用与跨径不大的梁桥，但支立时仍须考虑的预拱度、支架梁的收缩以及支架和模板的卸落等所需条件。

7. 模板车式支架

这种支架适用于跨径不大、桥墩为立柱式的多跨桥梁的施工，形状如图

2-2-5所示。在墩柱施工完毕后即可立即铺设轨道，拖进孔间，进行模板的安装，这种方法可简化安装工序、节省拆装时间。当上部构造混凝土浇筑完毕、强度达到要求后，模板车即可整体向前移动。但移动时，须将斜撑取下，将插入式钢梁节段推入中间钢梁节段内，并将千斤顶放松。

(二)模板类型与构造

按材料不同，模板可分为木模板、钢模板、土或砖模、竹木模板、钢丝网水泥模板、玻璃钢模板胶囊内胎模板等；按构造形式和安装方法不同，模板可分为零拼模板、拼装式模板、整体安装模板等固定式模板和滑升模板、水平滑动模板等活动式模板。下面按构件类型阐述模板构造。

1.肋板梁的模板

跨径不大的肋板梁，其模板由一般的木料制成，如图 2-2-7 所示。安装时，首先在支架纵梁上安装横木(分布杆件)，横木上钉底板，然后在其上安装肋梁的侧面横板及桥面板的底板。肋梁的侧面模板系钉于肋木之上。桥面板底板之横木则由钉于上述肋木上之托板承托。肋木后面须钉以压板，以支撑肋梁混凝土的水平压力。为减少现场的安装工作，肋梁的侧面模板及桥面板的底板(包括横木)，可预先分别制成镶板块件。

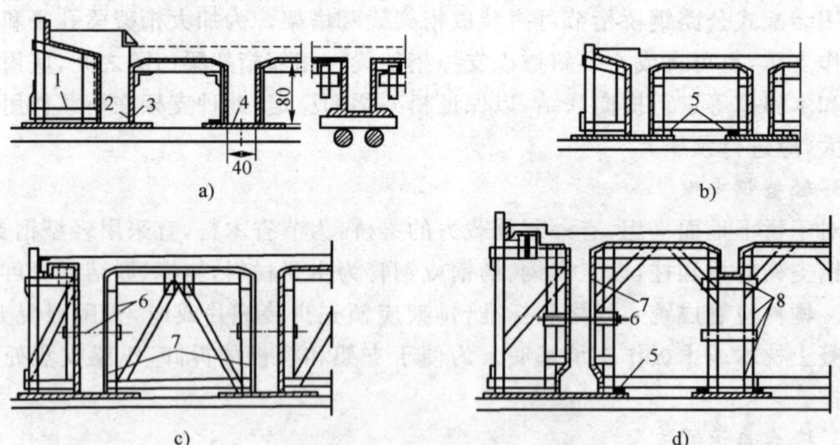

图 2-2-7　肋板梁模板(尺寸单位:cm)

1-小柱架;2-侧面镶板;3-肋木;4-底板;5-压板;6-拉杆;7-填板;8-联结两个框架的木板(就地安钉)

当上部构造的肋梁较高时，其模板一般须采用框架式；梁的侧模及桥面板的底模，用木板或镶板钉于框架之上即可。但当梁的高度超过 1.5m 左右时，梁下部混凝土的浇筑和捣实宜从侧面进行，此时，梁的一侧的模板须开窗口或分两次装订。

2. 箱形梁模板

在支架上就地浇筑的箱梁模板，一般由底模、侧模及内模三部分组成，并预先分别制作成组件，以在使用时拼装。图2-1-8所示为跨径 82.5m 的就地浇筑连续箱梁之模板。模板采用厚 12mm 胶合板。为便于冬季施工时保温，胶合板背面有隔温板。模板的内模框架，由设置在底模板的混凝土预制块支撑。因箱梁系分三次浇筑，模板的外模需先后分三层（高）拼装。

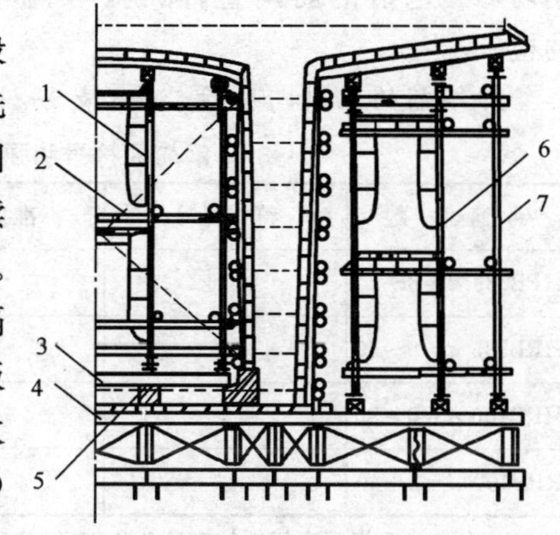

图 2-2-8　支架上箱梁模板

1-钢制框架（间距 1 800mm）；2-钢制框架间距 3 600mm；3-∠100×120×3 600；4-∠120×150×4 000；5-混凝土预制块；6-钢制框架间距1 500mm；7-ϕ48.6 钢管

(三)模板与支架制作与安装注意事项

(1)构件的连接应尽量紧密，以减小支架变形，使沉降符合预计数值。

(2)为保证支架稳定，应防止支架与脚手架和便桥的接触。

(3)模板的接缝必须密合，如有缝隙，需堵塞严密，以防漏浆。

(4)建筑物外露面的模板应刨光涂以石灰乳浆，肥皂水或润滑剂。

(5)为减少施工现场的安装拆卸工作和便于周转使用，支架和模板应尽量制成装配式组件或块件。

(6)钢制支架宜使用装配式常备构件，制件时应特别注意构件外形尺寸的准确性，一般应使用模板放样制作。

(7)模板应用内撑支撑，用螺栓栓紧。使用木内撑时，应在浇筑到该部位时及时将支撑撤去。

(8)模板与支架的制作与安装质量应符合有关技术规范的要求。

四 钢筋混凝土桥梁施工

(一)钢筋工程

钢筋混凝土构件中普通钢筋宜选用热轧 HPB235、HRB335、HRB400 及 RRB400 钢筋；按构造要求配置的钢筋可采用冷轧带肋钢筋。

钢筋混凝土钢筋工程包括普通钢筋的加工，拼装成钢筋骨架等工作。普通钢筋加工包括钢筋调直、除锈、弯钩、绑扎、焊接等工序。钢筋加工前应进行抽检。

1.钢筋的品种与强度指标(表 2-2-1)

钢筋的符号和强度指标(单位:MPa)　　表 2-2-1

钢筋种类	符号	标准抗拉强度	设计抗拉强度	设计抗压强度
HPB235 d=8～20	ϕ	235	195	195
HRB335 d=6～50	Φ	335	280	280
HRB400 d=6～50	Φ	400	330	330
RRB400 d=8～40	Φ^{R}	400	330	300

注:表中 d 系指国家标准的钢筋公称直径(单位 mm)。

2.钢筋的检验

钢筋进场时应具有出厂质量证明书或试验报告单,每捆(盘)钢筋均应有标牌,并应有按批号及直径分批验收。验收内容包括查对标牌、外观检查及力学性能复检和可焊接试验等。应符合《公路桥涵施工技术规范》(JTJ 041—2000)的规定。

3.钢筋的加工

(1)钢筋调直与清除锈污应符合下列要求:

①钢筋表面洁净、无油渍、漆皮、鳞锈等。

②钢筋应平直,无局部弯折。

③采用冷拉方法调直钢筋时,HPB235 的冷拉率不宜大于 2%;HRB335、HRB400 钢筋的冷拉率不宜大于 1%。

(2)钢筋的弯曲

钢筋的弯制和末端的弯钩应符合设计要求,如设计无规定时,应符合《公路桥涵施工技术规范》(JTJ 041—2000)。

(3)钢筋的连接

钢筋的连接通常有焊接和绑扎。焊接的方法主要有电阻焊接,闪光焊接,电弧焊接;电弧焊接又分帮条焊、搭接焊,熔槽帮条焊,坡口焊,钢筋与钢板搭接焊。

钢筋连接基本要求主要有:

①轴心受拉和小偏心受拉杆件中的钢筋接头,不宜绑接。普通混凝土中直径大于 25mm 的钢筋,宜用焊接。

②钢筋的纵向焊接应采用闪光对焊(HRB500 钢筋必须采用闪光对焊)。

③钢筋焊接前，必须根据施工条件进行试焊，合格后方可正式施焊。焊工必须持考试合格证上岗。

④钢筋接头采用搭接或帮条电弧焊时，宜用双面焊缝，双面焊缝困难时，可采用单面焊缝。

⑤钢筋接头采用搭接电弧焊时，两钢筋搭接端部应预先折向一侧，使两接合钢筋轴线一致。接头双面焊缝长度不应小于 $5d$，单面缝长不小于 $10d$（d 为钢筋直径）；钢筋接头采用帮条电弧焊时，帮条应采用与主筋同级别的钢筋，其总截面面积不应小于被焊钢筋截面积。帮条长度，如用双面焊缝不应小于 $5d$，如用单面焊缝不应小于 $10d$。

⑥凡施焊的各种钢筋、钢板均应有材质的证明书或试验报告书。各种焊接材料应分类存放妥善管理，防腐防潮。

⑦各种电弧焊的操作技术规定参照《钢筋焊接及验收规程》(JGJ 18—2003)执行。

⑧受力钢筋焊接或绑定接头应设置在内力较小，并错开布置，对于绑扎接头，两接头距离不小于1.3倍搭接长度。对于焊接接头，在接头长度区段内的受力钢筋，其接头的截面面积占总截面面积的百分率，以及绑扎接头的截面面积占总截面面积的百分率，就符合表 2-2-2 的规定。

接头长度区段内受力钢筋接头面积的最大百分率　　表 2-2-2

接头形式	接头面积最大百分率(%)	
	受力区	受压区
主钢筋绑扎接头	25	50
主钢筋焊接接头	50	不限制

注：焊接接头长度区段是指 $350d$（d 为钢筋直径）长度范围，并不小于 50cm，绑扎接头长度区段是指 1.3 倍搭接长度；同一根钢筋上应尽量少设接头；装配式构件连接处的受力钢筋焊接接头可不受此限制；绑扎接头中钢筋的横向净距不应小于钢筋直径且不应小于 25mm；环氧树脂涂层钢筋锚固长度的 1.5 倍且小于 37.5cm，对受压筋为无涂钢筋锚固长度的 1.0 倍且不小于 25cm。

⑨电弧焊接和全部扎接头与钢筋弯曲处的距离不应小于 10 倍钢筋直径，也不宜位于构件的最大弯矩处。

⑩焊接时，对施焊场地应有适当的防风、雨、雪、严寒设施。冬雪施焊时按冬期施工要求进行，低于－20℃时，不得焊接。

⑪受拉钢筋绑扎接头的搭接长度应符合表 2-2-3 的规定；受压钢筋绑扎接头的搭接长度按受拉钢筋的绑扎接头搭接长度的 0.7 倍考虑。

受拉钢筋绑扎接头的搭接长度 表 2-2-3

钢筋类型		混凝土强度等级		
		C20	C25	＞C25
Ⅰ级钢筋		35d	30d	25d
月牙纹	HRB335	45d	40d	35d
	HRB400	55d	50d	45d

注：当钢筋直径 $d \leqslant 25$mm 时，表值减小 5d；$d > 25$mm 时，表值增加 5d 采用；任何情况下，纵向受拉钢筋的搭接长度不应小于 30cm，受压钢筋的搭接长度不应小于 20cm；当混凝土强度等级低于 C20 时，HPB235、HRB335 钢筋的搭接长度按 C20 相应搭接长度增加 10d，HRB500 的钢筋不宜采用。抗震设防烈度 7 度以上的，搭接长度增加 5d；两根不同直径的钢筋搭接，以较细的钢筋直径计算。

受拉区Ⅰ级钢筋绑扎接头的末端应做弯钩，HRB335、HRB400 则可不做。

⑫直径 12mm 以下的受压Ⅰ级钢筋的末端，可不做弯钩，但搭接长度不应小于钢筋直径的 30 倍。

(4)钢筋骨架和钢筋网的制作安装

钢筋骨架和钢筋网必须有足够的强度和稳定性。

①骨架的焊接拼装应在坚固的工作台上进行，操作如下：

a. 按设计放样，并考虑焊接变形和预留拱度；

b. 钢筋拼装前，应检查每根接头是否符合焊接要求；

c. 拼装时，在需要焊接的位置用楔形卡卡住，防止焊接时局部变形。待所有焊接点卡住后，先在焊缝两端点焊定位，然后进行焊缝施焊；

d. 骨架焊接时，不同直径的钢筋的中心线应在同一平面上；

e. 施焊顺序宜由中到边对称地向两端进行，先焊骨架下部，后焊骨架上部，相邻焊缝采用分区对称跳焊，不得顺向一次焊成。

②钢筋网焊点应符合设计规定，当设计无规定时，应按下述要求焊接：

a. 当焊接网的受力钢筋为Ⅰ级或冷拉Ⅰ级时，焊接的受力钢筋(端点)与横向锚固钢筋的相交点必须焊接，其余交叉点则可焊接或绑扎一半。

b. 当焊接网的受力钢筋为冷拔低碳钢丝，而另一方向钢筋间距小于 10cm 时，除网两端边缘的两根钢筋的全部相交点必须焊接外，中间部分的焊点距离可增大至 25cm。

钢筋网或骨架安装时，钢筋与模板间应设置垫块，垫块应与钢筋扎紧，并互相错开。非焊接钢筋骨架的多层钢筋之间，应用短钢筋支垫，保证位置准确。钢筋的保护层厚度应符合设计要求。

钢筋制作与安装质量应符合《公路桥涵施工技术规范》要求。

(二)混凝土工程

影响混凝土工程质量的环节很多,现分述如下:

1. 原材料

水泥混凝土是由水泥、细骨料、粗骨料、水和外加剂按一定配比混合而成。各成分的性质及其比例对混凝土均有影响。

(1)水泥的检查与保管

①选用水泥应考虑其强度等级,特性是否适合骨料和结构的要求;

②水泥进场前应抽样进行检查,报送并得到监理工程师的认可。进场后,应按其品种、强度、证明文件以及出厂时间等情况分批检查验收。

③袋装水泥在运输和储存时应防止受潮,堆垛高度不宜超过 10 袋,不同强度、等级、品种和出厂日期的水泥应分别堆放。

④散装水泥的储存,应尽可能采用水泥罐或散装水泥仓库。

⑤水泥如受潮或存放时间超过 3 个月,应重新取样检验,并根据复验结果使用或废弃。

(2)细骨料

①桥涵工程混凝土的细骨料,应采用级配良好、质地坚硬、颗粒洁净、粒径小于 5mm 的河沙,河沙不易得到时,也可用山砂或硬质岩石加工的机制砂。

②无论何种砂均应经过检验,各项指标满足要求方可使用。检验内容主要包括:筛分、含泥量、有机质以及压碎值试验,必要时还有坚固性试验。

(3)粗骨料

①桥涵混凝土的粗骨料,应采用坚固的卵石或碎石,按产地、类别、加工方法和规格等不同情况,分批进行试验。机械集中生产时,每批不超过 200m^3。

②粗骨料的颗粒级配,可采用连续级配或连续级配与单粒级配合使用。

③粗骨料最大粒径应按混凝土结构情况及施工方法选取,但最大不得超过结构最小边尺寸的 1/4 和钢筋最小净距的 3/4,在两层或多层密布钢筋结构中,不得超过钢筋最小净距的 1/2 同时最大粒径不得超过 100mm。用混凝土泵运送混凝土时的粗骨料最大粒径,对碎石还要求不宜超过运送管径的 1/3;对于卵石不宜超过管径的 1/2.5。

④粗集料的技术要求及有害物质含量应满足《公路桥涵施工技术规范》要求。

(4)水

①水中不应含有影响水泥正常凝结与硬化的有害杂质或油脂、糖类及游离

酸类等。

②污水、海水、pH 值小于 5 的酸性水及含硫酸盐量按 SO_4^{2-} 计超过水的质量 0.27mg/cm³ 的水不得使用供饮用的水，一般可不经实验直接使用。

(5)外加剂

①外加剂的种类主要有普通和高效减水剂、早强碱剂、缓凝减水剂、引气减水剂、抗冻剂、膨胀剂、阻锈剂和防水剂等。外加剂应根据施工及使用要求选择，并适应混凝土材料性能。

②外加剂的加入应引进配比设计，进行实验。

2.配合比

混凝土的配合比应根据现场材料施工条件和使用要求进行现场实验来确定，并报监理工程师确认。施工过程中严格按监理工程师认可的配合比进行混凝土的配制。

3.混凝土的拌和

混凝土应使用机械搅拌，零星工程的塑性混凝土也可用人工拌和。搅拌机有自落式和强制式两种。

混凝土拌和最根本的要求是混凝土拌和的均匀性。为此，应保证混凝土的最短搅拌时间，如表 2-2-4 所示。

混凝土最短搅拌时间 表 2-2-4

搅拌机类别	搅拌机容量(L)	混凝土坍落度(mm)		
		<30	30～70	>70
		混凝土最短搅拌时间(min)		
自落式	≤400	2.0	1.5	1.0
	≤800	2.5	2.0	1.5
	≤1200	—	2.5	1.5
强制式	≤400	1.5	1.0	1.0

混凝土拌和物的均匀性外观上要求颜色一致，不得有离析和泌水现象，量化检查按《混凝土搅拌机技术条件》(GB 9142)进行，其结果要求应符合：

(1)混凝土中砂浆密度两次测值的相对误差不大于 0.8%。

(2)单位体积混凝土中粗骨料含量两次测值的相对误差不大于 5%。

(3)坍落度是反映混凝土拌和物干硬性的重要指标。检测以混凝土浇筑地点的测值为准，检测时，还应观察混凝土拌和物的黏聚性和保水性。

4.混凝土的运输

混凝土的运输应快速、平稳，保证混凝土到达目的地时仍保持均匀性和坍落度。其运输时间不宜超过表 2-2-5 的规定值。

混凝土拌和物运输时间限制　　表 2-2-5

气 温（℃）	无搅拌设施运输(min)	有搅拌设施运输(min)
20～30	30	60
10～19	45	75
5～9	60	90

用无搅拌运输工具运送混凝土时，应采用不漏浆、不吸水、有顶盖且能直接将混凝土倾入浇筑位置的盛器。

泵送混凝土应保证混凝土供应使泵能连续工作不空管，泵送停歇时间不宜超过 15min，以免卡管。

用搅拌运输车运输已拌成的混凝土时，途中应以 2～4r/min 的慢速进行搅动，混凝土的装量约为搅拌筒几何容量的 2/3。

混凝土运至浇筑地点后发生离析、泌水或坍落度不符合要求时，应进行第二次搅拌。二次搅拌时不得任意加水，确有必要时，可同时加水和水泥以保持其原有水灰比不变。如二次搅拌仍不符合要求，则不得使用。

5. 混凝土的浇筑

(1)混凝土浇筑的一般要求

①浇筑混凝土前，应对支架、模板、钢筋和预埋件进行检查，并做好记录，符合设计要求后方可浇筑。

②浇筑混凝土前，应检查混凝土的均匀性和坍落度。

③自高处向模板内倾卸混凝土时，为防止混凝土离析应符合下列规定：

a. 从高处直接倾卸时，其自由倾落高度不宜超过 2m，以不发生离析为度。

b. 当倾落高度超过 2m 时，应通过串筒、溜管或振动溜管等设施下落；倾落高度超过 10m 时，应设置减速装置。

c. 在串筒出料口下面，混凝土堆积高度不宜超过 1m。

④混凝土应按一定高度，顺序和方向分层浇筑，应在下层混凝土初凝或能重塑前浇筑完上层混凝土。上下层同时浇筑时，上层与下层前后浇筑距离应保持 1.5m 以上。在倾斜面上浇筑混凝土时，应从低处开始逐层扩展升高，保持水平分层。分层浇筑厚度，当为人工捣实时，不超过 0.2m；当用表面振捣器时，不超过 0.15～0.25m；当用插入式或附着式振捣器时不超过 0.30m。

⑤混凝土浇筑应连续进行，如果必须间断时，其间断时间应小于前层混凝土的初凝时间或能重塑的时间。混凝土的运输，浇筑及间歇的全部时间，对于 C30

以下的混凝土,气温 25℃以下时,不超过 210min;气温 25℃以上时,不超过 180min;C30 以上的混凝土气温 25℃以下时,不超过 180min;25℃以上时,不超过 150min。

⑥当超过上述时间时应预留施工缝。施工缝的位置应在混凝土浇筑之前确定,宜留置在结构受剪力和弯矩较小且便于施工的部位。

(2)浇筑方法

选择梁体混凝土的浇筑顺序与方法,主要是考虑应使模板与支架不产生有害的下沉,从而避免梁体产生“走样”。

①水平分层浇筑

对于跨径不大的简支梁桥,可在钢筋全部扎好以后,将梁和板沿一跨全长内水平分层浇筑,在跨中合拢。分层厚度视振捣器的能力而定,一般为 0.15～0.30cm。

②斜层浇筑

斜层浇筑是指倾斜面的方式向前浇筑,分由两端向跨中方向浇筑和由跨中向两端方向浇筑。根据支架情况选择,原则上是先从支架下沉量最大的地方开始浇筑。

③单元浇筑法

当桥面较宽且混凝土数量较大时,可分为若干个单元进行浇筑,如带肋梁,可先浇肋板后浇翼板。单元内根据条件选用水平分层法或斜层浇筑法。

④分段浇筑法

对于连续梁或悬臂梁,可进行分段浇筑,即在墩台分开,各跨作为一段先行浇筑,待其沉降稳定后再浇筑墩台顶的分隔段,使梁连成整体。此法还可结合使用分层法、斜层法进行浇筑。

6.混凝土的振捣

除少量塑性混凝土可用人工捣实外,一般宜采用振捣器振实。振捣器分插入式、表面(平振)式、附着式等类型。

使用插入式振动器时,移动间距不应超过振动器作用半径的 1.5 倍;与侧模应保持 5.0～10.0cm 的距离;插入下层混凝土 5～10cm;每处振动完毕后应边振动边徐徐提出振动棒;应避免振动棒碰撞模板、钢筋及其他构件。每次振动时间一般为 15～30s。

表面振动器的移动间距,应以振动器平板能覆盖已振实部分 10cm 左右为宜。时间一般为 25～40s。

附着式振捣器的布置距离,应根据构造物端部及振动器性能等情况通过试验确定。

对每一振动部位，必须振动到该处混凝土密实为止。密实的标准是混凝土停止下沉，不再冒气泡，表面呈现平坦、泛浆。振捣过程中应考虑好振动点或线路的布置，避免漏振和过振。

7. 混凝土的养护与模板拆除

(1)养护

混凝土浇筑完后应及时进行养护。待混凝土表面收浆后即予以覆盖和洒水养护。对于干硬性混凝土或炎热天气下及桥面等大面积裸露的混凝土，有条件的可加高棚罩。覆盖时不得损伤或污染混凝土，洒水养护时不得冲毁混凝土。洒水次数与洒水量以保持混凝土表面湿润状态为度，洒水养护时间一般为7d。

混凝土养护期间，7d 内不得受到水的冲刷侵袭。混凝土弯拉强度达到2.5MPa前，不得施加行人、运输工具、模板、支架及脚手架等荷载。

当气温低于5℃时，应覆盖保温。

(2)模板拆除

模板与支架的拆除时间应根据结构物特点，模板部位和混凝土所达到的强度来决定。

非承重侧模板，一般应在混凝土抗压强度达到 2.5MPa 时方可拆除。钢筋混凝土结构的承重模板，应在混凝土强度能承受自重力及其他可能的叠加荷载时，方可拆除。当构件跨度不大于 4m 时，混凝土强度应符合设计强度标准值的50%后，方可拆除。当跨度大于4m 时，混凝土强度达到设计强度标准值的 75%后，方可拆除。

模板与支架的拆除应按设计的顺序进行。支架卸落程度应遵循：分步进行，先从支架下沉最大的地方开始，分阶段进行，开始宜小，以后渐大；纵向对称均衡卸落、横向同时卸落等。

五 预应力混凝土梁桥施工

在钢筋混凝土基础上，人为的利用预应力筋对结构预先施加压力，以抵抗结构因各种作用引起的内力(拉力)，从而避免或推迟裂缝的产生。这种结构叫预应力混凝土结构。

(一)预应力钢筋工程

预应力混凝土结构所采用的预应力筋通常有钢丝、钢绞线、热处理钢筋、冷

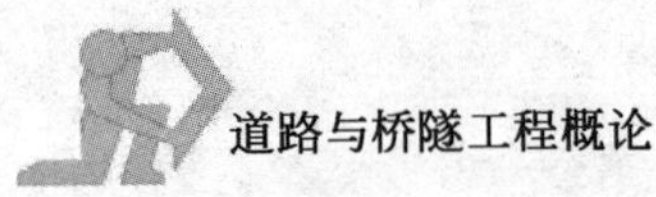

拉钢筋、冷拔低碳钢丝精轧螺纹钢筋等。

对于热轧钢筋，根据需要有不同加工工艺。

在常温下，将热轧钢筋进行拉伸，使其拉伸控制应力超过其屈服强度而小于抗拉极限强度，这样，其屈服强度将得到提高，而脆性亦将增加。这种工艺叫冷拉。如果将冷拉后的钢筋置于一定温度下经过一段时间，钢筋的屈服强度将得到高速恢复。抗拉强度比冷拉完成时会有所提高且其弹性模量也会得到恢复，这种现象叫时效。时效有人工时效和自然时效两种。人工时效条件是 1 000℃恒温下保持 2 小时左右；自然时效是指 20～30℃时保持 24 小时。冷拉时如果单一控制其延伸率，称为“单控”；如果同时控制张拉应力和延伸率，则称“双控”。

将钢筋强拉使其通过孔径比其直径略小的孔，钢筋受到挤压产生塑性变形，其屈服点得到提高而塑性减小，这种工艺叫冷拔。

利用镦粗机使钢筋头变粗的工艺叫镦粗。

无论是粗钢筋还是细钢丝，都需进行梳理，以使预应力钢材有条不紊。

(二)混凝土工程

在预应力混凝土结构中不得使用加气剂、加气型减水剂及掺加氯化钠、氯化钙等各种氯盐。混凝土的制作工艺同钢筋混凝土中的混凝土工程。

(三)锚具、夹具和连接器

预应力筋锚具、夹具和连接器应具有可靠的锚固性能、足够的承载能力和良好的适用性，能保证充分发挥预应力筋的强度，安全地实现预应力张拉作业，并符合相关国家标准要求。锚具、夹具和连接器的验收，在同种材料和同一生产工艺条件下，锚具、夹具以不超过 1 000 套组为一个验收批；连接器以不超过 500 套组为一个验收批。验收内容，除应按出厂合格证和质量证明书核查其锚固性能类别、型号、规格及数量外，还应进行外观检查、硬度检验或静载锚固性能试验。

(四)施加预应力

预应力混凝土按施工方法的不同分为先张法预应力混凝土和后张法预应力混凝土。由于就地浇筑预应力梁桥大部分用后张法，故先张法的预施应力方法将在装配式桥梁施工中讲述。后张法预应力混凝土生产工艺基本流程如图 2-2-9所示。

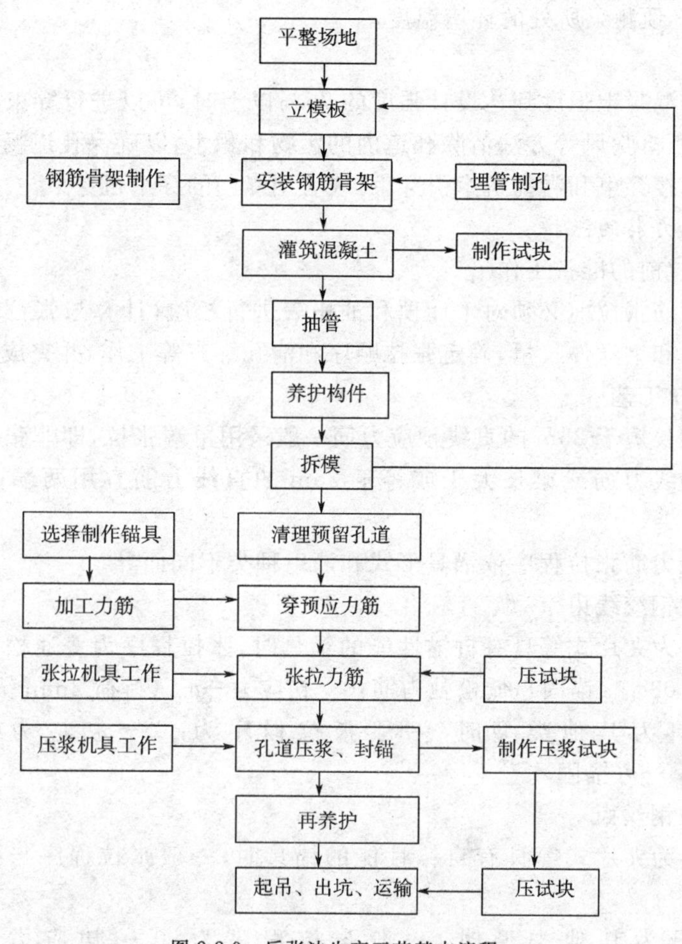

图 2-2-9 后张法生产工艺基本流程

1. 预留孔道

梁内预留孔道是指在浇筑梁体混凝土前，按梁内预应力筋的设计位置，先安放制孔器，待混凝土达到一定强度时，将制孔器拔出或留在梁内，形成孔道。制孔器有埋置式和抽拔式两类。埋置式主要有铁皮管和铝合金波纹管两种，抽拔式常用的有橡胶抽拔管、金属伸缩抽拔管和钢管等。

制孔器抽拔时应掌握好，要在混凝土初凝之后与终凝之前，其抗压强度达到 4～8MPa 较合适。

根据经验可按下式估计抽拔时间：

$$H = 100/T$$

式中：H——混凝土浇筑完毕抽拔制孔器的时间，h；

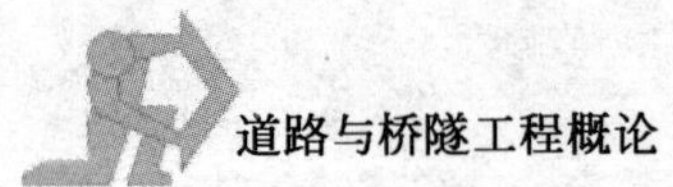

T——预测梁所处的环境温度,℃。

2. 穿束

当梁体混凝土强度到达设计强度的75%以上时,可以进行穿束张拉。穿束前,可用空压机吹风等方法清除孔道内的污物和积水,以确保孔道畅通。穿束方法有人工直接穿束和卷扬机牵引穿束,或者用专门的穿束机穿束。

3. 预应力筋的张拉

(1)张拉前的准备工作

预应力筋张拉前必须对千斤顶和油压表进行校验,计算与张拉吨位相应的油压表读数和钢丝伸长量,确定张拉顺序和清孔穿束等工作,并完成制锚工作。

(2)张拉工艺

对于梁长短于25m的直线预应力筋一般采用单端张拉,即非张拉用固定锚头。对于曲线力筋或梁长大于或等于25m的直线力筋宜用两端同时张拉的工艺。

后张发力筋张拉程序依锚具形式和筋束种类不同而异。

①张拉钢绞线束

a. 锚具为夹片式等具有自锚性能的锚具时,张拉程序为普通松弛力筋:0→初应力→1.03σ_{con}(锚固);低松弛力筋:0→初应力→σ_{con}(持荷2min锚固)。

b. 锚具为其他类型时,一般张拉程序为:0→初应力→1.05σ_{con}(持荷2min)→σ(锚固)。

②张拉钢丝束

a. 锚具为夹片式等具有自锚性能的锚具时,一般张拉程序与张拉钢绞束相同。

b. 锚具为其他类型时,一般张拉程序为:0→初应力→1.05σ_{con}(持荷2min)→0→σ_{con}(锚固钢丝束)。

③张拉精轧螺纹钢程序为:

a. 直线配筋时:0→初应力→σ_{con}(持荷2min锚固)。

b. 曲线配筋时:0→σ_{con}(持荷2min锚固)→0(上述程序可反复几次)→初应力→σ_{con}(持荷2min锚固)。

c. 张拉钢筋束的程序:0→初应力→1.05σ_{con}(持荷2min)→σ_{con}(锚固)。

σ_{con}为张拉时的控制应力值,包括预应力损失。

张拉预应力筋(束)时用油压表读数来控制应力,同时以伸长量作校核。根据应力与伸长量的关系,将实测伸长量与计算的伸长量比较,相差不应大于6%。

(3)张拉工作注意事项

①预应力筋张拉时，构件的混凝土强度应符合设计要求，张拉时，混凝土的强度不应低于设计强度的75%。

②预应力筋的张拉程序应符合设计要求，当设计未规定时，可采取分批、分阶段对称张拉。

③张拉过程中严禁非操作人员（包括其他人员）站在千斤顶后方，以防断丝和滑丝伤人。

④应认真做好张拉记录，当发现张拉伸长量与推算伸长量相差较大（一般在±6%）时，应立即停止张拉，并分析原因。

⑤后张预应力筋断丝，滑丝数量不得超规定控制数。

⑥预应力筋必须在张拉控制应力达到稳定后方可锚固。

4.孔道压浆与封锚

(1)压浆的目的

压浆的目的是使梁内预应力筋免于锈蚀，并使其与混凝土梁体相黏结形成整体。为此，要求水泥具有以下品质：

①具有适当的稠度，既能使灌浆作业便于操作，又便于形成强度；

②具有一定的膨胀性（10%以内）；

③具有规定的抗压强度和黏着强度。

(2)压浆工作要点

①压浆前，应对孔道进行清洁处理；

②水泥浆自拌制到压入孔道的延续时间一般在30～45min内；

③压浆时，对曲线孔道和竖向孔道应从最低点的压浆孔压入，由最高点的排气孔排气和泌水。压浆顺序宜先压下层孔道。

④压浆应缓慢均匀地进行，不得中断，并应将所有最高点的排气孔一一放开和关闭，使孔道内排气畅通。

⑤压浆应使用活塞式压浆泵，孔内不得存有压缩空气。压缩的最大压力为0.5～0.7MPa，关闭出浆口后，保持不小于0.5MPa的一个稳定期应不少于2min。

⑥压浆过程中及压浆后48小时内，结构混凝土的温度不得低于5°，也不宜高于35°，否则应采取措施。

(3)封锚

压浆后将锚具周围冲洗干净并凿毛，设置钢筋网并浇封锚混凝土。封锚混凝土的强度等级不低于构件本身混凝土强度等级的80%，并不低于C30。

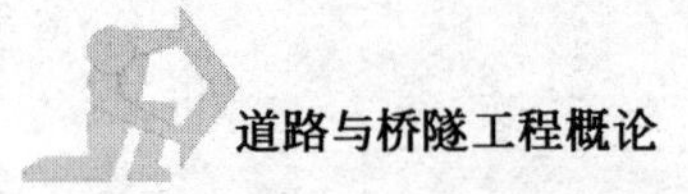

第三节　装配式梁桥施工

装配式梁桥上部结构的施工主要包括构件预制、运输、安装等过程。

 装配式构件预制

钢筋混凝土和预应力混凝土构件的预制工程包括：模板工程、钢筋工程、混凝土工程、预应力工程和养护工程等。

由于运输长度和质量的限制，通常在桥梁预制厂内以生产中、小跨径预制构件为主，跨径大于 25m 的梁或大跨径预制桥梁的节段构件主要在桥位预制场内生产。

(一)梁的预制方法

1. 梁的整体预制

(1)固定台位上预制

钢筋混凝土梁和先张法预应力混凝土梁可用固定式底座生产，即预制构件在固定台位上完成各项工序，直到构件完全可以移动后再进行下一构件的制作。

固定台座分槽式和墩式，其构造如图 2-2-10 所示。台座的长度和宽度根据施工现场的实际情况和生产板梁的数量决定。台座主要由底板、承力梁(支撑梁)、横梁、定位板和固定装置几部分组成。台座的底板应平整、坚固、无沉陷、表面光滑。承力架支撑梁要求承受全部张拉力，要保证其变形小、经济、安全、便于操作等。压拉式台座的支撑梁是细长的压杆，要求有足够的压曲稳定性和抗压强度。横梁是将预应力钢筋的张拉力传给承力架的横向构件，常用型钢制成。定位板用来固定预应力筋的位置，用钢板制成，其厚度应保证其具有足够刚度和强度以承受张拉力。

(2)流水台车法预制

流水台车法预制是指将预制梁的底模设置在活动的台车上并通过预制场内的运输轨道实现流水作业的预制方法。流水台车的构造由轨道轮、底板、加劲肋、底模和底模振捣装置组成。

2. 梁节段的预制

当桥梁跨径较大，不方便于整体预制时，可以根据起吊能力将桥纵向分成若干节段进行预制。其方法如下：

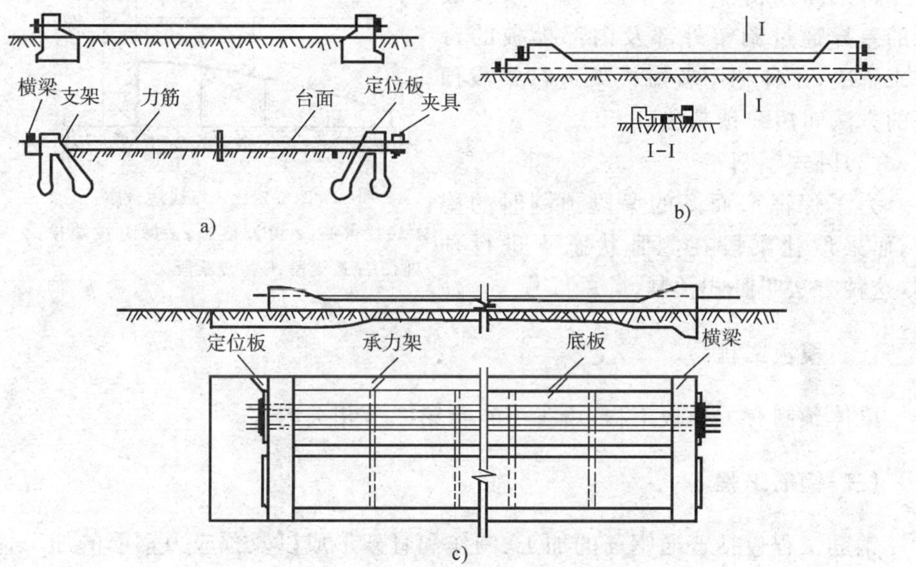

图 2-2-10　固定式张拉台座的形式与构造

a)墩式台座;b)槽式台座;c)台座构造示意

(1)长线预制

长线预制是在工厂或施工现场按桥梁底缘曲线制作固定的底座,在底座上安装底模(底模长度通常是至少跨径的一半)所进行的节段预制工作。

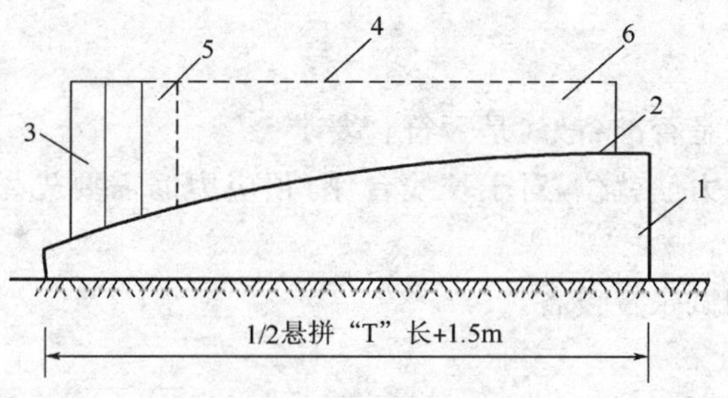

图 2-2-11　长线法预制台座

1-长线台座;2-梁底线形;3-预制梁段;4-梁顶线形;5-待浇梁段;6-待浇梁段位置

底座类型有多种,如土胎上铺砂然后浇筑混凝土底板,或砌石底座,或木排架、钢排架底座等。

(2)短线预制

将梁体分成若干梁节段，每一节段底缘的差异通过调整外部及内部模板的台车来解决，这种利用较短模架进行梁段预制的方法叫短线预制法。

(3)卧式预制

为了保证窄而高的梁段预制时的稳定，而采取让梁段在侧卧状态下进行预制，这种方法叫卧式预制。

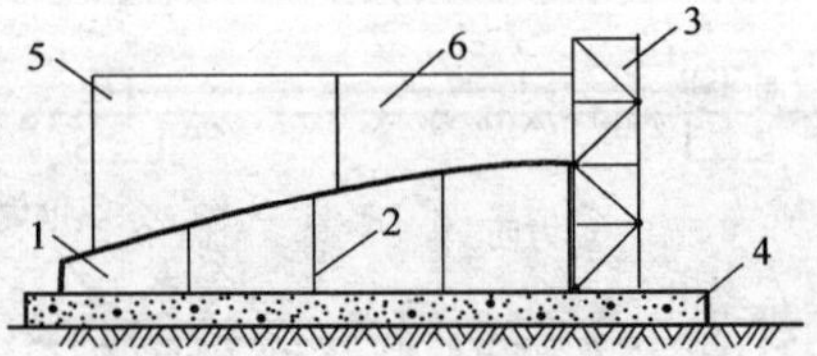

图 2-2-12　短线法台座

1-短线台座；2-可调底模；3-封闭式端模；4-基础；5-配筑梁段；6-待浇梁段

(二)模板工程

梁体预制有关模板工程，可参考本章第二节相关内容。

(三)钢筋工程

钢筋工程包括普通钢筋的加工、制作和骨架形成以及预应力钢筋的加工、编束等。其中普通钢筋和预应力钢筋相关内容可参考本章第二节。

(四)混凝土工程

混凝土工程包括拌制、运输、浇筑、养护及拆架等工序。详细内容前节已有讲述，不再重复。

(五)装拆预应力工程(先张法预应力的施加)

1. 准备工作

(1)检查台座是否准备好，是否符合要求。

(2)检查预应力筋就位，对于长线台座，预应力筋需要先用连接器串联后才能张拉。

(3)检查和调试张拉设备。

2. 张拉工艺

先张法预应力筋张拉程序如表 2-2-6 所示。

先张法预应力筋张拉程序　　表 2-2-6

预应力种类	张 拉 程 序
钢筋	0→初应力→1.05con(持续 2min)→0.9con →con(锚固)
钢丝	0→初应力→1.05con(持续 2min)→0→con(锚固)

续上表

预应力种类	张拉程序
钢绞线	对于夹片锚等自锚性锚具
普通松弛力筋	0→初应力→1.03con(锚固)
低松弛力筋	0→初应力→con(持续2min锚固)

3.放松预应力筋

放松预应力筋,撤除张拉设备的前提条件是混凝土强度达到设计规定,或至少不小于混凝土设计强度的70%。

放松预应力筋的方法有:千斤顶放松法、张拉放松法、滑楔放松法、砂箱放松法和螺杆放松法等。这里着重介绍前三种放松方法。

(1)千斤顶放松法

如图2-2-13所示,张拉前在台座固定端承力架与横梁之间安放两个千斤顶,待混凝土达到规定放松强度后,即可让两个千斤顶同步回程,合拉紧的力筋慢慢回缩,将力筋放松。

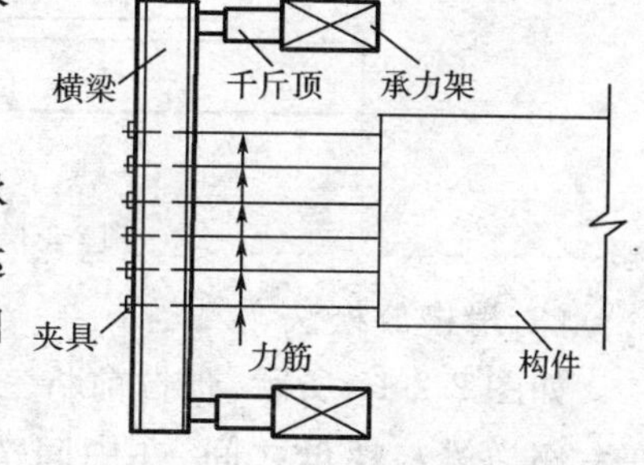

图 2-2-13 千斤顶张拉放松示意

(2)张拉放松法

①张拉端张拉放松

在张拉端利用连接器、拉杆、双螺帽放松预应力筋,如图2-1-14所示。

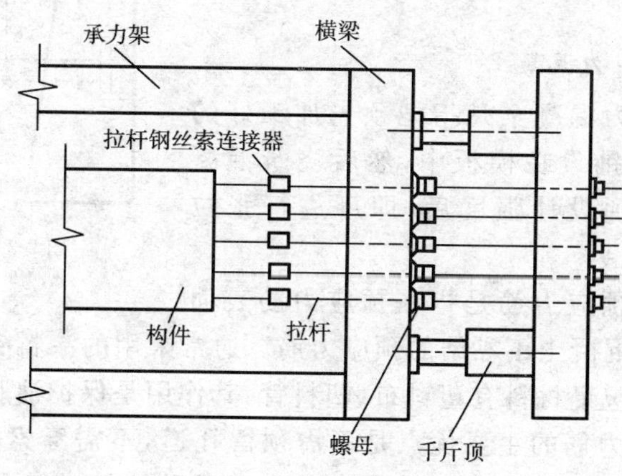

图 2-2-14 张拉端张拉放松示意

②固定端张拉放松法

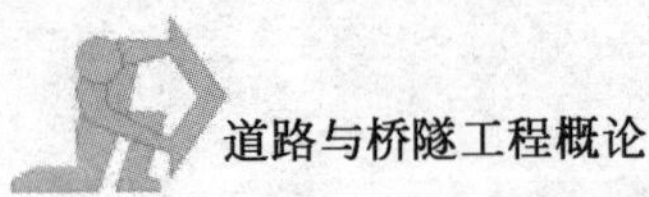

在台座固定端设置螺杆和张拉架，张拉架顶紧横梁让预应力筋锚固在张拉架上，如图 2-1-15 所示：放松时，再略微拉紧力筋，让其伸长一些，然后拧松螺母，再将千斤顶回油，力筋即可慢慢回缩，张拉力即被释放。

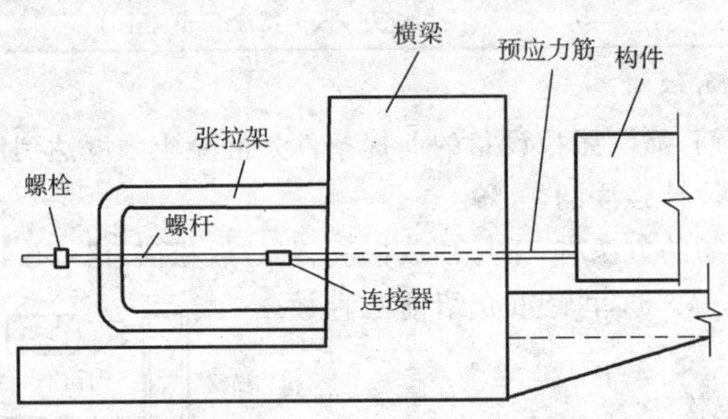

图 2-2-15　固定端张拉放松示意

(3)滑楔放松法

如图 2-2-16 所示，张拉前将三块 U 形滑楔放在台座横梁与螺母之间，在中间滑楔上设置螺杆螺栓顶住预应力筋，张拉完后，放松螺栓，因反力作用，而使中间滑楔向上滑动，将预应力筋慢慢放松。

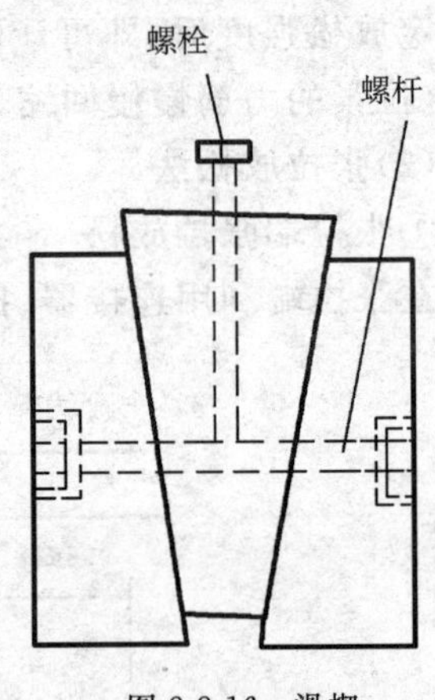

图 2-2-16　滑楔

4. 无黏结预应力混凝土

无黏结预应力混凝土是指把预先加工好的无黏结预应力筋铺设在模板中，然后浇筑混凝土，待混凝土达到设计强度后，即可进行张拉锚固。

所谓无黏结预应力筋是指在预应力筋表面进行涂裹使之与混凝土不黏结的预应力筋。通常采用的涂料有沥青、油脂等；通常采用的护套包裹材料有塑料布、塑料管，其作用是保护油脂。

无黏结预应力筋的主要优点是不需预留孔道，不需穿索；预应力筋张拉完后，不需进行孔道灌浆，施工简便。但由于无黏结筋对锚夹具质量及防护要求高，所以一般用于预应力筋分散配置且外露锚具易用混凝土封口的结构。

 预制构件的起吊与运输

(一)预制构件的出坑与堆放

出坑是指将预制的钢筋混凝土或预应力混凝土构件从预制底座上移出。对于钢筋混凝土构件在混凝土强度达到设计强度的75%,对于预应力混凝土构件在进行预应力张拉后,即可进行这一项工作。

预制构件出坑,通常采用的设备有龙门吊机、三脚扒杆及横向滚移设备。

1. 预制构件出坑起吊注意事项

(1)预制构件出坑移运时,混凝土强度不应低于设计对吊装所要求的强度,且不宜低于设计强度等级的75%;对于预应力混凝土构件其孔道压浆的强度,如无设计要求时,不应低于15MPa。

(2)预制构件出坑移运前,应检查其尺寸、外观质量、预埋件等,并做必要的修补和处理,以保证构件移运前是符合质量要求的。

(3)构件移运时的起吊位置应按设计规定布置。一般情况下,单点吊的吊点离端$0.293L$,双点吊吊点在离端头$0.22 \sim 0.25L$处(L为构件长)。

(4)吊绳交角大于60°时,必须设置吊架或扁担,使吊环垂直受力;如用钢丝绳捆绑起吊,需用木板、麻袋等垫衬,以保护混凝土。

(5)构件移运和起吊时应尽可能考虑其受力状态与运输状态接近或一致,特别是要防止构件上下颠覆以免损伤构件。

2. 构件堆放注意事项

(1)构件堆放场地应平整、密实,不积水,不沉陷;

(2)预制构件应按顺序堆放,构件下设垫木,并做好保养和防护措施;

(3)构件堆放时,应按其刚度和受力情况来决定堆放方式,水平分层堆放时,一般大型构件以二层为宜,不超过3层,预制梁堆垛不多于4层;

(4)堆放构件必须在吊点处设垫木,层与层之间应以垫木隔开,多层垫木位置应在一条垂线上。

(二)预制梁的运输

预制梁的运输,分场内运输和场外运输。

1. 场内运输

场内运输是指预制场设在桥梁现场时,把预制梁从预制场运到桥头或桥孔下。通常采用龙门架配合轨道平板车来实现,即由龙门架(或扒杆)将构件移运

出坑，横移到预制构件运输便道，卸落到轨道平车上，然后用绞车牵引至桥头或桥孔下。

运输过程中，梁应保持竖立状态，为了防止梁发生倾覆、滑动或跳动等现象，通常在构件两侧采用余撑和木楔等临时固定，如图2-2-17所示。

对于小跨径预制构件，也可用纵向滚移法进行场内运输。即设置木板便道，利用钢管或硬圆木作滚子，使梁的两端支承在几个滚子上用绞车拖拽，边前进边换滚子将预制梁运至桥头，如图2-2-18所示。

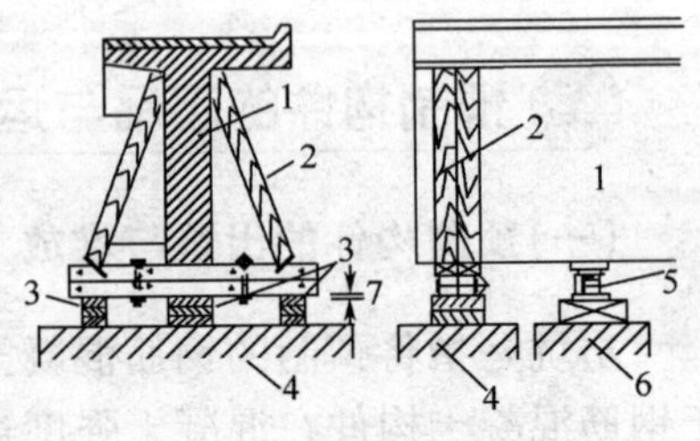

图 2-2-17　T形梁的支顶

1-梁肋；2-斜撑；3-木楔；4-保险枕木垛；5-千斤顶；6-顶梁枕木垛；7-空隙不大于5cm

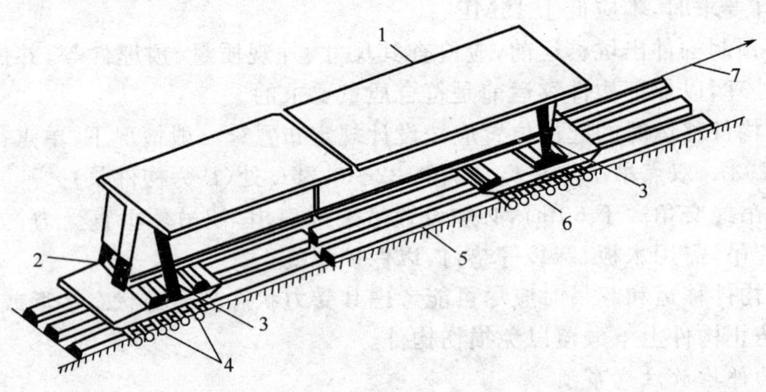

图 2-2-18　纵向滚移法运梁

1-预制梁；2-保护混凝土的垫木；3-临时支撑；4-后走板及滚筒；5-方木滚道；6-前走板及滚筒；7-牵引钢丝绳

2. 场外运输

场外运输设备有汽车、大型平板拖车、火车、驳船等。选用何种运输设备主要考虑其尺寸、吨位匹配和运输距离等。无论选用何种方式运输，其基本要求都是：

(1)构件应保持正放、立放，保证平衡；

(2)构件下及构件间应放置麻袋或草垫，防止碰撞；

(3)运输过程中应防止颠簸，防止倾覆。

三 装配式梁的安装

简支梁(板)的安装一般包括起吊、纵移、横移、落梁(板)就位等几道工序。从架设的工艺来分有陆地架梁,浮吊架梁,利用导梁、塔梁、缆索的高空架梁等方法。

(一)陆地架梁法

陆地架梁法是指在陆地上架设预制梁的方法,常用的陆地架梁法有:

1.移动式支架架梁法

这种方法是在架设孔的地面上,顺桥轴线方向铺设轨道,其上设置可移动支架,预制梁的前端搭在支架上,通过移动支架将梁移运到要求的位置后,再用龙门架或人字扒杆吊装;或者在桥墩上设枕木垛,用千斤顶卸下,再将梁横移就位,如图 2-2-19 所示。

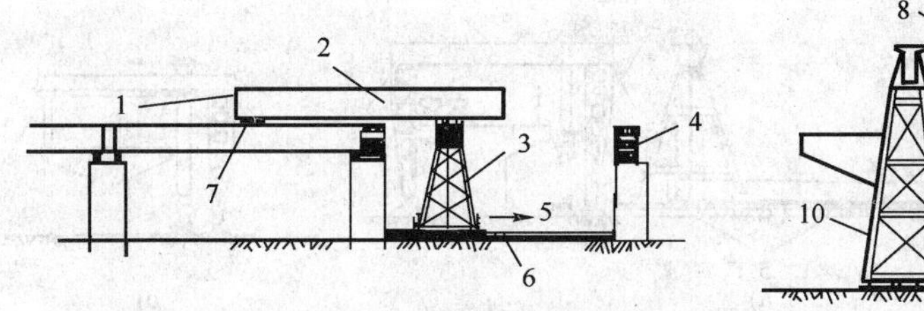

图 2-2-19 移动式支架架设法

1-后拉绳;2-预制梁;3-移动式支架;4-枕木垛;5-拉绳;6-轨道;7-平车;8-临时搁置的梁(支架拆除后再架设);9-平车;10-移动式支架

移动支架法设备较简单,但不适宜在桥下有水、地基过于松软的情况下使用,也不适宜于过高桥墩(不经济)。

2.摆动式支架架梁法

此法是将预制梁(板)沿路基牵引到桥台上并稍悬出一段,悬出距离根据梁的截面尺寸和配筋确定,在桥孔中心设置摆动扒杆或木支架,摆动杆上端顶在梁的悬出端下,悬出端前方用绞车牵引,支架随之摆动而将梁端送到对岸,如图 2-2-20 所示。

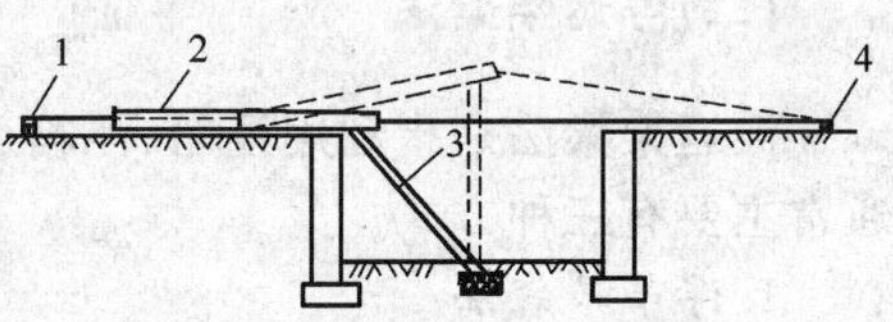

图 2-2-20 摆动式支架架设法

1-制动绞车;2-预制梁;3-支架;4-牵引绞车

为防止摆动过快，应在梁(板)的后端用制动绞车牵引制动。摆动支架法较适宜于桥梁高跨比稍大的场合。

3. 自行式吊机架梁法

利用自行式吊机架梁既方便灵活又安全可靠。通常可采用一台吊机架设，吊机和绞车配合架设等方法。需要特别注意的是起吊时，钢丝绳与梁面的夹角不能太小，一般以45°～60°为宜，否则应使用起重梁(扁担梁)。

4. 跨墩或墩侧龙门架梁法

本法是以胶轮平板拖车、轨道平车或跨墩龙门架将预制梁运送到桥孔然后用跨墩龙门架或墩侧高低脚龙门架将梁吊起，再横移到梁设计位置，然后落梁就位完成架梁工作。

跨墩龙门架法是指龙门架跨越桥墩，其行驶轨道分设桥墩两侧，利用龙门架在轨道上的行走实现梁的前移，利用龙门架自身的滑车实现梁的横移，利用龙门架上的绞车实现梁的升降和落梁就位，如图2-1-21所示。

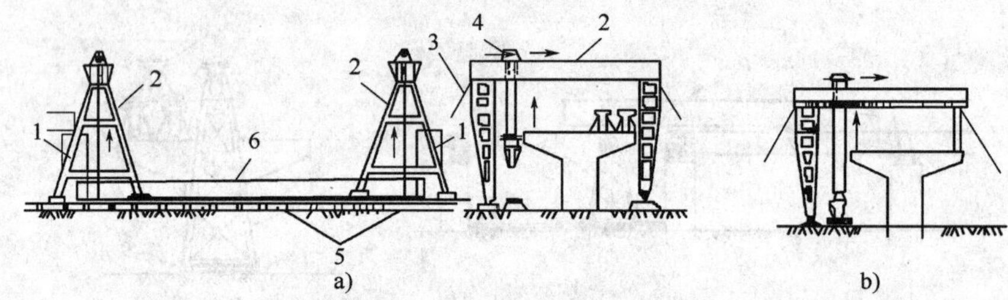

图 2-2-21　龙门架架设法

a)跨墩龙门架架设；b)墩侧高低脚龙门架架设

1-桥墩；2-龙门架吊机(自行式)；3-风缆；4-横移行车；5-轨道；6-预制梁

墩侧龙门架法是指将龙门架的一条腿设于桥墩上，另一条腿置于轨道上的架设方法，其横向移梁和落梁方式同跨墩龙门架法。

(二)浮运架梁法

浮运架梁法是指利用浮船、浮箱运梁并实现预制梁的水上架设安装的方法。通常主要有三种方式。

1. 浮吊吊装法

浮吊吊装法即在浮船或浮箱上设吊装设备，如吊机、龙门架等，直接利用浮吊进行起吊和落梁就位。

2. 浮运与墩上吊装法

此种方法即利用浮船浮箱进行构件的水上运输，利用墩上吊装设备进行安装。这种架设法中，构件上船方式除吊运外，还有构件纵移法和构件横移法。如利用栈桥码头将梁横移上船（图 2-2-22）利用栈桥码头将梁纵向拖拉上船（图 2-2-23）。

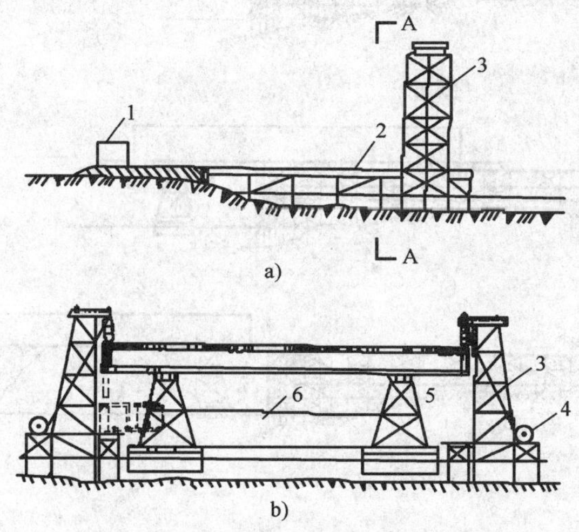

图 2-2-22　用栈桥码头横移预制梁上船

a)侧面；b)剖面 A-A

1-预制梁；2-栈桥；3-提升预制梁的塔架；4-卷扬机；5-两浮船支架间联系桁架

3.浮运支架与墩上落梁法

此法即利用浮船设的支架实现预制构件的水上运输和架梁，然后利用支架和墩上落梁设备实现落梁就位。

(三)高空架梁法

1.联合架桥机架梁(蝴蝶架)法

联合架桥机是由两套门式吊机、一个托架(即蝴蝶架)、一根两跨长的钢导梁三部分组成。架梁顺序如下：

(1)导梁设在墩顶上

①在桥头拼装钢导梁，梁顶铺设钢轨，并用绞车纵向拖拉导梁就位；

②拼装蝴蝶架和门式吊机，用蝴蝶架将两个门式吊机移运至架梁孔的桥墩(台)上；

③由平车轨道运送预制梁至架梁孔位，将导梁两侧可以安装的预制梁用两个门式吊机吊起，横移并落梁就位；

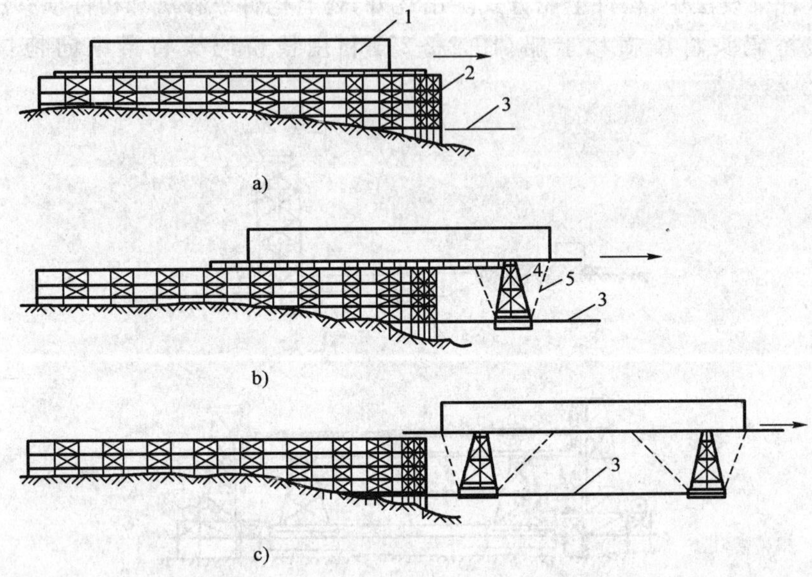

图 2-2-23　利用栈桥码头将预制梁纵向拖拉上船

a)预制梁已拖至栈桥上；b)预制梁已拖拉至第一艘浮船支架上；c)预制梁已拖拉至第一、二艘浮船支架上

1-预制梁；2-栈桥排架；3-水面；4-浮船支架；5-拉索

④将导梁所占位置的预制梁临时安放在已架好的梁上；

⑤用绞车纵向施拉导梁至下一孔后，将临时安放的梁由门式吊机架设就位，完成一孔梁的架设工作，并用电焊将各梁联结起来；

⑥在已架的梁上铺接钢轨，再用蝴蝶按顺序将两个门式吊机托起并运至前一孔的桥墩上。

如此反复，直到将各孔梁全部架设(布置在墩顶两侧)，导梁上安设配有悬吊预制设备的轨道平车和起重行车或移动式龙门吊机，将预制梁在双导架内吊着运到规定位置后，再落梁、横移就位。横移时可将两组导梁吊着预制梁整体横移。

另一种是导梁设在桥面宽度以外，预制梁在龙门吊机上横移，导梁不横移。

(2)导梁设在桥宽之外

其架设顺序：

①在桥头路堤上拼装导梁和行车，并将拼装好的导梁用绞车纵向施拉就位，使可伸缩支脚支配在架梁孔的前墩上；

②先用纵向滚移动法把预制梁运到两导梁间，当梁前端进入前行车的吊点下面时，将预制梁前端稍微吊起，前方起重横梁吊起，继续运梁前进至安装位置后，固定起重横梁；

③用横梁上的起重行车将梁落在横向滚移设备上，并用斜撑撑住以防倾倒，然后在墩顶横移落梁就位(除一片中梁处)；

④用以上步骤并直接用起重行车架设中梁。重复上述工序，直至全桥架梁完毕。

2. 自行式吊车桥上架梁法

对于预制梁跨径不大，重量较轻且梁能运抵桥头引道上时，可直接用自行式伸臂吊车(汽车吊或履带车吊)来架梁，如图 2-2-24 所示。

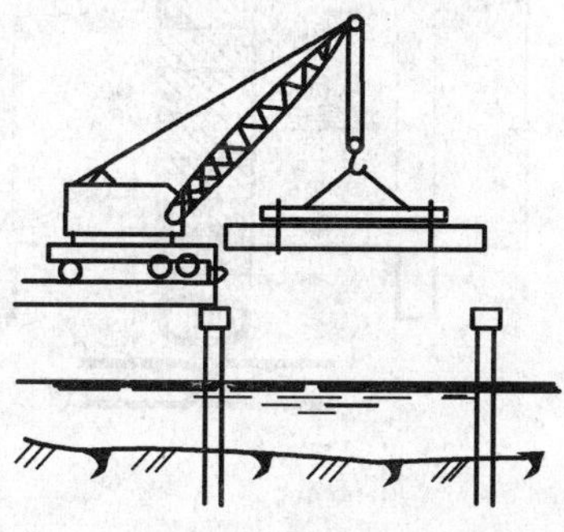

图 2-2-24　自行式吊机桥上架梁

3. 机杆纵向"钓鱼"架梁法

此法是在安装孔墩台上两副八字扒杆，配合运梁设备，以绞车互相牵吊，在梁下无支架、无导梁支托的情况下，把梁悬空吊过桥孔，再横移落梁、就位安装的架梁法。

四 装配式梁(板)的横向联结

装配式简支梁(板)横向一般由多片主梁(板)组成，为了使多片装配式主梁(板)能联成整体共同承受桥上荷载，必须加强其横向联结，并保证足够的强度。

(一)装配式混凝土板的横向联结

装配式板桥的横向联结常用企口混凝土铰接和钢板联结等形式。

1. 企口混凝土铰接

在板两侧(边板为一侧)按设计要求预留各种形状的企口，如菱形、漏斗形、圆形，预制板安装就位后，在相邻板间的企口中浇筑按缝混凝土。这种铰接缝混凝土应采用 C30 以上细集料混凝土。这种联系方式叫企口混凝土铰接。为了改善和保证铰接效果，有时还从预制板中伸出钢筋相互绑扎后再浇混凝土。

2. 焊接钢板联结

在板的边缘纵向每隔一定距离预埋钢板，待预制板安装就位后，用钢板把相邻预制板上的钢板焊接起来形成铰接。

(二)装配式混凝土简支梁的横向联结

装配式简支梁桥的横向联结主要是横隔梁的联结和翼缘板的联结两种。

1. 横隔梁的横向联结

横隔梁接头通常有扣环式、焊接钢板和螺栓接头等形式。

(1)扣环式接头(图 2-2-25a)

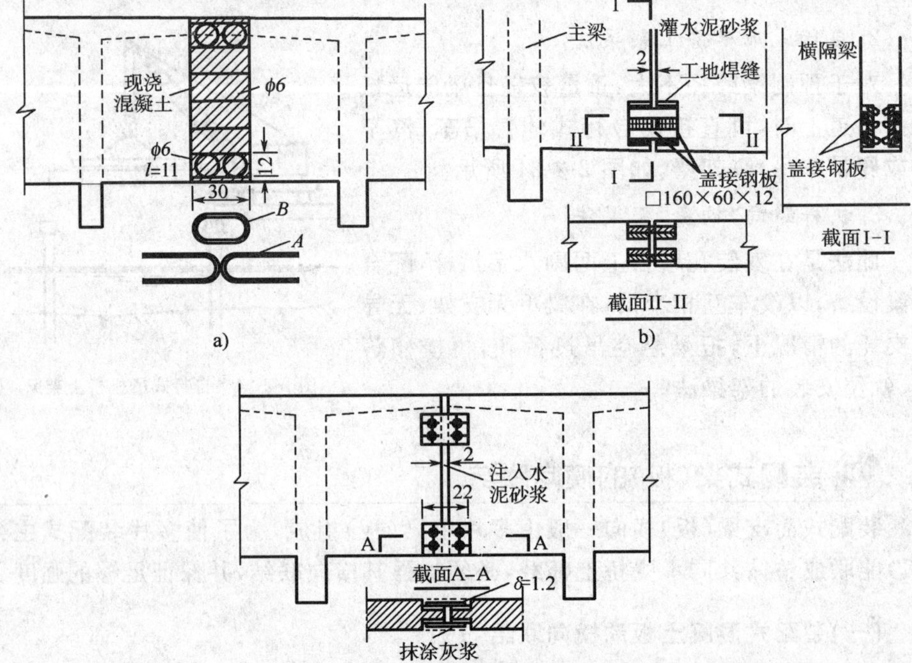

图 2-2-25 横隔梁横向联结(尺寸单位:cm)

a)扣环式接头;b)焊接钢板接头;c)螺栓接头

在横隔梁接头处伸出钢筋扣环 A,待梁安装就位后,在相邻构件的扣环两侧安上腰圆形的接头扣环 B,再在形成的圆环内插入短分布筋后现浇混凝土封闭接缝。接缝宽度约为 0.2～0.6m。

(2)焊接钢板接头(图 2-2-25b)

在预制 T 梁横隔梁接头处下端和顶部的翼缘内,预埋接头钢板(与其他筋焊接),当 T 梁安装就位后,在横隔梁的预埋钢板上再加焊盖接钢板。

(3)螺栓接头(图 2-2-25c)

其预埋钢板位置同焊接钢板接头，但盖板不用电焊而是用螺栓与预埋钢板联结起来。

2.翼缘板的横向联结

翼缘板之间通常做成企口铰接式的联结，即由主梁翼缘板内伸出连接钢筋，横向联结施工时，将此钢筋交叉弯制并在接缝处再安放局部的 $\phi6$ 钢筋网，然后将它的浇筑在桥面混凝土铺装层内，如图 2-2-26 所示。也可将主梁翼缘板内的顶层钢筋伸出，施工时将它弯转并套在一根纵向贯通的钢筋上形成纵向铰，然后浇筑在桥面铺装层中。

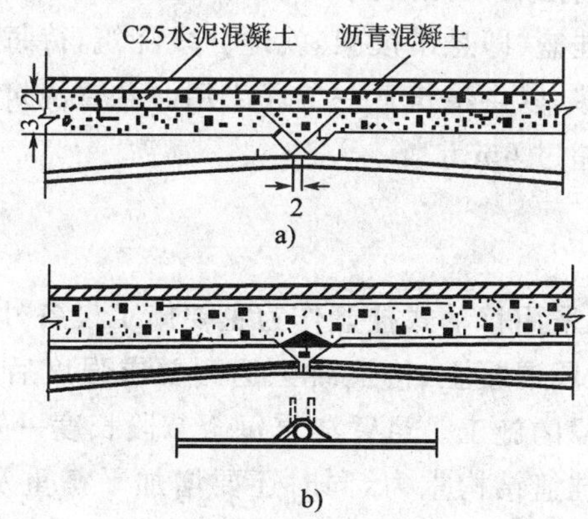

图 2-2-26　主梁翼板联结构造(尺寸单位:cm)

第四节　悬臂施工法与斜拉桥施工

悬臂施工法

悬臂施工法是以桥墩为中心，向两岸对称地、逐节悬臂接长的施工方法。

(一)悬臂施工法的特点与类型

1.悬臂施工法的特点

悬臂施工法具有以下特点：

(1)采用悬臂施工法的桥梁往往是大跨径桥。在悬臂施工过程中，梁墩采取临时固结，结构为 T 形刚构，合拢前，撤销梁墩临时固结，结构呈悬臂受力状态，待结构合拢后则形成连续梁体系。

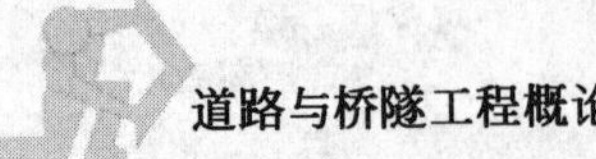

(2)桥跨下不需搭设支架,施工不影响桥下通航或通车。

(3)多孔桥跨结构可以同时施工。

(4)悬臂施工法充分利用预应力混凝土承受负弯矩能力强的特点,将跨中正弯矩转移为支点负弯矩,使桥梁跨越能力提高,并适合变截面桥梁施工。

(5)悬臂施工用的悬拼吊机和挂篮设备可重复使用,降低造价。

2.悬臂施工法分类

悬臂施工法分为悬臂拼装法和悬臂浇筑法。

(1)悬臂拼装法是将预制好的节段,用支承在已经完成的梁段上的悬拼吊机逐段拼装,一个节段张拉锚固后,再拼装下一段,依此类推,直到合拢。

(2)悬臂浇筑法是用挂篮(即悬吊模架)就地分段浇筑,待每段混凝土养护并张拉加力后,再将挂篮前移,以供浇筑下一节段之用。悬臂浇筑的每个节段长度一般3～4m,特大桥也不超过6m。

(二)悬臂浇筑法

悬臂浇筑(简称悬浇)采用移动式挂篮作为主要施工设备,以桥墩为中心,对称向两岸利用挂篮浇筑梁段混凝土,待混凝土达到要求强度后,张拉预应力束,再移动挂篮,进行下一节段的施工。悬臂浇筑每个节段长度一般2～6m,节段过长,将增加混凝土自重及挂篮结构重力,同时还要增加平衡重及挂篮后锚设施;节段过短,影响施工进度。

1.悬臂浇筑施工程序

悬臂浇筑施工时,梁体一般要分四部分浇筑,如图2-2-27所示。I为墩顶梁段(又称0号块),II为由0号块两侧对称分段悬臂浇筑部分,III为边孔在支架上浇筑部分,IV为主梁在跨中合拢段。主梁各部分的长度视主梁形式和跨径、挂篮的形式及施工周期而定。0号块一般为5～10m,悬浇分段一般为3～5m,支架现浇段一般为2～3个悬臂浇筑分段长,合拢段一般为1～3m。

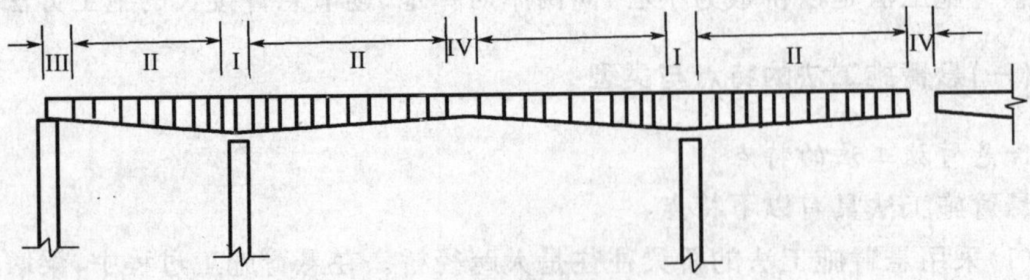

图2-2-27 悬臂浇筑分段示意图

I-墩顶梁段;II-0号块两侧对称分段悬臂浇筑;III-支架浇筑梁段;IV-主梁在跨中合拢段

施工程序一般如下：

(1)在墩顶托架上浇筑0号块并实施墩梁临时固结系统。

(2)在0号块上安装悬臂挂篮，向两侧依次对称地分段浇筑主梁至合龙段。

(3)在临时支架或梁端与边墩间临时托架上支模板浇筑现浇梁段。当现浇梁段较短时，可利用挂篮浇筑；当与现浇相接的连接桥是采用顶推施工时，可将现浇梁段锚固在顶推梁前端施工，并顶推到位。此法不需要支撑，省料省工。

(4)主梁合拢段可在改装的简支挂篮托架上浇筑。多跨合龙段浇筑顺序按设计或施工要求进行。

2. 墩顶梁段0号块施工

位于墩顶的0号块，因为将承担悬臂施工部分的施工荷载及不平衡力的作用，其结构复杂，预埋件、钢筋、各向预应力钢束及其孔道、锚具密集交错。施工时，视其结构形式及高度一般分2～3层浇筑，先底板、再腹板、后顶板。

0号块主要施工设备与施工要点：

(1)施工托架

采用悬臂浇注法施工时，墩顶0号块梁段采用在托架上立模现浇，并在施工过程中设置临时梁墩锚固，使0号块梁段能承受两侧悬臂施工时产生的不平衡力矩。施工托架可根据承台形式、墩身高度和地形情况，分别支承在承台、墩身或地面上。它们可采用万能杆件、贝雷桁架(或装配式公路钢桁架)，六四军用桁架及型钢等组成；也可采用钢筋混凝土构件做临时支撑。常用施工托架有扇形托架、高墩托架、墩顶预埋牛腿托架平台、临时墩及型钢结构支承平台等。

由于考虑到在托架上浇筑梁段0号块混凝土，托架变形对梁体质量影响很大，在作托架设计时，除考虑托架强度要求外，还应考虑托架的刚度和整体性。由于托架的任何下沉，都将引起混凝土梁段出现裂缝，所以，在混凝土浇筑以前，应采取预压、抛高或调整等措施。

(2)临时支座

大跨径预应力混凝土桥梁采用悬臂施工法施工，如结构采用T形刚构，因墩身与梁本身采用刚性连接，所以不存在梁墩临时固结问题。悬臂梁桥及连续梁桥采用悬臂施工法时，为保证施工过程中结构的稳定可靠，必须采取0号块梁段与桥墩间临时固结或支承措施。临时支座的作用是在施工阶段临时固结墩、梁，承受施工时由墩两侧传来的悬浇梁段荷载，在梁体合拢后便于拆除和体系转换。

3. 挂篮施工

挂篮是悬臂浇筑施工的主要机具。挂篮是一个能沿着轨道行走的活动脚手

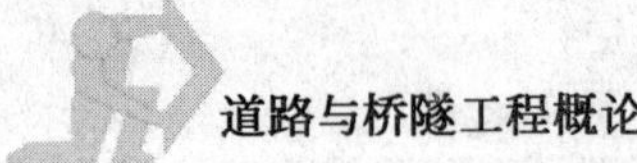

架，挂篮悬挂在已经张拉锚固的箱梁梁段上，悬臂浇筑时箱梁梁段的模板安装、钢筋绑扎、管道安装、混凝土浇筑、预应力张拉、压浆等工作均在挂篮上进行。当一个梁段的施工程序完成后，挂篮解除后锚，移向下一梁段施工。所以挂篮既是空间的施工设备，又是预应力筋未张拉前梁段的承重结构。

(1)挂篮形式

①挂篮分类

随着施工技术的不断改进，挂篮已由过去的压重平衡式发展成现在通用的自锚平衡式。自锚式施工挂篮结构的形式主要有桁架式、斜拉式两类。

桁架式挂篮按其构成部件的不同，可分为万能杆件挂篮、贝雷梁或装配式公路钢桁梁组合式和挂篮、型钢组合桁架组合式等。按桁架构成形状的不同，又可分为平行桁架式、平弦无平衡重式、弓弦式、菱形式等多种。斜拉式挂篮也叫轻型挂篮。

②挂篮的主要构造

挂篮主要构造如图 2-2-28 所示。

a. 主纵桁梁。主纵桁梁是挂篮悬臂承重结构，可由万能杆件或贝雷桁架(或装配式公路钢桁架)组拼或采用钢板或大号型钢加工而成。

b. 行走系统。行走系统包括支腿和滑道及拖移收紧设备。采用电动卷扬机牵引，通过圆棒滚动或在铺设的上、下滑道上移动。滑道要求平整光滑，摩阻力小，拆装方便，能反复使用。目前大多采用上滑道覆一层不锈钢薄板，下滑道用槽钢，内设聚四氟乙烯板，行走方便、安全、稳定性好。

c. 底篮。底篮直接承受悬浇梁段的施工重力，可供立模板、绑扎钢筋、浇筑混凝土、养生等工序用，由下横桁梁和底模纵梁及吊杆(吊带)组成。横梁可用万能杆件或贝雷桁架或型钢、钢管构成，如图 2-2-31 所示，底模纵梁用多根 24～30 号槽钢或工字钢；吊杆一般可用 ϕ32mm 的精轧螺纹钢筋或 16Mn 钢带。

d. 后锚系统。后锚是主纵桁梁自锚平衡装置，由锚杆压梁、压轮、连接件、升降千斤顶等组成，目的是防止挂篮在行走状态及浇筑混凝土梁段时倾覆失稳。系统结构按计算确定，混凝土浇筑前，应按设计锚力的 0.6、1.0、1.5 倍分别用千斤顶检验锚杆。

(2)挂篮的安装

①挂篮组拼后，应全面检查安装质量，并做载重试验，以测定其各部位的变形量，并设法消除其永久变形。

②在起步长度内梁段浇筑完成并获得要求的强度后，在墩顶拼装挂篮。有条件时，应在地面上先进行试拼装，以便在墩顶熟练有序地开展挂篮拼装工作。

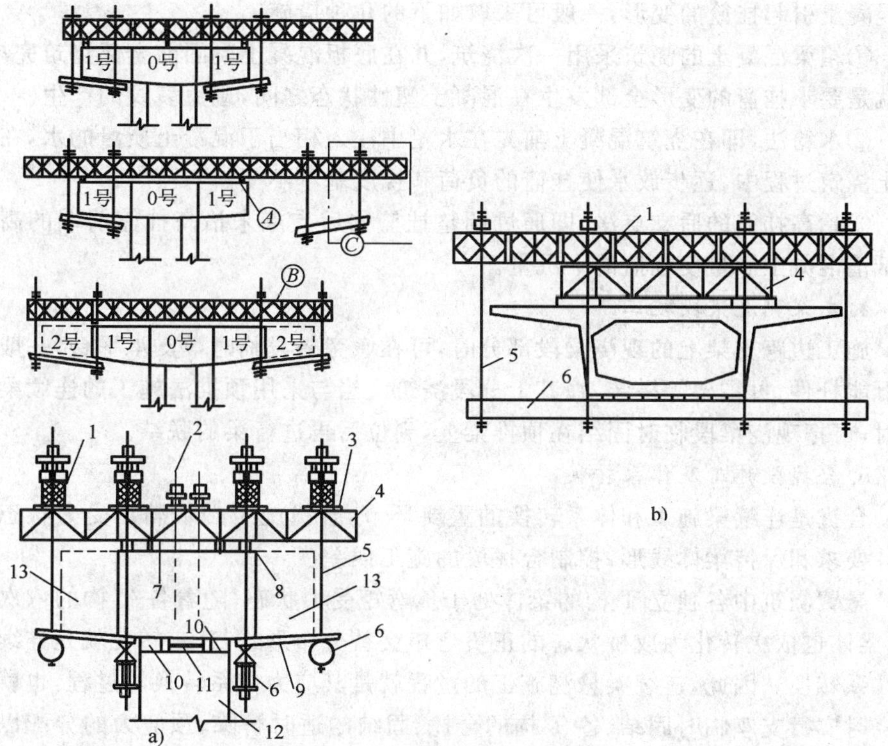

图 2-2-28　挂篮纵横桁梁系布置图

a)挂篮施工纵断面；b)挂篮施工正面

1-主横桁梁；2-后锚点；3-行走滑板；4-主纵桁梁；5-吊杆；6-底篮横梁(钢管)；7-后支点；8-前支点；9-底模；10-临时固定支座；11-永久支座；12-桥墩；13-待浇梁段

拼装时应对称进行。

③挂篮的操作平台下应设置安全网，防止物件坠落，以确保施工安全。挂篮应呈全封闭形式，四周设围护，上下应有专用扶梯，方便施工人员上下挂篮。

④挂篮行走时，须在挂篮尾部压平衡重，以防倾覆。浇筑混凝土梁段时，必须在挂篮尾部将挂篮与梁进行锚固。

(3)挂篮试压

为了检验挂篮的性能和安全，并消除结构的非弹性变形，应对挂篮试压。试压通常采用试验台加压法、水箱加压法等。

(4)浇筑混凝土时消除挂篮变形的措施

每个悬浇段的混凝土一般可分二次或三次浇筑完成(混凝土数量少的也可采用一次浇筑完成)。为了使后浇混凝土不引起先浇混凝土的开裂，需要消除后

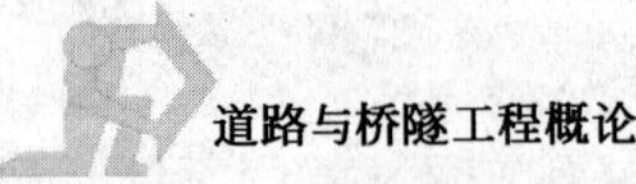

浇混凝土引起挂篮的变形，一般可采取如下的几种措施。

①箱梁混凝土的浇筑采用一次浇筑，并在底板混凝土凝固前全部浇筑完毕，也就是要求挂篮的变形全部发生在混凝土塑性状态之间，避免裂纹的产生。

②水箱法，即在浇筑混凝土前先在水箱中注入相当于混凝土质量的水，在混凝土浇筑过程中，逐步放水使挂篮的负荷和挠度基本不变。

③抬高挂篮的后支点法，即通过调整挂篮的后支点来抬高挂篮前端的高度来抵消混凝土质量使挂篮的下沉量。

4.支架现浇梁段施工

施工边跨支架上的现浇梁段部分时，可在墩旁搭设临时墩支承平台，一般采用万能杆件、贝雷架等拼装，在其上分段浇筑。当与采用顶推法施工的连续梁相接时，可把现浇梁段临时固结在顶推梁上，到位后再进行梁的联结。

5.合拢段施工及体系转换

合拢是连续梁施工和体系转换的重要环节，合拢施工必须满足受力状态的设计要求和保持梁体线形，控制合拢段的施工误差。

悬臂浇筑中各独立 T 构的梁体处于负弯矩受力状态，随着各 T 构的依次合拢，梁体也依次转化为成桥状态的正负弯矩交替分布形式，这一转化就是连续梁的体系转换。因此，连续梁悬浇施工的过程就是其应力体系转换的过程，也就是悬浇时实行支座临时固结、各 T 构的合拢、固结的适时解除、预应力的分配以及分批依次张拉的过程。通常多跨连续梁合拢段施工的顺序为先各边跨，再各次边跨，最后为中跨。

6.施工控制

不论悬浇还是悬拼，合拢后结构都具有不可调整性，所以施工控制主要采用预测控制法，主要体现在施工控制模拟结构分析、施工监测（包括结构变形与应力监测等）、施工误差分析以及后续施工状态预测几个方面。施工成败的关键在于临时锚固的可靠性，施工过程中的应力、变形与高程满足要求以及体系转换的实施。

对于分节段悬臂浇筑施工的桥梁来说，施工控制就是根据施工监测所得的结构参数真实值进行施工阶段计算，确定出每个悬浇节段的立模高程，并在施工过程中根据施工监测的成果对误差进行分析、预测和对下一立模高程进行调整，以此来保证成桥后桥面线形、合拢段两悬臂端高程的相对偏差不大于规定值以及结构内力状态符合设计要求。

悬臂浇筑必须对称进行，并确保轴线和挠度达到设计要求和在允许误差范围内。

在施工过程中，梁体不得出现受力裂缝。出现裂缝时，应查明原因，若缝宽超过 0.15mm，必须经过处理后方可继续施工。同时必须确保接头质量，线形平顺，梁顶面平整，每孔无明显折变。相邻块件的接缝平整密实，色泽一致，棱角分明，无明显错台。混凝土表面平整密实，蜂窝麻面的面积不超过该面面积的 0.5%，深度不超过 10mm。箱室内的建筑垃圾必须清理。

(三)悬臂拼装法施工

悬臂拼装法(简称悬拼)是悬臂施工法的一种，它是利用移动式悬拼吊机将预制梁段起吊至桥位，然后采用环氧树脂胶和预应力钢丝束连接成整体。采用逐段拼装，一个节段张拉锚固后，再拼装下一节段。悬臂拼装的分段，主要决定于悬拼吊机的起重能力，一般节段长 2～5m。悬拼施工适用于预制场地及运吊条件好特别是工程量大和工期较短的梁桥工程。

悬拼按照起重吊装的方式的不同可分为：浮吊悬拼、牵引滑轮组悬拼、连续千斤顶悬拼、缆索起重机(缆吊)悬拼及移动支架悬拼等。悬拼的核心是梁的吊运与拼装，梁体节段的预制是悬拼的基础。

悬拼施工工序主要包括梁体节段的预制、移位、堆放、运输；梁段起吊拼装；悬拼梁体体系转换；合拢段施工。

1. 梁段预制

悬拼施工中梁段预制通常有长线浇筑或短线浇筑的立式预制和卧式预制(同第三节)。

2. 梁段移运和存放

梁段吊运与存放应满足《公路桥涵施工技术规范》(JTJ 041—2000)及设计规范有关要求。这里着重介绍梁段吊点设置。

吊点一般设在腹板附近，以下四种方式可供参考。

①如图 2-2-29a)所示，在翼板下腹板两侧留孔，用钢丝绳与钢棒穿插起吊。

②如图 2-2-29b)所示，直接用钢丝绳捆绑。

③如图 2-2-29c)所示，在腹板上预留孔穿过底板，用精轧螺纹钢穿过底板锚固起吊。

④如图 2-2-29d)所示，在腹板上埋设吊环。

吊点设置应绝对可靠，考虑动载和冲击安全系数宜大于 5。对图 2-2-29a)、c)、d)三种设置方式，由于底板等自重经腹板传至吊点，腹板将承受拉力，应先张拉一部分腹板竖向预应力筋。为改善吊梁的受力状态，应尽量降低吊点的高度，宜采用如图 2-2-30 所示的连接吊具。

3. 梁段运输

梁段运输有水、陆、栈桥及缆吊等各种形式。陆上运输、水上运输及栈桥运输和缆索起重机运输参见本书有关章节。

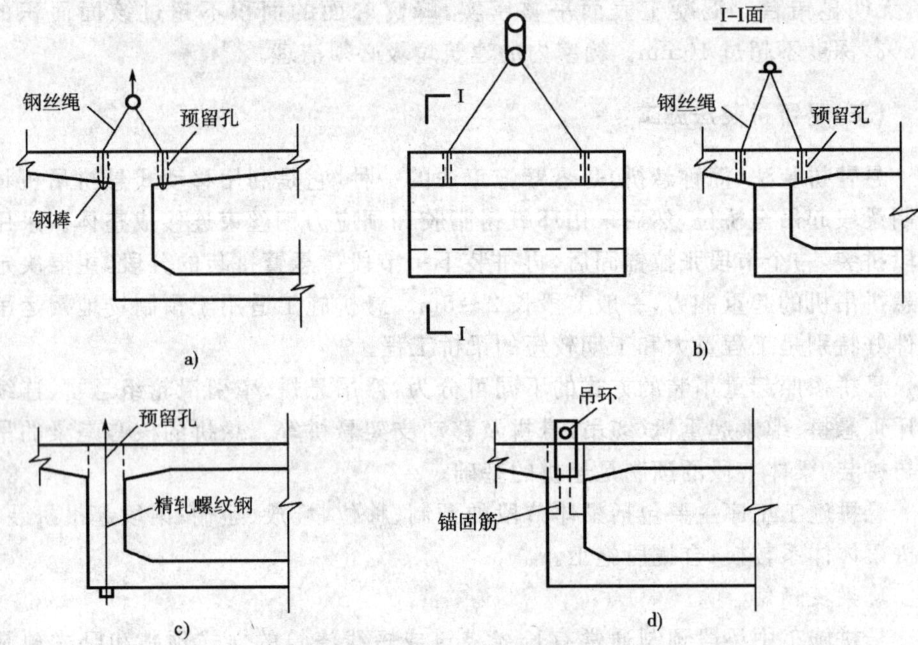

图 2-2-29　梁段布点设置方式

a)钢丝绳与钢棒吊点；b)钢丝绳捆绑吊点；c)精轧螺纹钢吊点；d)吊环吊点

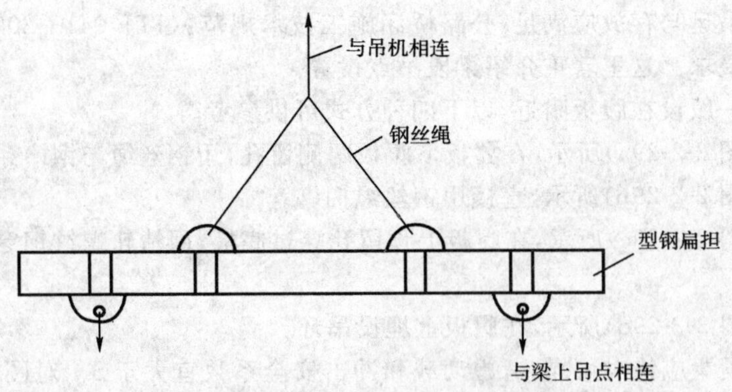

图 2-2-30　连接吊具示意图

4. 悬臂拼装

预制节段的悬臂拼装可根据现场布置和设备条件采用不同的方法来实现。当靠岸边的桥跨不高且可在陆地或便桥上施工时，可采用自行式吊车、门式吊车来拼装。对于河中桥孔，也可采用水上浮吊进行安装。如果桥墩很高，或水流湍急而不便在陆上、水上施工时，就可利用各种吊机进行高空悬拼施工。

(1)浮吊拼装法

将重型的起重机械装配在船舶上，利用它实现水上运输和拼装作业。该方法在 40m 的吊高范围内起重力大，辅助设备少，相应的施工速度较快，但台班费用较高。

(2)悬臂吊机拼装法

悬臂吊机由纵向主桁架、横向起重桁架、锚固装置、平衡重、起重系、行走系和工作吊篮等部分组成。纵向主桁架为吊机的主要承重结构，可由贝雷片、万能杆件、大型型钢等拼制。一般由若干桁架片构成两组，用横向联结系联成整体，前后用两根横梁支承。

横向起重桁架是供安装起重卷扬机直接起吊箱梁节段之用的构件，多采用贝雷架、万能杆件及型钢等拼配制作。纵向主桁架的外荷载就是通过横向起重桁传递给它的。横向起重桁架支承在轨道平车上，轨道平车搁置于铺设在纵向主桁上弦的轨道上，起重卷扬机安置在横向起重桁上弦。

图 2-2-31 所示为贝雷桁架拼装悬拼吊机悬拼梁段示意图。

(3)连续桁架(闸式吊机)拼装法

连续桁架悬拼施工可分移动式和固定式两类。移动式连续桁架的长度大于桥的最大跨径，桁架支承在已拼装完成的梁段和待拼墩顶上，由吊车在桁架上移运节段进行悬臂拼装。固定式连续桁架的支点均设在桥墩上，而不增加梁段的施工荷载。

(4)缆索起重机(缆吊)拼装法

缆吊无须考虑桥位状况，且吊运结合，机动灵活，作业空间大，在一定设计范围内缆吊几乎可以负责从下部到上部，从此岸到彼岸的施工作业，因此缆吊的利用率和工作效率很高。其缺点是一次性投入大，设计跨度和起吊能力有限，一般起吊能力不宜大于 500kN，而一般混凝土预制梁段的重力多达 500kN。

缆吊悬拼可采用伸臂吊机、缆索吊机、龙门吊机、人字扒杆、汽车吊、履带吊、浮吊等起重机进行拼装。根据吊机的类型和桥孔处具体条件的不同，吊机可以支承在墩柱上、已拼好的梁段上或处在栈桥上、桥孔下。

(5)移动式导梁悬拼

这种施工方法需要设计一套比桥跨略长的可移动式导梁。导梁安装在悬拼

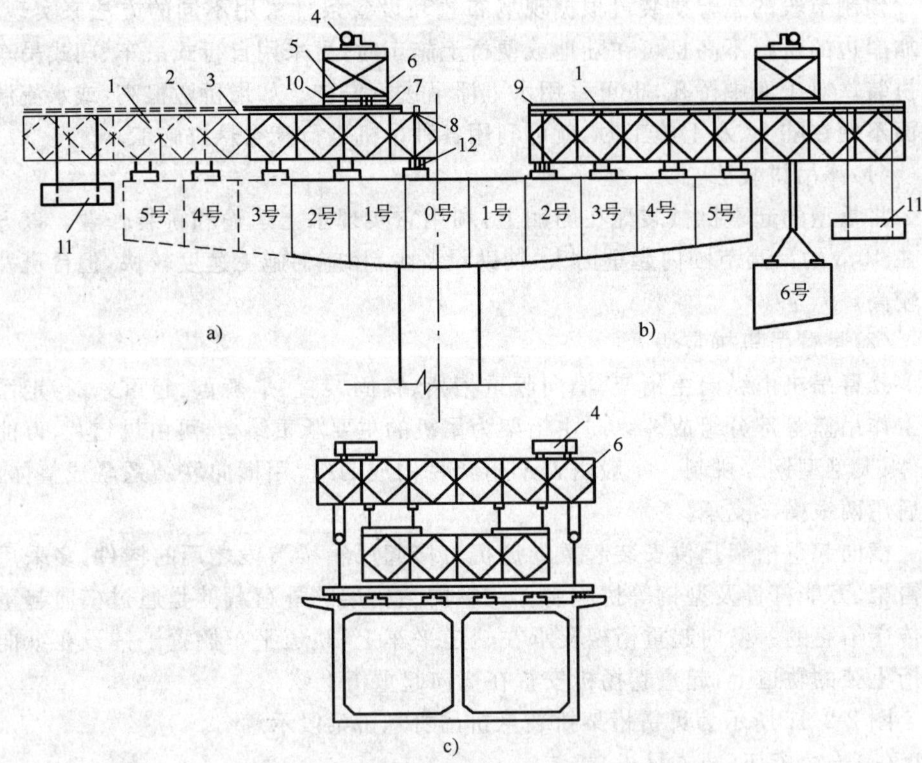

图 2-2-31　贝雷桁架拼装悬拼吊机拼梁段示意图

a)吊拼 1～5 号梁段立面；b)吊拼 6～9 号梁段立面；c)侧面

1-吊机桁梁；2-钢轨；3-枕木；4-卷扬机；5-撑架；6-横向桁梁；7-平车；8-锚固吊环；9-工字钢；10-平车之间用角钢联结成整体；11-工作吊篮；12-锚杆

工作位置，梁段沿已拼梁面运抵导梁旁，由导梁运到拼装位置用预应力拼合在悬臂端上。导梁设有两对固定支架，一对在导梁后面，另一对设在中间，梁段可以从支柱中间通过。导梁前端有一个活动支柱，使导梁在下一个桥墩上能形成支点。导梁下弦杆用来铺设轨道以支承运梁平车。平车可使梁段水平和垂直移动，同时还能使其转动 90°。如图 2-2-32 所示。

5. 拼装施工

(1)支座临时固结或设置临时支架

为了确保连续梁分段悬拼施工的平衡和稳定，常与悬浇方法相同，将 T 构支座临时固结。当临时固结支座不能满足悬拼要求时，一般考虑在墩两侧或一侧加临时支架。悬拼完成，T 构合拢(合拢要点与悬浇相同)，即可恢复原状，拆除支架。

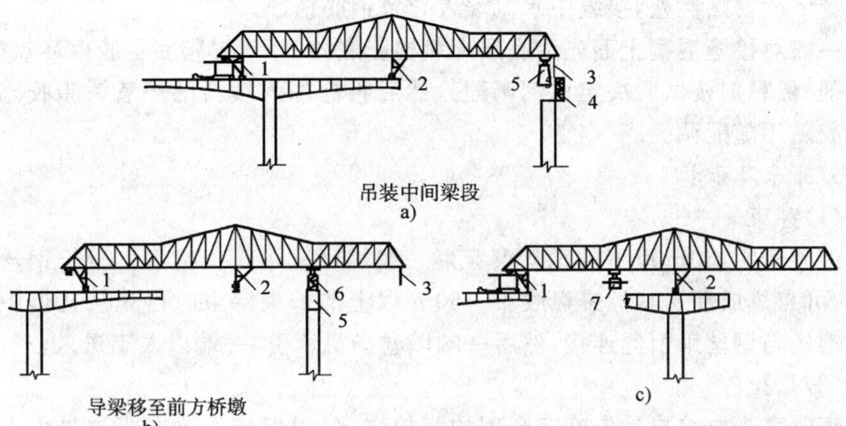

图 2-2-32　移动式导梁悬拼梁段示意图

1-后支架；2-中支架；3-临时前支架；4-支柱；5-墩顶梁段；6-临时支架；7-移梁段小车

梁段拼装过程中的接缝有湿接缝、干接缝和胶接缝等几种。不同的施工阶段和不同的部位常采用不同的接缝形式。

(2)接缝处理

1 号梁段即墩柱两侧的第一个节段，一般与墩柱上的 0 号块以湿接缝相接。1 号块是 T 形刚构两侧悬臂箱梁的基准节段，是全跨安装质量的关键。定位后的 1 号块可由吊机悬吊支承，也可用下面的临时托架支承。为便于进行接缝处管道接头拼接、接头钢筋的焊接和混凝土振捣作业，湿接缝一般宽 0.1～0.2m。

(3)拼接接合

梁段拼接有全断面铰接、部分铰接与部分湿接三种形式。两梁段全横断面靠环氧树脂黏结构成全断面铰接，计算时假定为剪力铰。部分铰接与部分湿接是指腹板为铰接，顶板及底板通过伸出钢筋连接再现浇混凝土(湿接)。湿接是相邻梁段间浇筑一段 10～20cm 宽的混凝土作为接头的连接缝，用以调整随后梁段(基准梁段)的位置，以便准确地控制其后续梁段的安装精度。

为了提高梁段拼接面的抗剪强度，拼接面做成齿合，即为剪力齿。

1 号块以外其他梁段吊上并基本定位后(此时接缝宽约 10～15cm)，先将临时预应力筋穿入，安好连接器，再开始涂胶及合拢，张拉临时预应力筋，使固化前胶接缝的压应力不低于 0.3MPa，这时可解除吊钩。

(4)环氧树脂胶

节段接缝采用环氧树脂胶，厚度 1.0mm 左右。环氧树脂胶接缝可使节段连接密贴，可提高结构抗剪能力、整体刚度和不透水性。一般不宜采用干接缝。

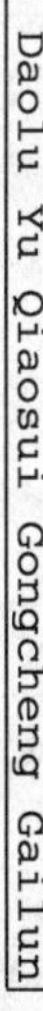

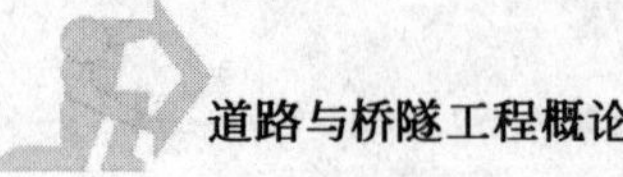

干接缝节段密贴性差，接缝中水汽浸入导致钢筋锈蚀。

一般对接缝混凝土面先涂底层环氧树脂底胶(环氧树脂底层胶由环氧树脂、固化剂、稀释剂按试验决定比例调配)，然后再涂加入填料的环氧树脂胶。环氧树脂胶随用随配调。

6.穿束及张拉

(1)穿束

经验表明，60m以下的钢丝束穿束一般均可采用人工推送。较长钢丝束穿入端，可点焊成箭头状缠裹黑胶布。60m以上的长束穿束时可先从孔道中插入一根钢丝与钢丝束引丝连接，然后一端以卷扬机牵引，一端以人工送入。

(2)张拉

钢丝束张拉前要首先确定合理的张拉次序，以保证箱梁在张拉过程中每批张拉合力都接近于该断面钢丝束总拉力重心处。

钢丝束张拉次序的确定与箱梁横断面形式、同时工作的千斤顶数量、是否设置临时张拉系统等因素关系很大。在一般情况下，纵向预应力钢丝束的张拉次序按以下原则确定：

①对称于箱梁中轴线，钢束两端同时成对张拉；

②先张拉肋束，后张拉板束；

③肋束的张拉次序是先张拉边肋，后张拉中肋(若横断面为三根肋，仅有二对千斤顶时)；

④同一肋上的钢丝束先张拉下边的，后张拉上边的；

⑤板束的次序是先张拉顶板中部的，后张拉边部的。

每一束的张拉程序参见第八章的后张法预制工艺。

7.压浆

管道压浆的目的是为了保证预应力筋不受腐蚀。目前的工艺是先用高压水检查管道的畅通、匹配面的密贴情况以及封端情况后再进行正式压浆，直到出浆口出浓浆。封闭出浆口持压几分钟，以保证水泥浆尽量充满管道。

压浆是在局部封锚后进行的。尚未进行封端，封锚水泥砂浆极易收缩开裂，造成压浆时漏浆，直接影响持压效果；且水泥浆在管道内会产生收缩，使压浆质量难以控制。故除了保证封端质量外，若在水泥浆中加入适量微膨胀剂，选取合适的配合比，则既能使压浆工作顺利进行，又能使凝固后的水泥浆尽量充满管道，尽可能地排出管道内的水和空气，避免力筋受蚀。

值得提出的是，在正式压浆前，必须检查管道畅通及渗漏情况，在压浆时，若从一端压不通，须及时处理，不得从另一端补压了事。

8.合拢段施工

用悬臂施工法建造的连续刚构桥、连续梁桥和悬臂桁架拱，需在跨中将悬臂端刚性连接、整体合拢。这时合拢段的施工常采用现浇和拼装两种方法。现浇合拢段预留 1.5～2m，在主梁高程调整后，现场浇筑混凝土合龙，再张拉预应力索筋，将梁连成整体。节段拼装合拢对预制和拼装的精度要求较高，但工序简单，施工速度快。现在箱梁 T 构和桁架 T 构的跨中多用挂梁连接。预制挂梁的吊装方法与装配式简支梁的安装相同。但需注意安装过程中对两边悬臂加荷的均衡性问题，以免墩柱受到过大的不均衡力矩。

合拢段施工时通常由两个挂篮向一个挂篮过渡，所以先拆除一个挂篮，用另一个挂篮走行跨过合拢段至另一端悬臂施工梁段上，形成合拢段施工支架。也可采用吊架的形式形成支架。

二 斜拉桥施工

斜拉桥是一种桥面体系受压为主，支承体系受拉的桥梁。斜拉桥的施工，一般可分为基础、墩塔、梁、索四部分。其中基础施工与其他类型的桥梁的施工方法相同，墩和梁的施工已在前面章节介绍，这里着重介绍索塔与斜拉索施工。

(一)索塔施工

索塔的材料常用金属、钢筋混凝土或预应力混凝土。索塔的构造比较复杂，塔柱可以是倾斜的，塔柱之间可能有横梁，塔内须设置前后交叉的管道以备斜拉索穿过锚固，塔顶有塔冠，通常设置航空标志灯及避雷器，沿塔壁还须设置检修攀登步梯，塔内可以建设观光电梯。

1.主塔施工测量控制

斜拉桥主塔一般由基础、承台塔座、下塔柱、下横梁、中塔柱、上横梁、上塔柱(拉索锚固区)、塔顶建筑八大部分或其中几部分组成。由于主塔的建筑造型千姿百态，断面形式各异，在主塔各部位的施工全过程中，除了应保证各部位的几何尺寸正确之外，更重要的是应该进行主塔局部测量系统的控制，并与全桥总体测量系统接轨。

主塔局部测量系统的控制基准点，应建立在相对稳定的基准点上，如选择在主塔的承台基础上，进行主塔各部位的空间三维测量定位控制。

2.钢主塔施工要点

钢主塔施工，应对垂直运输、吊装高度、起吊吨位等施工方法作充分的考虑。

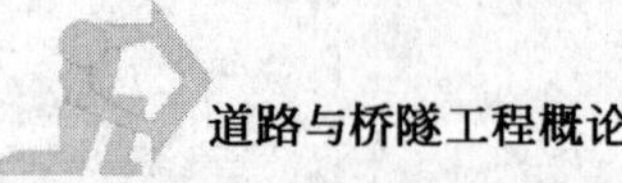

钢主塔应在工厂分段立体试拼装合格后方可出厂。主塔在现场安装，常常采用现场焊接接头，高强度螺栓连接，焊接和螺栓混合连接的方式。经过工厂加工制造和立体试拼装的钢塔，在正式安装时，应予以测量控制，并及时用填板或对螺栓孔进行扩孔来调整轴线和方位，防止加工误差、受力误差、安装误差、温度误差、测量误差的积累。

钢主塔的防锈措施，可用耐腐钢材，或采用喷锌层。但绝大部分钢塔都采用油漆涂料，一般可保持的使用年限为 10 年。油漆涂料常采用二层底漆，二层面漆，其中三层由加工厂涂装，最后一道面漆由施工安装单位最终完成。

3. 混凝土主塔施工要点

(1)下塔柱、中塔柱、上塔柱的施工

混凝土下塔柱、中塔柱、上塔柱一般可采用支架法、滑模法、爬模法施工。在塔柱内，在塔壁中间常常设有劲性骨架，劲性骨架在工厂施工，现场分段超前拼接，精确定位。劲性骨架安装定位后，可供测量放样、立模、斜拉索钢套管定位用，也可供施工受力用。

(2)下横梁、上横梁的施工

在高空中进行大跨度、大断面现浇高强度等级预应力混凝土横梁，其难度很大。施工时要考虑到模板支撑系统和防止支撑系统的连接间隙变形、弹性变形、支承不均匀沉降变形，混凝土梁、柱与钢支撑不同的线膨胀系数影响，日照温差对混凝土与钢的不同时间差效应等产生的不均匀变形的影响，以及相应的变形调节措施。每次浇筑混凝土的供应量应保证在混凝土初凝前完成浇筑，并且采取有效措施，防止在早期养护期间及每次浇筑过程中由于支架的变形影响而造成混凝土梁开裂。

(3)主塔混凝土施工

主塔混凝土常用的施工工艺采取现场搅拌、吊斗提送的方法。当主塔高度较高时，用吊斗提送的混凝土，供应速度难以满足设计及施工的要求，有条件时，应采用商品泵送大流动度混凝土。为了改善混凝土可泵性能并达到较高的弹性模量和较小的混凝土收缩、徐变性能，应采用高密度集料、低水灰比、低水泥用量、适量掺加粉煤灰和泵送外加剂，以便满足缓凝、早强、高强的混凝土泵送要求。

4. 主塔的养护与维修

主塔是斜拉桥的一个重要组成部分，可以说整个上部结构就维系在此一“柱”之上，且主塔上斜拉索的锚固构造较为复杂。因此，应重视主塔的构造及相应的维修与养护措施。

主塔所用的材料，有钢主塔和混凝土主塔两种类型。混凝土材料因其良好的抗压性能和低廉的价格，较为适合我国的国国情，因此国内的斜拉桥主塔多为混凝土结构。就塔身的混凝土而言，成桥后一般无须再作养护和维修。

主塔的养护及维修主要针对斜拉索的锚头而言，其次还包括其他需要进行维修养护的构件、塔上的航空障碍标志灯、避雷装置其他管线等。在塔上锚固的斜拉索的锚头，虽然在设计时已采取了一定的防护措施，但其毕竟是暴露在大气中的，不可避免地会受到侵蚀，需要定期进行检查与维修。

(二)主梁施工方法

1.斜拉桥主梁施工方法

斜拉桥主梁施工方法与梁式桥基本相同，大体上可以分为以下四种：

(1)顶推法——利用台后设置预制平台进行梁体分段预制，通过千斤顶和滑动装置等设备使之向前推移，并用纵向预应力筋连成整体，实现逐段预制逐段顶进最后合龙的施工方法。

(2)平转法——将上部构造分别在两岸或一岸顺河流方向的矮支架上现浇，并在岸上完成所有的安装工序(落架、张拉、调索)等，然后以墩、塔为圆心，整体旋转到桥位合龙。

(3)支架法——在支架上现浇、在临时支墩间设托架或劲性骨架现浇、在临时支墩上架设预制梁段等几种施工方法。

(4)悬臂法——可以是在支架上修建边跨，然后中跨采用悬臂拼装法和悬臂施工的单悬臂法；也可以是对称平衡方式的双悬臂法。

2.塔梁临时固结

为了保证大桥在整个梁部结构架设安装过程中的稳定、可靠、安全，要求施工安装时采取塔梁临时固结措施，以抵抗安装钢梁桥面板及张拉斜拉索过程中可能出现的不平衡弯矩和水平剪力。

3.中孔合拢

为保证大跨中孔能顺利合拢，根据以往斜拉桥的成功经验，一般选择自然合拢的方法。

自然合拢的方法，需要考虑以下几个方面：

(1)合理确定合拢温度。

(2)对温度变形进行监测。

(3)合理确定合拢段钢梁长度。

(4)确保合拢一次成功。

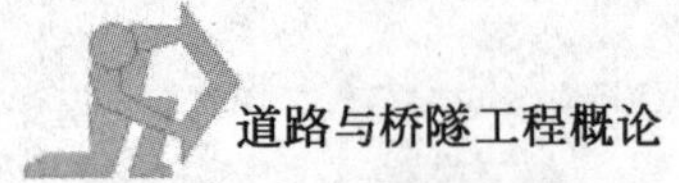

(5)适时解除临时固结。

(三)斜拉索施工

斜拉索是斜拉桥的一个重要组成部分,并显示了斜拉桥的特点。斜拉桥桥跨结构的重量和桥上活载,绝大部分或全部通过斜拉索,传递到塔柱上。

1. 钢索的种类

钢索作为斜拉索的主体,必须用高强度的钢筋、钢丝或钢绞线制作。

钢索主要有如下几种形式,如图 2-2-33 所示。

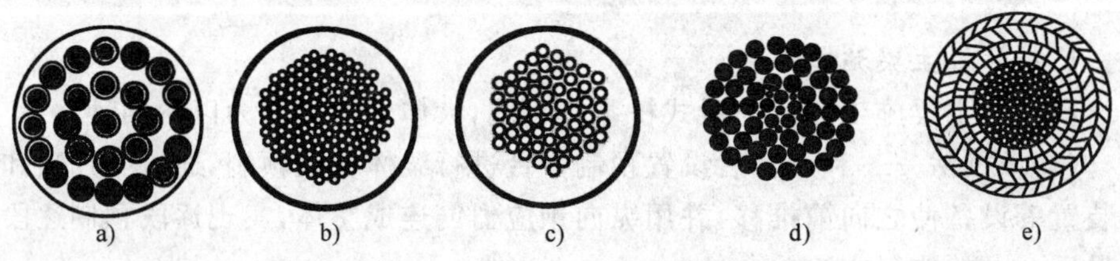

图 2-2-33 钢索的几种形式

a)钢筋索;b)钢丝索;c)钢绞线索;d)单股钢绞缆;e)封闭式钢缆

①平行钢筋索;②平行(半平行)钢丝索;③平行(半平行)钢绞线索;④单股钢绞缆;⑤封闭式钢缆。

2. 斜拉索制作

(1)斜缆索色彩要求与制作

由聚乙烯材料作护套的斜缆索均为黑色。当设计要求采用涂料成彩色外套时,应在斜缆索安装调试完成后进行,所用涂料必须具有抗老化的能力。

(2)平行钢丝索的制作

①进行调直与防锈处理;②确定标准钢丝;③钢丝排列夹紧定位;④内防腐处理;⑤平行索的外防护;⑥安装护套。

(3)钢绞线索的制作

①防锈、防伤;②按要求进行定位绞制;③紧密缠绕;④热挤护套要求;⑤正确确定斜索长度。

3. 锚具

斜拉索上的锚具,目前常用的有四种:热铸锚、镦头锚、冷铸镦头锚、夹片群锚。前三种锚具都可以事先装固在拉索上,称拉锚式锚具。配装夹片群锚的拉索,张拉时千斤顶直接拉钢索,张拉结束后锚具才发挥作用,所以夹片群锚又称拉丝式锚具。

(1)热铸锚

将一个内壁为锥形的钢质套筒套在钢索上，然后将钢索端部钢丝散开，在套筒中灌入熔融的低熔点合金，合金凝固后，即和散开的钢丝的套筒内形成一个头小尾大的塞子。钢索受拉后，这一塞子在钢筒内越楔越紧，外界的拉力，就可以通过钢筒，传递给钢索。

(2)镦头锚

取一根钢丝，穿过孔板后，将末端镦粗，由于镦出来的疙瘩头已通不过板上的孔眼，钢丝的拉力就可传递到孔板上。

当孔板上的孔眼数和钢索中的钢丝数相当时，这块孔板就能锚固整根钢索，国内均称这种锚具为镦头锚。

(3)冷铸镦头锚

冷铸锚具的构造和热铸锚具相似，只是在锚杯锥形腔的后部增设了一块钢丝定位板，钢索中的钢丝线通过锚杯后，再各个穿过定位板上的对应孔眼镦头就位。锚杯中的空隙，用特制的环氧混合料填充。环氧固化后，即和锚杯中的钢丝结合成一个整体。

(4)夹片群锚

类似于后张法预应力体系中锚固钢绞线束的夹片群锚。

4.斜拉索施工工艺

当主塔为空心塔柱断面时，常常采用拉索对称锚固的钢横梁构造及平面预应力钢束布置构造。拉索可在梁内张拉，也可采用在塔内张拉的方法。现代的大跨径斜拉桥，以对称悬臂拼装的施工方法为主。当塔有足够大的抗弯刚度和能承受较大的不平衡拉索水平力时，可采用单边不平衡的张拉方法。但从斜拉桥便于施工控制，减小主塔的施工阶段弯矩考虑，往往更多地采用主塔两侧对称张拉拉索的施工方法，这也要求主塔内部要有足够的空间，以满足拉索施工工艺的要求，及施工过程中施工机具、材料、设备、人员的施工需要。

斜拉桥成型拉索的施工工艺，主要分为挂索、穿索、拉索及换索等部分。

挂索，即将成盘的斜拉索在桥面上放盘。对于短索，其索重不超过 6t，可用塔吊直接放盘，并将拉索张拉端先与在主塔张拉千斤顶的牵引钢绞线连接，在桥面吊机的配合下，将拉索锚固端安装到主梁内完成挂索。对于中索，可用在主塔内的卷扬机的滑轮组进行牵引，并与主塔内的拉索张拉千斤顶牵引钢绞线连接，完成挂索。对于长索，挂索要注意可能发生钢丝绳旋转、扭曲的现象，仍采用与主塔内拉索张拉千斤顶牵引钢绞线连接的方法来完成挂索。

穿索，指将斜拉索与张拉端和锚固端连接的过程。在牵引穿索的过程中，应

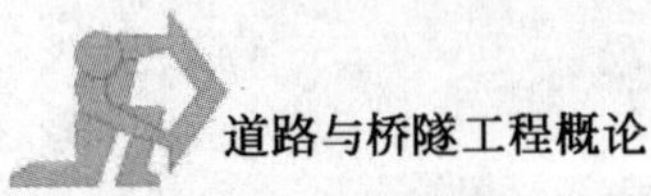

尽可能使钢绞线的牵引力减少，而将牵引力大的穿索阶段由千斤顶的探杆来承受。

张索，即对斜拉索进行张拉，是斜拉桥施工的关键所在。拉索的张拉，一般应考虑主塔两侧平衡、对称、同步张拉，或相差一个数量吨位差以利施工控制和减小主塔内力。必要时也可考虑单边张拉，但必须经过仔细的计算。

换索，设计应考虑在通车条件下，更换斜拉桥任何一根拉索的可能性。并且应在塔内留有必要的预埋件和起重设备设施。

第五节　预应力混凝土连续梁桥施工

预应力混凝土连续梁桥常用施工方法主要有：有支架就地浇筑施工、逐孔架设法、移动模架法和顶推法等。不同的施工方法所需机具设备、劳力不同，施工的组织、安排和工期也不一样。至于施工方法的选择，应根据桥梁的设计、施工现场、环境、设备、经验等因素决定。本节将着重介绍有支架就地浇筑施工法、逐孔架设法、移动模架法和顶推法，其中的悬臂施工方法在上一节已经介绍，不再赘述。

一　有支架就地浇筑施工法

在支架上就地浇筑的施工方法，以往多用于桥墩较低的中、小跨连续梁桥。它的主要特点是桥梁整体性好，施工简便可靠，对机具和起重能力要求不高。对于预应力混凝土连续桥来说，结构在施工中不出现体系转换问题；对于坡桥、弯桥施工来讲，现浇简化了施工难度，更具有难以替代的优势。但这种施工方法需要大量施工脚手架，施工期长。

（一）施工支架

关于支架类型与构造请参照第二节。

（二）施工顺序

有支架就地浇筑施工法通常采用一联同时搭设支架，按照一定的程度一次完成浇筑工作，待张拉预应力筋、压浆等工序完成后再移动支架。小跨径板梁桥一般采用从一端向另一端浇筑的施工顺序，先梁身，后支点依次进行。图 2-2-34 表示一座 5 跨连续空心板梁的施工顺序，图中数字为施工顺序号。

大跨径桥通常采用箱形截面，施工时常分段进行。其中，一种是水平层施工法，即先浇筑底板，待达到一定强度后进行腹板施工，最后浇筑顶板。当工程量较大时，各部位亦可分数次浇筑。

另一种是分段施工法，根据施工能力每隔 20～25m 设置连接缝，该连接缝一般设在弯矩较小的区域，接缝长 lm 左右，待各段混凝土浇筑完成后，最后在接缝处施工合拢。

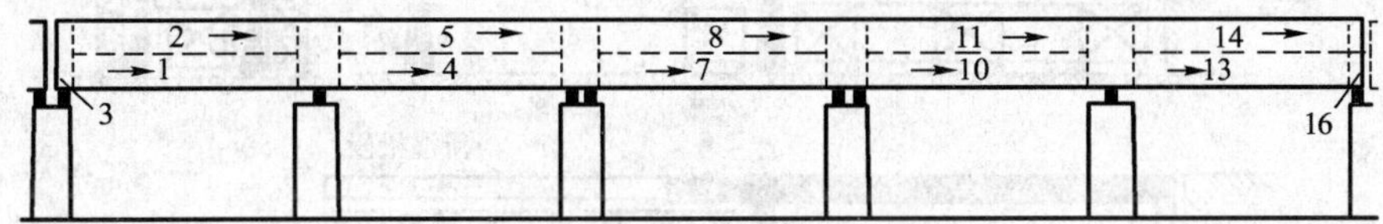

图 2-2-34　5 跨连续空心板梁桥的支架构造

二 逐孔架设法

逐孔架设法即逐孔现场浇筑或逐孔架设，在施工过程中，由简支梁或悬臂梁转换为连续梁的施工方法。一般来说，逐孔架设施工快速，简便。逐孔架设的施工方法通常有几种。

(一)用临时支承组拼预制节段逐孔施工

利用钢桁架梁做临时支撑，把连续梁分成若干节段，各节段在钢桁架梁上进行组拼。各节段的腹板处设有齿键，顶板和底板设企口缝，使接缝剪应力传递更加均匀并便于节段拼装就位。如果采用体外索，即预应力筋设置在箱内，则以聚乙烯套管作为防腐保护，节段间采用干接缝。

为了便于节段在钢桁梁上移动，在每一节段下面放置聚四氟乙烯板，它与钢桁梁上的不锈钢轨形成滑动面以利节段滑动组拼。钢桁梁的预拱度，按箱梁全部加载后，上弦杆呈水平状态设置，同时还设置附加垫件，用于临时调整节段高程。当桁梁就位调整高度后，将从驳船运来的预制节段由吊车安装。

(二)使用移动支架逐孔现浇施工

逐孔现浇施工与在支架上现浇施工的不同点在于：逐孔现浇施工仅在一跨梁上设置支架，当预应力筋张拉结束后移到下一跨逐孔施工；而在支架上现场施工通常在一联桥跨上布设支架连续施工，因此前者在施工过程中有体系转换的问题，混凝土徐变对结构产生次内力。

移动支架常用落地式及梁式，如图 2-2-35 所示。落地式用于岸上桥跨或桥墩较低的情况，梁式支架的承重梁支承在锚固于桥墩的横梁上，也可支承在已施工完成的梁体上，现浇施工的接头最好设在较小的部位，常取用离桥墩 1/5 处。

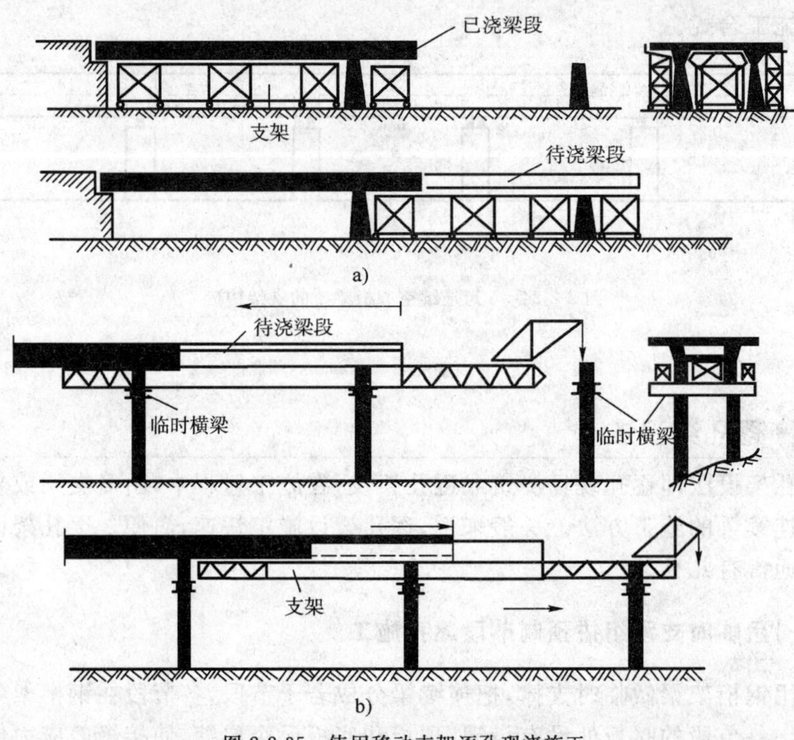

图 2-2-35　使用移动支架逐孔现浇施工

a)落地式支架；b)梁式支架

逐跨就地浇筑施工需要一定数量的支架，但比起在支架现场浇筑施工所需的支架数量要少得多，而且周转次数多，利用效率高。施工速度也比在支架上现场浇筑快得多，但相对预制梁段逐孔施工要长些，同时后支点位于悬臂端产生较大的施工弯矩。因此这种施工方法，只适用中等跨径，以及结构构造比较简单的桥梁。

(三)整孔吊装与分段吊装逐孔施工

整孔吊装和分段吊装施工需要先在工厂或现场预制整孔梁或分段梁，再进行逐孔架设施工。由于预制梁或预制段较长，因此，需要在预制时先进行第一次预应力筋的张拉，拼装就位后进行二次张拉。在施工过程中也存在由简支梁或悬臂梁过渡到连续梁的体系转换。吊装的机具有桁式吊、浮吊、龙门起重机、汽车吊等多种，可根据起吊重量，桥梁所在位置以及现在设备和掌握机具的熟练程度等因素决定。

三 移动模架法

移动模架法是利用机械化的支架和模板进行逐跨整体移动，并在其上现浇混凝土。它的特点是施工快速，节省劳力，减轻劳动强度和少占施工场地。常用的移动模架法可分为移动悬吊模架和活动模架两种。

(一)移动悬吊模架施工

移动悬吊模架的形式很多，各有差异，就其基本结构包括三部分:承重梁、从承重梁伸出的肋骨状的横梁和支承主梁的移动支承。

承重梁通常采用钢梁，长度大于两倍跨径，是承受施工设备自重、模板系统重力和现浇混凝土重力的主要构件，承重梁的后段通过可移式支承落在已完成的梁段上，它将重量传给桥墩(或直坐落在墩顶)，承重梁的前端支承在桥墩上，工作状态呈单臂梁。承重梁除起承重作用外，在一孔梁施工完成后，作为导梁与悬吊模架一起纵移至下一施工孔，承重梁的移位以及内部运输由数组千斤顶或起重机完成，并通过中心控制操作。

从承重梁两侧悬臂的许多横梁覆盖板梁全宽，它由承重梁上左右各用2～3组钢索拉住横梁，以增加其刚度，横梁的两端垂直向下，到主桥的下端再呈水平状态，形成下端开口的框架并将主梁包在内部。当模板支架处于浇混凝土的状态时，模板依靠下端的悬臂梁和锚固在横梁上的吊杆定位，并用千斤顶固定模板。当模架需要运送时，放松千斤顶和吊杆，模板固定在下端悬臂上，并转动该梁前端的可动部分，使在运送时模架可顺利地通过桥墩。

模架的支承系统由移动支承和后端支承组成，移动时要放下后端支承，将活动支承前移，之后提升后端支承，利用移动支承上的穿心式千斤顶将承重梁前移，经过几次反复，将承重梁移至新的施工位置。

(二)活动模架施工

活动模架的构造形式较多，其中的一种构造形式由承重梁、导梁、台车和桥墩托架等构件组成。在混凝土箱形梁的两侧各设置一根承重梁，支撑模板和承

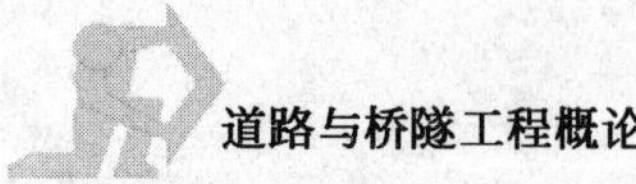

受施工重量，承重梁的长度要大于桥梁跨径，浇注混凝土时承重梁支承在桥墩托架上。导梁主要用于运送承重梁和活动模架，因此需要有大于两倍桥梁跨径的长度，当一跨梁施工完成后进行脱模卸架，由前方台车（在导梁上移动）和后方台车（在已完成的梁上移动），沿纵向将承重梁和活动模架运送至下一跨，承重梁就位后导梁再向前移动，如图 2-2-36 所示。活动模架的另一种构造形式是采用两根长度大于两倍跨径的承重梁分设在箱梁面的翼缘板下方，兼作支承和移支模架的功能，因此不需要再设导梁，两根承重梁置于墩顶的临时横梁上，两根承重梁间用于支承上部结构模板的钢螺栓框架将两个承重梁连接起来，移动时为了跨越桥墩前进，需要解除连接杆件，承重梁逐根向前移动。

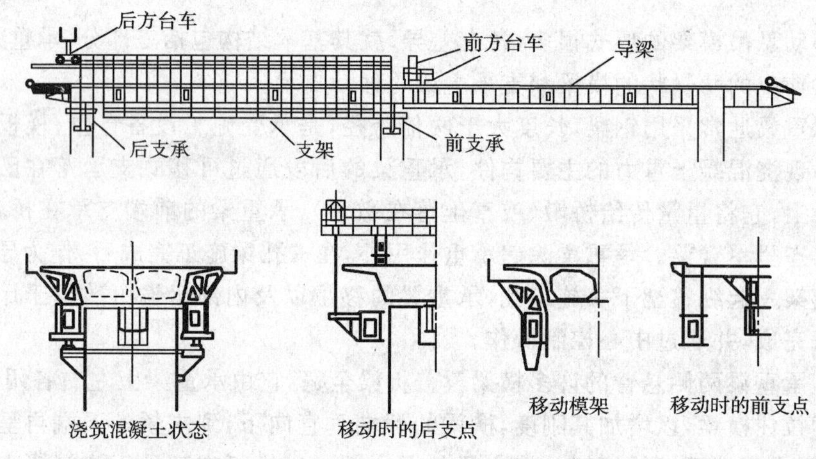

图 2-2-36　活动模架的构造

活动模架施工是从岸跨开始，每次施工接缝设在下一跨的 $L/5$ 附近，连续施工，当正桥和两岸引桥施工完成后，在主跨锚孔设置临时墩现场浇筑连接段使全桥合拢。

对于每个箱梁的施工采用两次浇筑施工法，当承重梁定位后，用螺旋千斤顶调整外模，浇底板混凝土，之后安装设在轨道上的内模板，浇筑腹板及顶板混凝土。在一跨施工结束需移动模架时，将连接杆件从一个承重梁上松开并撤除纵向缆索后将承重梁逐根纵移，由于附有连接杆和模板的承重梁，在移动时不稳定，为了达到平衡，在承重梁的另一侧设有外托架和混凝土平衡梁。每跨桥的施工期，在正常情况下，需要 4 周时间。

移动模架法需要一整套设备及配件，除耗用大量钢材外还需有整套机械动力设备和自动装置，一次投资是相当可观，为了提高使用效率，必须解决装配化和科学管理的问题。

四 顶推施工法

顶推法的施工原理是沿桥纵轴方向的台后开辟预制场地，分节段预制混凝土梁身，并用纵向预应力筋连成整体，然后通过水平液压千斤顶施力，借助不锈钢板与聚四氟乙烯模压板特制的滑动装置，将梁逐段向对岸顶进，就位后落架，更换正式支座完成桥梁施工。

(一)单点顶推

顶推的装置集中在主梁预制场附近的桥台或桥墩上，前方墩各支点上设置滑动支承。顶推装置又可分为两种：一种是由水平千斤顶通过沿箱梁两侧的牵动钢杆给预制梁一个顶推力；另一种是由水平千斤顶与竖直千斤顶联合使用，顶推预制梁前进。它的施工程序为顶梁、推移、落下竖直千斤顶和收回水平千斤顶的活塞杆。

滑道支承设置在墩上的混凝土临时垫块上，它由光滑的不锈钢板与组合的聚四氟乙烯滑块组成。顶推时，组合的聚四氟乙烯滑块在不锈钢板上滑动，并在前方滑出，通过在滑道后方不断喂入滑块，带动梁身前进。

(二)多点顶推

多点顶推法是指将集中的顶推力分散到各墩台上，在每个墩台上设置一对小吨位(400～800kN)的水平千斤顶进行顶推。由于利用水平千斤顶传给墩台的反力来平衡梁体滑移时在桥墩上产生的摩阻力，从而使桥墩在顶推过程中承受的水平力较小，因此可以在柔性墩上采用多点顶推施工。同时，多点顶推所需的顶推设备吨位小，容易获得，所以我国在近年来用顶推法施工的预应力混凝土连续梁桥，较多地采用了多点顶推法。在顶推设备方面，国内一般较多采用拉杆式顶推方案，每个墩位上设置一对液压穿心式水平千斤顶，每侧的拉杆使用一根或两根 25mm 高强螺纹钢筋，其前端通过锥楔块固定在水平千斤顶活塞杆的头部，另一端使用特制的拉锚器、锚定板等连接器与箱梁连接，水平千斤顶固定在墩身特制的台座上，同时在梁位下设置滑板和滑块。当水平千斤顶施顶时，带动箱梁在滑道上向前滑动。

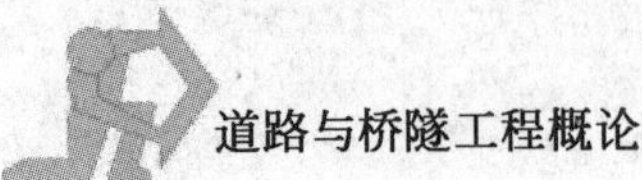

多点顶推在国外称SSY顶推施工法，顶推装置由竖向千斤顶、水平千斤顶和滑移支承组成。施工程序为落梁、顶推、升梁和收回水平千斤顶的活塞，拉回支承块，如此反复作业。

多点顶推施工的关键在于同步。

多联桥的顶推，可以分联顶推，通联就位，也可联在一起顶推。两联间的结合面可用牛皮纸或塑料布隔离层隔开，也可采用隔离剂隔开。对于多联一并顶推时，多联顶推就位后，可根据具体情况设计解联、落梁及形成伸缩缝的施工方案，如两联顶推，第二联就位后解联，然后第一联再向前顶推就位，形成两联间的伸缩缝。

(三)顶推施工中的几个问题

1.合理确定分段长度

顶推法的制梁有两种方法，一种是在梁轴线的预制场上连续预制逐段顶推；另一种是在工厂制成预制块件，运送到桥位连接后进行顶推，但以现场预制为宜。

主梁的节段长度划分主要考虑段间的连接处不要设在连续梁受力最大的支点与跨中截面，同时要考虑制作加工容易，尽量减少分段，缩短工期。因此一般常取每段长10～30m。同时考虑到连续梁反弯点的位置，连续梁的顶推节段长度应使每跨梁不多于两个接缝。

2.节段的预制工作

节段的预制对桥梁施工质量和施工速度起决定作用。由于预制工作固定在一个位置上进行周期性生产，所以完全可以仿照工厂预制桥梁的条件设临时厂房、吊车，使施工不受气候影响，减轻劳动强度，提高工效。

(1)模板制作——保证预制质量的关键

箱梁模板由底模、侧模和内模组成。一般来说，采用顶推法施工多选用等截面，模板可以多次周转使用。因此宜使用钢模板，以保证预制梁尺寸的准确性。

底模板安置在预制平台上，平台的平整度必须严格控制，因为顶推时的微小高差就会引起梁内力的变化，而且梁底不平整将直接影响顶推工作。通常预制平台要有一个整体的框架基础，要求总下沉量不超过5mm，其上是型钢及钢板制作的底模和在腹板位置的底模滑道。在底模和基础之间设置卸落设备时，底模应能自行脱模，将节段落在滑道上。

(2)预制周期——加快施工速度的关键

根据统计资料得知,梁段预制工作量占上部结构总工作量的55%~65%,加快预制工作的速度对缩短工期具有十分重要的意义。为达到此目的,除在设计上尽量减少梁段的规格外,在施工上应采取一定的措施加快预制周期。目前国内外的预制梁段周期一般为7~15d。

3.顶推施工中的横向导向

为了使顶推能正确就位,施工中的横向导向是不可少的。通常在桥墩台上主梁的两侧各安置一个横向水平千斤顶,千斤顶的高度与主梁的底板位置平齐,由墩(台)上的支架固定千斤顶位置。在千斤顶的顶杆与主梁侧面外缘之间放置滑块,顶推时千斤顶的顶杆与滑块的聚四氟乙烯板形成滑动面,顶推时由专人负责不断更换滑块。

横向导向千斤顶在顶推施工中一般只控制两个位置,一个是在预制梁段刚刚离开预制场的部位,另一个设置在顶推施工最前端的桥墩上,因此梁前端的导向位置将随着顶推梁的前进不断更换位置。施工中发现梁的横向位置有误而需要纠偏时,必须在梁顶推前进的过程中进行调整。对于曲线桥,由于超高而形成单面横坡,横向导向装置应比直线处强劲,且数量要增加,同时应注意在顶推时,内外弧两侧前进的距离不同,要加强控制和观测。

五 施工中的临时设施

通过计算机得知,连续梁顶推施工的弯矩包络图与营运状态的弯矩包络图相差较大,为了减少施工中的内力,扩大顶推法施工的使用范围,同时也从安全施工(特别在施工初期,不致发生倾覆失稳)和方便施工出发,在施工过程中有必要使用一些临时设施,如导梁(鼻梁)、临时墩、拉索、托架及斜拉索等结构。

(一)导梁

导梁设置在主梁的前端,为等截面或变截面的钢桁梁或钢板梁,主梁前端装有预埋件与钢导梁栓接。导梁在外形上,底缘与箱梁底应在同一平面上,前端底缘呈向上圆弧形,以便于顶推时顺利通过桥墩。

合理的导梁长度应是使主梁最大悬臂负弯矩与营运阶段的支点负弯矩基本相近。

由于导梁在施工中正负弯矩反复出现,连接螺栓易松动,在顶推中每经历一次反复均需检查和重新拧紧。施工时要随时观测导梁的挠度。

顶推施工通常均设置前导梁,也可增设尾导梁。

(二)临时墩

临时墩是应桥跨结构在施工过程中的内力变化需要而设置的临时结构物。临时墩由于仅在施工中使用,因此在符合使用要求的前提下,要造价低,便于拆装。目前用得较多的是用滑升模板浇筑的混凝土薄壁空心墩、混凝土预制板或预制板拼砌的空心墩或混凝土板和轻便钢架组成的框架临时墩。临时墩的基础依地质和水深诸情况决定,可采用桩基础等。为了减小临时墩承受的水平力和增加临时墩的稳定性,在顶推前将临时墩与永久墩用钢丝绳拉紧。也可采用在每墩上、下游各设一束钢索进行张拉,效果较好,施工也很方便。通常在临时墩上不设顶推装置而仅设置滑移装置。

(三)拉索、托架及斜拉索

用拉索加劲主梁目的是抵消顶推时的悬臂负弯矩。采用拉索加劲的一般布置如图 2-2-37 所示。

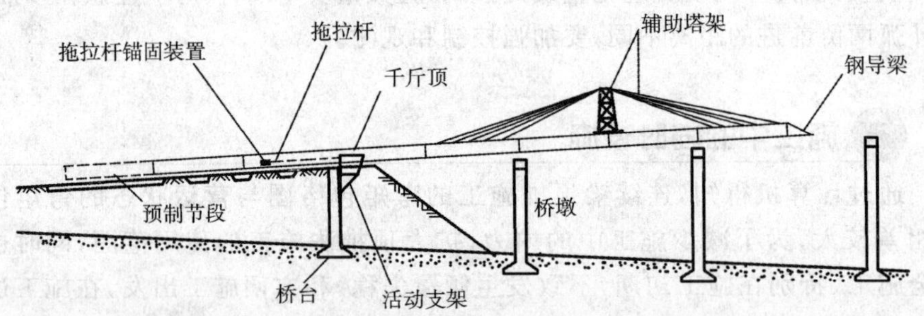

图 2-2-37 用拉索加劲的顶推法施工

拉索系统由钢制塔架、连接构件、竖向千斤顶和钢索组成,设置在主梁的前端。拉索的范围为两倍顶推跨径左右。塔架承担集中竖向力。在顶推过程中,箱梁内力不断变化,因此要根据不同阶段的受力状态调节索力,这项工作由设在塔架下端的两个竖向千斤顶来完成。

在桥墩上设托架是为了减小顶推跨径和梁的受力。

斜拉索在顶推时用于加固桥墩,特别是对于有较大纵坡和较高桥墩的情况下,采用斜拉索可以减小桥墩的水平力,增加稳定性。这种加固方法宜在水不太深或跨山谷的桥梁上采用。

本章小结

各种梁式桥因其结构不同而具有不同构造特征与要求。因为施工条件千变万化，所选用的施工方法亦有所不同。模板工程、钢筋工程、混凝土工程和预应力工程是梁式桥施工的基础和主要内容，而各种大跨径桥都有其特有的施工方法。

小知识

加拿大的魁北克大桥曾经因为设计时没有考虑风动力的影响，而在施工过程中被风吹垮。从此以后，所有大桥的设计都必须考虑风动力作用的影响。

思考与练习

1. 梁式桥有哪些结构形式？其结构特点是什么？
2. 模板的类型有哪些？其施工要点是什么？
3. 钢筋的类型与代号，钢筋加工与制作的要点是什么？
4. 混凝土的组成有哪些？各组成成分对混凝土性质有何影响？混凝土的施工要点是什么？
5. 梁式桥现浇施工的要点是什么？
6. 梁式桥装配施工的要点是什么？
7. 悬臂施工的特点与要点是什么？
8. 斜拉桥施工的要点是什么？
9. 预应力混凝土连续梁桥施工的要点是什么？

第三章 拱桥

【职业能力目标】

1. 了解拱桥的特点与基本构造；
2. 熟悉拱桥施工方法与施工工艺。

【学习要求】

1. 了解拱桥类型与特点；
2. 熟悉拱桥的基本构造与拱桥的组成；
3. 掌握拱桥的各种施工工艺与流程。

第一节　拱桥的构造

一　拱桥的基本组成及主要特点

拱桥是我国公路上常用的一种桥梁体系。拱桥与梁桥的区别，不仅在于外形的不同，更重要的是两者受力性能有差别。由力学知识可以知道，梁式结构在竖向荷载作用下，支承处仅仅产生竖向支承反力，而拱式结构在竖向荷载作用下，支承处不仅产生竖向反力，而且还产生水平推力。正是这个水平推力的存在，使得拱的弯矩将比相同跨径的梁的弯矩小很多，整个拱主要承受压力。这样，拱桥不仅可以利用钢、钢筋混凝土等材料来修建，而且还可以根据拱的这个受力特点，充分利用抗压性能好而抗拉性能较差的圬工材料（石料、混凝土、砖等）来修建。这种由圬工材料修建的拱桥又称为圬工拱桥。

(一)拱桥的基本组成

拱桥和其他桥梁一样,也是由桥跨结构(上部结构)及下部结构两个部分组成,如图 2-3-1 所示。

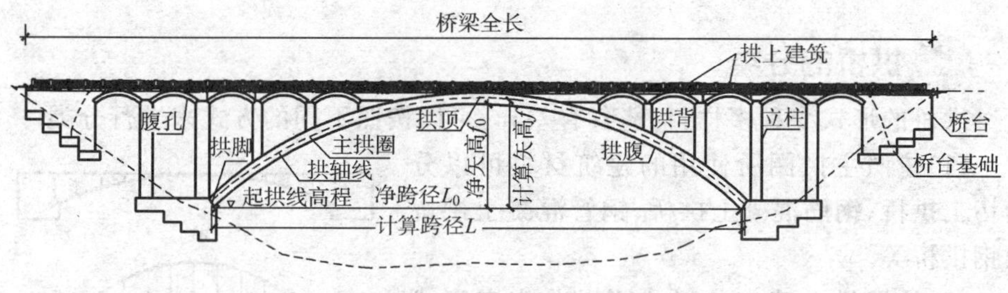

图 2-3-1 拱桥基本组成

一般的拱桥,桥跨结构是由主拱圈(肋、箱)简称主拱及拱上建筑(又称拱上结构)所构成。主拱圈是主要承载构件,通过它把荷载传递给墩台及基础。由于主拱圈是曲线形,一般情况下车辆无法直接在弧面上行驶,所以在行车道系与主拱圈之间需要有传递荷载的构件和填充物,这些主拱圈以上的行车道系和传载构件或填充物统称为拱上建筑。在图 2-3-1 中,标明了拱桥的主要组成部分和名称。

拱桥的下部结构包括桥墩、桥台和基础,用以支承桥跨结构,将桥跨结构的全部荷载传至地基。桥台还能起到与两岸路堤相连接的作用,使路桥形成一个协调的整体。

(二)拱桥的特点

拱桥的主要优点有:

①跨越能力较大;

②耐久性好,养护、维修费用少;

③外形美观;

④构造较简单。

拱桥的主要缺点有:

①自重较大,相应的水平推力也较大,要求有庞大的墩、台和良好的地基;

②随着跨径增大和桥高的提高,增大了拱桥的施工难度,提高了拱桥的总造价,另外,拱桥的施工工序较多,需要的劳动力多,建桥时间也较长;

③由于拱桥水平推力较大,在连续多孔的拱桥中,为防止因一孔破坏而影响

全桥的安全,需要采取较复杂的措施(如设置单向推力墩),增加了造价;

④上承式拱桥的建筑高度较高,当用于城市立体交叉及平原区的桥梁时,因桥面高程的提高,而使两岸接线的工程量增大,或者使桥面纵坡增大,既增加了造价又对行车不利。

 拱桥的分类

拱桥的形式多种多样,构造各有差异,可以按照不同的方式来进行分类。

(1)按照主拱圈所使用的建筑材料可以分为圬工拱桥、钢筋混凝土拱桥、钢管混凝土拱桥及钢拱桥等。

(2)按照拱上建筑的形式可以分为实腹式拱桥(图 2-3-17)及空腹式拱桥(图 2-3-18)。

(3)按照拱轴线的形式,可将拱桥分为圆弧线拱桥、抛物线拱桥、悬链线拱桥等。

(4)按照桥面的位置可分为上承式拱桥、下承式拱桥和中承式拱桥(图 2-3-2)。

(5)按照有无水平推力,可分为有推力拱桥和无推力拱桥等。

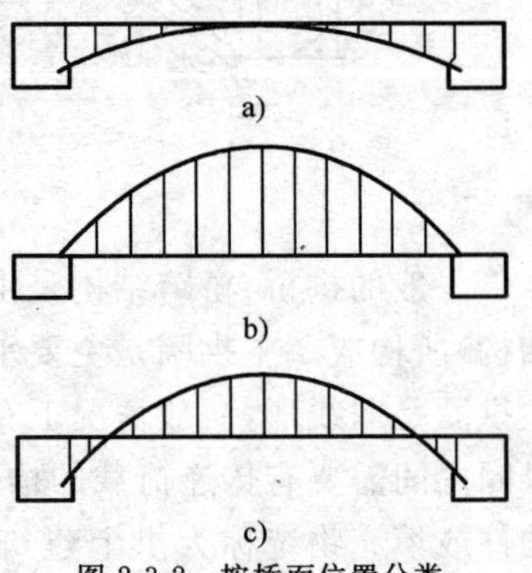

图 2-3-2　按桥面位置分类

a)上撑式;b)下撑式;c)中撑式

现仅根据两种不同的分类方式,对圬工和钢筋混凝土拱桥的主要类型作一介绍。

(一)按照结构体系分类

拱式桥跨的结构按照静力图式可以分为简单体系拱桥和组合体系拱桥。本章主要介绍简单体系拱桥。

在简单体系的拱桥中,一般不考虑行车系结构(上承式拱桥的拱上建筑或中、下承式拱桥的拱下悬吊结构)参与主拱一起受力,主拱以裸拱形式作为主要的承重结构,可以做成上承式的、下承式的(无系杆拱)或中承式的,均为有推力拱,拱的水平推力直接由墩台或基础承受。

按照主拱的静力特点,简单体系的拱桥又可以分成三铰拱、两铰拱和无铰拱三种(图 2-3-3)。

1. 三铰拱(图 2-3-3a)

属外部静定结构。由于温度变化、支座沉陷等原因引起的变形,不会在拱内

产生附加内力，计算时无须考虑体系弹性变形对内力的影响。当地基条件不良，又需要采用拱式桥梁时，可以采用三铰拱。但由于铰的存在，使其构造复杂，施工较困难，维护费用增大，而且减小了结构的整体刚度，降低了抗震能力；同时，由于拱的挠度曲线在拱顶铰处有转折，对行车不利，因此三铰拱一般较少采用。目前，最大跨径的三铰拱桥为德国的莫赛尔桥，其跨径达107m。我国仅在一些较小跨径的桥上有所采用。公路空腹式拱桥的拱上建筑中的边腹拱，常用三铰拱。

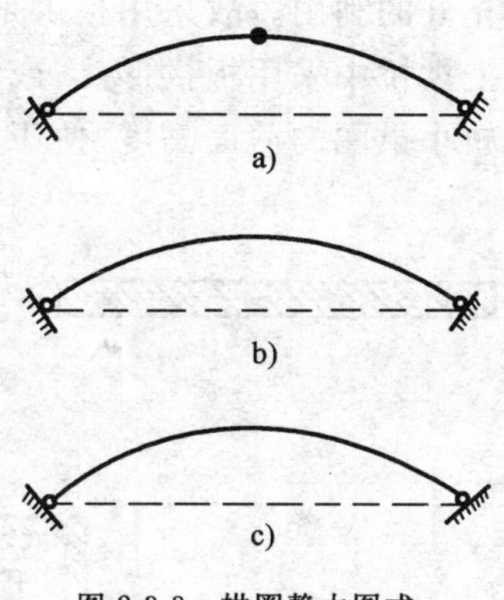

图 2-3-3　拱圈静力图式

2. 两铰拱(图 2-3-3b)

属一次超静定结构。由于取消了拱顶铰，使结构整体的刚度比三铰拱的大。在墩台基础可能发生位移的情况下或坦拱中采用，与无铰拱相比，可以减小基础位移、温度变化、混凝土收缩和徐变等引起的附加内力。目前，世界上最大跨径的两铰拱桥是日本的外津桥，跨径为 170m。

3. 无铰拱(图 2-3-3c)

属外部三次超静定结构。在自重及外荷载作用下，拱内的弯矩分布比两铰拱均匀，材料用量省。由于无铰，结构的整体刚度大，构造简单，施工方便，维护费用少，因此在实践中使用最广泛。但由于无铰拱的超静定次数高，温度变化、材料收缩、结构变形、特别是墩台位移会在拱内产生较大的附加内力，所以无铰拱一般适用于地基良好的条件下，这使它的使用范围受到一定限制。不过，随着跨径的增大，附加内力的影响要相对地减小，因而无铰拱仍是国内外拱桥上采用最多的一种构造形式。

此外，还有单铰拱桥，但是单铰拱桥建造的很少。法国的 I′artuby 桥是单铰拱桥，跨径为 110m。

(二)按照主拱的截面形式分类

主拱的横截面形式很多，通常可以分为下面几种类型。

1. 板拱桥(图 2-3-4a)

主拱圈的横截面是整块的实体矩形截面。板拱桥是最古老的拱桥形式，由于它构造简单，施工方便，至今仍在使用。但是由于在横截面积相同的条件下，实体矩形截面比其他形式截面的抵抗矩小，在有弯矩作用时，材料的强度没有得

到充分的利用。故采用板拱是不太经济的。一般在地基条件较好的中、小跨径圬工拱桥中采用板拱形式，或者在拱桥跨径不大的时候（一般不大于100m），为了减小拱圈的截面高度、便于施工和获得美观的造型，也采用板拱截面形式。

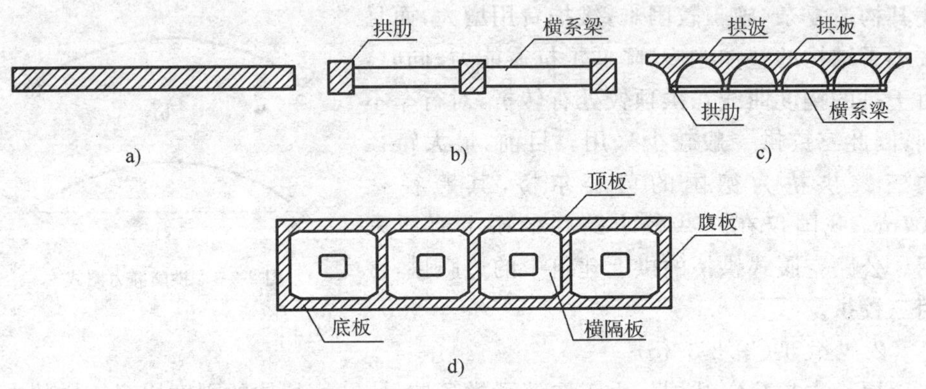

图 2-3-4 拱的截面形式

a)板拱；b)肋拱；c)双曲拱；d)箱形拱

2. 肋拱桥（图 2-3-4b）

为了节省材料，减轻结构的自重，以较小的截面积获得较大的截面抵抗矩，将整块的矩形实体截面划分成两条（或多条）分离式的、截面高度较大的肋，肋与肋间由横系梁相连，形成了由几条肋组成的肋拱桥。肋拱桥的拱肋可以是实体截面、箱形截面或桁架截面。

肋拱桥的材料用量一般比板拱桥经济，但构造比板拱桥复杂。

3. 双曲拱桥（图 2-3-4c）

主拱圈的横截面是由一个或数个横向小拱组成，使主拱圈在纵向及横向均呈曲线形，故称之为双曲拱桥。

双曲拱截面的抵抗矩比相同截面积的实体板拱圈要大，因此可以节省材料，结构自重力小，特别是它的预制部件分得细，吊装质量轻，在公路桥梁上曾获得过较广泛的应用，最大跨径达150m。但由于其截面组成划分过细，整体性能较差，且应力集中严重，建成后出现裂缝较多，目前已较少使用。

4. 箱形拱桥（图 2-3-4d）

将实体的板拱截面挖成空心箱形截面，则称为箱形拱或空心板拱。由于截面挖空，使箱形拱的截面抵抗矩较相同截面积的板拱的截面抵抗矩大得多，从而大大减小弯矩引起的应力，节省材料较多，对于跨径较大的拱桥效果更为显著。另外，由于它是闭口截面，抗扭刚度、横向整体性和结构稳定性都比较好。

5. 钢管混凝土拱桥

钢管混凝土是在薄壁圆形钢管内填充混凝土而形成的一种复合材料，它借助内填混凝土增强钢管壁的稳定性，同时又利用钢管对核心混凝土的套箍作用，使核心混凝土处于三向受压状态，从而使其具有更高的抗压强度和抗变形能力；同时，钢管本身相当于混凝土的外模板，它具有刚度大、承载能力强、重量轻等优点，易于吊装或转体的特点，可以先将空钢管拱肋合龙，再将混凝土压注入管内，从而大大降低了大跨径拱桥施工的难度，省去了支模、拆模等工序，并可适应先进的泵送混凝土工艺的要求。

三 拱桥构造

从以上介绍得知，拱桥按行车道位置分为上承式拱桥、中承式拱桥、下承式拱桥。下面以上承式拱桥为例介绍拱桥的构造。

拱桥由主拱(圈)、拱上传载构件或填充物(拱上建筑)、桥面系组成，主拱(圈)是主要承重结构，如图 2-3-5 所示。

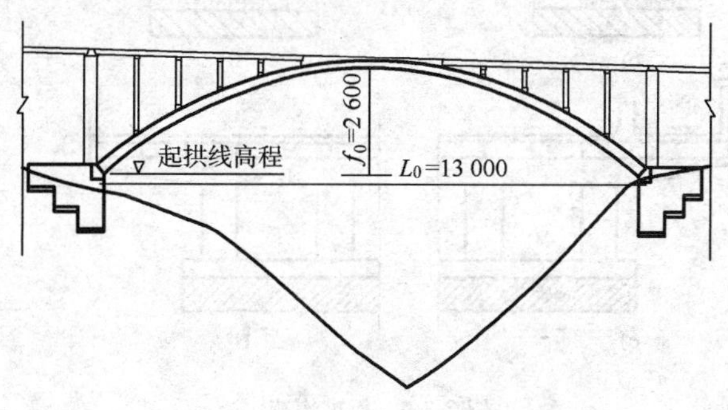

图 2-3-5　上承式拱桥(尺寸单位:cm)

(一)主拱构造

普通型上承式拱桥根据主拱(圈)截面形式的不同，主要分为板拱、肋拱、箱形拱等。

1. 板拱

板拱可以是等截面圆弧拱、等截面或变截面悬链线拱以及其他拱轴形式的拱。除多数采用无铰拱外，也可以做成双铰拱和三铰拱。按照主拱所用材料，板拱又分为石板拱、混凝土板拱、钢筋混凝土板拱等。

(1)主拱截面宽度

对于实腹式板拱桥以及拱式腹拱的空腹式板拱桥，拱圈宽度取决于桥面的宽度。当不设人行道时，则仅将防撞栏杆悬出 5～10cm，如图 2-3-6a)所示；当设人行道时，通常将人行道栏杆悬出 15～25cm，如图 2-3-6b)所示。对于多孔或大跨径实腹式拱桥，可将单独设置的钢筋混凝土构件组成的人行道部分悬出，如图 2-3-6c)所示，也可以将设置在横贯全桥的钢筋混凝土横挑梁上的人行道全部悬出，如图 2-3-6d)所示。当板拱用于空腹式拱桥时，可通过盖梁将人行道或部分车行道悬挑出拱圈宽度外，以减小拱圈宽度和墩台尺寸，如图 2-3-6e)、f)所示。

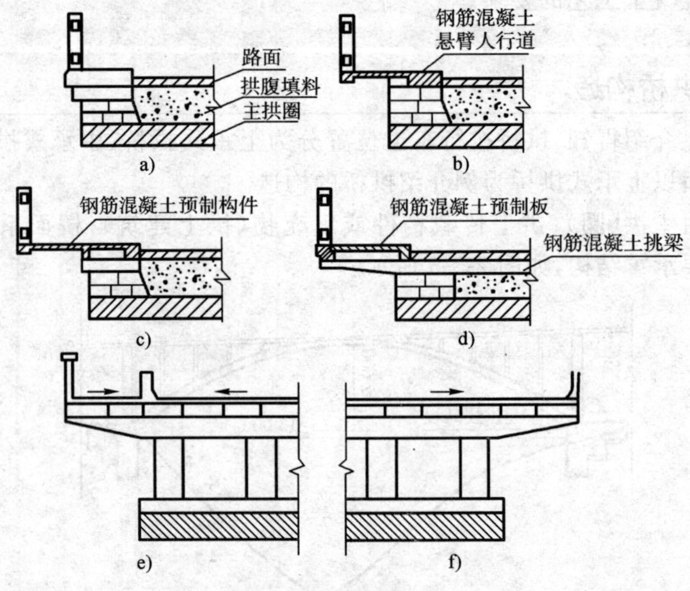

图 2-3-6　板拱构造

板拱拱圈宽度一般不宜小于计算跨径的 1/20，以保证横向稳定性，否则，应验算拱圈横向稳定性。

(2)石板拱的构造

按照砌筑主拱圈的石料规格，分为料石板拱、块石板拱、片石板拱以及乱石板拱等。用于拱圈砌筑的石料应石质均匀，不易风化，无裂纹；石料的加工应满足施工规范的要求。

为便于拱石加工和确保砌筑符合构造要求，需对拱石进行编号。对等截面圆弧拱，因截面相等，又是单心圆弧线，拱石规格较少，编号简单，如图 2-3-7a)所示；当采用变截面悬链线拱时，由于截面发生变化，曲率半径变化，拱石类型多，编号复杂，如图 2-3-7b)所示；对等截面悬链线拱，因内外弧线与拱轴线平行，拱石编号大为简化。同时，还可以采用多心圆弧线代替悬链线放样，如图 2-3-7c）所示。

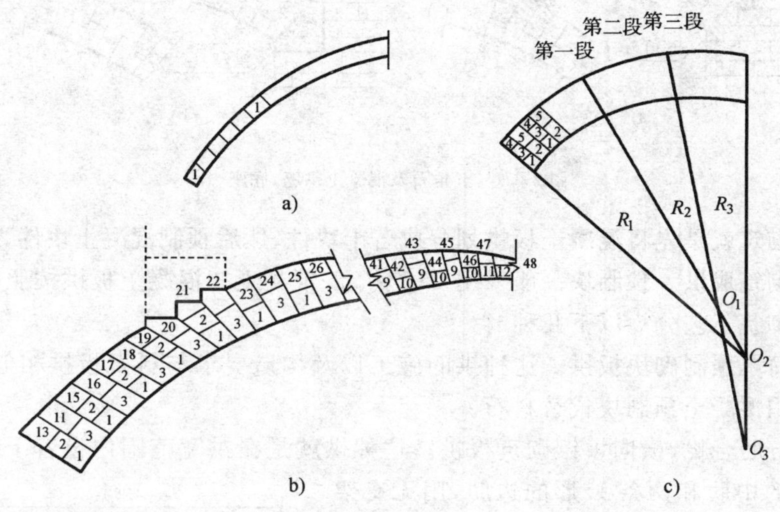

图 2-3-7 拱石编号

a）圆弧拱；b）变截面悬链线拱；c）等截面悬链线拱

为保证拱圈抗剪强度和整体性，拱石间的砌缝必须错开，如图 2-3-8 所示。因砂浆强度比拱石低得多，拱石砌缝宽度不能太大。

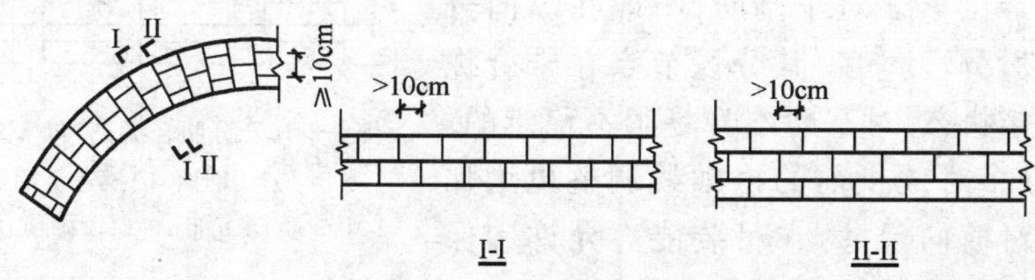

图 2-3-8 拱石的错缝要求

拱圈与墩台以及拱圈与空腹式拱上建筑的腹孔墩连接处，应采用特别的五角石（图 2-3-9a），以改善该处的受力状况。为了避免施工时损坏或被压碎，五角石不得带有锐角。为了简化施工，目前常用现浇混凝土拱座及腹孔墩底梁代替石质五角石（图 2-3-9b）。

（3）混凝土板拱的构造

在缺乏合格天然石料的地区，可以用素混凝土来建造板拱。混凝土板拱可以采用整体现浇，也可以预制砌筑。整体现浇混凝土拱圈，拱内收缩应力大，受力不利，同时，拱架、模板木材用量大，费工多，工期长，质量不易控制，故较少采

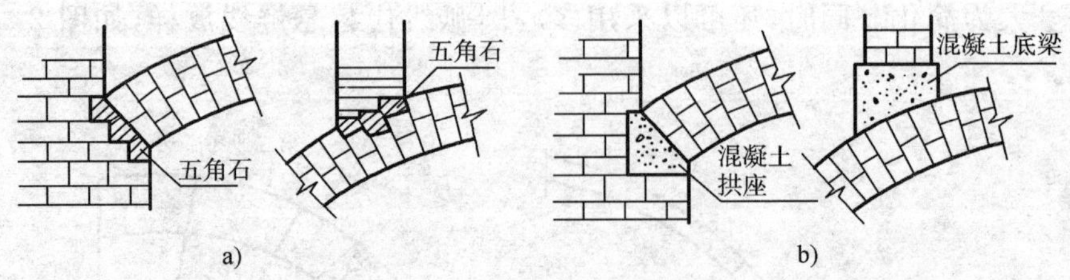

图 2-3-9　五角石及混凝土拱座、底座

用。制砌筑就是先将混凝土板拱划分成若干块件，然后预制混凝土块件，最后进行块件砌筑成拱。预制块一般采用 C15～C25 混凝土。混凝土板拱按照砌块的形状和砌筑工艺分为以下几种。

①简单预制砌块板拱。这种拱的施工以及构造要求与料石板拱相似，所不同的是用混凝土预制块代替料石。

②分肋合拢，横向填镶砌筑板拱。这种拱就是在拱宽范围内设若干条倒 T 形截面的中肋和两条 L 形的边肋，用无支架吊装基肋合拢成拱，然后，在肋间用 T 形截面砌块填镶，组拼成板拱（图 2-3-10），此工艺适用于中、小跨径拱桥。在块件划分时，应考虑桥跨大小、吊装能力以及砌块在横向砌筑中肋的稳定等因素。对于基肋，一般在纵向分为 3～5 段，分段过多，其分段节点在未合拢前处于铰接状态，对基肋本身是很不稳定的，同时，节点多对成拱前的拱轴线调整也增加了困难。对横向尺寸，在吊装能力允许和保证砌块稳定的情况下，宜加大砌块横向尺寸，减少肋数。

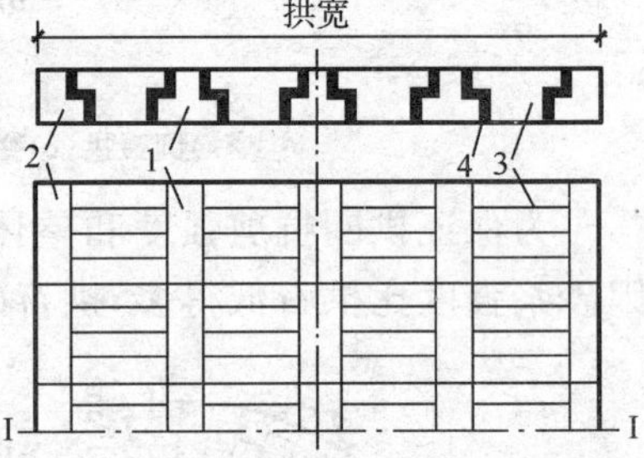

图 2-3-10　分肋合拢，横向填镶板拱
a) I-I 剖面；b) 拱背平面
1-中间肋；2-边肋；3-填镶砌块；4-砌缝

③卡砌（空心）板拱。卡砌（空心）板拱就是把混凝土预制块做成空心的（挖空率可达 40%～60%），先在窄拱架上拼砌基箱（肋）（拱架宽 1.6～2.0m 即可），然后在两侧对称卡砌边箱（肋）直至成拱，从而可节省大量拱架用料。

卡砌空心板的构造要求外形简单（图 2-3-11），种类少，便于预制和卡砌，砌块间纵横向都要满足错缝的要求。

在吊装能力许可的情况下，砌块尺寸宜大不宜小。砌块厚度不宜小于 80cm，以便砌筑人员能在空洞内对底板插捣砂浆。

砌块的横向宽度划分，一般以双箱为单元，但在横截面两端可结合具体情况，采用 1.5 箱和 0.5 箱。

(4)钢筋混凝土板拱的构造

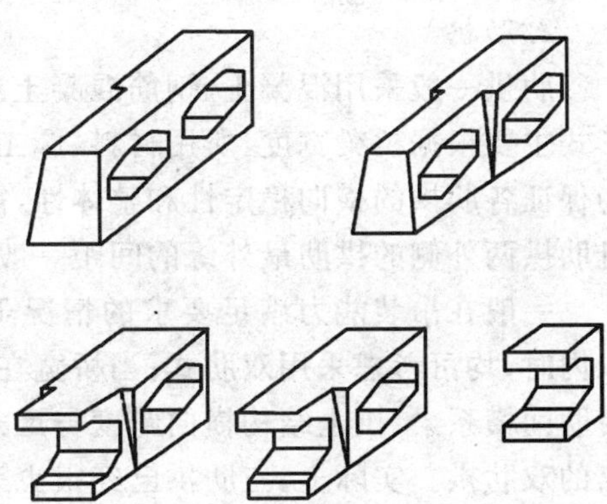

图 2-3-11　卡砌空心板外形

钢筋混凝土板拱根据桥宽的需要，可以做成单条整体拱圈或多条平行板(肋)拱圈(拱圈之间可不设横向联系，图 2-3-12)，可反复利用一套较窄的拱架与模板来完成施工，既节省材料，也可以节省一部分拱板混凝土。

钢筋混凝土板拱应按计算需要与构造要求配置受力钢筋(主筋)、分布钢筋和箍筋(图 2-3-13)。主筋沿拱圈纵向拱形布置，最小配筋率为 0.2%～0.4%，且上下缘对称通常布置，以适应沿拱圈各截面的弯矩的变化。钢筋的分布位于主筋内侧，箍筋沿半径方向布置，靠拱背处间距不大于 15cm。

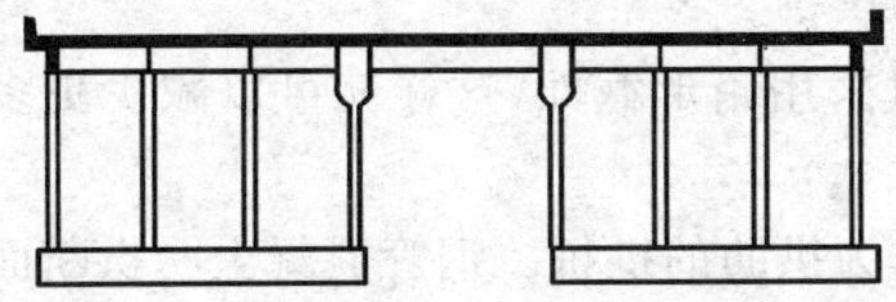

图 2-3-12　分离式钢筋混凝土板拱

分布钢筋

图 2-3-13　钢筋混凝土板拱的配筋

(5)板肋拱

所谓板肋拱就是拱圈截面由板和肋组成的拱桥，又称矮肋拱。石砌板肋拱的特点是截面下缘全宽是板，其施工方法与石板拱一样，在较薄的板上另外砌筑石肋，使拱圈具有更大的抗弯刚度。其构造要求与石板拱相同，截面尺寸可参考已成桥资料或试算确定。钢筋混凝土板肋拱则是为了充分利用混凝土的强度，节省材料，减小质量，将实体板拱截面受拉区的混凝土挖去一部分而形成的。根据主拱圈弯矩的分布情况，在跨径中部，肋布置在下面；在拱脚区段，肋布置在上面较合理。但实际上为了简化模板和钢筋的工作，往往沿整个拱跨将肋布置在主拱圈截面的上面或下面，如图 2-3-14 所示。

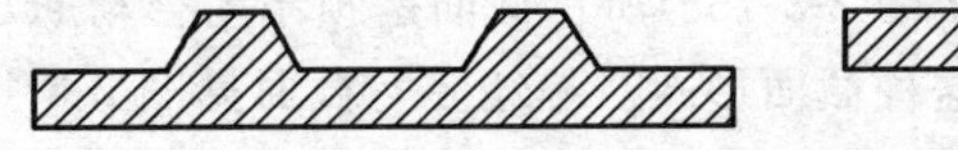

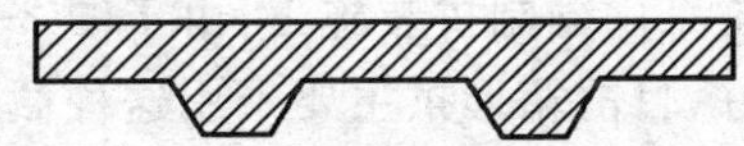

图 2-3-14　板肋拱横截面

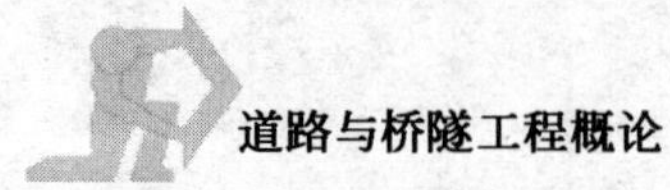

2. 肋拱

肋拱一般采用混凝土、钢筋混凝土或钢管混凝土。其肋数和间距以及截面形式主要根据桥梁宽度、所用材料、施工方法与经济性等方面综合考虑来决定。为保证各肋拱的横向稳定性和整体性，需在肋间设置足够数量和刚度的横系梁，且肋拱两外侧的拱肋最外缘的间距一般不宜小于跨径的 1/20。

一般在吊装能力满足要求的情况下，宜采用少肋形式。通常，桥宽在 20m 以内时，均可考虑采用双肋式；当桥宽在 20m 以上时，为避免由于肋中距增大而使肋间横系梁、拱上结构横向跨度与尺寸增大太多，可以采用三肋(多肋)拱或分离的双肋拱。实际上，三肋拱已经很少采用。

肋拱的截面形式分为实体矩形、工字形、箱形、管形以及组合形状等。

矩形截面具有构造简单、施工方便等优点，但由于截面相对集中于中性轴，在受弯矩作用时不能充分发挥材料的作用，经济性差，一般仅用于中小跨径的肋拱桥。

工字形截面，由于截面核心距比矩形大，具有更大的抗弯能力，适合拱内弯矩更大的场合，因而，常用于中等跨径的肋拱桥。

当肋拱桥跨径大、桥面宽时，肋拱可以采用箱形截面，这样就可以减少更多的圬工体积。

管形肋拱是指采用钢管混凝土结构作为拱肋的拱桥。钢管混凝土肋拱断面中钢管的直径、钢管根数、布置形式等，应根据桥梁跨径、桥宽及受力等具体情况来确定，一般有单管式、集束管和桁架式(格构式)。

3. 箱形拱

主拱圈(肋)截面由一个闭合箱(单室箱)或几个闭合箱(多室箱)构成的拱称为箱形拱。每一个闭合箱又由箱壁(侧板)、顶板(盖板)、底板及横隔板组成(图 2-3-15)。箱形拱包括箱形板拱和箱形肋拱，由箱形截面组成的主拱圈截面外观如同板拱，故称为箱板拱；如果肋拱桥的拱肋截面为箱形，则称为箱肋拱。

(1)箱形拱截面组成方式

主拱圈箱形断面组成的方式有以下几种：由多条 U 形肋组成的多室箱形截面，见图 2-3-16a)；由多条工字形肋组成的多室箱形截面，见图 2-3-16b)；由多条闭合箱肋组成的多室箱形截面，见图 2-3-16c)；整体式单箱多室截面见图 2-3-16d)。箱拱通常采用预制拼装施工，由于图 2-3-16c)所示截面是预制闭合箱肋，其吊装稳定性好，目前箱形拱主要采用这种截面形式。单箱多室截面见图 2-3-16d)，主要用于不能采用预制吊装的特大型拱桥。

(2)拱圈截面尺寸的拟定

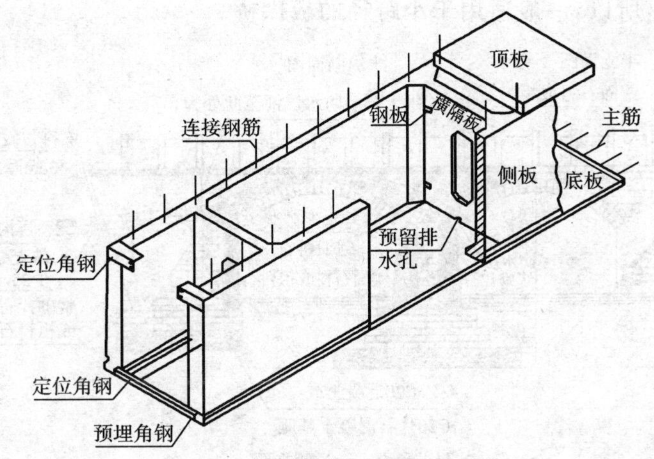

图 2-3-15　箱形拱闭合箱的构造

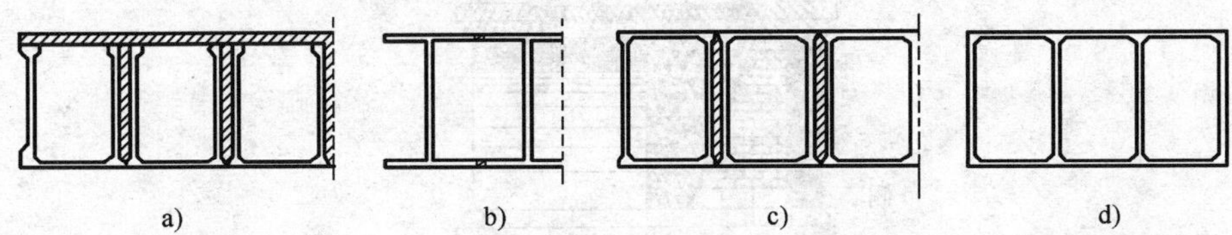

图 2-3-16　箱形截面组成方式

拱圈的高度主要取决于拱的跨度，还与拱圈所用混凝土强度有很大关系，一般通过试算确定，在初步拟定时可取跨径的 1/55～1/75。

箱形板拱的拱圈宽度的拟定与板拱相同，拱圈宽度一般可为桥宽的 1.0～0.6 倍。拱圈宽度确定后，在横向划分为几个箱肋，主要取决于(缆索)吊装能力。一般箱肋宽度为 1.2～1.7m。

(二)拱上建筑的构造

拱桥的主要承重结构——主拱圈是曲线形，车辆无法直接在主拱上行驶，需要在桥面系与主拱之间设置传递载荷的构件或填充物，使车辆能在桥面上正常行驶。桥面系和这些传载构件或填充物，统称为拱上建筑(又称拱上结构)。

拱上建筑的形式，一般分为实腹式和空腹式两大类。选择拱上建筑的构造形式要考虑桥型美观和结构的受力及变形的适应性。

1. 实腹式拱上建筑

实腹式拱上建筑由拱腹填料、侧墙、护拱、变形缝、防水层、泄水管以及桥面系组成(图 2-3-17)。实腹式拱上建筑的特点是构造简单，施工方便，填料数量较

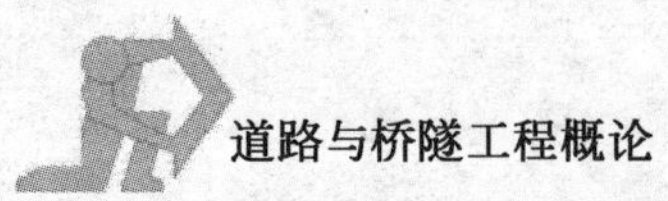

多，恒载较重，所以，一般适用于小跨径的板拱桥。

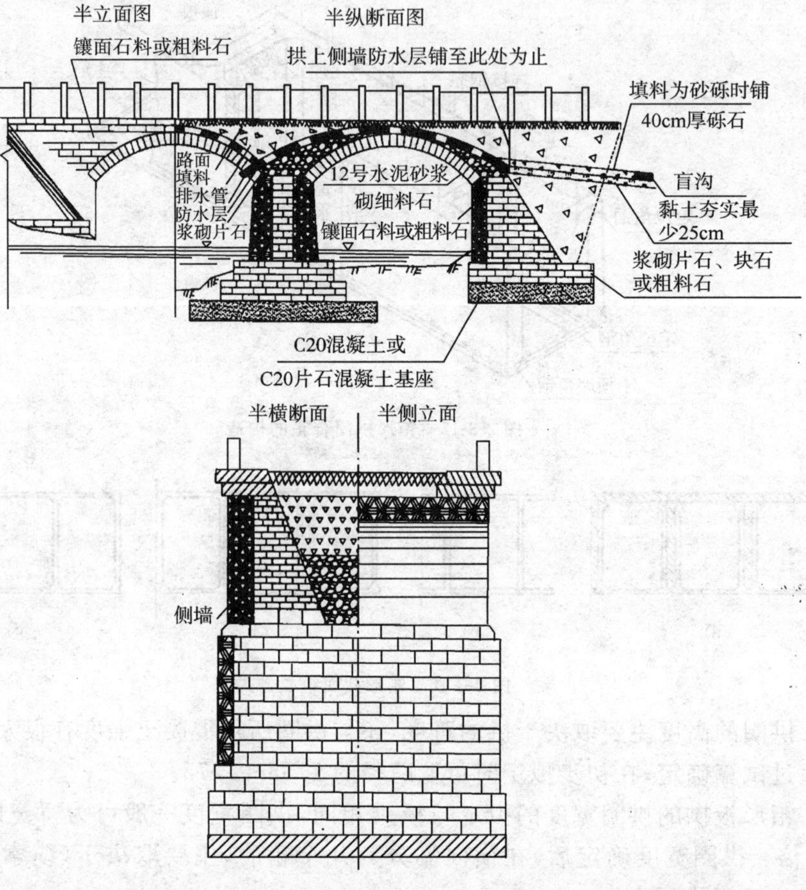

图 2-3-17　实腹式拱上建筑构造

拱腹填料分为填充式和砌筑式两种。填充式拱腹填料应尽量做到就地取材，通常采用砾石、碎石、粗砂或卵石类黏土等材料，分层夯实。当地质条件较差，要求减小拱上建筑质量时，可采用其他轻质材料，如炉渣与黏土的混合物、陶粒混凝土（其重力密度可小到 $10kN/m^3$）等。砌筑式拱腹就是在散粒料不易取得时采用的一种干砌圬工方式。侧墙的作用是围护拱腹上的散粒填料，设置在拱圈两侧。对混凝土或钢筋混凝土板拱，也可用钢筋混凝土护壁式侧墙。这种侧墙可以与主拱浇筑为一体，其内配置的竖向受力钢筋应伸入拱圈内一定长度（规定的锚固长度）。同时，为了便于在多孔拱桥上设置防水层和泄水管，通常采用浆砌块、片石结构。

2.空腹式拱上建筑

大、中跨径拱桥，特别是当矢高较大时，应采用空腹式拱上建筑。空腹式拱上建筑除了具有与实腹式拱上建筑相同的构造外，还有腹孔和腹孔墩。腹孔结构分为拱式腹孔和梁式腹孔两种。

(1)拱式拱上建筑

拱式拱上建筑构造简单，外形美观(图 2-3-18)，但质量较大，一般用于圬工拱桥。腹孔对称布置在主拱上建筑高度所允许的自拱脚向拱顶的一定范围内，一般以跨径的 1/3～1/4(半跨)为宜，此时，跨中存在实腹段，见图 2-3-18a)。腹孔跨数(或跨径)随桥跨大小不同而不同，对中、小跨径的拱桥，一般以 3～6 孔为宜。目前，也有采用全空腹形式，即在全拱内用腹拱连续跨越，不存在跨中实腹段，见图 2-3-18b)。此时，在确定了腹孔跨径后即可确定其孔数，一般以奇数孔为宜。

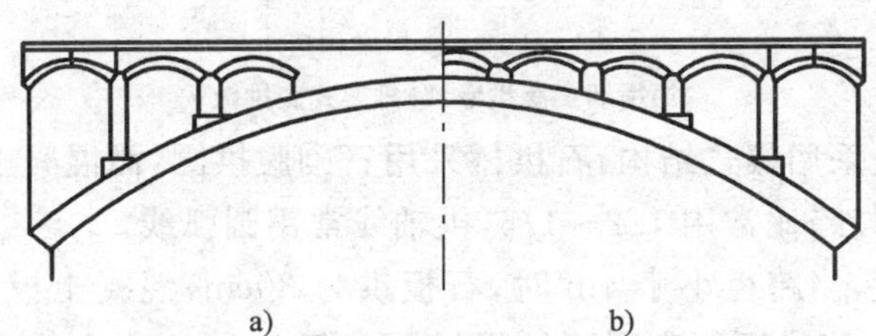

图 2-3-18 拱式拱上建筑

a)有实腹段的空腹拱；b)全空腹拱

腹孔跨径的确定主要应考虑主拱的受力需要。腹孔跨径过大时，腹孔墩处的集中力就大，对主拱受力不利。腹孔跨径过小时，对减小拱上结构质量不利，构造也较复杂。对中、小跨径的拱桥，一般选用 2.5～5.5m 为宜。对大跨径拱桥则控制在主拱跨径的 1/8～1/15 之间。腹孔构造宜统一，以便于施工和有利于腹孔墩的受力。

腹孔墩由底梁、墩身和墩帽组成。腹孔墩可采用横墙式或排架式两种。横墙式腹孔墩为横墙式墩身，施工简便，节省钢材，一般用圬工材料砌筑或现浇混凝土形成。为了节省材料，减小质量，可在横向挖一个或几个孔，如图 2-3-19a)所示。浆砌块片石横墙厚度一般不小于 60cm，现浇混凝土横墙时，其厚度一般应大于腹拱圈厚度。底梁能使横墙传下来的压力较均匀地分布到主拱圈的全宽上，其每边尺寸较横墙宽 5cm，其高度则以使较矮一侧为 5～10cm 为原则来确定。底梁常采用素混凝土结构。墩帽宽度应大于墙宽 5cm，也采用素混凝土。排架式腹孔墩采用立柱式墩身，以倒角的矩形断面钢筋混凝土盖梁作为墩帽，如

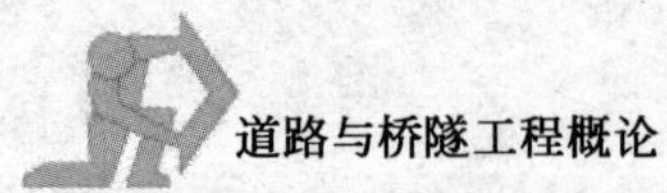

图 2-3-19b)所示，常用于混凝土拱桥。排架一般由 2 根或多根钢筋混凝土柱组成，立柱较高时在各柱间应设置横系梁，以确保立柱的稳定。立柱下方设置贯通拱圈全宽的底梁。立柱、盖梁按计算要求配筋，底梁按构造要求配筋，并设置足够的埋入填缝混凝土内的锚固筋。

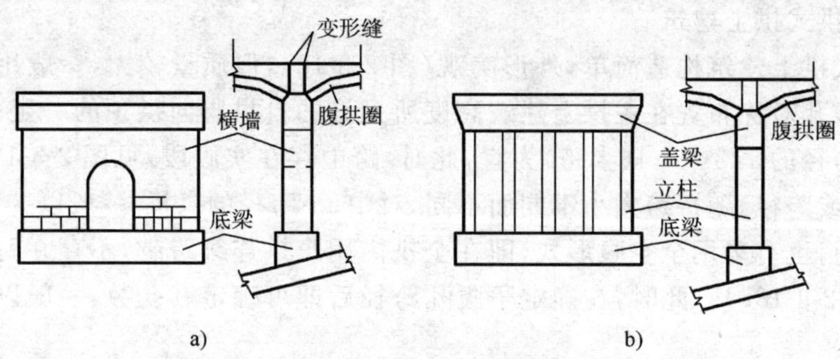

图 2-3-19　腹拱墩构造

a)横墙式腹拱墩；b)排架式腹拱墩

腹拱圈一般采用板式结构，石拱桥采用石砌腹拱圈，而混凝土拱桥则多采用混凝土腹拱圈，矢跨比常用 1/2～1/5，拱轴线常用圆弧线。

腹拱圈厚度，当跨径小于 4m 时，石板拱为 30cm，混凝土板拱为 15cm。当跨径大于 4m 时，腹拱圈厚度则可按板拱厚度经验公式或参考已成桥的资料确定。

腹孔与墩台的连接有两种做法：一种是直接支承在墩台上；一种是跨过墩顶，使桥墩两侧的腹孔相连(图 2-3-20)。

图 2-3-20　腹拱与墩(台)的连接

腹拱圈在拱上建筑需要设置伸缩缝或变形缝的地方应设铰(三铰或两铰)，其余为无铰拱。

腹拱的拱腹填料与实腹拱的相同。

(2)梁式拱上建筑

采用梁式腹孔拱上建筑，可使桥梁造型轻巧美观，减轻拱上重力和地基承压力，以便获得更好的经济效果。大跨径混凝土拱桥一般都采用梁式腹孔拱上建筑。梁式腹孔结构有简支、连续或框架式多种(图 2-3-21)。不同的腹孔结构形式使拱上建筑参与主拱联合作用的程度也不相同。

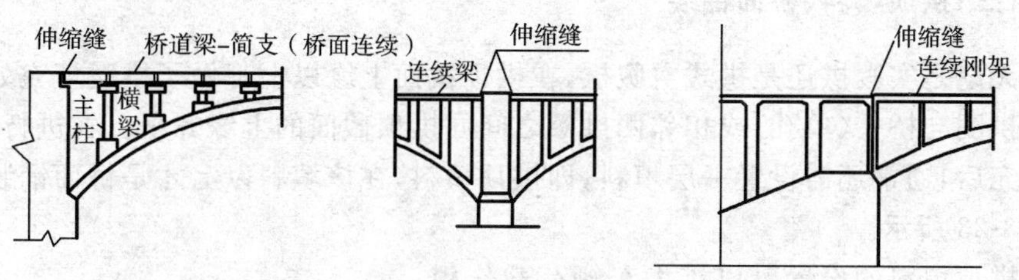

图 2-3-21　桥墩(台)上腹拱的布置方式

(3)简支腹孔(纵铺桥道板梁)

简支腹孔由底梁(座)、立柱、盖梁和纵向简支桥道板(梁)组成。这种形式的结构体系简单，基本上不存在主拱与拱上结构的联合作用，受力明确。梁式腹孔宜采用简支结构，目前大跨径拱桥主要采用这种拱上建筑形式。

腹孔墩采用由立柱与盖梁组成的排架式，立柱常采用钢筋混凝土结构；桥道板(梁)根据其跨度大小可采用钢筋混凝土板、预应力混凝土板或预应力混凝土 T 形梁等结构；简支腹孔的布置也分为有拱顶实腹段和无拱顶实腹段两种情况(图 2-3-22)，腹孔的布置范围和实腹段构造与拱式腹孔相同。

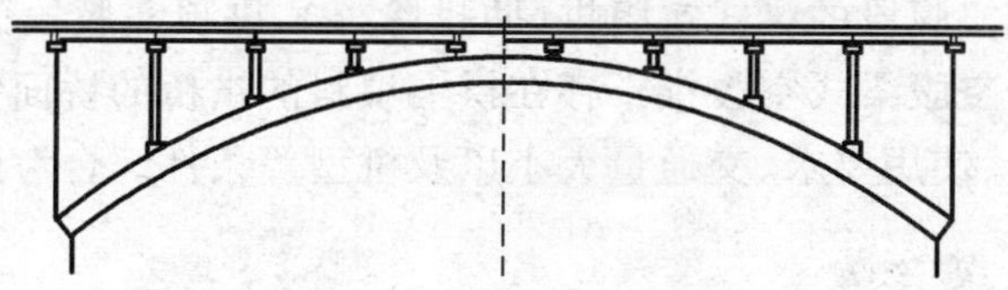

图 2-3-22　简支腹孔的布置

由于拱顶实腹段的主拱被覆盖，温度变化等因素对拱圈受力不利。目前，大跨径拱桥的梁式拱上建筑一般都倾向于取消拱顶实腹段，而采用全空腹式拱上建筑。对肋拱则必须采用全空腹结构。拱上腹孔数可为偶数或奇数，考虑到拱顶受力大，一般不希望拱顶设有立柱，宜采用奇数腹孔数。

(4)连续腹孔(横铺桥道板梁)

连续腹孔由立柱、纵梁、实腹段垫墙及桥道板组成，立柱上设置连续纵梁，在纵梁上和拱顶段垫墙上设置横向桥道板，形成拱上传载结构。这种形式主要用于肋拱桥。由于拱顶上总的厚度为一个板厚(含垫墙)加上桥面铺装厚，建筑高度小，适用于建筑高度受限制的拱桥。

(5)框架腹孔

框架腹孔在横桥向根据需要设置多片，每片间通过系梁形成整体。

(三)拱顶填料、桥面铺装

无论是实腹拱还是拱式空腹拱，在拱顶截面上缘以上都做了拱腹填充处理，以使拱圈与桥头(单孔)或相邻两拱圈之间同拱顶截面的上缘齐平。在进行了上述填充后，通常还需设置一层填料，即拱顶填料，在该填料以上才是桥面铺装，如图 2-3-23 所示。

拱顶填料的设置可以扩大车辆荷载作用的面积，同时还可以减小车辆荷载对拱圈的冲击。

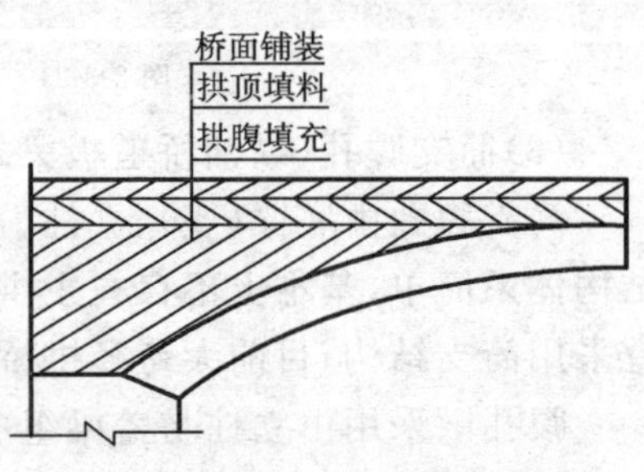

图 2-3-23　拱上填料示意图

现行《公路桥涵设计通用规范》中规定，当拱上填料厚度(包括桥面铺装厚度)等于或大于 50cm 时，设计计算中不计入汽车荷载的冲击力。在地基条件很差的情况下，为了进一步减小拱上的建筑质量，可减薄拱上填料的厚度，甚至可以不要拱上填料，直接在拱顶截面上缘以上铺筑混凝土桥面，此时，其行车道边缘的厚度至少为 8cm。

对具有拱顶实腹段的梁式空腹拱(肋拱除外)，拱顶实腹段的拱上填料与上述相同。对于全空腹梁式空腹拱不存在拱上填料的拱桥的桥面铺装应根据桥梁所在的公路等级、使用要求、交通量大小以及桥型等条件综合考虑确定。

(四)伸缩缝、变形缝

由于拱上建筑与主拱圈的共同作用，一方面拱上建筑能够提高主拱圈的承载力；另一方面，它对主拱圈的变形又起约束作用，在主拱圈和拱上建筑内都产生附加内力，使结构受力复杂。

为了使结构的计算图式尽量与实际的受力情况相符合，避免拱上建筑的不规则开裂，通常在相对变形(位移或转角)较大的位置设置伸缩缝，在相对变形较小处设置变形缝。伸缩缝宽度一般为 2～3cm，施工时在缝内填入用锯末沥青按 1∶1 的质量比制成的预制板，也可以用沥青砂等其他材料填缝；变形缝不留缝宽，其缝可干砌、用油毛毡隔开或用低强度等级砂浆砌筑。

对小跨径实腹拱，伸缩缝设在两拱脚的上方，并在横桥向贯通(包括侧墙、行车道、人行道、栏杆等)，如图 2-3-24a)所示。对拱式空腹拱桥，通常将紧靠墩

(台)的第一个腹拱做成三铰拱,并在紧靠墩(台)的拱铰上方设置伸缩缝,且应贯通全桥宽,如图 2-3-24b)所示,而其余两拱铰上方设置变形缝。另外,对特大跨径拱桥,还应将靠拱顶的腹拱做成两铰或三铰拱,并在拱铰上方也设置变形缝,如图 2-3-24b)所示,以使拱上建筑更好地适应主拱的变形。对梁式腹孔,通常是在桥台和墩顶立柱处设置标准伸缩缝(板式或毛勒伸缩缝),而在其余立柱处采用桥面连续。

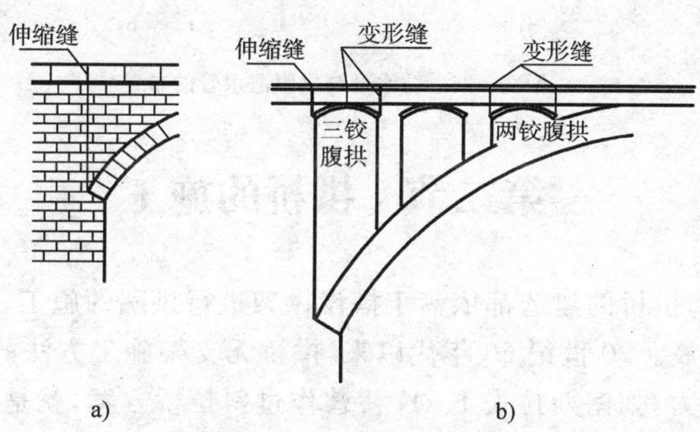

图 2-3-24　伸缩缝与变形缝

a)实腹式拱的伸缩缝;b)拱式腹孔的伸缩缝与变形缝

(五)排水与防水

对于拱桥,不仅要求将桥面雨水及时排除,而且要求将透过桥面铺装渗入到拱腹的雨水及时排除。

与梁式桥相似,桥面排水也是由设置桥面纵、横向坡以及泄水管等来实现。泄水管的平面布置与梁式桥的相同。

透过桥面铺装渗入到拱腹内的雨水,应由防水层汇集于预埋在拱腹内的泄水管排出,防水层和泄水管的铺设方式,与上部结构的形式有关。

实腹式拱桥防水层应沿拱背护拱、侧墙铺设。如果是单孔,可以不设泄水管,积水沿防水层流至两个桥台后面的盲沟,然后沿盲沟排出路堤。如果是多孔拱桥,可在 1/4 跨径处设泄水管,如图 2-3-25a)所示。

空腹式拱桥包括带拱顶实腹段的空腹拱和全空腹拱。对于带实腹段的拱式腹拱空腹拱桥,其防水层及泄水管布置如图 2-3-25b)所示。对拱式腹拱全空腹拱桥,其防水层沿主腹拱拱背布置,泄水管在 1/4 跨径处设置。

对跨线桥、城市桥或其他特殊桥梁,需设置全封闭式排水系统。

防水层在全桥范围内不宜断开,在通过伸缩缝或变形缝处应妥善处理,使其

既能防水又可以适应变形的要求。

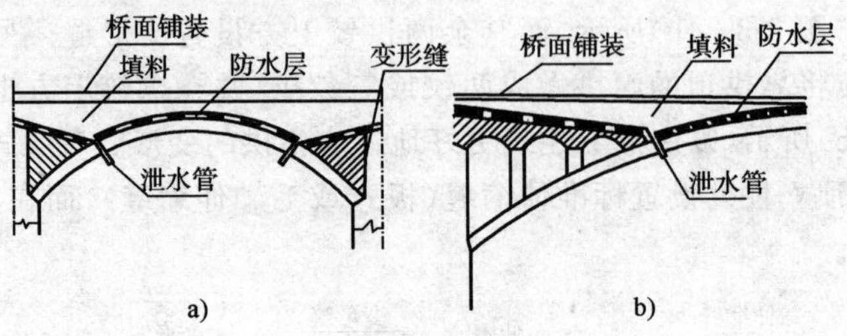

图 2-3-25　防水层与拱腹泄水管的布置

第二节　拱桥的施工

长期以来，拱桥的建造都依赖于搭设拱架进行拱圈的施工，从而大大影响了拱桥向大跨发展。20 世纪 60 年代以来，拱桥无支架施工方法的采用，又提高了拱桥的竞争能力，如南斯拉夫 KRK 桥曾作过斜拉桥方案，就是因为桥位处风力强劲且造价高而落选，最后采用钢筋混凝土拱桥方案，主孔 390m。因此，拱桥仍具有向大跨径发展的强大生命力。但，关键是施工问题。

拱桥的主要施工方法可归纳为：有支架施工、装配式施工（缆索吊装施工）、转体施工、悬臂施工等。

一　有支架施工

有支架施工方法主要用于石拱桥和混凝土拱桥（现浇混凝土拱桥及混凝土预制块砌筑的拱桥），也有用于大跨度钢筋混凝土拱桥的施工中。我国最大的石拱桥四川九溪沟大桥，跨径 116m，就是采用有支架施工（满堂式木拱架）；我国目前最大的钢筋混凝土拱桥四川渡口 3007 桥，跨径 170m，也是采用有支架施工（钢拱架）；澳大利亚 Gladesville 桥，跨径 304.8m，也是采用有支架施工（钢拱架）建成。

有支架施工的拱桥，需要在桥位上搭拱架砌筑拱圈石或立模板绑扎钢筋和浇筑混凝土。

（一）备料

拱桥的材料选择，应满足设计和施工有关规范的要求。对于石拱桥，石料的准备（包括开采、加工和运输等）是决定石拱桥施工进度的一个重要环节，也在很大程度上影响桥梁的造价和质量。特别是料石拱圈,拱石规格繁多,所费劳动力就很多。为了加快桥梁建设速度,降低桥梁造价,减少劳动力消耗,可以采用小石子混凝土砌筑片石拱,也可以用大河卵石砌筑拱圈等多种方法修建拱桥。

(二)拱圈及拱架的放样

拱圈及拱架的准确放样,是保证拱桥符合设计要求的基本条件之一。石拱桥的拱石要按照拱圈的设计尺寸进行加工,为了保证尺寸准确,就需要制作拱石样板。小跨径圆弧等截面拱圈,因截面简单,可按计算确定拱石尺寸后,用木板制作样板,一般不需要实地放出主拱圈大样。但大中跨径悬链线拱圈则需要在样台上将拱圈按 1∶1 的比例放出大样,然后用木板或锌铁皮在样台上按分块大小制成样板,并注明拱石编号(图 2-3-26),以利加工。主拱圈样完毕后,有时还需要在样台上放出拱架主要构件的大样。

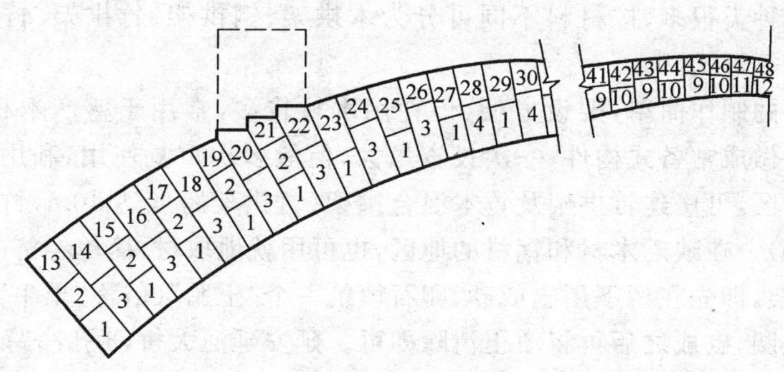

图 2-3-26　拱石编号

样台必须保证在施工期间不发生过大变形,便于施工过程中对样板进行复查。一般可以利用现成的球场或晒坪作样台。对于左右对称的拱圈,为了节省场地,可只放出半孔大样。常用的放样方法是直角坐标法。

直角坐标法是以拱轴线的顶点为原点(图 2-3-27),用经纬仪放出 X-X 及 Y-Y 两轴线,以及 AA、BB、CC、DD 等辅助线,并用对角线校核。

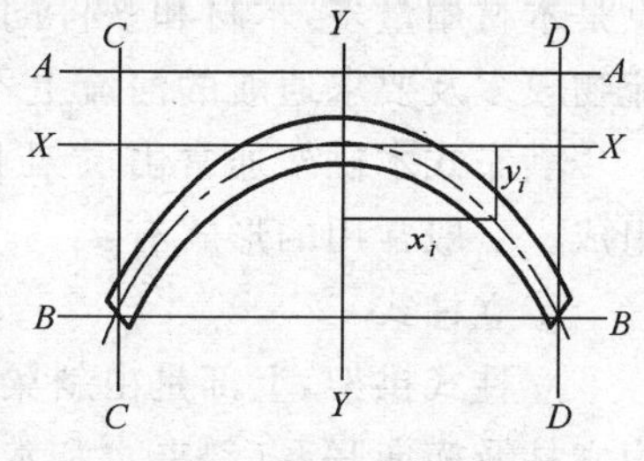

图 2-3-27　拱圈放样

将计算所得的内外拱弧线及拱轴线上各预定点的纵、横坐标分别在坐标轴及辅助线上定出,并进行反复核对。再由经纬仪用交会法放出各点,也可不用经纬仪而用细钢丝交出各点。然后用长而软的木条(或竹条)将各相邻点连成一平滑曲线。这个法简单,易为群众掌握,所以

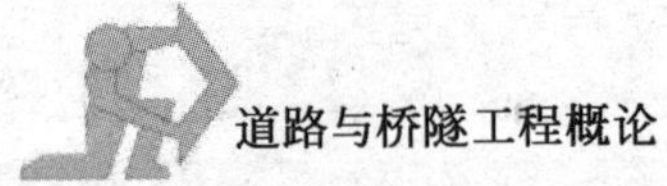

目前使用最普遍。

显然，拱弧分点愈多，用这种方法放出的拱圈尺寸愈精确。例如四川宜宾岷江大桥，主拱为净跨径 100m 的箱形拱桥，拱圈采用直角坐标法放样，为了提高放样的精度，半跨拱圈由原设计的 12 分点增加到 36 分点。

(三)拱架

拱架是有支架施工建造拱桥必不可少的辅助结构，在拱桥的整个施工期间，用以支承全部或部分拱圈和拱上建筑的重量，并保证拱圈的形状符合设计要求。因此，要求拱架有足够的强度、刚度和稳定性。拱架又是一种施工临时结构，要求构造简单，制作容易，节省材料，并能重复使用，以加快施工进度，减少施工费用。

1. 拱架的形式和构造

拱架的种类很多，按材料不同可分为木拱架、钢拱架、竹拱架、竹木拱架和“土牛拱胎”等形式。

木拱架的制作简单，架设方便，但耗用木材较多，常用于盛产木材的地区。钢拱架大多做成常备式构件，一次投资虽大，但能多次重复使用，利用率高。在南方产竹地区，可修建竹拱架及竹木混合拱架（竹拱架跨度达 40m，竹木拱架跨度已达 80m）。在缺乏木材和钢材的地区，也可用就地取材，简单经济的“土牛拱胎”代替拱架，即先在桥下用土或砂、卵石填筑一个“土胎”（俗称“土牛”），然后在上面砌筑拱圈，砌成之后再将填土清除即可。延安延河大桥（3 孔净跨 30m 石拱桥）就是用此法修建的。

在修建拱桥时，可根据桥址的地形、地质情况、材料供应和施工能力，因地制宜地选择经济合理的拱架形式。下面就常用的木拱架作扼要介绍。

(1)满布式木拱架

满布式木拱架的优点是施工可靠，技术简易，木材和铁件规格要求较低。缺点是木材用量多，木材和铁件的损耗率也较高，受洪水威胁大。在水深流急，漂流物较多及要求通航的河流上不能采用。

满布式木拱架通常由拱架上部（拱盔）、卸架设备、拱架下部（支架）三个部分组成。一般常用的形式有：

①立柱式

立柱式拱架，上部是由斜梁、立柱、斜撑和拉杆组成拱形桁架（拱盔），下部是由立柱及横向联系（斜夹木和水平夹木）组成支架，上下部之间放置卸架设备（木楔或砂筒等）。

②撑架式

撑架式拱架是用少数框架式支架加斜撑来代替数目众多的立柱。木材用量较立柱式拱架少，构造上也不复杂，而且能在桥孔下留出适当的空间，减小洪水及漂流物的威胁，并在一定程度上满足通航的要求。因此，它是实际中采用较多的一种形式。

无论是立柱式拱架还是撑架式拱架，构造都应力求简单，受力明确，避免采用复杂的节点和接头形式。拱架应具有足够的强度、刚度和整体稳定性，连接处要紧密，以保证拱架在荷载作用下变形最小。

(2)三铰桁式木拱架的构造特点

三铰桁式拱架是拱式拱架形式之一。由两片对称弓形桁架在拱顶拼装而成，两端直接支承在墩台所挑出的牛腿上或紧贴墩台的临时排架上，跨中一般不另设支架。它不受洪水、漂流物的影响，在施工期间能维持通航。适用于墩高、水深、流急或要求通航的河流，和满布式拱架比较，木材用量少，可重复使用，损耗率低。但对木料规格、质量要求较高，同时要求有较高的制作水平和架设能力。在拱顶铰处结合较弱、影响稳定，应特别注意。

三铰桁式拱架包括拱桁架和卸架设备两部分。

三铰桁式拱架的纵、横向稳定，对施工质量和安全有很大关系。除在结构上加强纵、横向联系外，还需设抗风缆索，以加强拱架的整体稳定。在施工中应注意对称均匀砌筑，并加强观测。

2.拱架的制作与安装

为了使拱架具有准确的外形及各部尺寸，在制作拱架前，一般要在样台上放出拱架大样。应注意，放出的拱架大样应计入预拱度。放出大样后，就可以制作杆件的样板，以便按样板进行杆件的加工。

3.拱架的卸落

拱架在圬工灌砌期间，支承拱圈的全部重量，须待圬工达到一定强度后方可拆除拱架。为了使拱架所支承的重量逐渐转移到由拱自身来承受，切忌将拱架突然拆除，或仅将其中一部分拆除。为此，在安装拱架时，必须预先将落架设备安放在适当位置。如在满布式拱架中，安放在拱盔立柱下面，在拱式拱架中则安放在拱铰的位置上。

拱圈砌筑或现浇混凝土完毕，待达到一定强度后即可拆除拱架。

如果施工情况正常，在拱圈合拢后，拱架应保留的最短时间与跨径大小、施工期间的气温、养护的方式等因素有关：对于石拱桥，一般当跨径在20m以内时为20昼夜，跨径大于20m时为30昼夜。对于混凝土拱桥，按设计强度要求，经

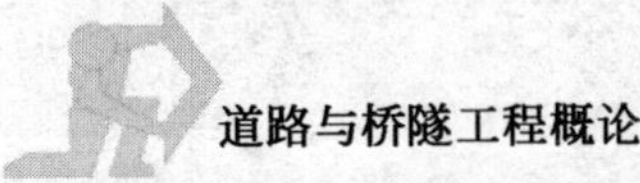

混凝土试块试压强度的具体情况确定。因施工要求必须提早拆除拱架时，应适当提高砂浆(或混凝土)强度等级，或采取其他措施。

常用的卸架设备有：木楔、砂筒、千斤顶等。

卸架的顺序一般从拱顶开始，向两拱脚对称均匀地卸落。

(四)拱圈及拱上建筑的施工

1. 拱圈的灌(砌)筑

在拱架上灌(砌)筑拱圈(肋)时，拱架将随荷载的增加而不断变形，有可能使已筑圬工产生裂缝。为了保证在整个灌砌过程中，拱架的受力均匀，变形最小，使拱圈的质量符合设计要求，必须选择适当的灌砌方法和顺序。一般可根据跨径的大小，分别采用不同繁简程度的灌砌方法。

跨径10m以下的拱圈，可按拱的全宽和全厚，由两侧拱脚同时对称地向拱顶灌筑，但应争取快速，使在拱顶合拢时，拱脚处的混凝土或砂浆尚未凝结。

跨径10～15m的拱圈，最好在拱脚预留空缝，由拱脚向拱顶按全宽、全厚进行灌筑。为了防止拱架的拱顶部分上翘，可在拱顶区段预先压重(一般自拱脚向上灌筑到1/3矢高左右，就在拱顶1/3范围内预压占总数20%的拱圈重)。待灌筑的拱圈达到设计强度的70%后，再将预留空缝灌筑填塞。

2. 拱上建筑的施工

拱上建筑的施工，应在拱顶石灌筑完后，全桥合拢，拱圈达到设计强度的30%后进行。一般不少于合拢后三昼夜。

拱上建筑的施工，应掌握对称均衡的施工原则，避免主拱圈产生过大的不均匀变形。

二 装配式拱桥施工

拱桥是一种能充分发挥圬工及钢筋混凝土材料抗压性能、节省钢材、外形美观、维修管理费用低的合理桥型，因此它在国内外早就被广泛采用。但长期以来拱桥的建造都采用在拱架上就地浇筑或砌筑的方法，这就影响了拱桥向大跨径方向的发展，其中缆索吊装施工是装配式拱桥施工常用的方法。

(一)吊装方法要点

缆索吊装施工包括：预制拱箱(肋)的移运和吊装、主拱圈的安砌、拱上建筑的灌砌、桥面结构的施工等主要工序。可以看出，除拱箱(肋)的移运和吊装，及拱圈上加载等几项工序外，其他工序都与有支架施工方法相同(或相近)。

(二)施工加载程序

对于中、小跨径拱桥，当拱肋的截面尺寸满足一定的要求时，可不作施工加载程序设计，按有支架施工方法对拱上结构作对称、均衡的施工。

对于大、中跨径的箱形拱桥或双曲拱桥，一般多按分环、分段，均衡对称加载的总原则进行设计。即在拱的两个半跨上，按需要分成若干段，并在相应部位同时进行相等数量的施工加载。但对于坡拱桥，必须注意其特点，一般应使低拱脚半跨的加载量稍大于高拱脚半跨的加载量。

在多孔拱桥的两个邻孔之间，也须均衡加载。两孔的施工进度不能相差太远，以免桥墩承受过大的单向推力而产生过大的位移，造成施工进度快的一孔的拱顶下沉，邻孔的拱顶上升，而导致拱圈开裂。

(三)挠度控制

施工加载程序设计时，应计算加载各工序各计算截面的挠度值，以便在施工过程中控制拱轴线的变形情况。这时因为在施工过程中难以对拱肋的应力变化情况进行观测，而通常只能通过拱肋的变形反映出来。为了保证拱肋(拱圈)的施工安全和施工质量，必须用计算所得的挠度值与加载过程中的实测挠度进行对照，如实测挠度过大或出现不对称变形等异常现象时，应立即分析原因，采取措施，及时调整施工加载程序。

施工实践表明，计算挠度与实测值，有时两者的差值较悬殊，其原因主要是计算拱肋(拱箱)截面刚度 EI 时，一方面未充分反映拱肋在施工过程中出现裂缝的实际情况，另一方面是计算采用的材料弹性模量与实际的也不易一致，因此对于计算挠度值，也要在施工过程中结合实测挠度加以校核和修正。

另外，温度变化对拱肋挠度的影响也很大，为了消除温度对拱肋加载变形的干扰，还必须对温度变化引起拱肋挠度变化的规律进行观测，以便校正实测的拱肋加载挠度值，正确地控制拱肋的受力情况。

(四)稳定措施

在无支架施工的拱桥中，为保证拱肋有足够的纵、横向稳定性，除要满足计算要求外，在构造、施工上都必须采取一些措施。

施工实践说明，如果拱肋截面高度过小，不能满足纵向稳定的要求，而要在施工中采取措施来保证拱肋满足纵向稳定的要求是很困难的，一般都应使所拟定的拱肋截面高度大于纵向稳定所需要的最小高度。

这样，为了减小吊装重量，拱肋的宽度就不宜大，通常设计中选择的拱肋宽度往往小于单肋合拢所需要的最小宽度。

 转体施工法

桥梁转体施工是20世纪40年代以后发展起来的一种架桥工艺。它是在河流的两岸或适当的位置，利用地形或使用简便的支架先将半桥预制完成，之后以桥梁结构本身为转动体，使用一些机具设备，分别将两个半桥转体到桥位轴线位置合拢成桥。转体施工一般适用于单孔或三孔的桥梁。

转体的方法已应用在拱桥、梁桥、斜拉桥、斜腿刚架桥等不同桥型上部结构的施工中。用转体施工法建造大跨径桥，可不搭设费用昂贵的支架，减少安装架设工序，把复杂的、技术性强的高空作业和水上作业变为岸边的陆上作业，不但施工安全、质量可靠，而且在通航河道或车辆频繁的跨线立交桥的施工中可不干扰交通、不间断通航、减少对环境的损害、减少施工费用和机具设备，是具有良好的技术经济效益和社会效益的桥梁施工方法之一。

转体施工按桥体在空间转动的方位可分为平面转体、竖向转体和平竖相结合的转体施工。以下对转体施工方法进行简单综述。

（一）平面转体

按照桥梁的设计高程先在两岸边预制半桥，当预制件达到设计强度后，借助转动设备在水平面内转动至桥位中线处合拢成桥。

平面转体可分为有平衡重转体和无平衡重转体。有平衡重转体一般以桥台背墙作为平衡重，并作为桥体上部结构转体用拉杆（或拉索）的锚碇反力墙，用以稳定转动体系和调整重心位置。梁式桥和斜拉桥采用转体法施工均为有平衡重转体施工，它是以桥墩为转动中心，平转后形成三跨桥梁。

无平衡重转体不需要有一个作为平衡重的结构，而是以两岸山体岩土锚洞作为一锚碇来锚固半跨桥梁悬臂状态时产生拉力，并在立柱的上端作转轴，下端设转盘，通过转动体系进行平面转体。

（二）竖向转体

竖向转体用于拱桥转体施工。它是在桥台处先竖向预制半拱，然后在桥位

竖平面内转动成拱。

竖向转体施工可根据河道情况、桥位地形和自然环境等方面的条件和要求，可以采用竖直向上预制半拱，向下转动成拱的方法。

（三）平、竖结合转体

桥梁采用转体施工，有时受到地形条件的限制，不可能在桥梁的设计平面和桥位竖平面内预制，因此在转体时既需要平转，还需要竖转才能就位。平转和竖转的方法与前述似乎相同。但平竖结合的转动轴构造要复杂一些。

四 悬臂施工

拱桥悬臂施工方法的出现，大大提高了钢筋混凝土拱桥与其他桥型的竞争能力。这种施工方法的要点是：将拱圈（或划分成拱肋）、立柱与临时斜拉（压）杆、上拉杆（利用行车道梁或用临时上拉杆）组成桁架，用拉杆或缆索锚固于台后（一般锚固在岩盘上），向河中悬臂逐节地施工，最后于拱顶合拢。

本章小结

本章介绍了拱桥的基本组成、主要特点、分类、主拱圈的构造以及拱上建筑的构造、拱上填料的作用、桥面铺装的类型、伸缩缝与变形缝等内容。介绍了在拱桥施工过程中常采用的方法，譬如，有支架施工、装配式施工（缆索吊装施工）、转体施工、悬臂施工等方法，以及每种施工方法的施工工艺、过程、注意事项、要点等。

小知识

2007 年湖南凤凰桥垮塌事故应引起我们桥梁建设者尤其是设计者反省：对于高墩连拱拱桥而言，即便是理论计算上可行，仍然要充分考虑施工过程的风险，以确保人民生命财产安全。

思考与练习

1.拱桥一般由哪些材料建成？

2.按照静力图式拱桥分为哪几种类型？

3.按照桥面所处空间位置，拱桥又可以分为几类？

4.主拱圈的截面形式有哪几种？

5.箱形拱桥有哪些特点？

6.钢管混凝土拱桥具有哪些优点和缺点？

7.劲性骨架混凝土拱桥有哪些特点？

8.箱形截面拱的组成方式有哪几种？

9.上承式拱桥的拱上建筑主要有哪几种构造方式？

10.空腹式拱上建筑梁式腹孔有哪几种形式？

11.空腹式拱上建筑的拱式腹孔拱圈可采用哪几种形式？

12.实腹式拱上建筑的拱背填料做法有哪两种形式？

13.空腹式拱上建筑的腹孔墩主要有哪两种形式？

14.拱桥一般在哪些部位设置伸缩缝或变形缝？两者有何区别？

15.拱桥有支架施工的工艺过程吗？拱架的分类、特点、制作与安装、卸架设备怎样？

16.拱桥装配式施工的特点是什么？

17.拱桥转体施工法的分类、工艺过程有哪些？

18.拱桥悬臂施工法的施工要点是什么？

第四章 涵 洞

【职业能力目标】

1. 了解涵洞类型、结构组成；
2. 能进行各种涵洞施工。

【学习要求】

1. 了解涵洞的类型及组成；
2. 掌握各类涵洞的施工方法及其注意事项，熟悉施工规范；
3. 熟悉各类涵洞的构造与施工工艺。

第一节 涵洞分类与构造

一 涵洞的分类

(一)按建筑材料分类

1. *石涵*

石涵是以石料为主要材料建造的涵洞，这是公路上常见的涵洞类型。

石涵按力学性能不同又有石盖板涵、石拱涵等类型之分；按构成涵洞的砌体有无砂浆分浆砌和干砌两种类型。

2. *混凝土涵*

混凝土涵洞是以混凝土为主要材料建造的涵洞。按力学性能不同，混凝土涵洞又有四铰管涵、混凝土圆管涵、混凝土盖板涵、混凝土拱涵之分。

砖、石料和混凝土材料在工程结构物中以承受压力为主，统称圬工材料，由这些材料组成的涵洞叫圬工涵洞。

3.钢筋混凝土涵

钢筋混凝土涵是以钢筋混凝土为主要材料建造的涵洞，如图 2-4-1 所示。由于钢筋混凝土材料坚固耐用，力学性能好，因此是高等级公路上常采用的结构类型。

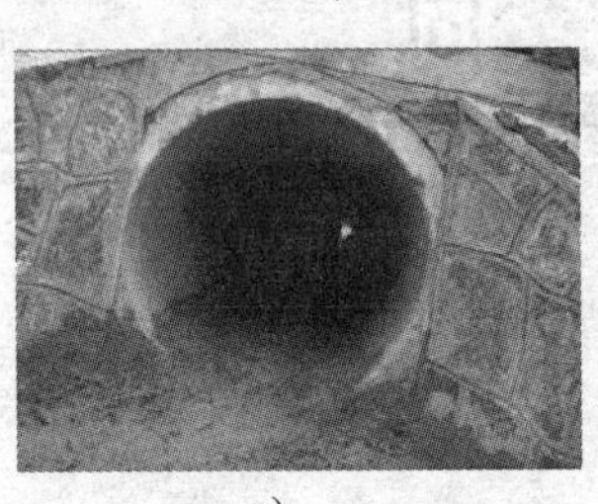
a)

b)

图 2-4-1　钢筋混凝土涵洞

a)圆管涵；b)盖板涵

4.其他材料组成的涵洞

涵洞有时也可以采用其他材料建造，如砖、陶瓷、铸铁、钢波纹管、石灰三合土等。这类涵洞有砖涵、陶瓷管涵、波纹管涵、石灰三合土涵。

(二)按构造形式分

按构造形式的不同，涵洞可以分为管涵(通常为圆管涵)、盖板涵、拱涵、箱涵、倒虹吸管等。下面对各种类型涵洞作个简要介绍。

1.圆管涵

圆管涵主要由管身、基础、接缝及防水层组成，各部分构造如图 2-4-2 所示。

2.盖板涵

盖板涵主要由盖板、涵台、基础、洞身铺底、伸缩缝及防水层等部分组成，如图 2-4-3 所示。

3.拱涵

拱涵主要由拱圈、护拱、拱上侧墙、涵台、基础、铺底、沉降缝及排水设施等组成。

4.箱涵

箱涵主要由钢筋混凝土涵身、翼墙、基础、变形缝等部分组成。因箱涵为整体闭合式钢筋混凝土框架结构，所以具有良好的整体性及抗震性。但由于箱涵施工较困难，造价高，一般仅在软土地基上采用。

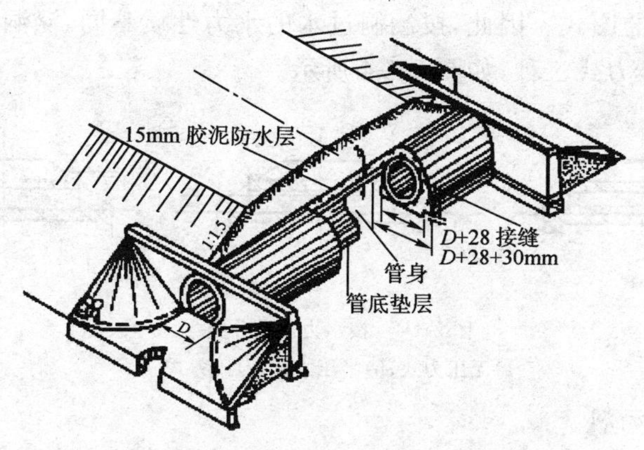

图 2-4-2　圆管涵各部分构造图

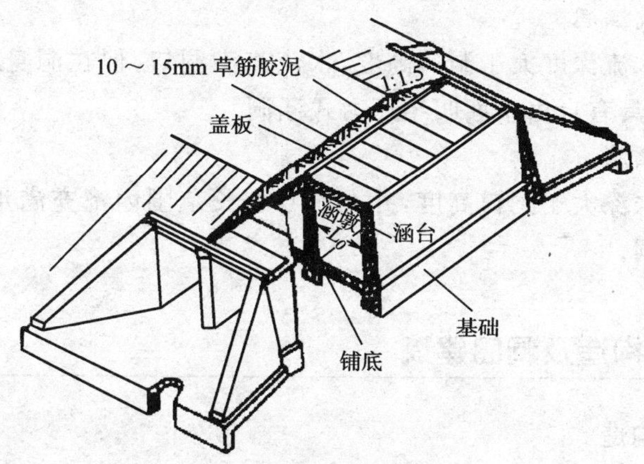

图 2-4-3　盖板涵各组成部分

(三)按涵洞顶填土高度分

1. 暗涵

当涵洞洞顶填土高度大于或等于 0.5m 时叫暗涵；一般用在高填方路段。

2. 明涵

当涵洞洞顶填土高度小于 0.5m 时叫明涵；常用在低填方或挖方路段时采用。当涵洞洞顶填土不能满足大于或等于 0.5m 时，必须按明涵设计。

(四)按水力性质分

水流通过涵洞的水流深度不同，直接影响涵洞过水的水力状态，从而产生不

同涵洞水力计算的图式。因此，按涵洞过水的水力性质不同，涵洞可分为无压力式、半压力式和压力式三种，如图 2-4-4 所示。

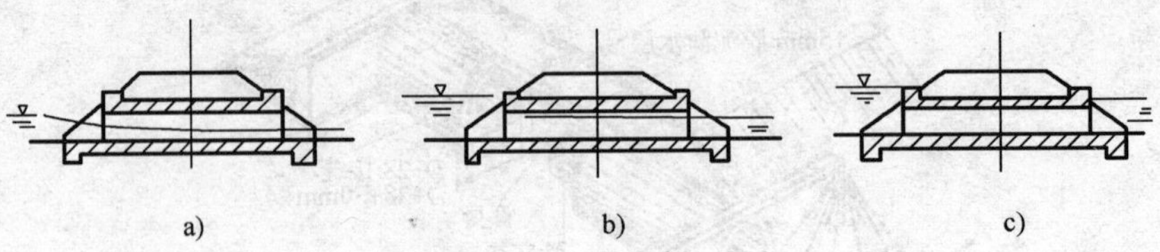

图 2-4-4　按水力性质分类

a)无压力式；b)半压力式；c)压力式

1. 无压力式涵洞

涵洞入口水流深度小于洞口高度，并在洞身全长范围内水面都不触及洞顶，洞内具有自由水面叫无压力式涵洞。

2. 半压力式涵洞

涵洞入口水流深度大于洞口高度，水流充满洞口，但在洞身全长范围内(进水口处除外)都具有自由水面叫半压力式涵洞。

3. 压力式涵洞

涵洞入口水深大于洞口高度，并在洞身全长范围内都充满水流且无自由水面叫压力式涵洞。

二 洞身构造及洞口建筑

(一)洞身构造

洞身是形成过水孔道的主体，如图 2-4-5 所示。它应具有保证设计流量通过的必要孔径，同时又要求本身坚固而稳定。洞身的作用是：一方面保证水流通过；另一方面也直接承受荷载压力和填土压力，并将其传递给地基。洞身通常由

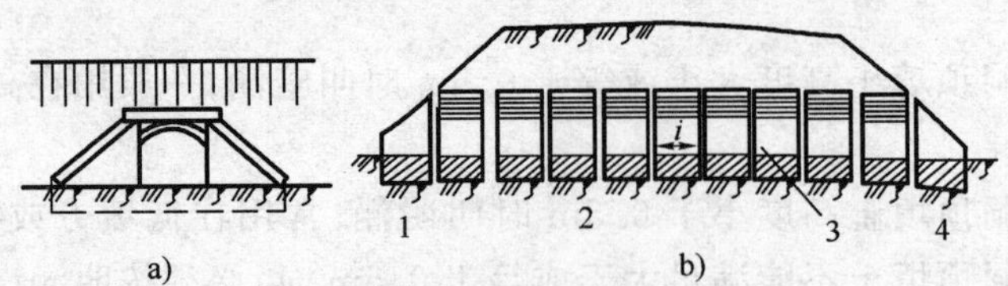

图 2-4-5　涵洞的组成部分

a)正面图；b)纵剖面图

1-进水口建筑；2-变形缝；3-洞身；4-出水口建筑

承重结构(如拱圈、盖板等)、涵台、基础以及防水层、伸缩缝等部分组成。钢筋混凝土箱涵及圆管涵为封闭结构,涵台、盖板、基础连成整体,其涵身断面由箱节或管节组成,为了便于排水,涵洞涵身还应有适当的纵坡,其最小坡度为0.4%。

1.管涵

圆管涵洞身主要由各分段圆管节和支承管节的基础垫层组成。当整节钢筋混凝土圆管涵无铰时,称为刚性管涵。刚性管涵在横断面上是一个刚性圆环。管壁内钢筋有内外两层,钢筋可加工成一个个的圆圈或螺旋筋,如图2-4-6所示。

圆管涵常用孔径 d_0 为75cm、100cm、125cm、150cm、200cm,对应的管壁厚度分别为8cm、10cm、12cm、14cm、15cm。

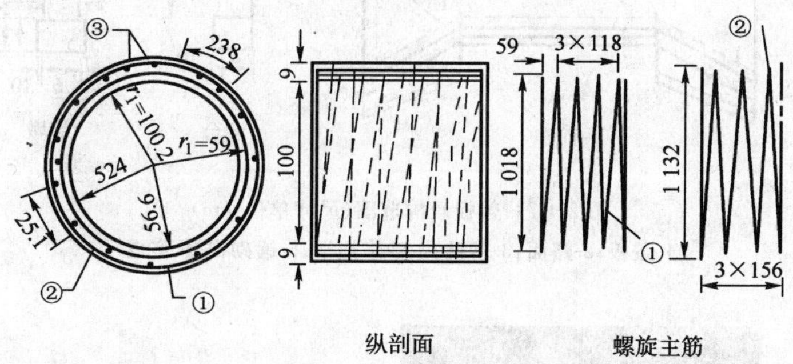

图2-4-6 钢筋混凝土圆管(尺寸单位:cm)

2.盖板涵

盖板涵洞身由涵台(墩)、基础和盖板组成(图2-4-7)。盖板有石盖板及钢筋混凝土盖板等。

钢筋混凝土盖板涵跨径 L 为150cm、200cm、250cm、300cm、400cm,相应的盖板厚度 d 为15~22cm。圬工涵台(墩)的临水面一般采用垂直面,背面采用垂直或斜坡面涵台(墩)顶面可做成平面,也可做成L形,借助盖板的支撑作用来加强涵台的稳定。同时在台(墩)帽内预埋栓钉,使盖板与台(墩)加强连接。

基础有分离式(即涵台基础与河底铺砌分离,如图2-4-8所示)和整体式(即涵台基础与河底连成整体)两种,前者适用于地基较好的情况,后者适用于地基较差的情况。当基础采用分离式时,涵底铺砌层下应垫10cm厚的砂垫,并在涵台(墩)基础与涵底间设纵向沉降缝。为加强涵台的稳定,基础顶面间设置支撑梁数道。

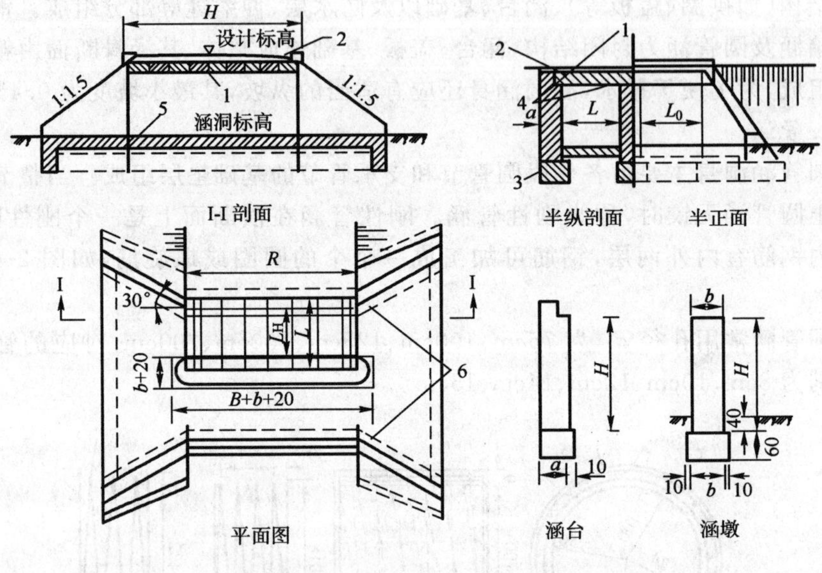

图 2-4-7 盖板涵构造图(尺寸单位:cm)

1-盖板;2-路面;3-基础;4-砂浆垫平;5-铺砌;6-八字墙

图 2-4-8 钢筋混凝土盖板分离式基础

3. 拱涵

拱涵洞身主要由拱圈和涵台(墩)组成,如图 2-4-9 所示。拱圈一般采用等截面圆弧拱。跨径 L 为 100cm、150cm、200cm、250cm、300cm、400cm、500cm,相应拱圈厚度 d 为 25~35cm。涵台(墩)临水面为竖直面,背面为斜坡,以适应拱脚较大水平推力的要求。基础有整体式和分离式两种。

(二)洞口建筑

洞口是洞身、路基、河道三者的连接构造物。洞口建筑由进水口、出水口和沟床加固三部分组成。洞口的作用是:一方面使涵洞与河道顺接,使水流进出顺

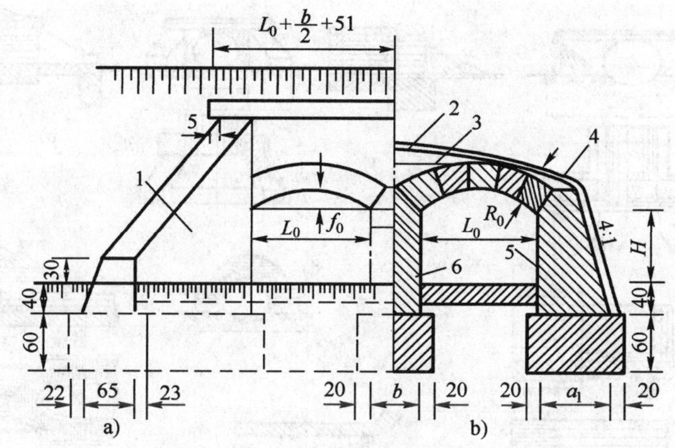

图 2-4-9 拱涵构造(尺寸单位:cm)

a)双孔半正面图;b)双孔洞身半剖面图

1-八字竖墙;2-胶泥防水层;3-拱圈;4-护拱;5-台身;6-墩身

畅;另一方面确保路基边坡稳定,使之免受水流冲刷。为使水流安全顺畅地通过涵洞,减小水流对涵底的冲刷,需对涵洞洞身底面及进出口底面进行加固铺砌,必要时在进出口前后还需设置调治构造物,进行沟床加固。

常用的洞口形式有端墙式、八字式、走廊式和平头式四种。无论采用何种形式河床必须铺砌。

1.正交涵洞的洞口建筑

(1)端墙式。端墙式洞口由一道垂直于涵洞轴线的竖直端墙以及盖于其上的帽石和设在其下的基础组成(图 2-4-10a)。这种洞口构造简单,但泄水能力小,适用于流速较小的人工渠道或不易受冲刷影响的岩石河上。

(2)八字式。在洞口两侧设张开成八字形的翼墙(图 2-4-10b)。为缩短翼墙长度并便于施工,可将其端部建成平行于路线的矮墙。这种洞口工程数量小,水力性能好,施工简单,造价较低,因而是最常用的洞口形式。

(3)走廊式。走廊式洞口建筑是由两道平行的翼墙在前端展开呈八字形或曲线形构成的(图 2-4-10c)。这种洞口使涵前壅水水位在洞口部分提前收缩跌落,可以降低涵的设计高度,提高了涵洞的宣泄能力。但是由于施工困难,目前较少采用。

(4)平头式。又称领圈式。常用于混凝土圆管涵(图 2-4-10d)。因为需要制作特殊的洞口管节,所以模板耗用较多。但它较八字式洞口可节省材料 45%~85%,而宣泄能力仅减少 8%~10%。

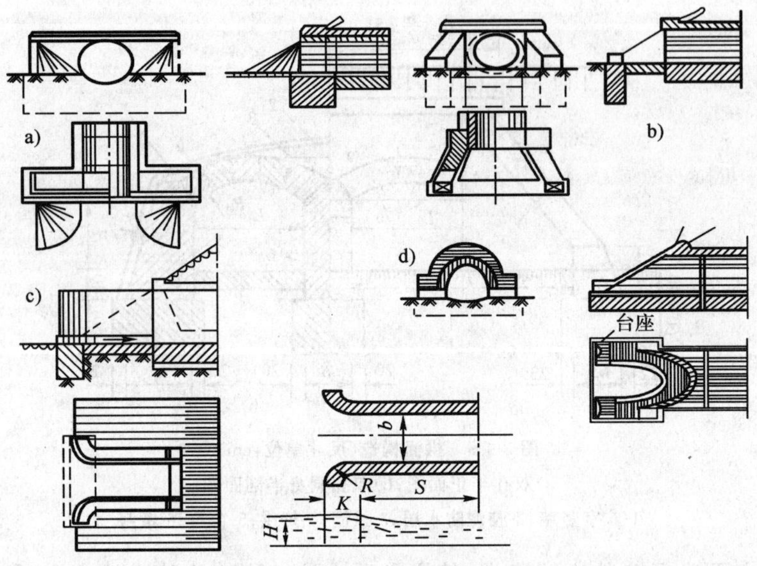

图 2-4-10　正交涵洞的洞口建筑

a)端墙式;b)八字式;c)走廊式;d)平头式

2. 斜交涵洞的洞口建筑

(1)斜交斜做(图 2-4-11a)

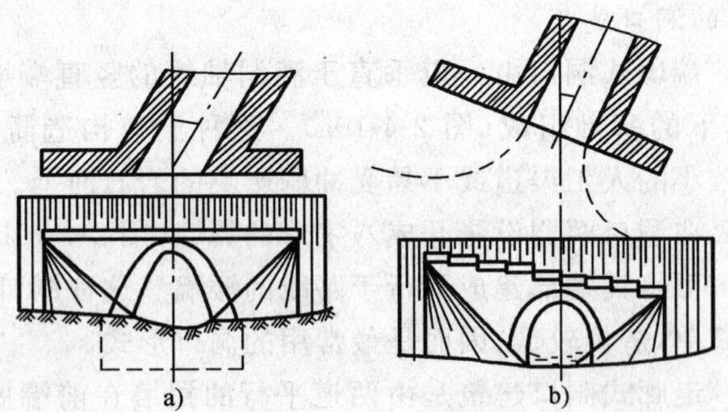

图 2-4-11　斜交涵洞的洞口建筑

a)斜交斜做;b)斜交正做

涵洞洞身端部与路线平行,此种做法称斜交斜做、此法用工较多,但外形美观且适应水流,较常采用。

(2)斜交正做(图 2-4-11b)

涵洞洞口与涵洞纵轴线垂直,即与正交时完全相同。此做法构造简单。

第二节 涵洞施工

 施工准备工作和施工放样

(一)准备工作

1. 现场核对

涵洞开工前,应根据设计资料,结合现场实际地形、地质情况,对其位置、方向、孔径、长度、出入口高程以及与灌溉系统的连接等进行核对。核对时,还需注意农田灌溉的要求,需要增减涵洞数量、变更涵型和孔径时,应向监理反映,按照合同有关规定办理。

2. 施工详图

若原设计文件、图纸不能满足施工要求时,应先绘出施工详图或变更设计图,然后再依图放样施工。

(二)施工放样

涵洞施工设计图是施工放样的依据,根据设计中心桩号,在地面上标定位置并设置涵洞纵向轴线。当涵洞位于路线的直线部分时,其中心应根据线路控制桩的方向和附近百米桩里程测定,位于曲线部分时,应按曲线测设方法测定。正交涵洞的轴线垂直于路线中线,斜交涵洞的轴线与路线中线前进方向的右侧成斜交角 θ,θ 角与 90°之差称为斜度 φ(图 2-4-12)。涵洞轴线确定后量出上下游涵长,考虑进出口是否顺畅,当无须改善时,用小木桩标定涵端,用大木桩控制涵洞轴线,并以轴线为基准测定基坑和基础在平面上的所有尺寸,用木桩标出(图 2-4-13)。

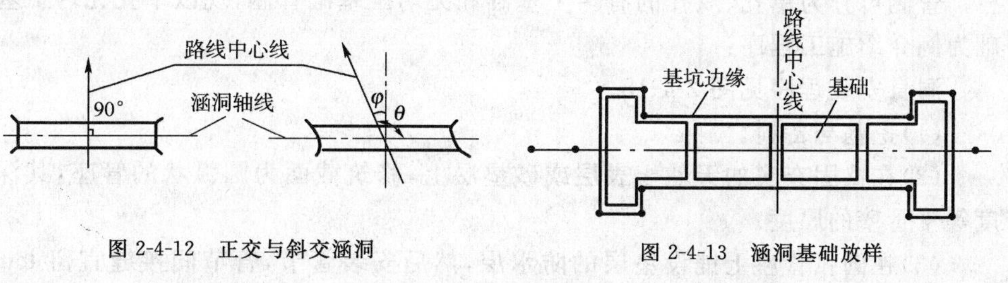

图 2-4-12 正交与斜交涵洞

图 2-4-13 涵洞基础放样

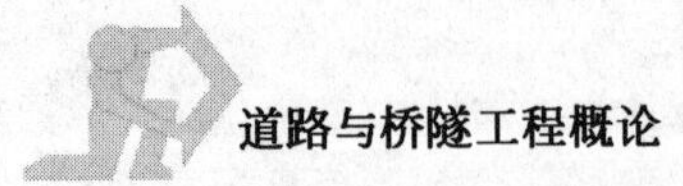

二 各种类型涵洞施工技术

(一)管涵

公路工程中的管涵有混凝土管涵和钢筋混凝土管涵，目前我国公路工程中多采用钢筋混凝土管涵。公路管涵的施工多系预制成管节，每节长度多为 1m，然后运往现场安装。

1. 涵管的预制和运输

预制混凝土圆管可采用振动制管法、离心法、悬辊法和立式挤压法。鉴于公路工程中涵管一般为外购，故对涵管预制不再进行详细说明，但涵管进场后必须对其质量进行检验。

在装卸和运输过程中，应小心谨慎。运输途中每个管节底面宜铺以稻草，用木块圆木楔紧，并用绳索捆绑固定，防止管节滚动、相互碰撞破坏。固定方法可参考图 2-4-14。

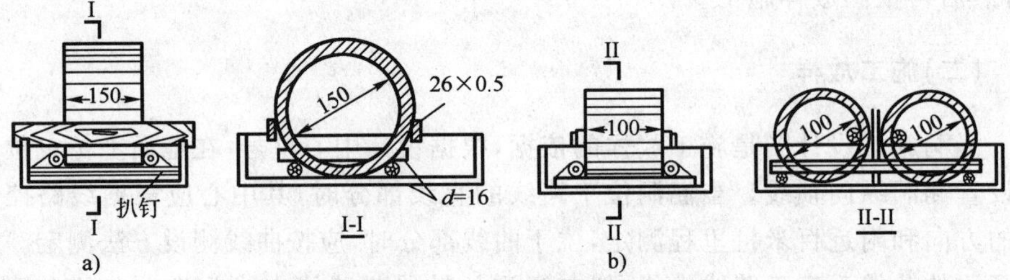

图 2-4-14　管节运输固定方法

从车上卸下管节时，应采用起重设备。严禁由汽车上将管节滚下，造成管节破裂。

2. 管涵施工程序

管涵可分为单孔、双孔的有圬工基础和无圬工基础管涵，现以单孔无圬工基础为例介绍施工程序：

洞身安装程序见图 2-4-15。

(1)挖基与备料。

(2)在捣固夯实的天然土表层或砂垫层上，修筑截面为圆弧状的管座，其深度等于管壁的厚度。

(3)在圆弧管座上铺设垫层的防水层，然后安装管节，管节间接缝宜留 lcm 宽，缝中填防水材料，

(4)在管节的下侧再用天然土或砂砾垫层材料作培填料，并捣实至设计高程(图 2-4-15)，并切实保证培填料与管节密贴。再将防水层向上包裹管节，防水层外再铺设黏质土，水平径线以下的部分，应立即填筑，以免管节下面的砂垫层松散，并保证其与管节密贴。在严寒地区这部分特别填土必须填筑不冻胀土料。

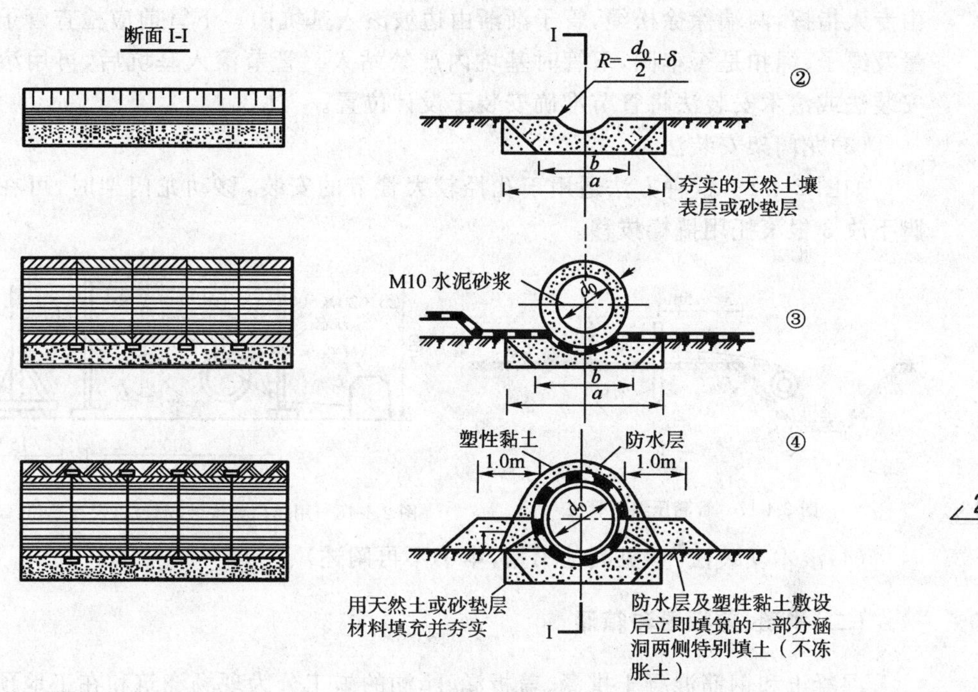

图 2-4-15 单孔无圬工基础管涵洞身安装程序

注：砂垫层底宽，非严重冰冻地区为 b，严重冰冻地区为 a，即上下同宽

(5)修筑管涵出入口端墙、翼墙及两端涵底和进行整修工作(图 2-4-15 中未示出)。

3. 管节安装方法

(1)滚动安装法

如图 2-4-16 所示，管节在垫板上滚动至安装位置前，转动 90°使其与涵管方向一致，略偏一侧。在管节后端用木撬棍拨动至设计位置，然后将管节向侧面推开，取出垫板再滚回原位。

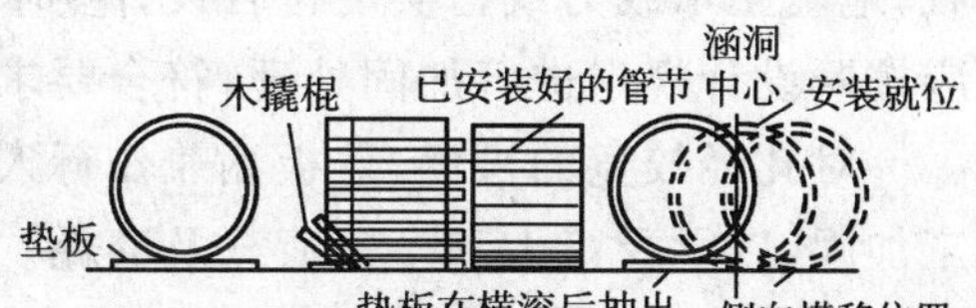

图 2-4-16 涵管滚动安装法

(2)压绳下管法

当涵洞基坑较深，需沿基坑边坡侧

向将管滚入基坑时，可采用压绳下管法，如图 2-4-17 所示。压绳下管法是侧向下管的方法之一，下管前，应在涵管基坑外 3～5m 处埋设木桩，木桩直径不小于 25cm，长 2.5m，埋深最少 1m，桩作缠绳用。在管两端各套一根长绳，绳一端紧固于桩上，另一端在桩上缠两圈后，绳端分别用两组人或两盘绞车拉紧。下管时由专人指挥，两端徐徐松绳，管子渐渐由边坡滚入基坑内。下管前应检查管子质量及绳子、绳扣是否牢固，下管时基坑内严禁站人。管节滚入基坑后，再用滚动安装法或滚木安装法将管节准确安装于设计位置。

(3)龙门架安装法

如图 2-4-18，这种方法适用于孔径较大管节的安装，移动龙门架时，可在柱脚下放 3 根滚托用撬棒拔移。

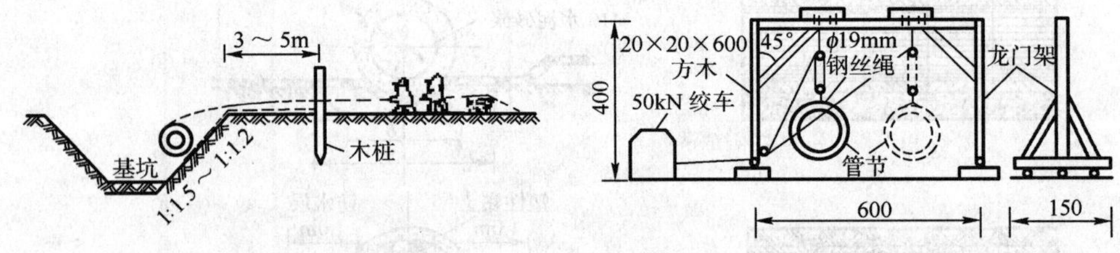

图 2-4-17　管涵压绳下管法　　图 2-4-18　用龙门架安装涵管法(尺寸单位:cm)

(4)滚木安装法(参见其他书籍，本书不再阐述)

(二)拱涵、盖板涵和箱涵

混凝土和钢筋混凝土拱涵、盖板涵、箱涵的施工分为现场浇筑和在工地预制安装两大类。

1. 就地浇筑的拱涵和盖板涵

(1)拱涵与盖板涵基础、涵台、拱圈、盖板的施工

上述构件施工时应按下列要求进行：

①涵洞基础

无论是圬工基础或砂垫层基础，施工前必须先对下卧层地基土进行检查验收，地基土承载力或密实度符合设计要求时，才可进行基础施工。对于软土地基应按照设计规定进行加固处理，符合要求后，才可进行基础施工。

对孔径较宽的拱涵、盖板涵兼作行人和车辆通道时，其底面应按照设计用圬工加固，以承受行人和车辆荷载及磨耗。

②涵洞台、墩

涵洞台、墩的施工工艺和技术要求可参照本书桥梁墩台部分的有关要求进行。

③涵洞拱圈和钢筋混凝土盖板

拱圈和盖板浇筑或砌筑施工应注意：拱圈和端墙的施工，应由两侧拱脚向拱顶同时对称进行；拱圈和盖板混凝土的现场浇筑施工，应连续进行，尽量避免施工缝；当涵身较长时，可沿涵长方向分段进行，每段应连续一次浇筑完成；施工缝应设在涵身沉降缝处。

(2)拱架和支架的安装和拆卸

①安装的一般要求

拱架和支架支立牢固，拆卸方便（可用木楔作支垫），纵向连接应稳定，拱架外弧应平顺。拱架不得超越拱模位置，拱模不得侵入圬工断面。

拱架和支架安装完毕后，应对其位置、顶部高程、节点联系纵横向稳定性进行检查，不符合要求者，立即进行纠正。

②拆卸的一般要求

a.拱圈圬工强度达到设计值的70%时，即可拆除拱架，但必须达到设计值后方可填土。

b.当拱架未拆除，拱圈强度达到设计值的70%时，可进行拱顶填土，但应在拱圈达到强度设计值时，方可拆除拱架。

c.拱涵拆除拱架可用木楔，木楔用比较坚硬的木料斜角对剖制成，并将剖面刨光。在垫楔时应使上面一块的楔尖各伸出下面一块楔尾以外，这样在拆架时敲击木楔比较方便。

d.拆卸拱架时应沿涵洞整个宽度上将拱架同时均匀降落，并从跨径中点开始，逐步向两边拆除。

2.就地浇筑的箱涵

箱涵又称矩形涵，它与盖板涵的区别是：盖板涵的台身与盖板是分开浇筑的，台身还可以采用砌石圬工，成为简支结构。而箱涵是上下顶板、底板与左、右墙身是连续浇筑的，成为刚性结构，如图 2-4-19 所示。

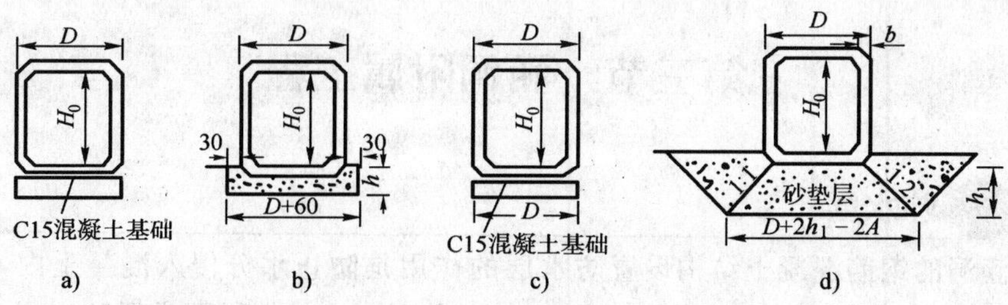

图 2-4-19　箱形涵洞基础类型(尺寸单位:cm)

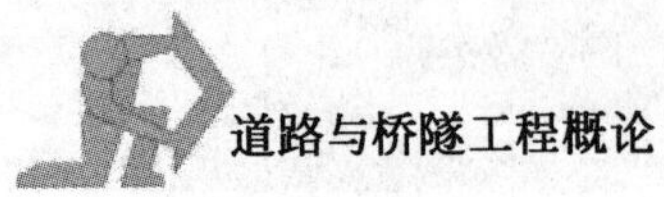

(1)箱涵基础

涵身基础分为有圬工基础和无圬工基础两种。两种基础的构造及尺寸见图2-4-19。

(2)箱涵身和底板混凝土的浇筑(参见现浇混凝土盖板涵)

3. 装配式拱涵、盖板涵和箱涵

(1)预制构件结构的要求

①拱圈、盖板、箱涵节等构件预制长度,应根据起重设备和运输能力决定,但应保证结构的稳定性和刚性,一般不小于1m,但亦不宜太长。

②拱圈构件上应设吊装孔,以便起吊。吊孔应考虑平吊及立吊两种,安装后可用砂浆将吊孔填塞。箱涵节、盖板和半环节等构件,可设吊孔,也可于顶面设立吊环。吊环位置、孔径大小和制环用钢筋应符合设计要求,并要求吊钩伸入吊环内和吊装时吊环筋不断裂。安装完毕,吊环筋应锯掉或气割掉。

③若采用钢丝绳捆绑起吊可不设吊孔或吊环。

(2)施工和安装

①基础。基础与就地浇筑的涵洞基础施工方法相同。

②拱涵和盖板涵的涵台身。涵台身大都采用砌筑结构,可按照就地浇筑的涵台身施工方法施工时,如采用装配式结构时,可按照装配式墩台相关的要求施工。

③上部构件的安装。拱圈、盖板、箱涵节的安装技术要求如下:

a. 安装之前应再检查构件尺寸、涵台尺寸和涵台间距离并核对其高程,调整构件大小位置使与沉降缝重合。

b. 拱座接触面及拱圈两边均应凿毛(沉降缝处除外),并浇水湿润,用灰浆砌筑;灰浆坍落度宜小一些,以免流失。

c. 构件砌缝宽度一般为1cm,拼装每段的砌缝应与设计沉降缝重合。

d. 构件可用扒杆、链滑车或汽车吊进行吊装。

第三节　涵洞附属工程

一 防水层

涵洞的钢筋混凝土结构设置防水层的作用是防止水分侵入混凝土内,使钢筋锈蚀,缩短结构寿命。北方严寒地区的无筋混凝土结构需要设置防水层,防止侵入混凝土内的水分冻胀造成结构破坏。

防水层的材料多种多样。公路涵洞使用的主要防水材料是沥青，有些部位可使用黏土，以图节省工料费用。

(一)防水层的设置部位

防水层的设置部位如下：

(1)各式钢筋混凝土涵洞(不包括圆管涵)的洞身及端墙在基础以上被土掩埋的部分，均须涂以热沥青两道，每道厚1～1.5mm，不另抹砂浆。

(2)混凝土及石砌涵洞的洞身、端墙和翼墙的被土掩埋部分，只需将圬工表面凿平，无凹入存水部分，可不设防水层。但北方严寒地区的混凝土结构仍需设防水层。

(3)钢筋混凝土圆管涵的防水层可按图2-4-15“单孔无圬工基础管涵洞身安装程序”所示敷设。图中管节接头采用平头对接，接缝中用麻絮浸以热沥青塞满，管外靠接缝处裹以热沥青浸透的防水纸8层，宽度15～20cm。包裹方法：在现场用热沥青逐层黏合在管外壁上接缝处，外面再如图所示在全长管外裹以塑性黏土。

(4)钢筋混凝土盖板明涵的盖板部分表面可先涂抹热沥青两次，再于其上设2cm厚的防水水泥砂浆或4～6cm厚的防水混凝土。

(二)沥青的敷设

热沥青温度宜低于150℃。涂敷热沥青的圬工表面应先用刷子扫净，消除粉屑污泥。涂敷工作宜在干燥温暖(温度不低于+5℃)的天气进行。

铺设油毡和防水纸所用粘贴沥青应和油毡、防水纸有同样的性能。煤沥青油毡和防水纸必须用煤沥青粘贴。同样，石油沥青油毡及防水纸，也一定要用石油沥青来粘贴，否则，过一段时间油毡和防水纸就会分离。

二 沉降缝

(一)沉降缝设置目的

结构物设置沉降缝的目的是避免结构物因荷载或地基承载力不均匀而发生不均匀沉陷，产生不规则的多处裂缝，而使结构物破坏。设置沉降缝后，可限定结构物发生整齐、位置固定的裂缝，并可事先对沉降缝处予以处理。

(二)沉降缝设置的位置和方向

涵洞洞身、洞身与端墙、翼墙、进出水口急流槽交接处必须设置沉降缝，但无

圬工基础的圆管涵仅于交接处设置沉降缝，洞身范围不设。

1. 洞身沉降缝

一般每隔 4～6m 设置 1 处，但无基础涵洞仅在洞身涵节与出入口涵节间设置，缝宽一般 3cm。两端与附属工程连接处也各设置 1 处。

2. 其他沉降缝

凡地基土质发生变化、基础埋置深度不一、基础对地基的荷载发生较大变化处、基础填挖交界处、采用填石垫高基础交界处，均应设置沉降缝。

3. 斜交涵洞

斜交涵洞洞口正做的，其沉降缝应与涵洞中心线垂直；斜交涵洞洞口斜做的，沉降缝与路基中心线平行；但拱涵与管涵的沉降缝，一律与涵洞轴线垂直。

(三)沉降缝的施工方法

沉降缝的施工，要求做到使缝两边的构造物能自由沉降，又能严密防止水分渗漏，故沉降缝必须贯穿整个断面(包括基础)。沉降缝具体施工方法如下：

1. 基础部分

可将原基础施工时嵌入的沥青木板或沥青砂板留下，作为防水之用。如基础施工时不用木板，也可用黏土填入捣实，并在流水面边缘以 1∶3 水泥砂浆填塞，深度约为 15cm。

2. 涵身部分

缝外侧以热沥青浸制的麻筋填塞，深度约为 5cm，内侧以 1∶3 水泥砂浆填塞，深度约为 15cm，视沉降缝处圬工的厚薄而定。缝内可以用沥青麻絮与水泥砂浆填满，如太厚，亦可将中间部分先填以黏土(图 2-4-20)。

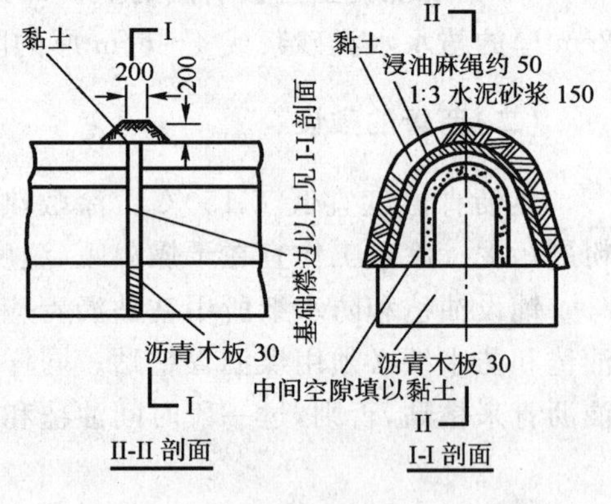

图 2-4-20　涵洞沉降缝(尺寸单位：cm)

三 涵洞进出水口

涵洞进出水口工程是指涵洞端墙、翼墙(包括八字墙、锥坡、平行廊墙)以外的部分，如沟底铺砌和其他进出水口处理工程。

(一)平原区的处理工程

涵洞出入口的沟床应整理顺直，与上、下排水系统(天沟、路基边沟、排水沟、取土坑等)的连接应圆顺、稳固,保证流水顺畅,避免排水损害路堤、村舍、农田、道路等。

(二)山丘区的处理工程

在山丘区的涵洞底纵坡超过5%时,除进行上述整理外,还应对沟床进行干砌或浆砌片石防护。翼墙以外的沟床当坡度较大时,也应铺砌防护。防护长度、砌石宽度、厚度、形状等,应按设计图纸施工。

本章小结

涵洞作为公路组成部分之一的排水结构物,在公路的运营过程中发挥着不可替代的作用。各种类型涵洞的进出口形式主要取决于其地形地质条件、水文水力条件,基础形式则主要取决于地基条件和涵洞的受力状况。沉降缝为满足地基不均匀沉降而设,它与防水层一样,看似简单,可决不能马虎,因为它们都将影响涵洞的使用品质、使用寿命。

小知识

涵洞与桥梁的区别在于跨径大小规模不同;涵洞与通道的区别在于涵洞用于排水,通道主要用来过人过车,当然,通道通常做成既过人过车又排水的结合体。

思考与练习

1. 试述涵洞的种类。特点及使用条件。
2. 试述涵洞出入口建筑的类型及特点。
3. 试述单孔无圬工基础管涵施工程序。
4. 试述涵洞防水层的作用及设计部位。
5. 涵洞为何要设置沉降缝?如何设置?

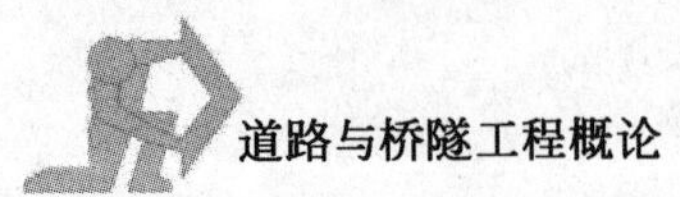

第五章 墩台与基础

【职业能力目标】

1. 了解桥梁墩台与基础的类型与构造；

2. 能够利用常用的施工方法与工艺进行常见桥梁墩台与基础的施工。

【学习要求】

熟悉桥梁墩台及桥梁基础的类型和构造。

第一节 桥梁墩台及其基础的构造

桥梁墩(台)是桥梁的重要结构,主要由墩(台)帽、墩(台)身和基础三部分组成。

桥梁墩、台的主要作用是承受上部结构传来的荷载,并通过基础又将此荷载及本身自重传递到地基上。桥墩一般系指多跨(两跨以上)桥梁的中间支承结构物,它除承受上部结构的荷载以外,还要承受流水压力,风力以及可能出现的冰荷载、船只、排筏或漂浮物的撞击力。桥台一般设置在桥梁的两端,桥台除了支承桥跨结构之外,它又是衔接两岸路堤的构筑物,既要能挡土护岸,又要能承受台背填土及填土上车辆荷载所产生的附加侧压力。

公路桥梁上常用的墩、台形式大体上可以归纳为两大类:梁桥墩台和拱桥墩台。

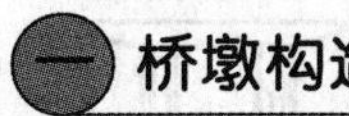

一 桥墩构造

(一)梁桥桥墩构造

梁桥桥墩按其构造可分为实体桥墩、空心桥墩、柱式排架桩墩、柔性墩和框架墩等五种类型，按墩身横截面形状可分为矩形、圆形、圆端形、尖端形和各种空心墩。

1. 重力式桥墩

重力式桥墩由墩帽、墩身和基础三部分组成。墩身的平面形状，在河中可以做成圆端形或尖端形，在无水岸墩或高架桥也可做成矩形，在水流与桥梁斜交时，可做成圆形。

2. 钢筋混凝土薄壁桥墩

由于重力式桥墩重力大，当地基土质条件较差时，为了减轻地基的应力，可考虑采用钢筋混凝土薄壁桥墩。

3. V 形桥墩和 Y 形桥墩

大跨径桥梁，当上部结构为连续梁时，为了缩短桥梁的跨径，桥墩结构可采用 V 形桥墩和 Y 形桥墩。由于这种桥墩能缩短上部结构的跨径，所以上部结构所产生的弯矩比用其他形式的桥墩减少很多。

4. 柱式桥墩和桩柱式桥墩

柱式桥墩和桩柱式桥墩是公路桥梁采用较多的桥墩形式之一，它能减轻墩身的重力，节约圬工材料，外形又较美观。

柱式桥墩可以在灌注桩顶浇一承台，然后在承台上设立柱，如图 2-5-1a)所示；或在浅基础上设立柱，如图 2-5-1b)所示。为了增强墩柱间抗撞击的能力，在两柱中间加做隔墙，如图 2-5-1c)所示。当桥墩较高，也可以把水下部分做成实体式，以上部分仍为柱式，如图 2-5-1d)所示。

桩柱式桥墩一般分为两部分，在地面以上称为柱，在地面以下称为桩。图 2-5-1e)为单柱式桩墩；图 2-5-1f)为等截面双柱式桩墩；图 2-5-1g)为变截面双柱式桩墩。

5. 柔性排架桩墩

柔性排架桩墩是有成排打入的钢筋混凝土桩构成的，一般在墩高小于 5～7m，跨径小于 13m 的桥梁上使用。

6. 轻型桥墩

小跨径的钢筋混凝土板桥，一般采用石砌或混凝土轻型桥墩。

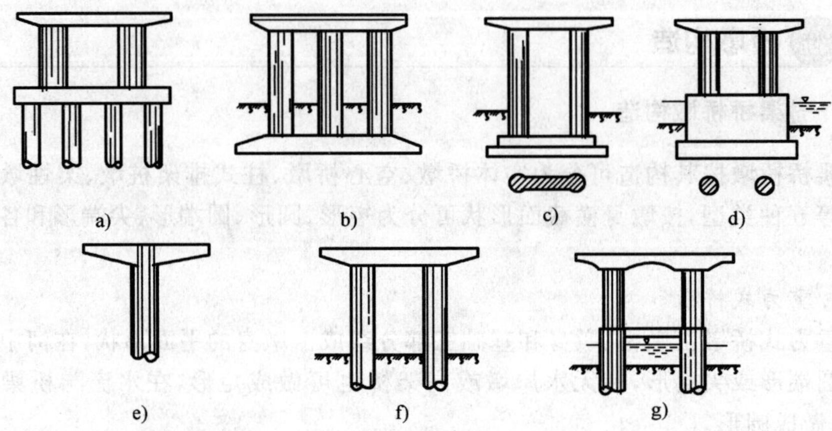

图 2-5-1　梁桥柱式和桩柱式桥墩

(二)拱桥桥墩构造

1. 重力式桥墩

拱桥重力式桥墩,其形式基本上与梁式桥重力式桥墩相仿。因为承受较大的水平推力,所以,拱桥重力式桥墩的宽度尺寸比梁桥大。同时,墩帽顶部做成斜坡。

2. 柱式桥墩和桩式桥墩

拱桥的柱式桥墩和桩式桥墩与梁桥相同。由于承受较大的水平推力,柱和桩的直径比梁桥大,根数也比梁桥多。当跨径较大(40～50m)时,可以采用双排桩。

3. 单向推力墩

多跨拱桥根据施工和使用要求,每隔 3～5 孔设置单向推力墩。目前常用的单向推力墩有普通柱墩加设斜撑及拉杆的单向推力墩(图 2-5-2)、悬臂式单向推力墩(图 2-5-3)、实体单向推力墩几种形式。

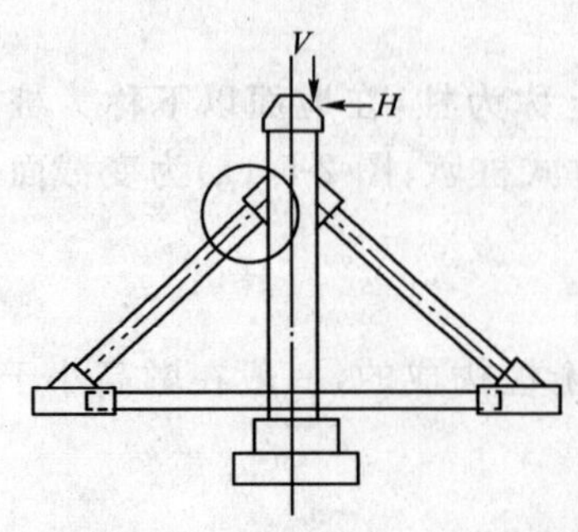

图 2-5-2　柱墩加设斜撑及拉杆的单向推力墩

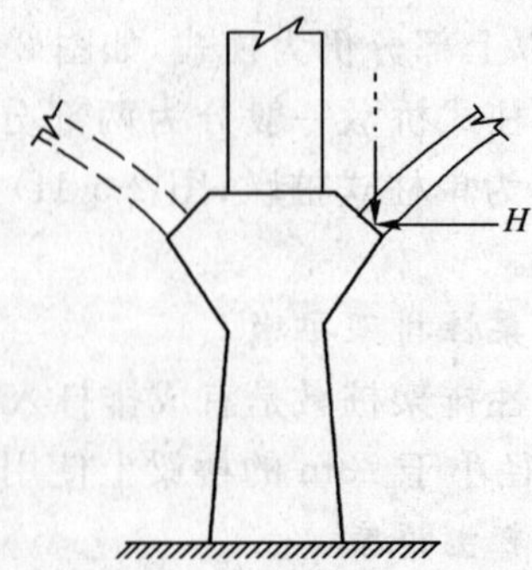

图 2-5-3　悬臂式单向推力墩

二 桥台构造

(一)梁桥桥台构造

1. 重力式U形桥台

重力式U形桥台由台帽、台身(前墙和侧墙)和基础三部分组成(图2-5-4)。重力式U形桥台,主要依靠自身重力和台内填土重力来保持稳定,其构造虽然简单,但圬工数量大,并由于自身重力而增加对地基的压力,因此,一般宜在填土高度和跨径不大的桥梁中采用。

2. 钢筋混凝土薄壁桥台

钢筋混凝土薄壁桥台是由扶壁式挡土墙和两侧的薄壁侧墙所构成。这种桥台比重力式U形桥台可减少圬工体积40%~50%,同时还因自身重力轻而减小对地基的压力。但其构造复杂,钢筋用量也比较多,适用于在软土地基上建造的桥梁。

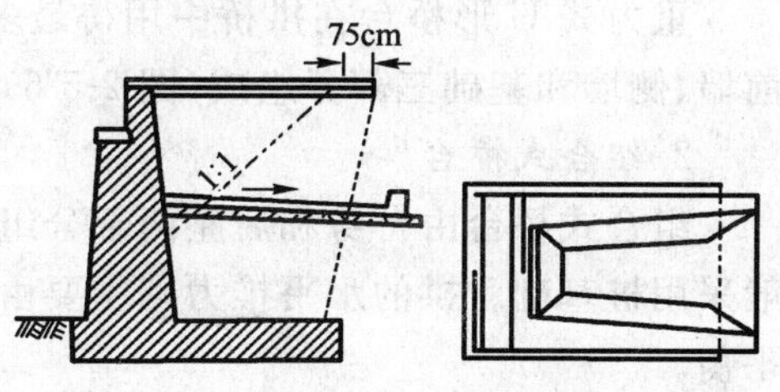

图2-5-4 重力式U形桥台图

3. 埋置式桥台

埋置式桥台是将台身埋在锥形护坡中,只露出台帽,以安放支座和上部结构(图2-5-5)。埋置式桥台利用台前锥坡产生的土压力来抵消台后的主动土压力,可以增加桥台的稳定性,桥台的尺寸也相应减小。但埋置式桥台的锥坡挡水面积大,对桥孔下的过水面积有所压缩。

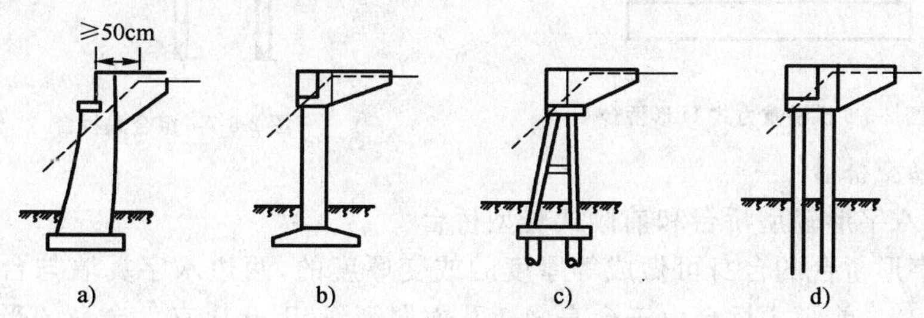

图2-5-5 埋置式桥台

4. 轻型桥台

轻型桥台用于跨径不大于13m的板(梁)桥,且不宜多于3孔,全长不大于20m。台帽用混凝土浇筑,厚度不小于30cm;台身用混凝土浇筑或块石砌筑,宽

度不小于 60cm，两边坡度为直立；桥台下端与相邻桥台（墩）之间必须设置支撑梁。

5. 枕梁式桥台

枕梁式桥台是以枕梁代替台帽，并直接搁于地基上。它是最简单的一种桥台，适用于桥梁建筑高度小，桥台下土质比较密实，河床比较稳定，无冲刷的小型桥梁。

(二)拱桥桥台构造

1. 重力式 U 形桥台

重力式 U 形桥台在拱桥中用得最多，其构造与梁桥 U 形桥台相仿，也是由前墙、侧墙和基础三部分组成（图 2-5-6）。

2. 组合式桥台

组合式桥台由台身和后座两部分组成（图 2-5-7）。台身基础承受竖向力，一般采用桩基础。拱的水平推力则主要由后座基底摩阻力及台后的土侧向压力来平衡。

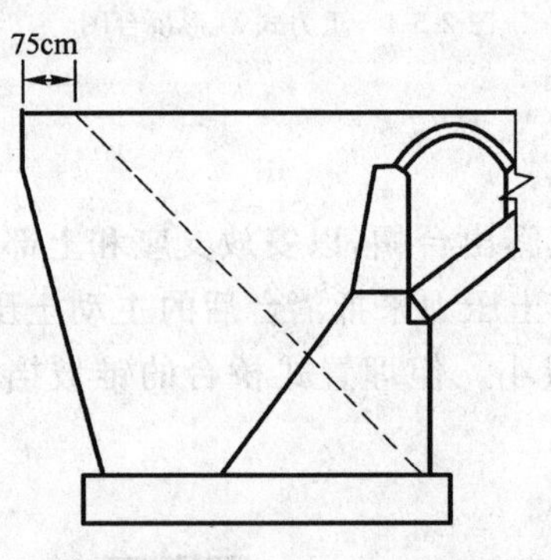

图 2-5-6 拱桥重力式 U 形桥台

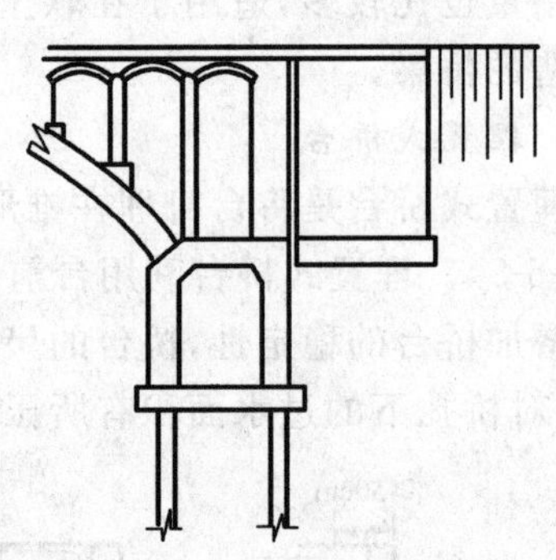

图 2-5-7　组合式桥台

3. 轻型桥台

(1)八字形轻型桥台和前倾式轻型桥台

八字形桥台的台身可做成等厚度的或变厚度的，两边八字翼墙与台身分开（图 2-5-8）。前倾式桥台由于台身向桥孔方向倾斜，因此比直立台身的受力情况要好，用料要省。前倾台身可做成等厚度的，前倾坡度可达 4∶1。其缺点是施工比较麻烦（图 2-5-9）。

(2)U 字形轻型桥台和山字形轻型桥台

U 字形桥台由前墙（等厚度的）和平行于行车方向的侧墙组成。前墙的构造和八字形的桥台台身相同。当桥台宽度较大时,为了保证前墙和侧墙的整体性,可在U字形桥台的中间加一道背撑,成为山字形桥台。

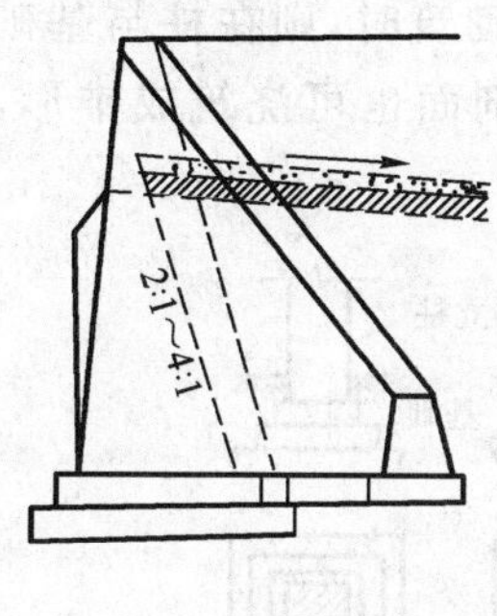

图 2-5-8 八字形桥台

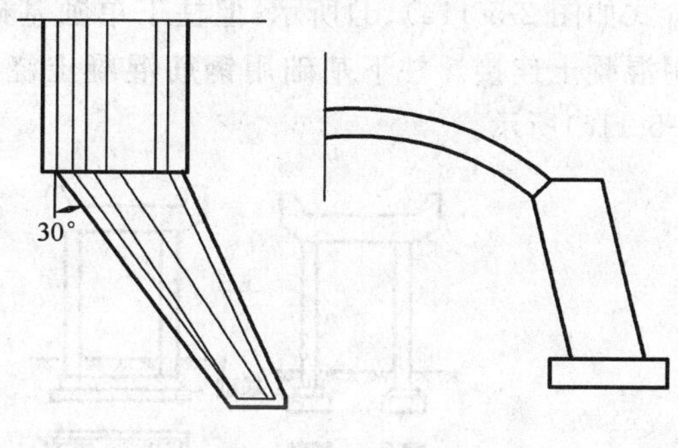

图 2-5-9 前倾式桥台

4. 空腹L形桥台

空腹L形桥台适用于软土地基而桥台本身不高的空腹式拱桥。由前墙、后墙、基础板和撑墙部分组成。前墙承受拱圈传来的压力,后墙支撑台后土压力。在前后墙之间加设撑墙3~4道,它是前后墙间的传力构件,又是后墙和基础板的加劲构件。上下游的边撑墙还起着挡土的作用。中间的撑墙高度则根据后墙的受力情况决定。空腹可以是敞口的,也可以加设盖板,腹内可以填土也可以不填土。

三 基础

桥梁基础根据埋置深度分为浅基础和深基础。一般将埋置深度较浅(一般在数米以内),且施工简单的基础称为浅基础;由于浅层土质不良,需将基础置于较深的良好土层上,且施工较复杂的基础称为深基础。基础埋置在土层内深度虽较浅,但在水下部分较深,如深水中桥墩基础,称为深水基础。

(一)浅基础

1. 刚性扩大基础

由于地基强度一般较墩台或墙柱圬工的强度低,因而需要将其基础平面尺寸扩大以满足地基强度要求,这种刚性基础又称刚性扩大基础。它是桥涵及其他构造物常用的基础形式,其平面形状常为矩形,如图 2-5-10 所示。

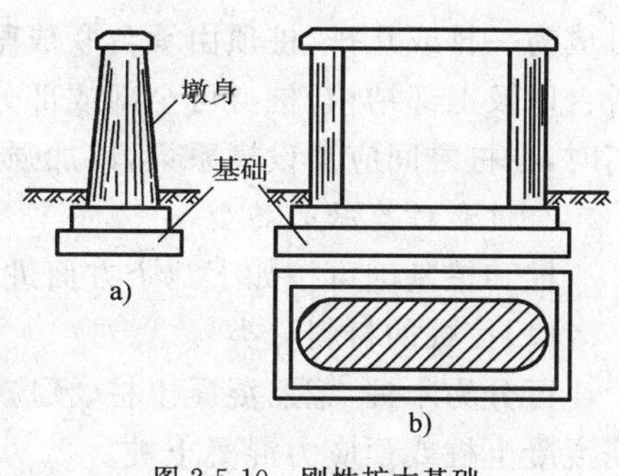

图 2-5-10 刚性扩大基础

2. 单独和联合基础

单独基础是立柱式桥墩常用的基础形式之一。它的纵横剖面均可砌筑成台阶式如图 2-5-11a)、d)所示，但柱下单独基础用石料砌筑时，则在柱与基础之间用混凝土连接。柱下基础用钢筋混凝土浇筑时，其剖面也可浇筑成锥形，如图 2-5-11c)所示。

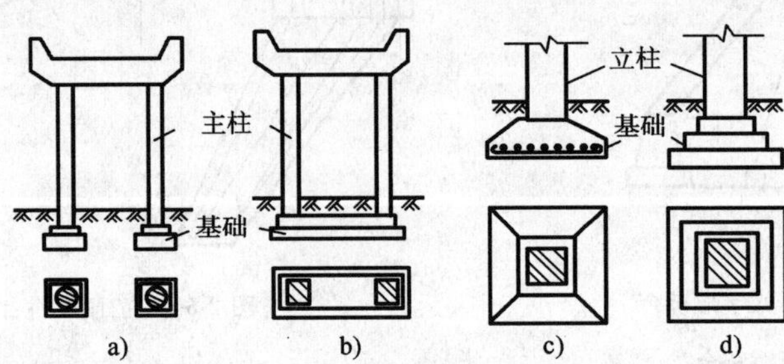

图 2-5-11　单独和联合基础

3. 条形基础

条形基础是指基础长度远大于其宽度的一种基础形式。按上部结构形式，可分为墙下条形基础和柱下条形基础。

(二)桩基础

在基础设计中，常用的除浅基础以外，还有桩基础，它是由设置在土中或部分置于土中的桩和承台连接而成的深基础。通常，当地基浅层土质不良，采用浅基础无法满足结构物对地基强度、变形和稳定性方面的要求时，往往需要采用桩基础。

1. 桩基础的组成与特点

桩基础由桩和承台两个部分组成，如图 2-5-12a)、b)所示。桩在平面排列上可成为一排或几排，桩顶由承台联成整体并传递荷载。在承台上再修筑桥墩或桥台以及上部结构，桩身可全部或部分埋入地基土中，当桩身外露在地面以上较高时，在桩之间应加设横系梁，以加强各桩的横向联系。

2. 桩和桩基础的类型

桩和桩基础可按如下几个方面进行分类：

(1)按桩的材料分类

可分为木桩、钢筋混凝土桩、预应力混凝土桩、钢桩、管桩等。我国多采用钢筋混凝土桩或预应力混凝土桩。

(2)按桩在土中支承力特点分类

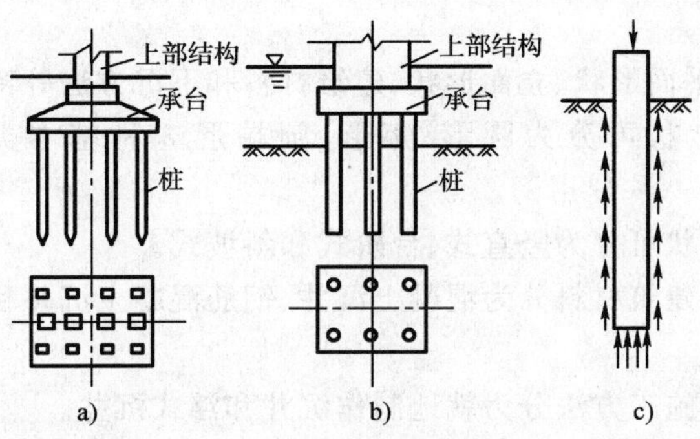

图 2-5-12 桩基础

有端承桩和摩擦桩。端承桩又称柱桩、嵌岩桩，指桩底支立于坚硬土层(岩层)上，其轴向荷载可认为全由桩底土反力来支承。摩擦桩是指桩底置于压缩性土层内，其轴向荷载由桩侧摩阻力和桩底土反力共同来支承，桩侧摩阻力起主要支承作用。

(3)按施工工艺分类有预制桩和就地灌注桩两大类。

(4)按桩轴方向分类有竖直桩和斜桩。

(5)按承台底面位置分类有低承台桩基和高承台桩基。

(6)管柱基础

管柱基础是将预制的大直径(直径 1～5m 左右)钢筋混凝土或预应力混凝土管桩或钢管柱，用大型的振动桩锤沿导向结构振动下沉到基岩，然后在管内钻岩成孔，下放钢筋笼骨架，灌注混凝土，将管柱嵌固于岩层。

(三)沉井基础

沉井是井筒状的结构物(图 2-5-13)。它是以井内挖土，依靠自身重力克服井壁摩阻力后下沉到设计高程，然后经过混凝土封底并填塞井孔，使其成为桥梁墩台或其他结构的基础，如图 2-5-14 所示。

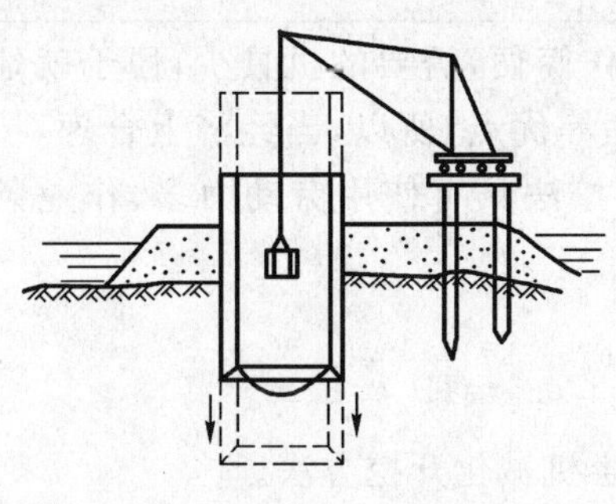

图 2-5-13 沉井下沉示意图

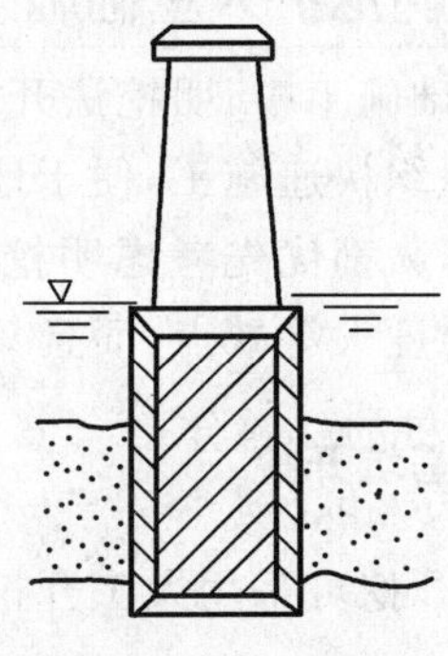

图 2-5-14 沉井基础

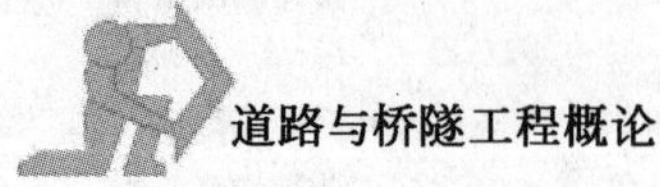

1. 沉井类型

沉井可按其平面形状、立面形状、建筑材料和下沉方法等特征进行分类。

(1)按平面形状可分为圆形、矩形、圆端形 3 种基本类型，如图 2-5-15 所示。

(2)按立面形状可分为竖直式、台阶式和斜坡式。

(3)按使用的建筑材料分为混凝土沉井、钢筋混凝土沉井和钢沉井 3 种基本类型。

(4)按沉井的施工方法分为就地制作沉井和浮式沉井。

2. 沉井基础的构造

各种类型沉井的构造均大同小异，一般由井壁①、隔墙③、井孔④、刃脚②、凹槽⑤、射水管⑥、封底⑦和盖板⑧等组成，如图 2-5-16 所示。

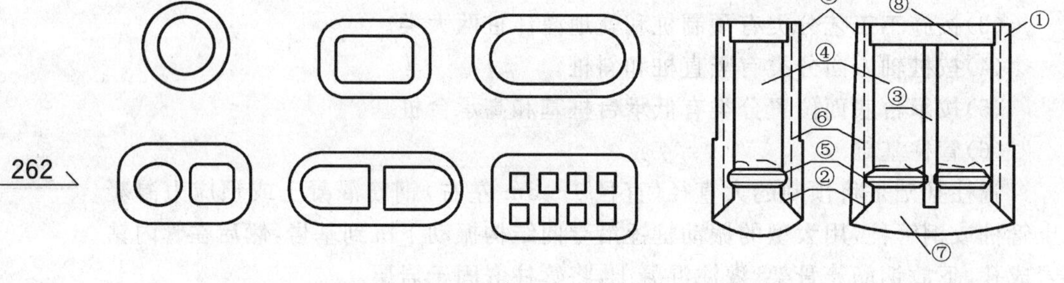

图 2-5-15　沉井的平面形状　　图 2-5-16　沉井结构示意图

第二节　桥梁基础施工

一 明挖扩大基础施工

在基础施工中，明挖法开挖基坑具有操作简便，需要的机具少，便于就地取材，便于组织快速施工，便于地基检查和处理等优点，所以，当经济上合理，技术上可行时，大都优先考虑明挖法施工。但明挖法具有使用劳动力多、作业条件差、劳动强度大等缺点，而且只能用于浅基础。

(一)基坑开挖

基坑开挖可采用人工开挖、机械开挖或半机械化开挖方法。

基坑开挖与基坑护壁有密切关系，就是要根据工程要求和现场的具体情况，决定是否需要支护，如何支护，然后确定开挖方式。

(二)基坑护壁

1.无支护基坑

在天然土层上挖基，如深度在5m以内，施工期较短，基底处于地下水位以上，且土的湿度正常、构造均匀，则基坑可不必支护。

基坑坑壁坡度应按地质条件、基坑深度和施工方法等情况确定。当基坑无水且土层构造均匀时，基坑坑壁坡度可按表2-5-1选用。

基坑坑壁坡度　　表2-5-1

坑壁土类	坑壁坡度		
	基坑顶缘无载重	基坑顶缘有静载	基坑顶缘有动载
砂类土	1∶1	1∶1.25	1∶1.5
卵石、砾类土	1∶0.75	1∶1	1∶1.25
粉质土、黏质土	1∶0.33	1∶0.5	1∶0.75
极软岩	1∶0.25	1∶0.33	1∶0.67
软质岩	1∶0	1∶0.1	1∶0.25
硬质岩	1∶0	1∶0	1∶0

为了坑壁稳定，基坑顶有动载时，基坑顶缘与动载间至少应留有1 m宽的护道，如地质、水文条件不良，或动载过大，尚需增宽护道或采取加固措施。

2.坑壁加固的基坑

加固坑壁可采用挡板支撑护壁、板桩支撑护壁、喷混凝土护壁和混凝土围圈护壁。

(1)挡板支撑护壁

挡板支撑一般采用水平挡板挡土，用立木、顶撑和木楔，使之紧贴在坑壁上。

(2)板桩支撑护壁(板桩围堰)

当基坑底面在地下水位以下时，由于挡板支撑防渗性能差，宜用板桩支撑，或叫板桩围堰。根据板桩材料的不同，有钢板桩、木板桩和钢筋混凝土板桩等，其中最常用的是钢板桩。

(3)喷射混凝土护壁

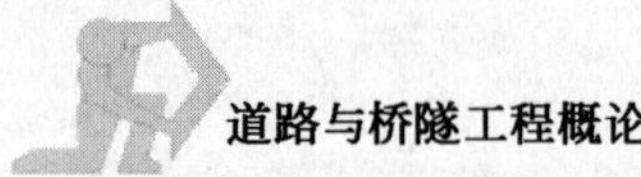

喷射混凝土护壁的基本原理是以高压空气为动力，将搅拌均匀的砂、石、水泥和速凝剂干料，由喷射机经输料管吹送到喷枪，在通过喷枪的瞬间，加入高压水进行混合，自喷嘴射出，喷射在坑壁，形成环形混凝土护壁结构，以承受土压力。喷射混凝土护壁宜用于土质较稳定，渗水量不大，深度小于 10m，直径为 6～12m 的圆形基坑。

(4)混凝土围圈护壁

混凝土围圈护壁，除流沙及呈流塑状态的黏性土外，适合于各类土的开挖防护。围圈有就地灌注的，也可预制混凝土块件在现场拼装或用喷射混凝土制成。

(三)基坑排水和降低水位

基坑如在地下水位以下，随着基坑的下挖，渗水将不断涌集基坑，因此施工过程中必须不断地排水，以保持基坑的干燥，便于基坑挖土和基础的砌筑与养护。目前常用的基坑排水方法有汇水井(集水坑)与排水沟排水和井点法降低地下水位两种。

1. 汇水井与排水沟排水

如图 2-5-17 所示，汇水井与排水沟排水。其施工要点是在基坑内侧和基础范围外低处挖汇水井，并沿坑壁周围挖排水沟(边沟)，使基坑内的水沿边沟汇集于汇水井内，由抽水机(水泵)将水抽走。

2. 井点法降低地下水位

井点降水法适用于粉、细砂、地下水位较高、有承压水、挖基较深、坑壁不易稳定的土质基坑，如图 2-5-18 所示。井点降水有轻型井点、喷射井点、电渗井点和深井泵点等多种类型。井点类别选择，宜按照土壤的渗透系数、要求降低水位深度以及工程特点而定，如表 2-5-2 所示。在无砂的黏质土中不宜使用。

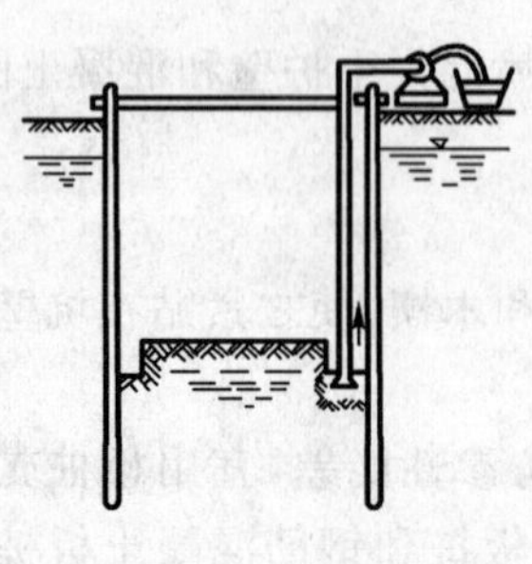

图 2-5-17　汇水井排水示意图

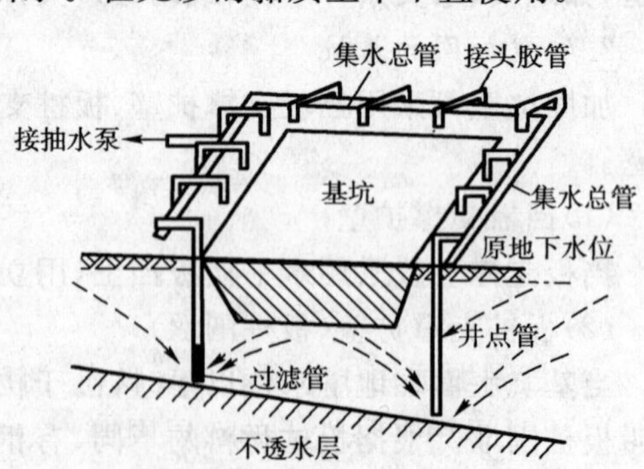

图 2-5-18　轻型井点降水法示意图

各种井点法的适用范围　　表 2-5-2

井点类别	土壤渗透系数(m/d)	降低水位深度(m)	井点类别	土壤渗透系数(m/d)	降低水位深度(m)
一级轻型井点法	0.1～80	3～6	电渗井点法	<0.1	5～6
二级轻型井点法	0.1～80	6～9	管井井点法	20～200	3～5
喷射井点法	0.1～50	8～20	深井泵法	10～80	>15
射流泵井点法	0.1～50	<10			

用这种方法降低地下水的特点是井管范围内的地下水不从基坑的四周边坡和底面流出，而是以相反的方向流向井管，因而可以避免发生流沙和边坡坍塌现象，且由于流水压力对土层还有一定的压密作用。

(四)水中围堰和水下挖土

在水中修筑桥梁基础时，开挖基坑前需在基坑周围先修筑一道防水围堰，把围堰内水排干后，再开挖基坑修筑基础。如排水较困难，也可在围堰内进行水下挖土，挖至预定高程后先灌注水下封底混凝土，然后再抽干水继续修筑基础。

水中围堰的种类很多，有土围堰、草(麻)袋围堰、钢板桩围堰、双壁钢围堰，还有地下连续墙围堰等。

(1)土围堰和草袋围堰

在水深较浅(1.5m 以内)，流速缓慢(水流流速 0.5m/s 以内)，河床渗水较小的河流中修筑基础可采用土围堰(图 2-5-19)或草(麻)袋围堰也称土袋围堰，如图 2-5-20 所示。

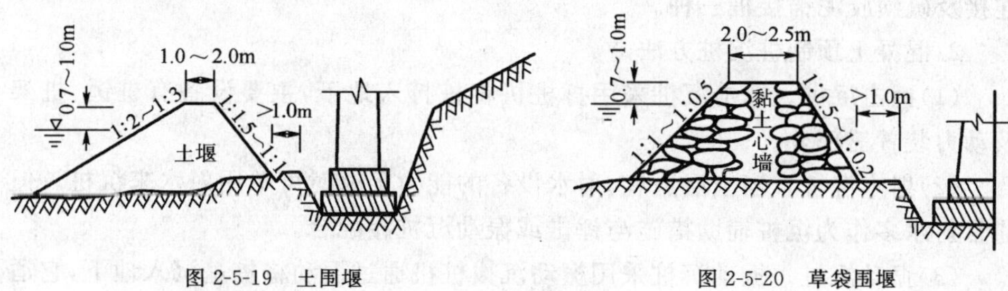

图 2-5-19　土围堰　　图 2-5-20　草袋围堰

(2)木板桩围堰

木板桩围堰适用于水深在 3m 以内，河床为砂土、黏性土等地层。通常使用单层，必要时可用夹黏性土的双层围堰。

(3)钢板桩围堰

当水较深时，可采用钢板桩围堰。修建水中桥梁基础常使用单层钢板桩围

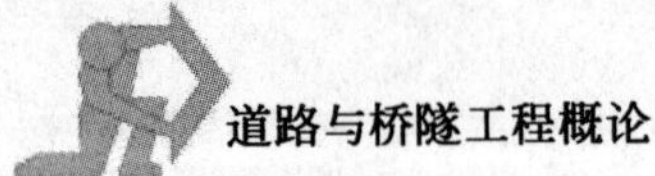

堰,由定位桩、导框(或称围图)及钢板桩组成。

(4)双壁钢围堰

双壁钢围堰适用于深水基础施工。

(五)水下挖土

围堰建成后,应尽可能进行边抽水边开挖,将水抽干进行旱地施工。但如河床土质透水性大,基坑排水有困难,或因抽水会引起严重流沙、涌泥无法继续施工时,除采用井点法降水外,也可采用不排水开挖。

水下挖土机械主要有抓土机和挖泥机两类。一般土质、砂砾土基坑,宜用抓土斗抓土,有条件时可用空气吸泥机吸出泥沙,然后,立模用导管法灌注水下混凝土。

二 桩基础施工

桩基础的施工方法很多,概括起来可分为两大类:一是采用沉入法施工预制桩,简称沉入桩;二是灌注桩,即在地基中以人工或机械成孔,在孔中灌注钢筋混凝土而成的桩。

(一)预制桩的施工

预制桩包括预制钢筋混凝土桩、预应力钢筋混凝土管桩与钢桩。

1.预制桩的制作可在工厂或施工现场预制,桩的接桩方法有焊接钢板、法兰连接及硫磺胶泥锚接桩三种。

2.混凝土预制桩沉桩方法

(1)锤击沉桩。锤击沉桩采用打桩机将桩打入地下,主要设备有桩锤、桩架及动力装置三部分。

(2)射水沉桩。当土层适宜,射水设备的能力足够时可单用射水来沉桩。但通常射水多作为沉桩辅助措施与锤击或振动沉桩相配合。

(3)振动沉桩。振动沉桩采用振动沉拔桩机通过振动将桩基沉入地下,它适用于砂质土、硬塑及软塑的黏性土和中密及较松散的碎、卵石类土。

(4)静力压桩。静力压桩系以压桩机的自重克服沉桩过程中的阻力将桩压入土中,适用于高压缩性黏土或砂性较轻的亚黏土层。

(5)水中沉桩。在浅水中沉桩,一般可设置施工便桥、便道、筑岛等方法进行;在深水或有潮汐影响的河流中沉桩,可用固定平台、浮式平台、专用打桩船等方法施工；在深水中的高桩承台，可用吊箱围堰法施工。

(二)灌注桩施工

灌注桩又称为钻孔灌注桩。按成孔方法可以分为机械成孔和人工挖孔两大类。

1. 机械成孔灌注桩

(1)机械成孔方法的分类及适用范围

灌注桩的机械成孔方法分为泥浆护壁成孔灌注桩、干作业成孔灌注桩、套管成孔灌注桩和爆扩成孔灌注桩等4种，其适用范围见表2-5-3。

灌注桩成孔方法的适用范围 表2-5-3

序号	成孔方法		适用土类
1	泥浆护壁成孔	冲抓 冲击 回转钻	碎石土、砂土、黏性土及风化岩
		潜水钻	黏性土、淤泥、淤泥质土及砂土
2	干作业成孔	螺旋钻	地下水位以上的黏性土、砂土及人工填土
		钻孔扩底	地下水位以上的坚硬、硬塑的黏性土及中密以上砂土
		机动洛阳铲	地下水位以上的黏性土、黄土及人工填土
3	套管成孔	锤击振动	可塑、软塑、流塑的黏性土，稍密及松散的砂土
4	爆扩成孔		地下水位以上的黏性土、黄土、碎石土及风化岩

成孔机具的选择应根据土质条件按表2-5-4所示的适用范围选用。

成孔机具的适用范围 表2-5-4

成孔机具	适用范围
潜水钻	黏性土、粉土、淤泥、淤泥质土、砂土、强风化岩、软质岩
回转钻(正、反循环)	碎石类土、砂土、黏性土、粉土、强风化岩、软质岩与硬质岩
冲抓钻	碎石类土、砂土、砂卵石、黏性土、粉土、强风化岩
冲击钻	用于各类土层及风化岩、软质岩

(2)泥浆护壁

泥浆在钻孔内产生较大的悬浮压力，可防止坍孔，同时在孔壁表面形成一层胶泥，具有护壁及浮渣作用。泥浆制备应选用水、高塑性黏土(或膨润土)和添加剂配置而成。

(3) 护筒

护筒的作用是固定钻孔位置，保护孔口，提高孔内水位，防止地面水流入，增加孔内静水压力以维护孔壁稳定，并兼作钻进导向。

(4)成孔的方法

泥浆护壁钻孔灌注桩的成孔方法可分为冲击锤成孔、冲抓成孔和旋转钻成孔等。几种钻孔方法的施工布置如图 2-5-21 所示。

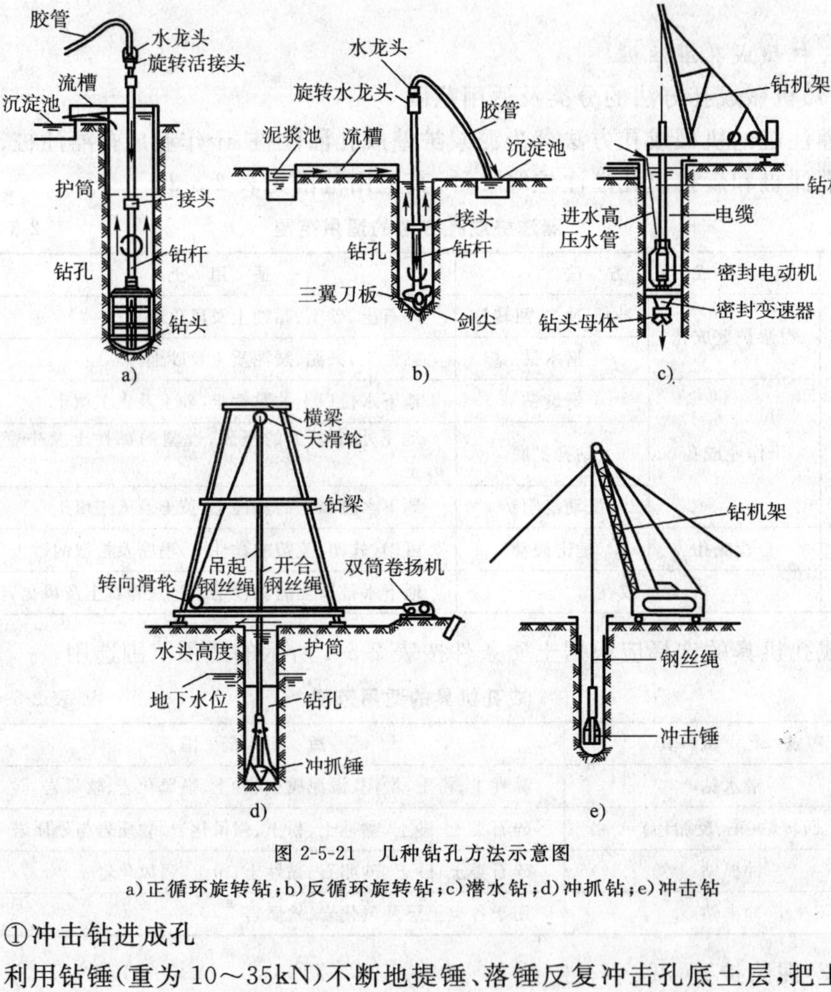

图 2-5-21　几种钻孔方法示意图

a)正循环旋转钻；b)反循环旋转钻；c)潜水钻；d)冲抓钻；e)冲击钻

①冲击钻进成孔

利用钻锤(重为 10～35kN)不断地提锤、落锤反复冲击孔底土层，把土层中的泥砂、石块挤向四壁或打成碎渣，钻渣悬浮于泥浆中，利用掏渣筒取出。重复上述过程冲击钻进成孔，如图 2-5-21e)所示。冲击钻孔适用于含有漂卵石、大块石的土层及岩层，也能用于其他土层，成孔深度一般不宜超过 50m。

②冲抓钻进成孔

用兼有冲击和抓土作用的冲抓锤，通过钻架，由带离合器的卷扬机操纵。靠冲锤自重(重为10～20kN)冲下使抓土瓣锥尖张开插入土层，然后由卷扬机提升锥头收拢抓土瓣将土抓出，弃土后继续冲抓钻进而成孔如图2-5-21d)所示。冲抓成孔适用于黏性土、砂性土及夹有碎卵石的砂砾土层。成孔深度宜小于30m。

③旋转钻进成孔

利用钻具的旋转切削土体钻进，并在钻进的同时常采用循环泥浆的方法护壁排渣，继续钻进成孔。我国现用旋转钻机按泥浆循环的程序不同分为正循环与反循环两种。所谓正循环即在钻进的同时，泥浆泵将泥浆压进泥浆笼头，通过钻杆中心从钻头喷入钻孔内，泥浆挟带钻渣沿钻孔上升，从护筒顶部排浆孔排出至沉淀池，钻渣在此沉淀而泥浆仍进入泥浆池循环使用，如图2-5-21a)所示。

反循环与上述正循环程序相反，将泥浆用泥浆泵送至钻孔内，然后从钻头的钻杆下口吸进，通过钻杆中心排出到沉淀池，泥浆沉淀后再循环使用如图2-5-21b)所示。

(5)清孔及装吊钢筋骨架

清孔目的是除去孔底沉淀的钻渣和泥浆，以保证灌注的钢筋混凝土质量，保证桩的承载力。清孔的方法有抽浆法、换浆法、掏渣法、喷射清孔法以及用砂浆置换钻渣清孔法等，应根据设计要求、钻孔方法、机具设备和土质条件决定。其中抽浆法清孔较为彻底。如图2-5-22所示。

钻孔桩的钢筋应按设计要求预先焊成钢筋笼骨架，整体或分段就位，吊入钻孔。

(6)灌注水下混凝土

①灌注方法及有关设备

导管法的施工过程如图2-5-23所示。

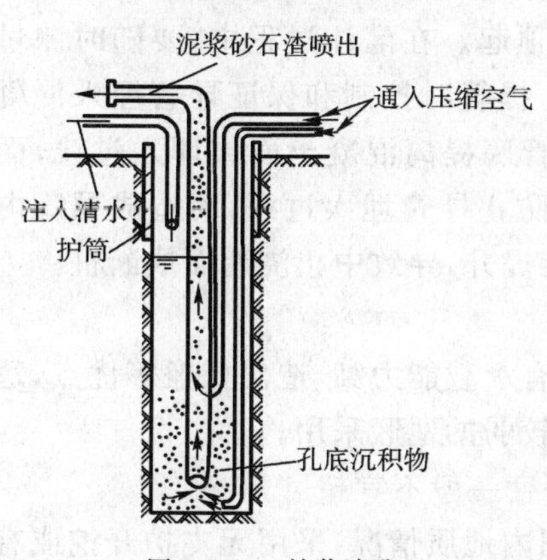

图2-5-22　抽浆清孔

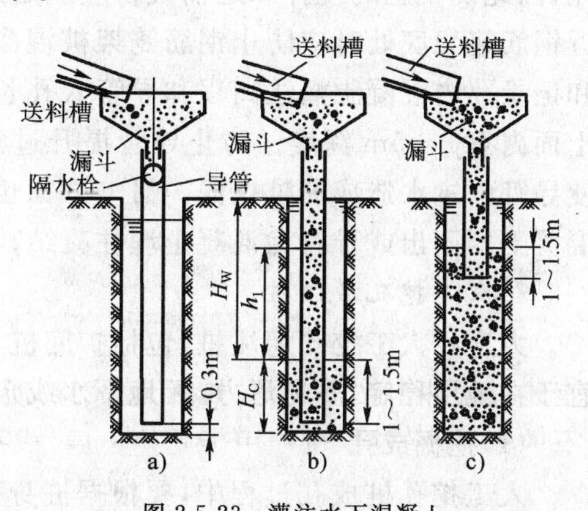

图2-5-23　灌注水下混凝土

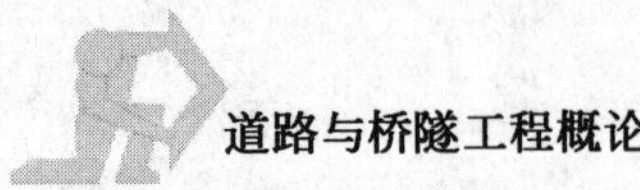

导管是内径0.20～0.40m的钢管，壁厚3～5mm，每节长度1～2m，最下面一节导管应较长，一般为3～4m。导管两端用法兰盘及螺栓连接，并垫橡皮圈以保证接头不漏水，导管内壁应光滑，内径大小一致，连接牢固在压力下不漏水。

将导管居中插入到离孔底0.30～0.40m，导管上口接漏斗，在接口处设隔水栓，以隔绝混凝土与导管内水的接触。在漏斗中存备足够数量的混凝土后，放开隔水栓使漏斗中存备的混凝土连同隔水栓向孔底猛落，将导管内水挤出，混凝土从导管下落至孔底堆积，并使导管埋在混凝土内，此后向导管连续灌注混凝土。

导管下口必须埋入孔内混凝土内1～1.5m，随着混凝土不断灌入钻孔，钻孔内的混凝土不断被顶托升高，相应地不断提升导管和拆除导管，直至钻孔灌注混凝土完毕。

②对混凝土材料的要求

为保证水下混凝土的质量，设计混凝土配合比时，要将混凝土强度等级提高20%；坍落度宜在180～220mm范围内；$1m^3$混凝土水泥用量不少于360kg，水灰比宜用0.5～0.6，并可适当提高含砂率(宜采用40%～50%)使混凝土有较好的和易性；为防卡管，石料尽可能用卵石，适宜直径为5～30mm，最大粒径不应超过40mm。

③灌注水下混凝土注意事项

灌注水下混凝土是钻孔灌注桩施工最后一道带有关键性的工序，其施工质量将严重影响到成桩质量，施工中应注意以下几点：

混凝土拌和必须均匀，尽可能缩短运输距离和减小颠簸，防止混凝土离析而发生卡管事故。灌注混凝土必须连续作业，一气呵成，避免任何原因的中断灌注，因此混凝土的搅拌和运输设备应满足连续作业的要求，孔内混凝土上升到接近钢筋笼架底处时应防止钢筋笼架被混凝土顶起。在灌注过程中，要随时测量和记录孔内混凝土灌注高程和导管入孔长度，提管时控制和保证导管埋入混凝土面内有3～5m深度。防止导管提升过猛，管底提离混凝土面或埋入过浅，而使导管内进水造成断桩夹泥。另一方面也要防止导管埋入过深，而造成导管内混凝土压不出或导管为混凝土埋住凝结，不能提升，导致中止浇灌而成断桩。

2.人工挖孔灌注桩

大直径人工挖孔灌注桩(包括扩底桩)具有承载能力高，造价低廉等优点，适宜于在地层稳定、不易塌方，无地下水或含水较弱的地区采用。

(1)挖掘成孔

人工挖孔桩成孔过程中，要根据桩身范围内地质情况，采用无支护开挖或有支护开挖。在开挖深度不大于6m的硬黏性土中，可采用无支护的空壁开挖法；

对于其他情况都应做好孔壁的支护，支护分为砖护壁、钢套筒护圈或混凝土护壁。

钢套筒护圈法适宜于深度不大于 8m，孔径小于 1.2m 的桩。护圈一般由 3mm 厚度的钢板焊接，做成分段组合式，以便于施工时安装拆卸、下放或提升。

混凝土护壁适用于砂土层，每节高度以 1m 为宜，在易坍塌的砂层中，每节高度宜减为 0.5m。为便于浇注混凝土和严密接茬，护壁可做成上厚下薄，护壁的平均厚度不宜小于 100mm，两节护壁的搭接长度不得小于 50mm，并用钢筋拉结。扩大端斜面应以竖向钢筋拉结。

(2)浇注混凝土

挖孔完毕并检查合格后应立即浇注混凝土。有扩大端的先浇注扩大端部分的混凝土，桩身混凝土应连续浇注，分段振捣，每端高度不宜大于 1m。浇注时必须采用溜槽和串筒，不能直接从孔口倒入混凝土。

第三节　桥梁墩台施工

桥梁墩台施工是桥梁工程施工中的一个重要部分，其施工质量的优劣，不仅关系到桥梁上部结构的制作与安装质量，而且对桥梁的使用功能也影响重大。桥梁墩台施工方法通常分为两大类：一类是现场就地浇筑与砌筑；一类是拼装预制的混凝土砌块、钢筋混凝土或预应力混凝土构件。

一 砌体墩台施工

石砌墩台具有就地取材和经久耐用等优点，在石料丰富地区建造墩台时，在施工期限许可的条件下，为节约水泥，应优先考虑石砌墩台方案。

1. 石料、砂浆与脚手架

石砌墩台是用片石、块石及粗料石以水泥砂浆砌筑的，石料与砂浆的规格要符合有关规定。浆砌片石一般适用于高度小于 6m 的墩台身、基础、镶面以及各式墩台身填腹；浆砌粗料石则用于磨耗及冲击严重的分水体及破冰体的镶面工程以及有整齐美观要求的桥墩、台身等。

2. 墩台砌筑施工要点

在砌筑前应按设计图放出实样，挂线砌筑。砌筑基础的第一层砌块时，如基底为土质，只在已砌石块的侧面铺上砂浆即可，不需坐浆；如基底为石质，应将其表面清洗、润湿后，先坐浆再砌石。如图 2-5-24 所示。

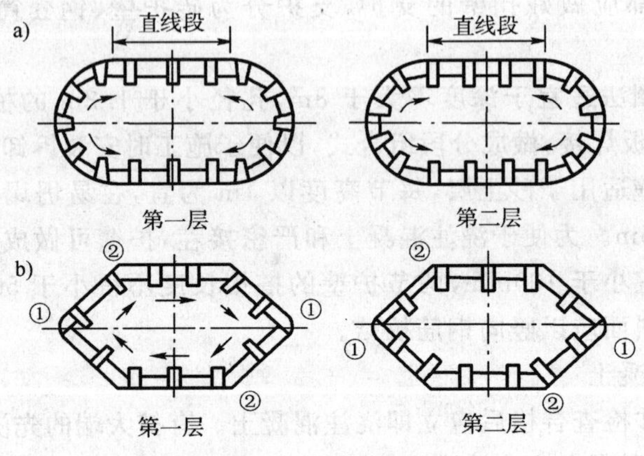

图 2-5-24 桥墩砌筑示意图

二 混凝土与钢筋混凝土墩台施工

(一)就地浇筑混凝土墩台施工

就地浇筑的混凝土墩台施工有两个主要工序,一是制作与安装墩台模板;二是混凝土浇筑。

1.墩台模板

模板一般用木材、钢材、胶合板、塑料或其他符合设计要求的材料制成。木模重量轻,便于加工成结构物所需要的尺寸和形状,但装拆时易损坏,重复使用次数少。对于大量或定型的混凝土结构物,则多采用钢模板。钢模板造价较高,但可重复多次使用,且拼装拆卸方便。

常用的模板类型有:

(1)拼装式模板:系用各种尺寸的标准模板利用销钉连接,并与拉杆、加劲构件等组成墩台所需形状的模板。拼装式模板由于在厂内加工制造,因此板面平整、尺寸准确、体积小、重量轻,拆装容易、快速,运输方便,故应用广泛。

(2)整体吊装模板:系将墩台模板水平分成若干段,每段模板组成一个整体,在地面拼装后吊装就位。分段高度可视起吊能力而定,一般可为2~4m。整体吊装模板的优点是,安装时间短,无需设施工接缝,加快施工进度,提高了施工质量;将拼装模板的高空作业改为平地操作,有利于施工安全;模板刚性较强,可设拉筋或不设拉筋,节约钢材;可利用模外框架作简易脚手架,不需另搭施工脚手架;结构简单,装拆方便,对建造较高的桥墩较为经济。

(3)组合型钢模板:系以各种长度、宽度及转角标准构件,用定型的连接件将钢模拼成结构用模板，具有体积小、重量轻、运输方便、装拆简单、接缝紧密等优点，适用于在地面拼装，整体吊装的结构上。

(4)滑动钢模板：适用于各种类型的高桥墩。

各种模板在工程上的应用，可根据墩台高度、墩台形式、机具设备、施工期限等条件，因地制宜，合理选用。

2. 混凝土浇筑施工要点

墩台身混凝土施工前，应将基础顶面冲洗干净，凿除表面浮浆，整修连接钢筋。灌筑混凝土时，应经常检查模板、钢筋及预埋件的位置和保护层的尺寸，确保位置正确，不发生变形。混凝土施工中，应切实保证混凝土的配合比、水灰比和坍落度等技术性能指标满足规范要求。

(1)混凝土的运送：墩台混凝土的水平与垂直运输应相互配合，如混凝土数量大，浇筑捣固速度快时，可采用混凝土皮带运输机或混凝土输送泵。

(2)混凝土浇筑：

①墩台施工前应在基础顶面放出墩、台中线和墩、台内、外轮廓线的准确位置。

②墩台身钢筋的绑扎应和混凝土的灌筑配合进行。墩台身混凝土宜一次连续灌筑，否则应按桥涵施工规范的要求，处理好连接缝。

③滑模浇筑应选用低流动度的或半干硬性的混凝土拌和料，分层分段对称灌筑，并应同时浇完一层。在明挖基础上灌筑墩、台第一层混凝土时，要防止水分被基础吸收或基顶水分渗入混凝土而降低强度。

④墩台是大体积圬工，应避免水化热过高，导致混凝土因内外温差引起裂缝。

⑤在混凝土浇筑过程中，应随时观察所设置的预埋螺栓、预留孔、预埋支座的位置是否移动，若发现移位应及时校正。浇筑过程中还应注意模板、支架情况，如有变形或沉陷应立即校对并加固。

⑥高大的桥台，若台身后仰，本身自重力偏心较大，为平衡台身偏心，施工时应随同填筑台身四周路堤土方同步砌筑或浇筑台身，防止桥台后倾或向前滑移。未经填土的台身施工高度一般不宜超过 4m，以免偏心引起基底不均匀沉陷。

(二) 装配式墩台施工

装配式墩台适用于山谷架桥或跨越平缓无漂流物的河沟、河滩等的桥梁，特别是在工地干扰多、施工场地狭窄，缺水与砂石供应困难地区，其效果更为显著。装配式墩台的优点是：结构形式轻便，建桥速度快，圬工省，预制构件质量有保证

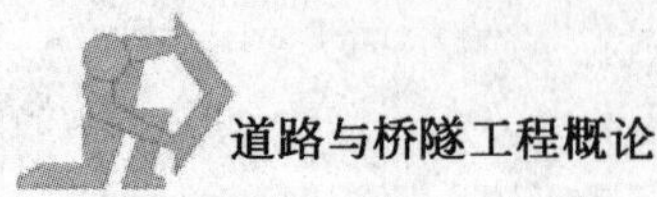

等。目前经常采用的有砌块式、柱式和管节式或环圈式墩台等。

1.砌块式墩台施工

砌块式墩台的施工大体上与石砌墩台相同，只是预制砌块的形式因墩台形式不同有很多变化。

2.柱式墩施工

装配式柱式墩系将桥墩分解成若干轻型部件，在工厂或工地集中预制，再运送到现场装配成桥墩。其形式有双柱式、排架式、板凳式和刚架式等。

施工工序为预制构件、安装连接与混凝土养护等。其中拼装接头是关键工序，既要牢固、安全，又要结构简单便于施工。常用的拼装接头有：承插式接头、钢筋锚固接头、焊接接头、扣环式接头及法兰盘接头。

3.后张法预应力混凝土装配墩施工

装配式预应力钢筋混凝土墩分为基础、实体墩身和装配墩身三大部分。装配墩身由基本构件、隔板、顶板及顶帽四种不同形状的构件组成，用高强钢丝穿入预留的上下贯通的孔道内，张拉锚固而成。实体墩身是装配墩身与基础的连接段，其作用是锚固预应力钢筋，调节装配墩身高度及抵御洪水时漂流物的冲击等。

本章小结

桥梁墩台与基础是桥梁工程的重要组成部分，主要由墩(台)帽、墩(台)身和基础三部分组成。公路桥梁上常用的墩、台形式大体上可以归纳为两大类：梁桥墩台和拱桥墩台。梁桥桥墩按其构造可分为实体桥墩、空心桥墩、柱式排架桩墩、柔性墩和框架墩等五种类型；拱桥桥墩按其构造可分为重力式桥墩、桩柱式桥墩和单向推力墩。梁桥桥台按其构造可分为重力式U形桥台、钢筋混凝土薄壁桥台、埋置式桥台、轻型桥台、枕梁式桥台等五种类型；拱桥桥台按其构造可分为重力式U形桥台、组合式桥台、空腹L形桥台、轻型桥台、履齿式桥台、屈膝式桥台等类型。

桥梁基础根据埋置深度分为浅基础和深基础。浅基础主要有刚性扩大基础、单独和联合基础和条形基础；深基础主要由桩基础和沉井基础组成。浅基础基础施工时要重点考虑基坑开挖情况，要根据地基、地下水位等情况确定开挖的方法和支护方案，水中开挖还需要进行围堰。桩基础施工时要根据地层情况选择合适的施工机械，采用打入或钻孔的方法进行施工。沉井施工要根据现场情况选择岸上沉井施工还是水中沉井施工，从而选择合适的施工方案。

小知识

最高的桥墩

坐落在法国南部塔恩河谷的米约大桥是目前世界上最高的大桥，桥面与地面最底处垂直距离达 270m。米约大桥是斜拉式桥梁。全长达2 460m，最高的桥墩达到 343m，超过埃菲尔铁塔 23m。

思考与练习

1. 桥墩按照构造可以分为几种？其主要特点是什么？
2. 桥台按照构造可以分为几种？其主要特点是什么？
3. 桥梁基础可以分为哪些类型？
4. 常用的围堰按其构造可以分为几种？其适用条件是什么？
5. 桩基础分为哪些类型？
6. 简述正循环和反循环旋转钻机钻孔的原理？是什么？
7. 钻孔灌注桩混凝土灌注的程序是什么？
8. 沉井的构造有哪些？

第六章 支座、桥面与附属工程

【职业能力目标】

1. 了解支座的类型与构造;
2. 熟悉桥梁支座、桥面及各种附属工程的施工方法。

【学习要求】

1. 理解支座的作用、类型与构造特点;
2. 了解支座的布置原则和布置方式;
3. 理解桥面及附属工程的主要内容;
4. 理解桥面铺装的作用和铺装类型;
5. 理解桥梁伸缩缝的作用和常见的伸缩缝构造特点;
6. 了解排水设施、人行道、栏杆、灯柱、护栏的作用和构造特点。

第一节 支　　座

按照梁式桥受力的要求,在桥跨结构和墩台之间常须设置支座,其主要作用是将上部结构的支承反力(包括结构自重和可变作用引起的竖向力和水平力)传递到桥梁墩台,同时保证结构在汽车荷载、温度变化、混凝土收缩和徐变等因素作用下能自由变形,以使上、下部结构的实际受力情况符合结构的静力图式。

按支座变形的可能性,梁式桥的支座一般分为固定支座和活动支座两种。固定支座既要固定主梁在墩台上的位置并传递竖向压力,又要保证主梁发生挠曲时在支承处能自由转动。活动支座只传递竖向压力,但要保证主梁在支承处既能自由转动又能水平移动。

一 支座的类型与构造

1. 简易垫层支座

跨径小于 5m 的涵洞，可不设专门的支座结构，而采用由几层油毛毡或石棉做成的简易支座。为了防止墩、台顶部前线与上部结构相抵，通常应将墩、台顶部的前缘削成斜角，并且最好在板或梁端底部以及墩、台顶部内增设 1～2 层钢筋网予以加强。这种简易垫层的变形性能较差。

2. 橡胶支座

橡胶支座具有构造简单、加工方便、造价低、结构高度小、安装方便和使用性能良好的优点。此外，它能方便地适应任意方向的变形，故特别适应于宽桥、曲线桥和斜交桥。橡胶的弹性还能削减上、下部结构所受的动力作用，对于抗震十分有利。在当前，橡胶支座已经得到越来越广泛的使用。

橡胶支座一般可分为板式橡胶支座、四氟橡胶滑板式支座、球冠圆板式橡胶支座和盆式橡胶支座四类。

3. 其他特殊的支座简介

(1)球形钢支座

球形钢支座具有受力均匀、转动量大且各向转动性能一致等优点，特别适用于曲线桥和宽桥。由于球形支座不使用橡胶承压，不存在橡胶变硬老化等不良影响，因此特别适用于低温地区。

(2)拉力支座

在连续梁桥、悬臂梁桥、斜桥等桥型中，在某些会出现拉力的支点处，必须设置拉力支座，以便抗拉且承受相应的转动和水平位移。

(3)抗震支座

地震地区的桥梁应使用具有抗震和减震功能的支座。减、隔震支座的作用是尽可能地将结构或部件与可能引起破坏的地震地面运动分离开来，以大大减小传递到上部结构的地震力和能量。

二 支座的布置

支座的布置，应以有利于墩台传递纵向水平力、有利于梁体的自由变形为原则。根据梁桥的结构体系以及桥宽，支座在纵、横桥向的布置方式主要有以下几种：

(1)对于坡桥，宜将固定支座布置在高程低的墩台上。同时，为了避免整个桥跨下滑，影响车辆的行驶，当纵坡大于1%或横坡大于2%时，应使支座保持水平，通常在设置支座的梁底面，增设局部的楔形构造，如图2-6-1所示。

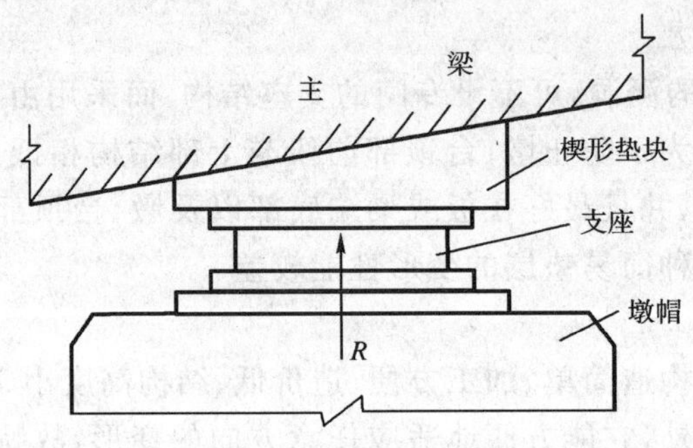

图2-6-1 坡桥楔形垫块

(2)对于简支梁桥，每跨宜布置一个固定支座，一个活动支座；对于多跨简支梁，一般把固定支座布置在桥台上，每个桥墩上布置一个(组)活动支座与一个(组)固定支座。若个别墩较高，也可在高墩上布置两个(组)活动支座。

(3)对于连续梁桥及桥面连续的简支梁桥，一般在每一联设置一个固定支座，并宜将固定支座设置在靠近温度中每联中心的墩点上，以使全梁的纵向变形分散在梁的两端，其余墩台上均设置活动支座。在设置固定支座的桥墩(台)上，一般采用一个固定支座，其余为横桥向的单向活动支座；在设置活动支座的所有桥墩(台)上，一般沿设置固定支座的一侧，均布置顺桥向的单向活动支座，其余均为双向活动支座。

(4)对于悬臂梁桥，锚固孔一侧布置固定支座，一侧布置活动支座；挂孔支座布置与简支梁相同。

第二节　桥面及附属工程

一 概述

桥面及其附属工程通常包括桥面铺装、防水和排水设施、伸缩缝、人行道(或安全带)、缘石、栏杆和灯柱等构造(图2-6-2)。桥面部分虽然不是主要承重结构，但它对桥梁功能的正常发挥，对主要构件的保护，对车辆行人的安全以及桥梁的美观都至关重要。

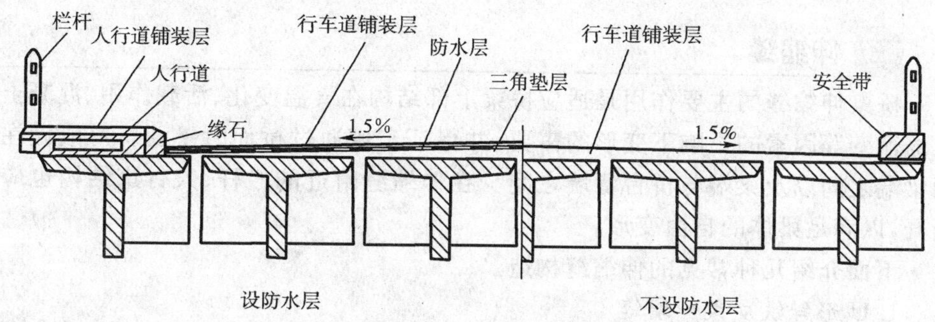

图 2-6-2　桥面部分的一般构造

 桥面铺装

桥面铺装的功用是保护桥面板不受车辆轮胎(或履带)的直接磨耗,防止主梁遭受雨水的侵蚀,并能对车辆轮重的集中荷载起一定的分布作用。因此,桥面铺装应具有抗车辙、行车舒适、抗滑、不透水和与桥面板结合良好等特点。

桥面铺装可采用水泥混凝土、沥青表面处治和沥青混凝土等各种类型。沥青表面处治桥面铺装,耐久性较差,仅在中级或低级公路桥梁上使用。水泥混凝土和沥青混凝土桥面铺装性能良好,应用较广。

水泥混凝土的耐磨性能好,适合重载交通。水泥混凝土桥面铺装直接铺设在防水层或桥面板上,层厚不宜小于 8cm,其强度等级不应低于 C40,铺设时应避免二次成形。水泥混凝土铺装层内应配置钢筋网,钢筋直径不应小于 8mm,间距不宜大于 10cm。

考虑到大桥和特大桥,因结构体系的原因,桥面板常受到拉、压应力的交替作用,为防止桥面铺装参与受力而导致开裂,现行《公路桥涵设计通用规范》推荐在高速公路、一级公路上的特大、大桥宜采用沥青混凝土桥面铺装。

沥青混凝土桥面铺装由黏层、防水层、保护层及沥青面层组成,其总厚度宜为 6～10cm,铺设方式分为单层式和双层式两种。高速公路、一级公路的沥青混凝土桥面铺装为双层式,下层为 3～4cm 中粒式沥青混凝土整平层,表面层的厚度与级配类型可与其相邻桥头引线相同,但不宜小于 2.5cm。多雨潮湿地区、纵坡大于 5%或设计车速大于 50km/h 的大中型高架桥、立交桥的桥面应铺设抗滑表层。

沥青混凝土维修养护方便,铺筑后几小时就能通车,但易老化和变形。因此,沥青材料应采用重交通沥青或改性沥青。

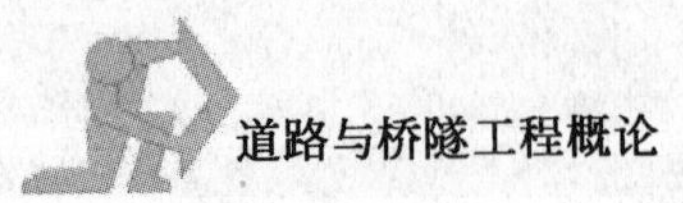

三 伸缩缝

桥梁伸缩缝的主要作用是适应桥梁上部结构在气温变化、活载作用、混凝土收缩徐变等因素的影响下变形的需要，并保证车辆通过桥面时平稳。一般设在两梁端之间以及梁端与桥台背墙之间。在伸缩缝附近的栏杆、人行道结构也应断开，以满足梁体的自由变形。

下面介绍几种常见的伸缩缝构造。

1. U 形锌铁皮式伸缩缝

对于中小跨径的桥梁，当变形量在 2～4cm 以内时，常采用以锌铁皮为跨缝材料的伸缩缝构造(图 2-6-3)。弯成 U 形断面的长条锌铁皮分上下两层，下层的弯形部分开凿了孔径为 0.6cm、孔距为 3cm 的梅花眼，其上设置石棉纤维垫绳，然后用沥青胶填塞。这样，当桥面伸缩时锌铁皮可随之变形。下层 U 形锌铁皮可将渗下的雨水沿横向排出桥外。

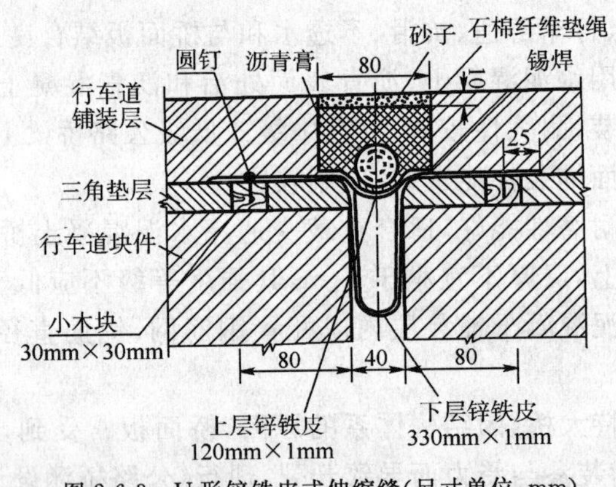

图 2-6-3 U 形锌铁皮式伸缩缝(尺寸单位：mm)

2. 跨搭钢板式伸缩缝

对于梁端变形量较大(4～6cm 以上)的情况，可采用以钢板为跨缝材料的伸缩缝构造。图 2-6-4a)所示为最简单的钢板伸缩缝，用一块厚度约为 10mm 的钢板搭在断缝上，钢板的一侧焊在锚固于铺装层混凝土内的角钢 1 上，另一侧可沿着对面的角钢 2 自由滑动。角钢 2 的边缘焊上一条窄钢板，以抵住桥面的沥青砂面层。一侧固死的钢板伸缩缝，当车辆驶过时，往往由于梁端转动或挠度变形引起的拍击作用使结构损坏。图 2-6-4b)所示为目前国外所采用借助螺杆弹簧装置来固定滑动钢板的新颖构造(变形量可达 7cm)。其特点是滑动钢板始终通过橡胶垫块紧压在护缘角钢上，这样既消除了不利的拍击作用，又显著减小了车辆荷载的冲击影响。

如果梁端的变形量更大，还可采用图 2-6-4c)所示两侧同时滑动的钢板伸缩缝(变形量可达 20～40cm)，或者采用更加完善的梳形齿式钢板伸缩缝构造，如图 2-6-4d)所示。

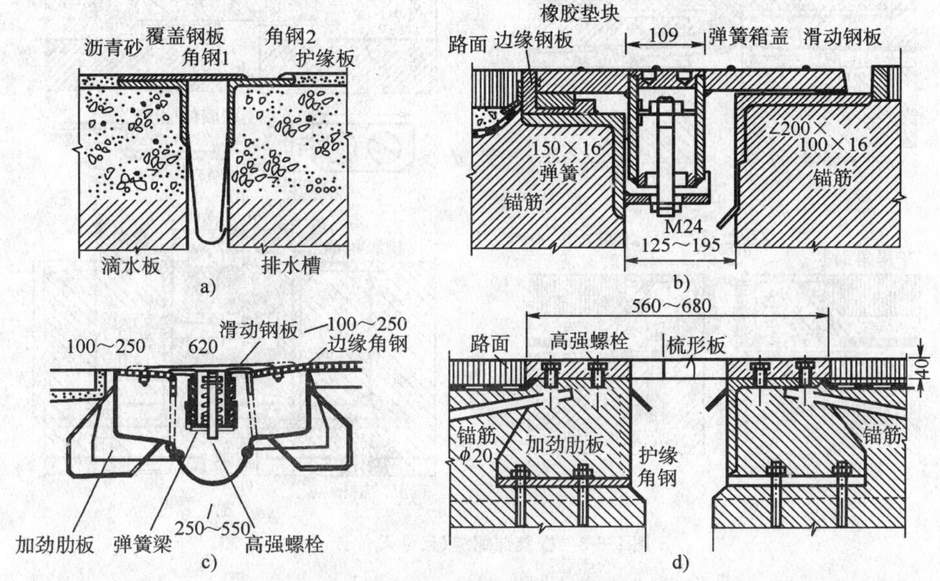

图 2-6-4　跨搭钢板式伸缩缝(尺寸单位:mm)

跨搭钢板式伸缩缝的构造比较复杂，消耗钢材也较多，但能适应较大的变形量。在施工中应特别注意护缘角钢与混凝土的锚固要牢靠，角钢下混凝土的浇筑要密实。

3. 橡胶伸缩缝

利用各种断面形状的优质橡胶带作为伸缩缝的填嵌材料，既富于弹性，又易于胶贴(或胶接)，能满足变形要求和兼备防水功能。橡胶带是厂制成品，使用起来也很方便，目前在国内外已广泛采用。

图 2-6-5a)表示一种特制的三节型橡胶带代替锌铁皮的构造，带的中节是空心的，它对丁变形与防水都有很好的效果。

图 2-6-5b)是用氯丁橡胶制作的具有 2 个圆孔的伸缩缝嵌条。将梁架好后，在端部焊上角钢，涂上胶后，再将橡胶嵌条强行嵌入。橡胶伸缩缝可随着人行道弯折，嵌条接头处用胶粘接。

图 2-6-5c)所示为用螺栓夹具固定倒 U 形橡胶嵌条的伸缩缝构造，其适用的变形量可达 5cm。

变形量更大的大跨度桥上，可以采用橡胶和钢板组合的伸缩缝构造(图 2-6-5d)。其中橡胶嵌条的数量可按变形量的大小选取，车轮荷载则通过一

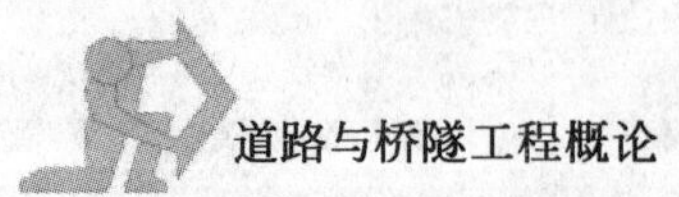

组钢板来传递。这种伸缩缝的变形量可达 15cm。

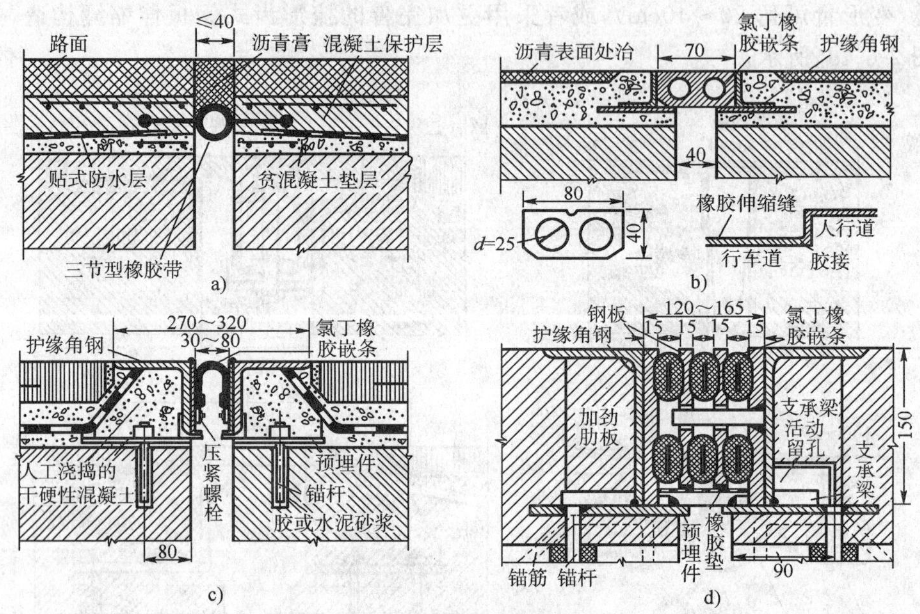

图 2-6-5　橡胶伸缩缝(尺寸单位:mm)

采用橡胶伸缩缝来代替跨搭钢板式伸缩缝,可以避免污物落入缝内,省去排水溜槽,显著减小活载的动力作用,简化接缝构造和安装工艺,并能显著节约钢材。

四 其他附属工程

1.排水设施

为了保障桥面行车通畅、安全,防止桥面结构受降水侵蚀,应设置完善的桥面防水和排水设施。

梁式桥上常用的泄水管宜设置在桥面行车道边缘处,距离缘石 10～50cm,如图 2-6-6 所示,沿行车道两侧可以对称排列,也可交错排列。

泄水管口可采用圆形或矩形,泄水管常采用铸铁管或塑料管,最小内径为 15cm。泄水管用围的桥面板应配置补强钢筋网。

对于跨越一般河流、水沟的桥梁,桥面水流入泄水管后可以直接向下排放;对于一些跨径不大、不设人行道的小桥,可以直接在行车道两侧的安全带或缘石上预留横向孔道,用铁管或竹管将水排出桥外,管口要伸出构件 2～3cm 以便滴水,但这种做法孔道易淤塞。跨越公路、铁路、通航河流的桥梁以及城市桥梁,流入泄水管中的雨水,应汇集在纵向排水管(或排水槽)内,并通过设在墩台处的竖

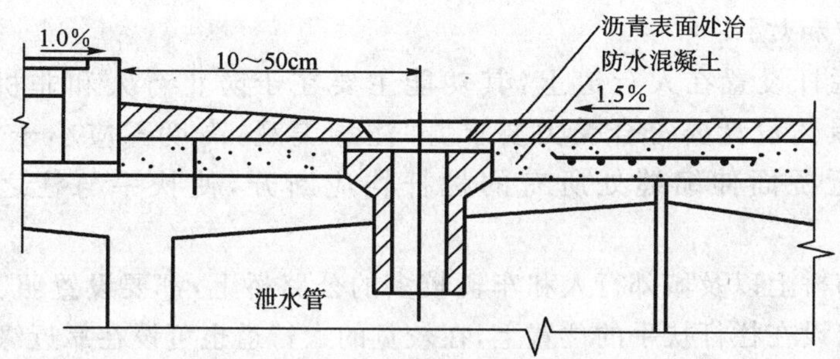

图 2-6-6　竖向泄水管的设置

向排水管(落水管)流入地面排水设施或河流中。

2. 人行道

位于城镇和近郊的桥梁均应设置人行道,其宽度和高度应根据行人的交通流是和周围环境来确定。人行道的宽度为 0.75m 或 1m,当宽度要求大于 1m 时,按 0.5m 的倍数增加。在快速路、主干路、次干路桥或行人稀少地区,若两侧无人行道,则两侧应设安全道,宽度为 0.50～0.75m,高度不少于 0.25m。近年来,不少桥梁设计中为了保证行车的安全,安全带的高度已经用到 0.4m。

如图 2-6-7 所示为常用的人行道一般构造。

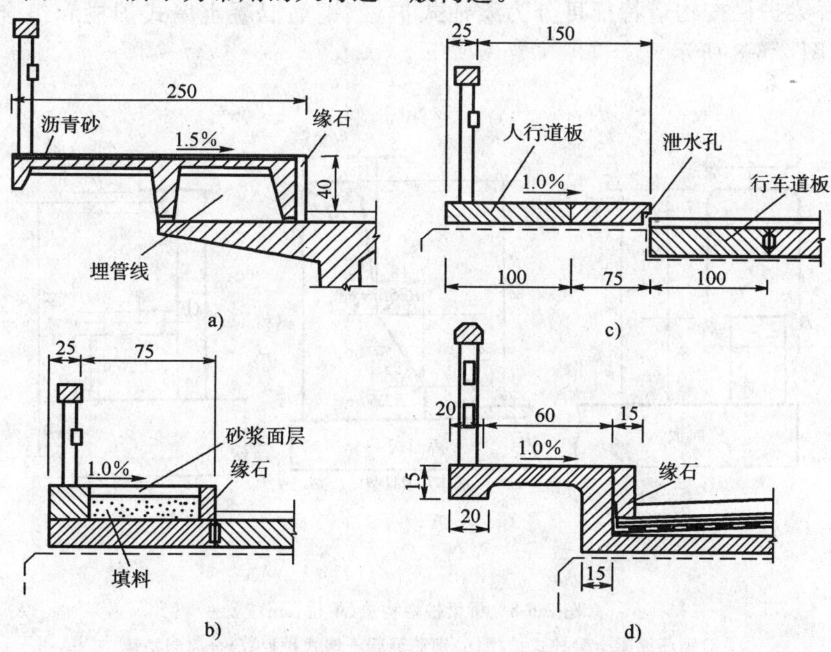

图 2-6-7　人行道一般构造(尺寸单位:cm)

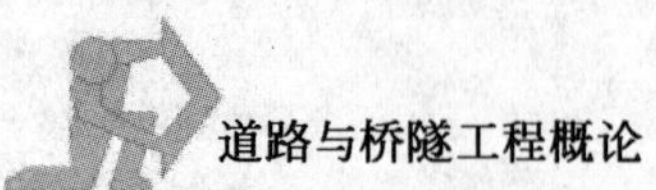

3.栏杆和灯柱

桥梁栏杆设置在人行道上，其功能主要在于防止行人和非机动车辆掉入桥下。具体设计要符合受力要求，并注意美观，高度不应小于1.1m。应注意在靠近桥面伸缩缝处所有的栏杆均应断开，使扶手与柱之间能自由变形。

在城市桥上以及城郊行人和车辆较多的公路桥上，都要设置照明设备。照明灯柱可以设在栏杆扶手的位置上，在较宽的人行道也可设在靠近缘石处，照明用灯一般高出车道8～12m左右，钢筋混凝土灯柱的柱脚可以就地浇筑并将钢筋锚固于桥面中，铸铁灯柱的柱脚可固定在预埋的锚固螺栓上，照明以及其他用途所需的电讯线路等通常都从人行道下的预留孔道内通过。

4.桥梁护栏

为了避免机动车辆碰撞行人和非机动车辆的严重事故的发生。对于高速公路、汽车专用一级公路上的特大桥、大、中桥梁，必须根据其防撞等级在人行道与车行道之间设置桥梁护栏，一般公路的特大、大、中桥在条件许可的情况下也应设置，在有人行道的桥梁上，应按实际需要在人行道和行车道分界处设置汽车、行人分隔护栏。

桥梁护栏按构造特征可分为梁柱式护栏、钢筋混凝土墙式护栏和组合式护栏，如图2-6-8所示。

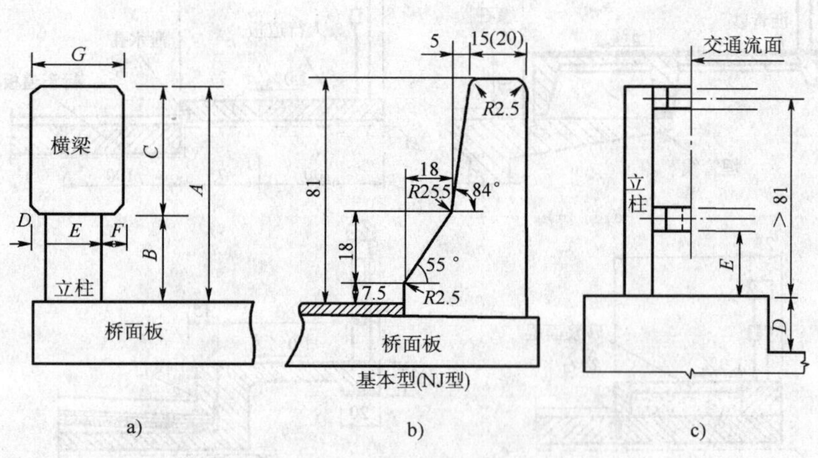

图2-6-8　桥梁护栏构造(单位：cm)

a)钢筋混凝土梁柱式护栏；b)钢筋混凝土墙式护栏；c)金属制护栏

本章小结

本章阐述了桥梁支座、桥面铺装、桥梁伸缩缝、排水设施的作用、类型及构造特点。介绍了其他桥梁设施或附属工程,如人行道、栏杆、灯柱、护栏等设施的作用和构造特点。

小知识

毛勒伸缩缝

伸缩缝是桥梁结构中承担最大动力荷载的附件。它须承受量值不等的各种复杂的动力荷载或冲击。同时,伸缩缝还须经受疲劳、磨损以及化学性和物理性的各种侵蚀。毛勒公司一直是世界公认的专业生产桥梁伸缩缝和桥梁支座的主导厂商之一,它以其精湛的工艺在世界建筑行业中一直占据领先地位。毛勒伸缩缝的两条设计原则是"刚性锚固"和"密封防水"。伸缩缝锚固的好坏直接影响伸缩缝的寿命。锚固金属板主要起传递力的作用。经过疲劳试验的锚固装置直接焊接在边梁上。同时,边梁与桥梁上部结构刚性连接,以确保伸缩缝承载最大的交通负荷。在长期承载动态交通负荷情况下,其他伸缩缝用螺钉或螺栓与桥梁上部结构连接的方法是不可行的。毛勒伸缩缝在这方面进行了领先一步的设计,把承载和防水两项功能分离开来,逐一处理,这就更加有利于两项功能的加强与完善。

思考与练习

1. 梁式桥设置支座的目的是什么?支座有哪些类型,各自构造特点和应用范围是什么?
2. 梁桥支座布置方式有哪些?
3. 桥面及其附属工程通常包括哪些?
4. 桥面铺装的作用、类型是什么?
5. 桥梁伸缩缝的作用、主要类型及其应用范围是什么?
6. 桥梁排水设施的作用和布置特点是什么?
7. 人行道、栏杆、灯柱、护栏的作用和构造特点是什么?

第七章
隧道工程

【职业能力目标】

1. 了解隧道结构；
2. 熟悉隧道工程施工方法，具备隧道勘测、施工质量检测和养护的基本能力。

【学习要求】

1. 了解隧道的发展及作用；
2. 熟悉隧道的构造及洞门类型；
3. 掌握矿山法施工、新奥法施工的施工工艺、施工方法、施工要点。

第一节　我国公路隧道工程的发展及作用

我国是一个地域辽阔，多山的国家，交通运输发展很快。新修建的铁路、公路为缩短建设里程，改善线路走向及保护环境，那种逢山绕着走、坡陡、曲线半径小的现象将被桥梁隧道工程所代替。隧道工程既能保证行车安全又可防止滑坡、泥石流及提高行车速度和安全的可靠性，还能与周围环境相协调，保证自然景观的完善，如图 2-7-1 所示。

图 2-7-1　福建八闽公路隧道

随着我国西部大开发战略的实施，我国的高等级公路的建设中心也逐步向西部转移，西部山岭地区不可避免地要修建大量的公路隧道，如正在建设中的秦岭公路隧道。在铁路上为提高行车速度，加快建设进度，保证行车安全可靠，也在一些主要修建的铁路干线上，选择隧道通过山岭，如已通车的内昆线和正在修建的渝怀线隧道总长都要占线路总长的50%以上。到2000年我国已有公路隧道1 684座总长达628km，到1998年底铁路运营隧道约5 336座，总长达2 565km。除隧道数量增加外，隧道长度也有所突破，长度超过12km的朔黄线长梁山隧道，西康线上18.6km的秦岭隧道，正在修建的终南山公路隧道等。此外，随着城市建设的发展，各种地下工程广泛使用，如当前使用较多的地下人行通道，以及城市地下铁路等，此类地下工程不可避免地应用到隧道工程的相关知识，如盾构法施工。

与国外发达国家相比我国的公路和城市道路发展还很落后，主要是国外隧道工程施工方法比较先进，机械化、自动化程度较高，建设速度快；新奥法施工，无轨运输，无爆法隧道掘进等发展得早，同时隧道地质的超前预测，地质灾害监测和警报等在我国的发展也相对比较落后。因此，为加快我国隧道工程施工水平的提高，争取在短时间内赶超国际水平。

第二节　隧道施工方法简述

隧道施工方法是指，隧道开挖、支护和测量方法、施工技术和施工管理的总称。

根据隧道穿越地层的不同地质条件和社会生产工业化的发展，隧道施工方法可分为以下几类。

一 山岭公路隧道施工方法

(1)矿山法(钻爆法)：

①传统矿山法；

②新奥法。

(2)掘进机法。

二 浅埋及软土施工方法

(1)明挖法与浅埋暗挖法；

(2)地下连续墙法；

(3)盖挖法；

(4)盾构法或半盾构法。

三 水底隧道施工方法

(1)沉管法;

(2)盾构法。

目前,在公路、铁路隧道施工方法中,以矿山法为主。而矿山法多采用台阶法,其次是全断面法。在大断面隧道施工中,为保证施工安全,采用单侧壁导坑(中隔壁法)和双侧壁导坑(眼镜法),施工机械的开发和发展,辅助施工法的应用,使得施工方法向全断面法发展,特别是全断面法与超短台阶法相结合的方法是目前隧道施工方法发展的趋势。

第三节 公路隧道构造及洞门类型

一 隧道构造

隧道的主体建筑物由洞身和洞门两部分组成。在隧道进口或出口段,如果仰坡表层岩土风化严重,易塌落时,则应延长洞身(即早进洞晚出洞),或加筑明洞洞口,保证行车安全。

公路隧道的附属建筑物,包括:人行道(或避车洞)和防排水设施,长、特长隧道还有通风道、通风机房、供电、照明、信号、消防、通信、救援及其他量测、监控等附属设施。

二 洞门类型

山岭公路隧道洞门形式主要有:环框式洞门、端墙式洞门、翼墙式洞门、柱式洞门及台阶式洞门。

1. 环框式(装饰)洞门

当隧道洞口岩层坚硬、整体性好、节理不发育,且不易风化,路堑开挖后仰坡极为稳定,又无较大的排水量要求时,可采用环框式洞门。

2. 端墙式(一字墙)洞门

当地形开阔,石质基本稳定,边坡仰坡不高时,常采用端墙式洞门,如图 2-7-2 所示。其作用在于支护洞口仰坡,保持其稳定,并将仰坡水流汇集,向两侧排出。

3. 翼墙式(八字墙式)洞门

当地质条件较差的围岩及需要开挖路堑的地段,地形等高线与线路近于正交地段,适用翼墙式洞门,如图 2-7-3 所示。

图 2-7-2　端墙式洞门

图 2-7-3　翼墙式洞门

4. 柱式洞门

当地形开阔,但地质条件较差,仰坡下滑可能性较大或端墙长度较长时,通常在端墙的中部设置尺寸较粗大的柱墩 2～4 个,以增加端墙的稳定性,如图 2-7-4 所示。

5. 台阶式洞门

当洞口位于地形等高线与线路斜交,地形横坡较缓的傍山地段时,可将端墙式洞门顶部改为台阶式,即成为台阶式洞门,以减少洞门的圬工数量,如图 2-7-5 所示。

图 2-7-4　柱式洞门

图 2-7-5　台阶式洞门

第四节　隧道矿山法施工

采用钻爆法开挖和用钢木构件支撑的施工方法称为传统的矿山法。传统的矿山法施工能适应山岭隧道的大多数地质条件,尤其在不便采用锚喷支护的地质条件时,用于处理坍方也很有效。传统矿山法施工的基本原则是:少扰动、早支撑、慎撤换、快衬砌。即“十二字原则”。

一 矿山法施工工序

传统矿山法的施工顺序,可按衬砌的施作顺序分为:先墙后拱法和先拱后墙法。

1. 先墙后拱法(又称为顺作法)

它通常是在隧道开挖成形后,再由下至上施作模筑混凝土衬砌。先墙后拱法施工速度较快,施工各工序及各工作面之间相互干扰较小,衬砌结构的整体性较好，受力状态也比较好。

2.先拱后墙法（又称为逆作法）

它是先将隧道上部开挖成形并施作拱部衬砌后，在拱圈的掩护下面再开挖下部并施作边墙衬砌。先拱后墙法施工速度较慢，上部施工较困难。但是当上部拱圈完成之后，下部施工就较安全和快速。先拱后墙法施工衬砌结构的整体性较差，受力状态不好。并且拱部衬砌结构的沉降量较大，要求的预拱度较大，增加了开挖工作量。

3.采用传统的矿山法施工的基本要求

(1)由于隧道开挖后，存在围岩的松弛变形、衬砌的承载变形、立模时放线和就位误差，为了保证衬砌厚度及其净空不侵入建筑限界，在隧道开挖及衬砌立模时均应预留沉落量。衬砌立模预留沉落量应根据围岩类别、衬砌施作顺序及施工技术水平来确定。

(2)采用先拱后墙法施工时，边墙马口（即指先拱后墙法施工时的边墙部位）的开挖应注意：左右边墙马口应交错开挖，不得对开。同一侧的马口宜跳段开挖，不宜顺开。先开马口，应开在边墙围岩较破碎的区段，且长度不能太长，一般不超过2～4m，并且及时施作边墙衬砌。后开的马口应待相邻边墙刹肩（即墙顶与拱脚封口）混凝土达到一定强度后方可开挖。马口开挖顺序还应与拱部衬砌施工缝、衬砌变形缝、辅助洞室位置统一考虑合理确定。马口开挖时，应严格控制爆破，以防止炸裂拱圈。采取以上措施的目的均是为了减少拱部衬砌下沉和防止掉拱。洞身开挖必须清除大块浮石。

(3)矿山法隧道施工必须注意安全生产。在保证工程质量的前提下提高经济效益。除完整稳定围岩外，施工时必须配合开挖及时支护，确保施工安全。明洞和洞口工程土石开挖不得采用大爆破；石质陡坡应先加固再进洞，尽量保持原有仰坡稳定；松软缓坡开挖边坡时，应事先放出开挖线，由上而下进行随挖随支护。

(4)传统矿山法施工中，开挖应采用对围岩扰动小时的开挖方法。当用钻爆开挖时，应采用光面爆破或预裂爆破技术。在软弱、含水围岩或浅埋等不易自稳的地段施工时，应有辅助施工措施，或进行预加固处理。此外，应注意隧道施工防排水应与永久性防排水设施相结合。

(5)隧道开挖断面不宜欠挖。当石质坚硬完整时，拱部允许个别凸出处（每平方米不大于0.1m^2）凸出衬砌不大于5cm，拱脚和墙脚以上1m内严禁欠挖。

 传统矿山法修筑隧道的基本施工方法

传统的矿山隧道施工法有明挖法和暗挖法两种。

明挖法施工的特点是:先开挖地表土石层,然后在开挖的基坑中修筑衬砌,最后进行回填,此方法适用于浅埋隧道。

暗挖法施工分为矿山法和盾构法两大类。矿山法包括全断面法、台阶法、台阶分部法、上下导坑法、上导坑法、单侧壁导坑法(中隔壁法)、双侧壁导坑法(眼镜法)等。

暗挖法施工的特点是:施工时全部在地下进行,即在地下开挖坑道、支撑和衬砌筑隧道的方法。

开挖方法及开挖支护顺序见表 2-7-1。

开挖方法及开挖支护顺序表 表 2-7-1

开挖方法名称	图例	开挖顺序说明
全断面法	2 3 1	1.全断面开挖 2.锚喷支护 3.灌筑衬砌
台阶法	2 3 1 4 5 5 6	1.上半部开挖 2.拱部锚喷支护 3.拱部衬砌 4.下半部中央部开挖 5.边墙部开挖 6.边墙锚喷支护及衬砌
台阶分部法	2 1 3 4 5 6 7	1.上弧形导坑开挖 2.拱部锚喷支护 3.拱部衬砌 4.中核开挖 5.下部开挖 6.边墙锚喷支护及衬砌 7.灌筑仰拱
上下导坑法	3 4 2 5 7 6 1 6 7 8	1.下导坑开挖 2.上弧形导坑开挖 3.拱部锚喷支护 4.拱部衬砌 5.设漏斗,随着推进开挖中核 6.下半部中部开挖 7.边墙部开挖 8.边墙锚喷支护衬砌

续上表

开挖方法名称	图　例	开挖顺序说明
上导坑法		1. 上导坑开挖 2. 上半部其他部位开挖 3. 拱部锚喷支护 4. 拱部衬砌 5. 下半部中部开挖 6. 边墙开挖 7. 边墙锚喷支护及衬砌
单侧壁导坑法 (中壁墙法、CD、CRD)		1. 先行导坑上部开挖 2. 先行导坑下部开挖 3. 先行导坑锚喷支护钢架支撑等，设置中壁墙临时支撑(含锚喷钢架) 4. 后行洞上部开挖 5. 后行洞下部开挖 6. 后行洞锚喷支护、钢架支撑 7. 灌筑仰拱混凝土 8. 拆除中壁墙 9. 灌筑全周衬砌
双侧壁导坑法 (眼镜法)		1. 先行导坑上部开挖 2. 先行导坑下部开挖 3. 先行导坑锚喷支护、钢架支撑等，设置临时壁墙支撑 4. 后行导坑上部开挖 5. 后行导坑下部开挖 6. 后行导坑锚喷支护、钢架支撑等，设置临时壁墙支撑 7. 中央部拱顶开挖 8. 中央部拱顶锚喷支护、钢架支撑等 9、10. 中央部其余部开挖 11. 灌筑仰拱混凝土 12. 灌筑全周衬砌

注：1. 图例中省略了锚杆。

2. 图中所列方法为基本开挖方法，根据具体情况可作适当变换。

第五节　隧道衬砌施工

在开挖坑道进行临时支撑后，为防止围岩不致因暴露时间过长而引起风化、松动和塌落的发展，降低围岩稳定性，需要尽快修筑衬砌。衬砌结构一般是由临时或初期支护和二次衬砌所组成。

衬砌又称永久支撑，按衬砌材料分类有：石砌衬砌、模筑混凝土衬砌、喷射混凝土衬砌和锚喷衬砌等。按隧道断面形状分类有：直墙式衬砌、曲墙式衬砌和带仰拱封闭的曲墙衬砌。

隧道衬砌施工一般规定：

公路隧道一般应衬砌，衬砌可采用整体式衬砌或复合式衬砌。在 IV 类及以上围岩的隧道中，除洞口外，可采用锚喷衬砌；VI 类围岩也可采用喷浆防护。

衬砌结构类型和尺寸，应根据使用要求、工程地质条件、围岩类别、埋置位置及施工条件等，通过工程类比和结构计算综合分析确定。必要时，可通过试验论证确定。

1. 公路隧道衬砌设计应符合以下规定：

(1)隧道洞口内应设置加强衬砌段，其长度以伸入洞内深埋段一般不宜小于 10m。

(2)围岩较差段的衬砌，应向围岩较好段延伸 5m 以上。偏压衬砌段应延伸至一般衬砌段内 5m 以上；

(3)设仰拱的隧道，路面下应以浆砌片石或贫混凝土回填；

(4)在软硬地层和衬砌结构类型变化处，应设置沉降缝。

2. 隧道衬砌施工一般规定

(1)隧道衬砌施工时，其中线、高程、断面尺寸和净空大小均须符合公路隧道设计要求；

(2)模筑衬砌的模板放样时，允许将设计的衬砌轮廓线扩大 5cm，确保衬砌不侵入隧道建筑限界；

(3)整体式衬砌施工中，发现围岩对衬砌有不良影响的硬软岩石分界处，应设置沉降缝；II～I 类围岩，距洞口约 50m 范围内，必要时可每隔 10m 左右设置一个沉降缝。在严寒地区，整式衬砌、锚喷衬砌或复合衬砌，均应在洞口和易受冻害地段置伸缩缝。

衬砌的施工缝应与设计的沉降缝、伸缩缝结合布置，在有地下水的隧道中，所有施工缝、沉降缝和伸缩缝均应进行防水处理；

(4)施工中发现工程地质及水文地质情况与设计文件不符时,应履行正式变更设计手续;

(5)凡属隐蔽工程,经质量检查验收合格后,方可进行隐蔽工程下一步的作业。

第六节 隧道新奥法施工

一 新奥法施工程序

新奥法的特征是采用现场监控、量测信息指导施工,即通过对隧道施工中量测数据和对开挖面的地质观察等进行预测、预报和反馈。并根据已建立的量测为基准,对隧道施工方法(包括特殊的、辅助的施工方法)、断面开挖步骤及顺序、初期支护的参数等进行合理调整,以保证施工安全、坑道围岩稳定、施工质量和支护结构的经济性。

隧道工程新奥法施工程序,如图 2-7-6 所示。

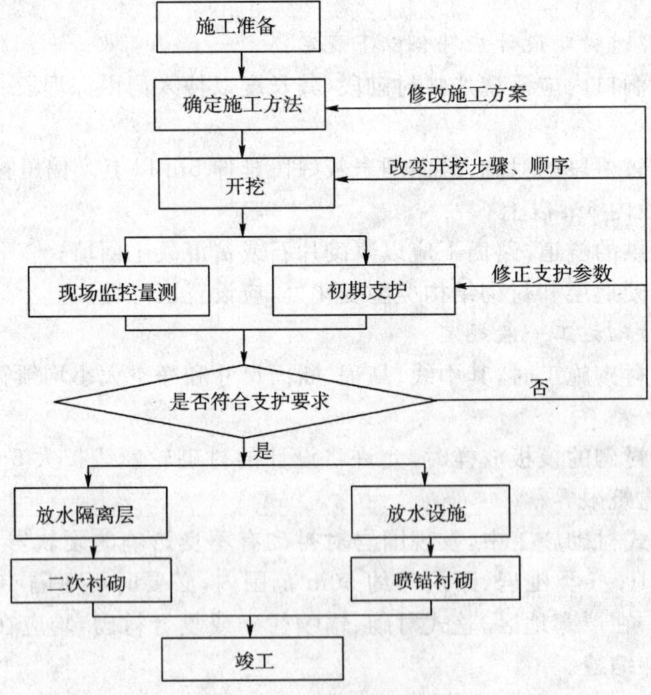

图 2-7-6 新奥法施工程序

新奥法施工的原则

根据我国公(铁)路隧道采用新奥法施工的经验,隧道施工采取的基本原则,可概括为“少扰动、早喷锚、勤量测、紧封闭”。具体说,是指在隧道开挖时,必须严格控制,减少对围岩的扰动强度、扰动持续时间和扰动范围,以使开挖出的隧道符合成型的要求。

1. 少扰动

隧道开挖时能采用机械开挖的就不用钻爆法开挖。采用钻爆法开挖时,严格控制爆破,尽量采用大断面开挖。选择合理的循环掘进进尺,自稳性差的围岩循环掘进进尺宜用短进尺,支护应紧跟开挖面,以缩短围岩应力松弛时间及开挖面的裸露风化时间。

2. 早喷锚

指对开挖暴露面应及时作初期锚喷支护,经初期支护加固,使围岩变形得到有效控制而不致变形过度而坍塌失稳,以达到围岩变形适度而充分发挥围岩的自承能力。必要时可采取超前预支护辅助措施。

3. 勤量测

按着规范的量测方法和量测数据及信息反馈,通过对施工中量测数据,对开挖面的地质观察即对围岩周边位移进行现场监控量测,进行预测和评价围岩与支护的稳定状态,或判断其动态发展趋势,以便根据建立的量测管理基准,及时调整隧道的施工方法(包括开挖方法、支护形式,特殊的辅助施工方法)、断面开挖的步骤及顺序、初期支护设计参数等进行合理的调整,以确保施工安全、坑道稳定,支护衬砌结构的质量和工程造价的合理性。

4. 紧封闭

指对易风化的自稳性较差的软弱围岩地段,应使开挖断面及早作封闭式支护(如喷射混凝土、锚喷混凝土等),可以避免围岩因暴露时间过长而产生风化降低强度及稳定性,并可以使支护与围岩进入良好的共同工作状态。

新奥法施工

新奥法施工是喷混凝土、锚杆、光爆和量测监视为依托的施工方法。任何种类及级别的岩石隧道都可使用,只是在开挖方面采用的方法不同。我们介绍几种常用的方法。

(一)全断面开挖法

全断面开挖法是按着设计断面一次开挖成型。其施工流程如图 2-7-7 所示。

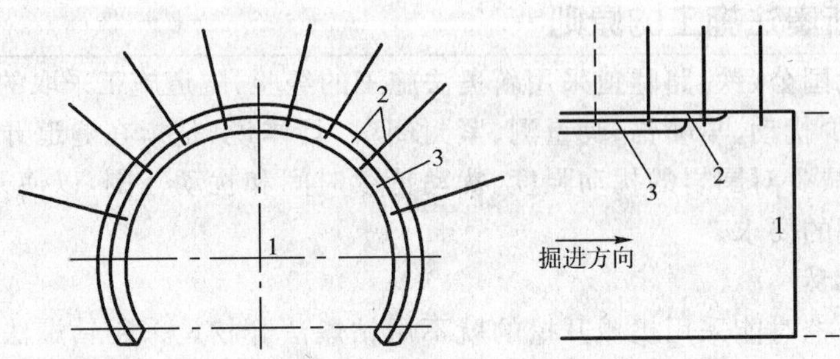

图 2-7-7 全断面开挖法施工流程

1-全断面开挖;2-锚喷支护;3-灌筑混凝土衬砌

1.施工特点

适合于Ⅳ～Ⅵ类硬岩隧道,深孔爆破。

(1)全断面开挖法有较大的作业空间,有利于采用大型配套机械化作业,提高施工速度,且工序少,干扰少,便于施工组织和管理。缺点是由于开挖面较大,围岩相对稳定性降低,且每循环工作量相对较大,故此要求施工单位应具有较强的开挖、出渣与运输及支护能力。

全断面法施工开挖工作面大,钻爆施工效率较高,采用深眼爆破可加快掘进进度,且爆破对围岩的震动次数较少,有利于围岩稳定。缺点是每次深孔爆破震动较大,因此要求进行精心的钻爆设计和严格的控制爆破作业。

(2)全断面开挖法的主要工序是:使用移动式钻孔台车,首先全断面一次钻孔,并进行装药连线,然后将钻孔台车后退到50m以外的安全地点,再起爆,使一次爆破成型,出渣后钻孔台车再推移至开挖面就位,开始下一个钻爆作业循环,同时进行锚喷支护或先墙拱后衬砌。

2.施工注意事项

(1)为确保施工安全和施工进度,应加强对开挖面前方的工程地质和水文地质的调查,对不良地质情况,要及时预测、预报、分析研究,随时准备好应急措施。

(2)新奥法施工机械程度高,各种机械功效匹配。如,各工序机械设备要配套:钻眼、装渣、运输、模筑、衬砌支护使用主要机械和相应的辅助机具,在尺寸、性能和生产能力上都要相互配合。

(3)注意对种辅助作业及辅助施工方法的设计与施工检查。如软弱破碎围岩中使用全断面法开挖时,应对支护后围岩的动态量测与监控,对各种辅助作业的三管两线(即高压风管、高压水管、通风管、电线和运输路线)要求保持技术上的良好状态。

(4)选择支护类型时,应优先考虑锚杆和锚喷混凝土、挂网、撑梁等支护形式为佳。这些支护施工相对简单,效果好,技术也比较成熟,普遍在应用。

(二)台阶法施工

台阶法一般是将设计断面分成上半断面和下半断面两次开挖成型。地质条件差些的也有采用台阶式上部弧形导坑超前开挖的,见图 2-7-8。

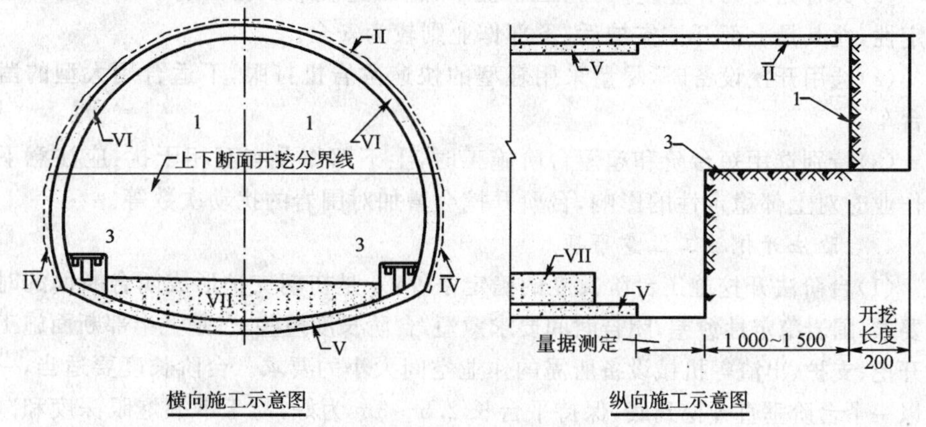

图 2-7-8　台阶法施工顺序示意图(尺寸单位:cm)

1. 台阶法施工顺序:

(1)I——上半断面开挖。

(2)II——施作上半断面初期支护。

(3)III——下半断面开挖。

(4)IV——施作边墙初期支护。

(5)V——施作仰拱。

(6)VII——仰拱填充。

(7)VI——二次衬砌施作。

(8)X——水沟电缆槽施工。

2. 台阶法施工类型

(1)长台阶法。上下台阶距离较远,一般上台阶超前 50m 以上,施工中上下部可配属同类较大型机械进行平行作业,当机械不足时也可交替作业。当遇短隧道时,可将上部断面全部挖通后,再挖下半断面。该法施工干扰较少,可进行单工序作业。

(2)短台阶法。上台阶长度 5~50m,适用于 II、III 类围岩,可缩短仰拱封闭

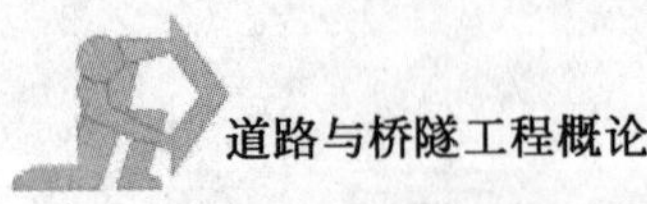

时间，改善初期支护受力条件，但施工干扰较大。软弱围岩施工用此法需慎重考虑，必要时应采用辅助开挖措施稳定开挖面，以保证施工安全。

(3)超短台阶法。上台阶仅超前2～5m，断面闭合较快。此法多用于机械化程度不高的各类围岩地段，软弱围岩施工用此法需慎重考虑，必要时应采用辅助施工措施稳定开挖工作面，以保证施工安全。

3.台阶法施工特点

(1)具有充分的作业空间，施工干扰小，施工速度快。台阶有利于开挖面的稳定性，尤其是上部开挖支护后，下部作业则较为安全。

(2)选用开挖设备时，尽量采用轻型的快速凿岩机打眼，不适合用大型的凿岩台车。

(3)特别选用短台阶和超短台阶施工时，上下部作业有互相干扰，应注意下部作业时对上部稳定性的影响，台阶开挖会增加对围岩的扰动次数等。

4.台阶法开挖施工注意事项

(1)台阶法开挖施工台阶长度的确定条件：一是初期支护形成闭合断面的时间要求，围岩稳定性愈差，闭合时间要求愈短，台阶长度短些；二是上半部断面施工时开挖、支护、出渣等机械设备所需的作业空间大小的要求。台阶长度要适当，一般以一个台阶垂直开挖到底，保持平台长2.5～3m为好，易于掌握炮眼深度和减少翻渣工作量，装渣机应紧跟开挖面，减少扒渣距离以提高装渣运输效率。台阶法施工的主要矛盾是钻眼作业和出渣的干扰，因此，一般分成1～2台阶为宜。

(2)短台阶上下部作业相互干扰较大，要注意作业施工组织，质量监控及安全管理；长台阶基本上上下部作业面已拉开，干扰较少。对于短隧道，可将上半断面贯通后，再进行下半断面施工。超短台阶为解决上下半断面施工干扰，常常使上下工作面合为一个工作面同步掘进，在地质条件差地段再分开施工，变为短台阶掘进施工。

(3)新奥法施工采用光面爆破或预裂爆破技术，减少围岩的扰动，增加稳定性。炮眼的布置和装药量加以控制，避免爆破后渣块过大，不利于装渣。

(4)施工安全。台阶法施工爆破临面较大，采用先拱后墙法施工时，下部开挖时注意对上部的稳定，控制下部开挖厚度（即进尺）和用药量以防损伤已衬砌好的拱圈混凝土。根据围岩情况，缩短下部掘进尺寸。必要时将下部先开挖中部，后开挖两侧，保证施工安全。

(5)采用台阶法施工个别破碎地段可配合喷锚支护和挂网丝网施工。如遇到局部地段石质变坏，围岩稳定性较差时，应及时性架设临时支护或考虑变换施工方法，留好拱脚平台，采用先拱后墙法施工，以防止落石和崩塌。

(三)分部开挖法

分部开挖法，是将隧道开挖断面进行分部开挖逐部成型，可分为五种情况：台阶分部开挖法、上下导坑法、上导坑超前开挖法，将某部分超前开挖，故此可称为导坑超前开挖法，单(双)侧壁导坑法。

1.台阶分部开挖法

台阶分部开挖法，适用于一般土质或坍塌的软弱围岩地质地段开挖施工。此法上部留有核心土可以支挡开挖工作面，我们又称之为环形开挖留核心土法。可利用核心土作为拱部初期支护增强开挖工作面的稳定性，核心土及下部开挖在拱部初期支护下进行，施工安全性较好。一般环形开挖进尺为0.5～1.0m左右，不宜过长。

2.上下导坑超前开挖法

上下导坑超前开挖法，从衬砌的施工顺序上看，也叫上下导坑先拱后墙法，如表2-7-2所示。它适用于II～III类围岩，在松软围岩中开挖要求一次开挖进尺宜小，并要求及时支撑与支护(衬砌)，以保持围岩的稳定，所以一般要求先将上部断面开挖好，随时衬砌拱圈，拱圈混凝土达到设计强度70%之后方可进行下部断面的开挖。它的特点是在拱圈的保持下，开挖下部断面及修建边墙、仰拱。

3.单侧壁导坑法(CD、CRD法)

单侧壁导坑法即单侧壁导坑超前，中部和另一侧断面采用正台阶法施工。此法适用于地质条件较差，围岩稳定性较差，隧道跨度较大，地表沉陷难地控制时的施工情况。它具有正台阶法和双侧壁导法施工的优点。

4.分部开挖注意事项

(1)分部开挖的工作面多，作业面狭小，施工相互干扰大，必须实行统一指挥、协调，以解决施工中的矛盾。

(2)分部开挖的开挖部位多，因此，对围岩扰动次数多，不利于围岩的稳定，故应特别注意加强对爆破开挖的设计与控制，尽量采用松动爆破，周边眼采用光面爆破或预裂爆破。

(3)在下部开挖时，要注意对上部支护或衬砌结构的稳定，减少对上部围岩和支护、衬砌结构的扰动和破坏，尤其是边墙部位开挖时，必须采用两侧交错挖马口施工，避免上部断面两侧拱脚同时悬空。

(4)注意对拱脚加固，使上部初期支护与围岩形成整体。一般采用扩大拱脚及打拱脚加长锚杆，加强拱部的纵向连接等措施。

(5)落底时尽量单侧落底或双侧交错落底，落底长度视围岩状况而定。一般采用1～3m，并不得大于6m。

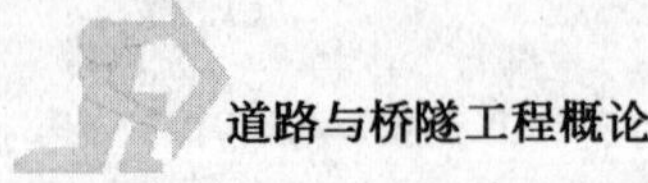

(6)下部边墙开挖后立即喷射混凝土,并按设计规定做好加固与支护。

(7)量测工作应及时跟上,掌握观察拱顶、拱脚和边墙中部等的位移数据,当发现速率值增大时,应立即进行仰拱封闭。使开挖断面围岩保持稳定,确保施工安全。

新奥法施工,在隧道开挖施工中普遍在应用。此法科学、施工进度快又能保证施工的安全,受到人们的关注。

本章小结

1.本章简单介绍了隧道施工的发展前景、隧道施工方法的种类及洞门的类型。

2.对矿山法施工,特别是新奥法施工的施工工艺、施工特点及施工规范,本章进行了详细的讲解。

小知识

1.秦岭终南山特长公路隧道是中国国道主干线包头至北海段在陕西境内的西康高速公路北段,同时也是银川—西安—武汉主干线的共用段。隧道穿越秦岭山脉的终南山,隧道全长 18 020km(双洞长,单洞全长 36 040km),为上、下行线双洞双车道。秦岭终南山特长公路隧道按高速公路设计,设计行车速度为 80km/h,总投资为 25.8 亿元。工程于 2002 年 3 月开工,全线于 2004 年 12 月 13 日贯通,计划于 2006 年全部建成。

秦岭终南山特长公路隧道是一座世界级的超长隧道,目前在世界公路隧道中列为第二长(第一为挪威洛达尔隧道),同时也是中国和亚洲最长的公路隧道。

2.雪峰山隧道位于上海到瑞丽高速公路湖南邵阳至怀化路段之间,为双洞双车道隧道,全长 6 950m,是目前全国高速公路第三长隧道。贯通工期两年零一个月,贯通横向误差为 0mm(规范误差为 300mm),高程误差仅 7mm(规范误差为 70mm),实现了精确贯通,创造了特长隧道贯通误差世界最小的纪录。工程总投资 5 亿人民币。施工单位为贵州省桥梁工程总公司第六工程处和中铁二十局集团二公司。建设队伍管理精细,创中国隧道施工史上罕见的“零死亡”记录。正式通车后,汽车穿越雪峰山的时间将由原来的 1 小时 40 分钟缩短为 7 分钟。

思考与练习

1. 简述隧道施工方法的分类。

2. 公路隧洞门类型有哪几种？

3. 矿山法施工工序是什么？

4. 简述新奥法施工的原则及常用的施工方法。

参考文献

[1] JTG B01—2003 公路工程技术标准.北京:人民交通出版社,2003.

[2] JTG D20—2006 公路路线设计规范.北京:人民交通出版社,2006.

[3] JTG D30—2004 公路路基设计规范.北京:人民交通出版社,2004.

[4] JTG F10—2006 公路路基施工技术规范.北京:人民交通出版社,2006.

[5] JTG D50—2006 公路沥青路面设计规范.北京:人民交通出版社,2006.

[6] JTG D40—2002 公路水泥混凝土路面设计规范.北京:人民交通出版社,2002.

[7] JTG F30—2003 公路水泥混凝土路面施工技术规范.北京:人民交通出版社,2003.

[8] JTJ/T 006—98 公路环境保护设计规范.北京:人民交通出版社,1998.

[9] JTJ 034—2000 公路路面基层施工技术规范.北京:人民交通出版社,2000.

[10] JTG D60—2004 公路桥涵设计通用规范.北京:人民交通出版社,2004.

[11] JTG D62—2004 公路钢筋混凝土及预应力混凝土桥涵设计规范.北京:人民交通出版社,2004.

[12] JTG D63—2007 公路桥涵地基与基础设计规范.北京:人民交通出版社,1985.

[13] JTG D61—2005 公路圬工桥涵设计规范.北京:人民交通出版社,2005.

[14] JTJ 041—2000 公路桥涵施工技术规范.北京:人民交通出版社,2000.

[15] 中华人民共和国交通部.公路工程基本建设项目设计文件编制办法.北京:人民交通出版社,2007.

[16] JTG C10—2007 公路勘测规范.北京:人民交通出版社,2007.

[17] JTJ 042—94 公路隧道施工技术规范 .北京:人民交通出版社,1994.

[18] 金仲秋,夏连学.公路设计.北京:人民交通出版社,2006.

[19] 张雨化.道路勘测设计. 北京:人民交通出版社,2003.

[20] 邓学钧.路基路面工程.北京:人民交通出版社,2000.

[21] 资建民.路基路面工程.广州:华南理工大学出版社,2002.

[22] 张润.路基路面施工及组织管理.北京:人民交通出版社,2002.

[23] 王定祥.工程机械与施工用电.北京:人民交通出版社,2001.
[24] 倪寿璋.工程机械基本知识.北京:人民交通出版社,1980.
[25] 方守恩.高速公路.北京:人民交通出版社,2005.
[26] 郗恩崇.高速公路概论.北京:人民交通出版社,2004.
[27] 李景和.交通工程设施实验检测技术.北京:人民交通出版社,2007.
[28] 范立础.桥梁工程.北京:人民交通出版社,2003.
[29] 刘夏平.桥梁工程.北京:科学出版社,2005.
[30] 黄绳武.桥梁施工及组织管理.北京:人民交通出版社,1998.
[31] 王穗平.桥梁构造与施工.北京:人民交通出版社,2002.
[32] 姚玲森. 桥梁工程. 北京:人民交通出版社,1985.
[33] 钱东升. 公路隧道施工技术.北京:人民交通出版社,2003.
[34] 黄成光. 公路隧道施工技术. 北京:人民交通出版社,2001.